JN302116

シリーズ沖縄史を読み解く

2

〈流求国〉と〈南島〉

古代の日本史と沖縄史

Kurima Yasuo

来間泰男

日本経済評論社

はじめに

本書の内容と叙述方法　本書は「沖縄史を読み解く」シリーズ1の「原始時代」（『稲作の起源・伝来と〝海上の道〟』）に続いて、その後の展開のなかで「古代の日本史」の時代と、それに対応する「沖縄史」を扱う。時代としては、ほぼ一〇世紀まで、日本の平安時代前半までである。

これらを描くのに、できるだけ最新の研究成果を読み解いていった。基本は、ここ一〇年ほどの研究成果である。その結果、「そうとは思わなかった」という発見が随所にあった。その意味では、かつて勉強したことのある歴史（日本史・沖縄史）であっても、その後一〇年以上にわたって疎遠になっていたという読者が、私と一緒に「再学習」する気をおこしてほしいと思っている。

そのことを分かりやすくするために、表現に工夫を凝らした。どうも、歴史専門家の文章は、たとえば「通史」であっても、なかなかに難しいと感じる。読者はこれくらいは分かっているだろうという、その想定のハードルが高すぎる。私は、自分自身に言い聞かせるように、このように表現すれば、私自身も分かるよね、と文章を砕いていった。数多くのルビ（ふりがな）を打ち、傍線を引き、言葉の意味を説明した。近年の本には、ルビが多くなっているものが少なくない。そのルビは重複することになっても、その本にあればすべて採用するほか、それ以上に増やした。必要に応じて、ルビを打ったのが原著者なのか、私なのかを注記した。

本書の構成　沖縄史の時代区分については、かつては「部落時代―按司時代―第一尚氏時代―第二尚氏時代」などが唱えられていたが、シリーズ1で検討したように、「部落時代」は「原始時代」であり、考古学的には「縄文時代」であった。今回扱う範囲も、日本史の平安時代前半までであり、沖縄史はまだ「縄文時代」（その後半）の中にある。

本書で主として扱うのは、かつては「按司時代」、いまでは「グスク時代」といわれる時代の、以前の時代である。それは、すなわち考古学でいう「弥生～平安並行時代」である。日本史の時代区分は、「弥生時代―古墳時代―飛鳥時代―奈良時代―平安時代」となっており、この流れの中でしだいしだいに「沖縄」の事象が増えてくる。そのことを、日本史の流れに重ねて描くことにしたのである。

沖縄史と日本史　もっとも、沖縄史は日本史とは別の国の歴史であり、この方法はおかしいという意見もありそうである。しかし、この時代の沖縄史は、自らの主体的な歴史の展開を、自らの史実でつづっていくのには材料不足であるだけでなく、琉球王国の成立までは、どうみても日本史との関係で動いているのであり、かつて伊波普猷《いはふゆう》が論じたように「日本文化の南漸《なんぜん》」の時代である。その日本史を相対化する時代は、この琉球王国の成立直前になってからである。私は、イデオロギーによって歴史を描くのではなく、史実によって描きたいのである。

日本史の時代区分を基準にしたとはいうものの、その日本史を、「弥生時代―古墳時代―飛鳥時代―奈良時代―平安時代」という呼称に重きを置くことは避けて、それは「―八世紀―九世紀―一〇世紀」などの呼称と、あわせて表示することとした。「―飛鳥時代―奈良時代―平安時代」という呼称は、必ずしも権力の実態に対応したものではないし、社会の政治・経済構造の変化を表現したものでもないからである。

私の問題意識　前著の「はじめに」でも書いたことと重なる面もあるが、「私の問題意識」を述べておきたい。

私の専門分野は「農業経済学」であり、それとの関わりから「沖縄経済論」をも視野に入れて取り込んできた。私の名刺には「専攻・農業経済学・沖縄経済論」と記してある。そこから「歴史」へと関心が移っていったのであるが、「歴史」は、農業経済や経済を、沖縄の地域特性に即して把握するために必要不可欠な課題であると考えるからである。

私は歴史学者ではないので、歴史学の方法に沿って「研究」するのではなく、歴史学者が研究したものを「読み解く」だけである。もちろん、歴史学の扱うテーマや範囲は広大で、部外者が読み解くことのできるのは、その一部に限られる。私の場合は、やはり農業経済と関わって、土地（所有・支配・利用）・労働力（人間関係・支配）・生産物（農産物の生産・流通・消費）に、また経済と関わって、農産物だけでなく広く生産・流通（対外交易を含む）・消費に、重きを置いてみている。それは、「民衆への関心」と要約してもいい。

歴史には法則性があるとされてきたし、私もそのように考えてきた一人である。しかし、実際に歴史を考えるときに、「法則」なるものを意識していては、史実の選択や解釈に曇りを生ずると思う。また、歴史を研究し学習するのは、現状への理解を深め、未来への展望を描くためであるとも言われてきた。私はまさに、「現状への理解を深める」ためにその必要を感じてきて、いまそれに取り組んでいるのである。しかし、「未来への展望を描く」ことにつながるかについては、分からない。かつての「社会主義」への展望が潰《つい》えている今の時代に、それはきわめて困難というべきであろう。マルクスから学べることは、論理性の貫かれた方法と、資本主義の崩壊への道筋のみといえよう。

シリーズ1の要点と補足　シリーズ1で私が学説を紹介し、あるいはそれらを基礎に主張した点は、次のとおりである。①アフリカ起源の新人（ホモ・サピエンス）が、世界各地に拡がってきて、四万年ほど前に日本列島に至った。列島へは、北海道と北九州と沖縄が窓口になっているが、順序は北からである。②沖縄諸島に住みついた人びとも、北すなわち九州から南下してきた人びとの影響が大きく、また、現代日本人の特質を構成する要素としては、南からの要素は、沖縄人を含めて希薄である。③沖縄には旧石器時代の人骨が多く残っているが、それはいずれも「旧石器」などの遺物を伴わず、「旧石器文化」があったということは難しい（二〇一一年に石垣島で、約二万年前の旧石器時代の人骨が新たに発見されたが、これにも遺物は伴っていない）。④縄文時代に入って、日本列島と沖縄諸島とは基本的に同一の文化、すなわち「縄文文化」を共有することになる。従来、沖縄の独自性を強調する立場から「貝塚時代」の呼称が用いられてきたが、近年は沖縄も「縄文時代」というようになってきた。⑤しかし、沖縄諸島の縄文時代は、日本列島に比べて開始が遅く、終了も遅い。終了が遅いのは、「弥生時代」の文化構成要素である水田稲作と青銅器・鉄器の伝来が遅いことによる。沖縄諸島は「暑い」ために、日本列島に伝来する時までに温帯型に変化していた稲作は、伝わって来ても立地・定着できなかったのである。⑥それでいて、諸家のなかには、日本列島への稲作の伝来について、沖縄諸島を経由した「海上の道」があったし、場合によってはそれが先行したかのような議論をする者がおり、それはありえないことを主張した。⑦その検討をするなかで、佐々木高明《ささきこうめい》に代表される「照葉樹林文化論」の欺瞞《ぎまん》性に気づかされた。それは物証のないままに、想像から構成されている。また、佐藤洋一郎《さとうよういちろう》に代表される「DNA分析」に基づく「縄文稲作論」の根拠の薄弱さにも気づかされた（私は「縄文農耕」はあったが、「縄文稲作」はないと思う）。これらを理解するうえで、池橋宏《いけはしひろし》の議論が大いに力になった。

シリーズ1で扱ったテーマに関わることで、高宮広土《たかみやひろと》は、本年（二〇一二年）一月、「沖縄タイムス」に「沖縄人の起源をたどる」を連載した（四回）が、その中で、土肥直美《どいなおみ》・安里進《あさとすすむ》・篠田謙一《しのだけんいち》らの研究にも触れながら、「沖縄方言の成立、グスク時代の登場、および突然農耕が始まった［高宮によれば「沖縄における農耕は、グスク時代直前の一一〜一二世紀に〝突然〟始まった」］ことを最もうまく説明する仮説は、〈長身、頑丈、長頭〉で日本語を話し、農耕を生業の基盤とする人々の植民の成功という仮説ではなかろうか」とまとめている。その人びとは「南九州から」南下したのである。

シリーズの展望　一三世紀までの時期を、当初は一冊にまとめようと考えていたが、書くべきことは少なくないので、三つに分けることとした。今回のシリーズ2は本題を『〈流求国〉と〈南島〉』、副題を「古代の日本史と沖縄史」とし、一〇世紀までを扱い、シリーズ3は本題を『舜天・英祖とグスク』、副題を「中世（前半）の日本史と沖縄史」とし、シリーズ4は副題なしで『琉球王国の成立』とすることにした。すでにシリーズ1も上・下の二冊となっていて、三冊目が予定の三倍となるので、「明治の変革期までを五分冊程度でまとめる」という当初の計画は大きく崩れた。ただ「分量にこだわらずに、私の学習したことのすべてを書き込む」という意図は貫きたい。したがって、冊数は二倍に膨《ふく》れるが、あと三年程度の期間に書き終えたい。

本文に入る前に　沖縄史の時代区分については、すでにのべたが、より具体的には、次のとおりである。

沖縄考古学では、「縄文時代」の次に「弥生~平安併行時代」が設けられている。これは、日本史が、弥生時代、古墳時代、飛鳥時代、奈良時代、平安時代と進んでいくこの時代も、沖縄諸島ではなお狩猟・採集・漁労が主要な活動であって、農耕が始まっていないとの認識を示したものである。

沖縄歴史学でも、文字資料のほとんどない時代であり、その理解は考古学にほぼ全面的に依存せざるをえず、それに委ねるか、あるいは一七世紀に成立した正史の記述の正否を論ずるのみに止まることが多い。

しかし、この間に日本史は、原始時代から脱却し、農耕を生産活動の基本におく社会へと変貌し、階層・階級が生まれ、国家を建設するというようにどんどん展開していった。その国家も、首長たちの国家（クニ、小国家、初期国家、首長国家）群、統一された大王《おおきみ》国家（ヤマト王権、倭王権）、律令国家（貴族の国家）から「武士の国家」へと段階を踏んでいった（「武士の国家」に入って後に、沖縄史は「原始」を脱却する）。

そこで、この間の沖縄史を読み解く前に、沖縄を脇に置いて展開した日本史を、最小限にでも描いておいて、両者の歴史の対照性を際立たせることにしたい。それぞれの時代を、(1)政治・行政・軍事、(2)対外関係における抗争・交流、(3)租税・産業・経済、という三つのテーマを意識して、要点を記述する。

なお、これをまず「日本史」のレベルで、次いで九州、とりわけ南九州に視点をおいて、さらに九州より南の島々を、順次に記述することにする。そして、第四章ではじめて「沖縄らしきもの」の出てくる『隋書』流求国伝を検証し、第六章では、九州のさらに南の島々を扱うが、そこには「南島」が出てくるので、その中に「沖縄」が含まれているかどうかが問題となる。そして、奈良時代、平安時代へと進んでいく。第九章で「一〇世紀までの沖縄」として沖縄史を総括する。

目次 〈流求国〉と〈南島〉―古代の日本史と沖縄史―

第五章　律令国家の展開（奈良時代）

日本海
朝鮮半島
遼東半島
渤海
山東半島
黄海
膠州湾
釜山
木浦
対馬
対馬海峡
済州島
本州
四国
九州
伊豆諸島
種子島
屋久島
吐噶喇列島
小笠原群島
上海
舟山群島
寧波
奄美大島
喜界島
徳之島
沖永良部島
与論島
沖縄島
温州
福州
尖閣諸島
泉州
厦門
与那国島
宮古島
石垣島
西表島
台湾
台湾海峡
バシー海峡
バタン諸島
140°
20°
120°
125°
130°
135°

第一章　首長国家群の誕生（弥生時代終末期）

1　水田稲作の伝来

縄文時代の文化を引き継ぎつつ、農耕を社会の基盤に据えて飛躍したのが弥生時代である。ただし、例えば植物採集の場合でも、それは「在《あ》るもの」を「採り集める」という単なる採集の段階から、その植物の在る場所を認識して、季節ごとに定期的にその場所を訪れるという、やや目的意識を伴った採集の段階へと進み、さらに植物の種子を蓄えたり、意識的に発芽させたり、栽培の初期段階へと展開する。その意味で、「縄文農耕」はあり得たのである。

そこに、八千年も前に中国・長江流域で誕生した稲作が、朝鮮半島（韓半島）をへて二千数百年前に日本列島に伝わって来た。それは、陸稲ではなく水稲であり、焼畑耕作ではなく水田耕作であり、苗代《なわしろ》で育成した苗を本田《ほんでん》へ移植（田植え）する方式として完成していたものであり、それらに伴う農具などの技術も一体として伝わったのであった。少し遅れて青銅器や鉄器も伝わってきて、ここに弥生文化が成立する。

地理的な関係から北部九州が先行した弥生文化は、九州内の各地、中四国、近畿、北陸、東北、そして中部、関東地方にまで拡がっていった。取り残されたのは、北海道と南西諸島である。それは、**北海道**では「寒い」ために、**南西諸島**では「暑い」ために、稲作が定着できなかったことと理解される。日本列島に至るまでに、イネは温帯適応を遂げていたのである。ただし、弥生式土器や金属器は北海道や南西諸島へも流入してくるし、北海道や南西諸島の物資が他の地域へ流出するなど、相互の交流・交易は断たれていない（拙著『稲作の起源・伝来と〝海上の道〟』シリーズ沖縄史を読み解く1）。

2　クニから国へ、縄文型首長から弥生型首長へ

弥生時代も終末期には、「後漢書《ごかんじょ》」東夷《とうい》列伝の「倭《わ》」条、あるいは「三国志・魏書《ぎしょ》」烏丸鮮卑《うがんせんぴ》東夷伝の「倭人」条（いわゆる「魏志倭人伝」）に描かれたように、「対馬国《つしまこく》」「一支《いき》（大）国《こく》」「伊都《いと》国《こく》」「奴国《なこく》」などいくつかの**首長国家**が誕生し、そのなかから三世紀半ばに「邪馬台国《やまたいこく》」（ヤマト国）という有力な国家も誕生していった。「卑弥呼《ひみこ》」はその女王、ないしは倭国の女王であった。

日本列島の中で、他に先行して歴史が展開した北九州は、しかしながら二世紀の終わりまでには衰退していて、この三世紀の段階での倭の中心は大和地方に移っていたと考えられ、他の首長国家はこれに従属的に結合されていった。それは、朝鮮半島南部から得られる**鉄**の交易を押《おさ》え得たヤマト王権が、その配分を通じて他を従属させたものとされる。「邪馬台国」ないし「邪馬台国連合」は、

その後、中国大陸・朝鮮半島（韓半島）からは「倭国」と認識され、自らも「倭国」として対応していた。

寺沢《てらさわ》薫《かおる》『王権誕生』（講談社・学術文庫・日本の歴史02、二〇〇八年。初出は二〇〇〇年）は、階級が生まれる過程を、日本に即して次のように描いている。まず縄文時代にもそれぞれの共同体に**リーダー**（指導者・先導者—来間）はいた。彼らは生産活動や葬祭などの共通の利益を追求し、取り仕切るために、知識や行動力を活かし、リーダーシップを発揮する。だがこの「**縄文型首長**」は権力者ではない。弥生時代に入って水稲耕作がはじまると、そのリーダーシップはいっそう強化されていく。水田の開発などの共同作業の必要が増大するからであろう。「彼はリーダーからしだいに**チーフ**（**首長**）へとその社会的地位を確定していくのだ」。リーダーとチーフの区別がポイントである、としているのである。しかしそれでも権力は内部からは生まれない。共同体間の接触、具体的には戦争によってこそ、それは生まれるのである。「首長が共同体の命運をかけて、戦争の軍事指揮官としてその責務を担うとき、彼は真の首長権力者へと転身しうるのである」。弥生時代前期後半（前三世紀後半）になって、戦争の犠牲者の遺物が急増するが、それは共同体と共同体の力関係が重層化していくことを今に伝えているのである。このように権力者にまで発展した首長を、寺沢は「**階級的首長**」あるいは「**弥生型首長**」と呼んでいる（一三九－一四三頁）。

　寺沢はまた、「国家」は北部九州で生まれたとして、次のように述べている。「北部九州では小共同体間の抗争激化によって、前三世紀末には早くもクニのまとまりが生まれ、階級的に成長した首長を誕生させた。これこそが、対外的な権力を異質なクニに向けて発動する〈国家〉であり、征服と統合のための戦争はますます熾烈《しれつ》をきわめ、玄海灘《げんかいなだ》沿岸のクニのいくつかは〈国〉へと発展した。前二世紀の段階で、北部九州ではすでに、**国―クニ―小共同体**、という重層的な階級関係ができ上がったのである。そして楽浪《らくろう》郡［中国が朝鮮半島西部に設けた行政区域―来間］の設置から後、前一世紀末にはナ国［奴国］とイト国［伊都国］は他のクニ・国との擬似冊封《ぎじさくほう》システムによって、さらに一ランク上の**大国**へと成長したのである」（一六七頁）。クニがいくつかあるなかで、奴国や伊都国はそれらの上に立ち、大国となって、冊封に似た体制をつくり上げた。寺沢は「広義の国家（外的国家）」「大共同体（クニ）」「部族的国家」などの表現を用いつつ、それは「前三世紀末頃の北部九州にまず誕生し、続いて中期後半［弥生時代の―来間］に向けて西日本や東日本でも次々と産声を上げ始めたのである」と述べている（一九七頁）。

　寺沢は、「前三世紀末の弥生時代前期末の段階ですでに国家の誕生を認めようという私の立場は、古代史一般の常識とは大きく異なっている」という（一四八頁）。

　例えば、松木《まつぎ》武彦《たけひこ》『列島創世記―旧石器・縄文・弥生・古墳時代』（小学館・日本の歴史一、二〇〇七年）は、次のようにいう。「紀元後一世紀に入るころ、中国・四国から関東に至る広い範囲で、ひじょうに大きく激しいムラや地域の盛衰がみられる」、「紀元前一～紀元後一世紀にかけて、中国・四国から近畿以東にかけての広い範囲に鉄が行きわたりはじめ、そのことが社会関係や物質文化を大きく変えていった」、「弥生時代後期後半にあたる紀元後二世紀に、岡山平野の真ん中に、突如として、これらの要素で飾り立てられるべき人物が現われた」、ここで「これらの要素」としているのは、「大きな墳丘《ふんきゅう》、石が立つ広場、二つの弧帯石《こたいせき》、特殊器台《とくしゅきだい》と特殊壺《とくしゅつぼ》などなど」のことである、「弥生時代の社会の単位として、〈クニ〉というものを想定できるとしたら、このような範囲［右の大酋長とそこに寄り集まってきた人びとのムラとムラ─松木により来間］こそ、そう呼べるものだろう。つまり、中期までの、石の流通に根ざした相互に同列的で自律的なムラが林立する状況から、鉄の流通の拠点となる大きなムラを頂点に、ムラどうしの優劣の秩序が生み出されたものがクニだ。クニはまた、大きなムラを本拠とした大酋長と、それを拠点として仰ぐほかのムラムラの酋長たちとの間の秩序そのものともいえる」（二五七-二七二頁）。

寺沢と松木では、首長国家・クニの成立時期は四～五世紀のずれがある。

寺沢薫は考古学のデータを分析して「二世紀も終わり頃になると、政治的にも経済的にも北部九州の卓越性には翳《かげ》りが見え始めてきた」という（二三九頁）。続けて、魏志倭人伝は、混迷期を経て「倭王卑弥呼《わおうひみこ》」が「共立」されたと記しているが、「私はその年代を考古学の成果を重視して、三世紀のごく初めと推定した」ともいう。そして「邪馬台国」に「やまたい（と）こく」と振り仮名を打って（二五〇-二五一頁）、「ヤマト国」と読むべきとの主張を込めつつ、「史料性の高い倭人伝記事に限定し［限定せず、か─来間］、リアルタイムの証拠を次々と積み上げていくことのできる、考古学の最新の成果といかに整合するかという視点から、邪馬台国研究は新しい段階に進みつつある」とし、「邪馬台国ヤマト説」を主張するが、卑弥呼は「倭王」であって「邪馬台国の女王」ではないこと、なども主張している（二七〇-二七一頁）。なお、魏の皇帝は「（親魏）倭王」の印を授けたのである。

3　邪馬台国は「ヤマト国」である

なお、「邪馬台国」を「ヤマト国」とする見解には、他にも次のようなものがある。吉村武彦《よしむらたけひこ》『ヤマト王権』(岩波書店・新書・シリーズ日本古代史②、二〇一〇年)は、「上代特殊仮名遣い」によりつつ、「〈邪馬台国〉の四字のうち、この上代特殊仮名遣いに関係するのが〈台〉である。〈台〉は〈と〉と読むが、〈と〉の音には甲類と乙類があり、〈台〉は乙類である。つまり、〈邪馬台〉の〈台〉字は乙類であり、〈やまと(あるいは、やまど)〉と読む(『岩波古語辞典』補訂版)。現代音では、〈やまと国〉が本来の読みであろう」という(一一頁)。

また、都出比呂志《つでひろし》『王陵の考古学』(岩波書店・新書、二〇〇〇年)は、「三世紀前半の弥生時代終末期になると、直径二〇～三〇メートルの円丘の一カ所に祭壇がとりつく墓が現われる。…前方後円墳に限りなく近づいているので前方後円墳の祖形とよびたい」(一一頁)。「三世紀前半といえば…倭の女王卑弥呼の活躍期である。邪馬台国の位置をめぐる論争に深く立ち入る余裕はここではないが、結論だけいうと私は、邪馬台国の中心は大和[今の奈良県あたり―来間]にあり、投馬国《つまこく》は吉《き》備《び》地方[今の岡山県あたり―来間]と考えている。そして後円墳祖形の分布地帯は投馬国から邪馬台国の範囲に相当すると考えている」(一三頁)。

白石太一郎《しらいしたいちろう》「日本史のあけぼの」(宮地正人《みやじまさと》編『日本史』山川出版社・世界各国史1、二〇〇八年)は、「日本列島で農耕社会が成立して数百年後の紀元前二～前一世紀ころには、早くも日本列島の各地に、大は律令の国の規模［山背国《やましろのくに》、近江国《おうみのくに》、伊勢国《いせのくに》などの規模―来間］から、小は郡の規模［国の中の小区画の郡《こおり》で、山背国宇治《うじ》郡、伊賀国《いがのくに》阿拝《あべ》郡などの規模―来間］程度のクニと呼ぶべき政治的まとまりが成立していた」し、「二世紀から三世紀前半ころの山陰地方では、方形の墳丘墓の四隅を突出させた特異な墳丘墓［都出比呂志が「前方後円墳の祖形」としているもの―来間］が盛んに造営される」し、それはその地方に「政治的連合関係が形成されていたことを物語るものであろう」し、「弥生時代後期後半の二世紀になると、山陰・吉備《きび》、さらにおそらくは北部九州・近畿中央部・濃尾《のうび》平野などでも、その地域の有力な首長たちによる地域的な首長連合が成立していた」し、「前方後円墳」（白石はこれを「古墳」として、それ以前の「墳丘墓」と区別している）は「西日本では三世紀後半に、東は近畿中央部から瀬戸内海沿岸各地をへて北部九州にいたる各地にみられる」し、「最近では、三角縁神獣鏡《さんかくぶちしんじゅうきょう》の年代研究の進展などから、これら定型化した大型前方後円墳の出現時期が三世紀後半でもきわめて早い時期、すなわち三世紀の中葉すぎまでさかのぼると考える研究者が多くなってきている」などを指摘して、「三世紀中葉すぎというと、『魏志《ぎし》』倭《わ》人伝《じんでん》にみられる邪馬台国《やまたいこく》の卑弥呼《ひみこ》の後継者である壹与《いよ》（臺与《とよ》か）の時代にほかならず、この点からも邪馬台国九州説は成立しがたいことを示している」としている（二五―二七頁）。壹は壱の、臺は台の旧字体である。

吉村武彦『ヤマト王権』（前出）は、「〈魏志倭人伝〉と邪馬台国」の項を掲げて、文献学的、歴史学的、考古学的な研究史の概要を示しつつ、「日本列島が倭国として統合されていくプロセスとしては、一世紀末の段階では九州が進んでいたが、二世紀後半になると近畿地方が優位に立った。

こうしたなかで、卑弥呼が存在した三世紀初頭には邪馬台国が倭国の盟主となっていったのである」、「こうした考古学的研究成果を積み重ねていくと、邪馬台国の所在地は近畿地方となってくる」と結論している。そして、卑弥呼は当初は「邪馬台国の女王」であったが、二三九年に「親魏倭王」となっているから、以後は「倭国の女王」になったとの説に賛同している（二一‐二四頁）。

米谷《よねたに》匡史《まさふみ》「古代東アジア世界と天皇神話」（大津《おおつ》透《とおる》ほか『古代天皇制を考える』講談社・日本の歴史08、二〇〇九年。初出は二〇〇一年）は、「卑弥呼は、〈邪馬壱《［台］》国〉の王ではなく、あきらかに〈倭王〉、すなわち倭国全体の〈王〉として認証されている」とする（二九九頁）。

4　中国史書の性格と原初的国家の成立

岡田《おかだ》英弘《ひでひろ》『倭国―東アジア世界の中で』（中央公論社・新書、一九七七年）は、日本古代史家たちに対して、やや根本的な批判を提起しているので、耳を傾けたい。

その一は、中国の史書、例えば「魏志倭人伝」を例にとれば、日本を描こうとしたものではなく、史書の執筆を依頼した、当時の中国の皇帝の正当性を称揚《しょうよう》するために描かれたものであり、それによって日本を論ずるには、多くの制約があるという。まず、「魏志倭人伝」の構成を次のように説明している。「『三国志』六十五巻は〈魏書〉、〈蜀書〉、〈呉書〉の三部に分かれているが、その第一部〈**魏書**〉三十巻の最終巻が〈烏丸・鮮卑・東夷伝〉で、そのまた前半の、大興安嶺方面の遊牧民族の烏丸（烏桓）、鮮卑を扱った部分と、後半の〈**東夷伝**〉、すなわち遼東郡、玄菟郡以東に住む扶余《ふよ》、高句麗（高句驪）、沃沮《よくそ》、挹婁《ゆうろう》、濊《わい》、韓、**倭人**の七種族を扱った部分に分かれている。これらはすべて中国の東北辺境の住民であり、それゆえ司馬懿の公孫淵征伐の輝かしい成功によって魏の勢力圏に入ったものである」（ルビは岡田）。

司馬懿《しばい》の公孫淵《こうそんえん》征伐とは要するに、以下のごとくである。魏・呉・蜀の「三国時代」に中原《ちゅうげん》に勢力を張っていた魏が、その東北辺境にある諸勢力を抑えた（公孫淵は朝鮮半島の楽浪郡・帯方郡に勢力を張っていて、魏からの独立を宣言していた。その征服戦争で活躍したのが司馬懿であった）。そのとき魏の皇帝となったのが曹芳《そうほう》であり、そのもとで実力者だったのが曹爽《そうそう》と司馬懿である。しかし、両者は背面で権力を競っており、結局は司馬懿がクーデターを発動して権力を握り、その子孫に継承された。司馬懿の孫にあたる司馬炎が魏の皇帝になり、**晋**《しん》朝を開き、その武帝となった。この武帝の下で『三国志』は書かれた。「つまり『三国志』が書かれた当時の晋の武帝にとっては、祖父［司馬懿―来間］の名誉と権勢の一つのシンボルが、こうした東北地方の異民族なのであり、晋朝の帝室の起源の物語の一部なのであった。これが〈烏丸・鮮卑・東夷伝〉の一巻が、わざわざ『三国志』に加えられた理由なのである」（七九頁）。

この環境のなかで、帯方郡の計らいによってやってきた卑弥呼の使者に「**親魏**倭**王**」の金印を授けたりした（それは、帯方郡を制圧した司馬懿を讃える意味があった）が、それは西方の諸民族を征服し、その王の使節を迎えて「**親魏**大月氏《だいげっし》**王**」の金印を授けたことと対になっていること、また、「倭」に朝貢させることが、「大月氏」に朝貢させることと同様に意義深いこととするために、倭国を遠く、かつ大きな国だと故意に描いたのであり、しかも、「魏史」には「倭」をそのように誇大に描きながら、一方の「大月氏などの西方の征服事業については何も触れていない、それはそれが司馬懿の好敵手で、司馬懿に滅ぼされた曹真《そうしん》（曹爽の父）の事績だったからである、という。

この指摘を受け入れるとすれば、邪馬台国を論ずるとき、その位置や規模については「魏志倭人伝」の記述は重視することなく、扱う必要が出てこよう。

岡田の指摘でもう一つ興味深いことは、そもそもの「国家」の成立事情への言及である。趣旨は同一なのであるが、ここでは岡田『日本史の誕生』（筑摩書房・ちくま文庫、二〇〇八年。初出は一九九四年）によって、より砕けた表現の文を紹介する。「夏《か》・殷《いん》・周《しゅう》などの古代王朝は、みな黄河の渡河点の洛陽《らくよう》・鄭州《ていしゅう》あたりを中心とした**都市国家**で、その都市国家は多く渡し場で開かれる定期市が原型だった。ここで発生した商人団の頭が〈王〉であ」った。「王都からは四方に貿易ルートが伸びていて、それを通って商品が流れる。東方の山東半島《さんとう》方面、東南方の揚子江《ようすこう》（長江）口、南方の揚子江中流の武漢《ぶかん》市方面、さらに南の広州市方面へは舟で内陸の河川を航行できるので進出しやすく、古代ギリシア人のように古代中国人も、蛮地《ばんち》に植民しては新しいポリスを作って発展していった。これはもちろん、取引量の増大に応じて、さらに多くの商品を確保しなければならなかったからである。／こうして中国は、水路に沿ってひろがっていったのだが、そのさい入植した開拓者は決して農民ではなかった。最初にのりこんだのは商人である。はじめのうちは、中国商人は現地に根拠地を作ろうとせず、商品の交易が終わるやいなやひきあげる。岸に全く下りず、船に乗ったまま取引きをすませることもある。それが毎年定期に来航しているうちに、取引高が大きくなって、寄航地だけでは十分な量が集まらなくなると、奥地から商品が集まってくるのを待つ間のために、陸上に宿舎を建てることになり、やがて一年を通じて滞在する商社の駐在員が現われる。／すると、その生活を支える食糧が必要になり、需要に応じて現地の生産性があがってくる。こうして**都市**が発生すると、それまで原住民の間にはあまり階級の差がなかったのに、部落を代表して中国商人と交渉する役目の**酋長**《しゅうちょう》の権力が、部落の経済が貿易に依存する度が強くなるにしたがって増大し、ついに酋長は奥地の部落を経済力で支配して、一つの**小王国**を作りあげることになる」。「古代の韓半島で言えば、北朝鮮の平壌《へいじょう》を首都とした朝鮮王国も、こうしてできあがったのであった」。「北朝鮮へきた中国商人は、海を渡って山東半島からやってきたものである」。「こうして、中国商人の進出のおかげで韓半島の開発が進み、政治権力の芽が育っていったが、中国商人は平壌より先へはいかなかったろう。／しかしその活動の影響は直ちに日本におよんだにちがいない。平壌から南下すれば漢江《かんこう》の流域。漢江を南へのぼり、忠州《ちゅうしゅう》のところで山を越えれば洛東江《らくとうこう》の流域。洛東江を下れば釜山《ふざん》。釜山から対馬《つしま》・壱岐《いき》をへて唐津《からつ》（「魏志倭人伝」の末盧《まつろ》国）へ。このルートを通って中国の商品は日本へ流れこみ、日本の商品は平壌へ運ばれて取引きされた。〈倭人伝〉に記されている倭国の産物は、こうした輸出向けの商品だったのである。もちろん、このルートで輸送に従事したのは、中国人でも倭人でもなく、南韓の原住民で、辰国《しんこく》として知られた連中だった」（三九－四四頁）。

長い引用になったが、国家というものができてくる経過は、このようなものであっただろうと納得できる。したがって、日本列島のなかで「国」ができてくるのは、中国からの朝鮮方面への進出の延長線上に「倭」の国々ができる。そのため北部九州が早いのである。

5　三世紀までの北部九州

いわゆる『魏志』倭人伝に首長国家らしい国名が現われているが、その多くは北部九州に位置していた。

武末純一《たけすえじゅんいち》「国家への道」（川添昭二《かわぞえしょうじ》・武末ほか著『福岡県の歴史』山川出版社・県史40、一九九七年）は、次のように描いている。弥生時代前期末～中期前半に、例えば早良《さわら》国（早良平野・吉武《よしたけ》）、末盧《まつろ》国（唐津《からつ》平野・宇木汲田《うきくんでん》）、奴《な》国（福岡平野・板付田端《いたづけたばた》）、一支《いき》国（壱岐《いき》島・原《はる》の辻《つじ》）などのように、「**国という政治組織がいっせいにでき**」たが、まだ「相互に実力の差がない」状態であった。そして、「［弥生］中期の初頭～前半（紀元前一五〇～一〇〇年ころ）に、国を超えての政治的な器物の流通、つまり国々のまとまり（**初期筑紫《つくし》連合政権**）がすでにできはじめていた」。その初期筑紫連合政権の内部にある「国と国の関係が対等でなくな」るのが紀元前一世紀末ころで、「この時期の日本列島には、各地に同じような初期政権ができて競合しはじめる」ので、その中での「優位」を求めて、例えば奴国王が「漢帝国と直接交渉の道を開き」、金印（漢委奴国王《かんのわのなのこくおう》）をもらった。ただし、弥生後期にもなると、「福岡の土器は、ジワジワと浸透してくる瀬戸内系の土器の色に徐々にそめあげられていく」し、「二世紀末の倭国大乱を経て、**邪馬台国の連合体制**が成立すると、…初期筑紫政権は邪馬台国体制のもとで大幅に後退していった」（一六-二五頁）。

寺沢薫『王権誕生』の議論は、本章2でも紹介したが、とくに北部九州について次のように述べ

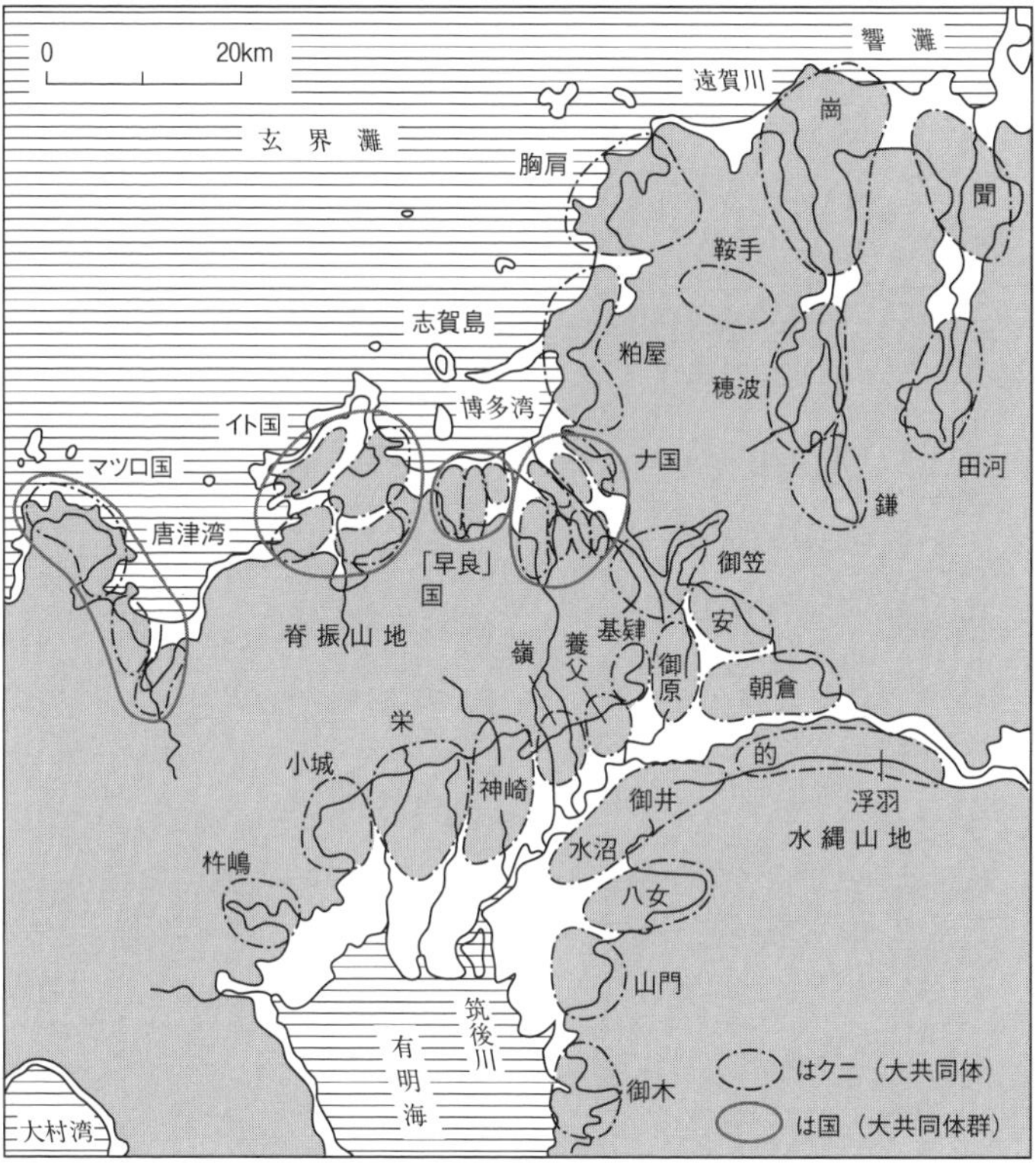

図 1-1　紀元前後頃の北部九州のクニ・国

「早良」国は紀元前 2 世紀頃のもので，この頃はナ国に編入されていたことが考えられる．

（出所）　寺沢薫『王権誕生』講談社学術文庫・日本の歴史 02，2008 年，165 頁。

ている。「北部九州では小共同体からクニ（大共同体）へ、クニから国（大共同体群）へ、そしてさらには〈国〉の連合体へという統合と重層化が、苛酷な戦争を繰り返し経過することによって達成されたのである」。また、考古資料を分析して、「前三世紀末、北部九州では小共同体間の数々の戦争を経て、外部へ向けての権力の実体としてのクニはしだいに国家としての明確な形を現していった。階級的権力者に成長した首長や**オウ**［クニの首長―寺沢により来間］は、軍事指揮者としての権威と面目を保つべく、積極的に朝鮮半島の首長たちが副葬した威信財のうち、とりわけ軍事権のシンボルともいえる青銅製武器や呪性《じゅせい》のシンボルともいえる鏡や玉を手に入れ、その死に際しても同じ手法にのっとって副葬し始めたのである」とする（一四七―一九九頁）。なお、「威信財《いしんざい》」とは、「威光」と「信望」を表わす財のことで、必ずしも実用的ではない物のことである。

6　三世紀までの南九州とそれより南の島々、そして沖縄

一方、南九州の場合については、永山修一《ながやましゅういち》「鹿児島の黎明」（原口泉《はらぐちいずみ》・永山ほか『鹿児島県の歴史』山川出版社・県史46、一九九九年）で、次のように描いている。「南九州でも、縄文時代晩期に稲作が開始された」。弥生時代の「王子《おうじ》遺跡（鹿屋市《かのや》）では、中期から後期初頭にかけての集落跡が確認された」。「松木園《まつきぞの》遺跡（日置《ひおき》郡金峰町《きんぽうちょう》）」には弥生時代後期の環濠があった。「このようなムラには、指導者としての**首長**が出現していたと考えられる」（二一―二三頁）。

永山はまた、九州より南の島々についても、次のように述べている。南島産のゴホウラ・イモガ

イ・オオツタノハなどの貝が、薩摩半島西岸で加工されて、北部九州などにもたらされていた。「奄美で南九州からもちこまれた土器や、その系統を引いて在地で焼かれた土器が出土していることとは、南九州と南島とのつながりを示すものである」。そこには、「司祭者」がいたらしい（二五-二六頁）。

沖縄を含む南島産のゴホウラなどの貝類が、九州各地などに持ち込まれていた。しかし、その主体は沖縄側にはなく、九州側にあったとされている。本シリーズ1で紹介した（一六三-一六五頁）が、再掲する。池田《いけだ》栄史《よしふみ》「南島と古代の日本」（新川《しんかわ》登喜男《ときお》編著『西海と南島の生活・文化』名著出版・古代王権と交流8、一九九五年）は、次のように総括している。「弥生社会と琉球列島中部圏の関係は、貝輪を必要とする弥生社会からの一方的な要請と働き掛けに対して、琉球列島中部圏が貝輪素材の供給を受動的に請け負っていたに止まり、積極的な弥生社会への関与や弥生文化の導入は行っていなかった」（二八〇頁）。

第二章　大王の国家（古墳時代）

弥生時代に「王」などの権威の象徴とされたのは墓の規模であった。権力者たちは、その権威を墓の大きさによって誇示《こじ》したのである。それは、生存中から建造が始められることもあった。この流れを継ぎつつ、日本列島に特有な「前方後円墳」が誕生した。それは定型化し、権力の大きさによって規模に格差が設けられているが、三世紀後半にはその定型を各地に移していったことが分かり、ヤマト王権の地方支配進展の様相を示している。

第一節　四〜六世紀の日本

1　朝鮮・中国との交流

四世紀の後半になると、倭国は盛んに朝鮮半島（韓半島）に現われる。半島は北方の高句麗《こうくり》が、中国が朝鮮半島に設定していた「楽浪《らくろう》郡」「帯方《たいほう》郡」を滅ぼし、**百済**《くだら》（ひゃくさい）と**新羅**《しらぎ》（しんら）も建国して三国時代となり、倭国はそれらと通じ、あるいは戦う。この三国のほかに、百済と新羅に挟まれた南部には**加耶**《かや》（伽耶《かや》、加那《かな》、加羅《から》ともいう）と総称される小国家群があり、倭国は

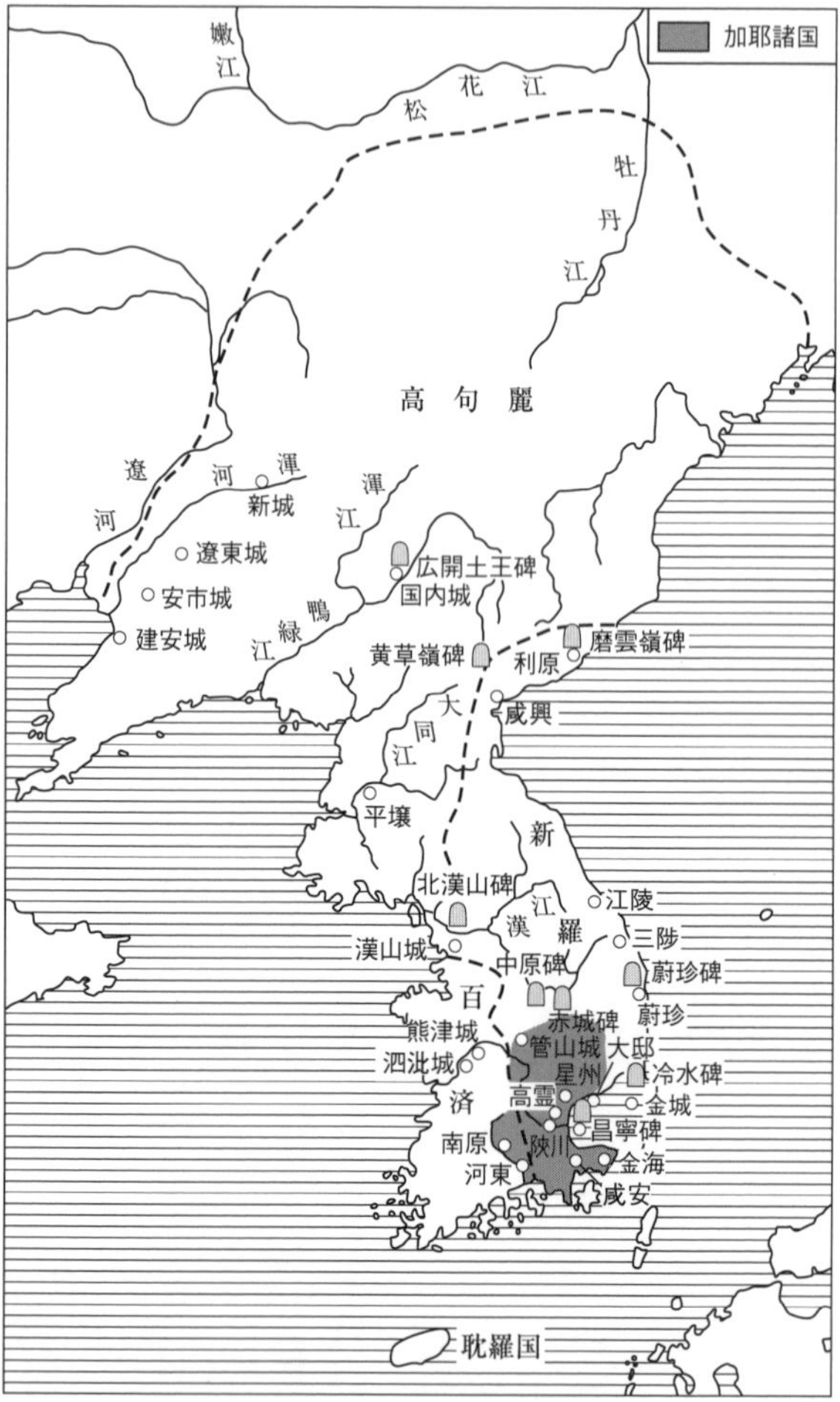

図 2-1　三国時代要図

（出所）　武田幸男編『朝鮮史』山川出版社・世界各国史②，2000 年，85 頁．

主としてこの地域から鉄資源などの供給を受けていた。そのため、倭は半島側からの依頼を受けて軍隊を派遣する関係があった。

五世紀に入って四二〇年、中国に**宋**《そう》（四二〇〜四七九年）が成立すると、「倭の五王」（讃《さん》・珍《ちん》・済《せい》・興《こう》・武《ぶ》）が使者を送り、書と貢物《こうもつ》・方物《ほうぶつ》を献上し、各種の将軍名や倭国王名を授《さず》かった。いわば「朝貢《ちょうこう》―冊封《さくほう》」関係が成立したのである。しかしこの関係も、四七八年の武王を最後に中断する。

なお、「朝貢」「冊封」は、一四世紀に琉球も中国・明《みん》との間で結んだ関係であり、中国・朝鮮・日本など、わが歴史を理解するうえで必須の概念なので、尾形勇《おがたいさむ》「皇帝、四海を制す」（尾形勇・平勢隆郎《ひらせたかお》『中華文明の誕生』中央公論新社・文庫・世界の歴史②、その第二部、二〇〇九年。初出は一九九八年）から引用しておこう。そもそも中国と周辺諸国とのあいだの交渉は、〈**朝貢**《ちょうこう》〉という中国独特の交易方式を通して行われた。これは、〈中国の皇帝の徳を慕って貢ぎ物を奉ずる〉という中華思想（華夷《かい》思想）と、儒家思想の徳治《とくち》主義の原理に基づく方式であった。朝貢国のうちで、永続的で安定した国交を求める首長に対しては、彼らを中国に帰服した皇帝の臣下として位置づけて、適宜、王・侯などの爵位、または官位を賜与し、彼らの領域支配を承認した。官・爵を授与（これを**冊封**《さくほう》という）された諸国は、それぞれの領域内で、中国の権威を借りることで国内の支配の維持やその拡大ができることになる〝メリット〟があった。このような〈君臣関係によって結ばれる一つの国際的な秩序〉を、学術上〈冊封体制〉という」（四四七頁）。

六世紀に入っても朝鮮半島との交渉は続き、五一三年には百済から「五経博士《ごきょうはかせ》」を迎える、五三八年（ないし五五二年）に同じく百済から仏教が伝わるなど、半島からは多くの学者・僧侶・技術者の提供を受けた。仏教の受け入れをめぐって蘇我氏（崇仏《すうぶつ》派）と物部氏（排仏《はいぶつ》派）が対立したが蘇我氏が制し、倭国は仏教を受け入れた。百済の力添えをえて、五八八年から飛鳥《あすか》寺が建立され（五九六年完成）、また六〇五年にそこに丈六《じょうろく》仏像（仏身が一丈六尺の仏像）を造る。

他方、倭人も半島に進出している。熊谷公男《くまがいきみお》『大王から天皇へ』（講談社・学術文庫・日本の歴史03、二〇〇八年。初出は二〇〇一年）は、「六世紀は、古代では、半島で倭系人がさまざまな形で活躍する最後の世紀であった」、「カラ［加羅、加耶―来間］に定着した倭人たちは、〈韓婦《からめ》〉をめとり、〈韓子《からこ》〉を生んで、半島で新しい生活を築いていった」。新羅からの圧迫を受けて、「百済は五五二年から五五四年にかけて、連年、倭国に救援を要請している」（一六三―一六五頁）。

白石太一郎「日本史のあけぼの」（前出）は、朝鮮半島を中心とした外来文化の受容について、次のようにいう。「多くの渡来人が優れた文化を倭国に伝え、また戦いのために海を渡った倭人たちも彼の地の技術や文化を学んで帰国する。さらに朝鮮半島の戦乱を逃れて少なくない渡来人がやってくることになる。これを契機に倭国の文明化が始まるのである。五世紀から六世紀にかけて海を渡って来た渡来人の正確な数はわからないが、平安時代に編纂された『新撰姓氏録《しんせんしょうじろく》』によると、当時の都平安京《へいあんきょう》と五畿内の一〇五九の氏《うじ》のうち渡来系譜をもつ氏は三二四でほぼ三割を占めている。倭国が、五世紀から六世紀にかけてつぎつぎと東アジアの高い文化を受け入れ、早くも七世紀前半には**飛鳥文化**を形成し、さらに七世紀後半には中国の律令体制にならった中央集権国家を樹立することができたのは、倭人社会がたえず渡来人をその内に受け入れ、大陸の高度な文化を受容し、咀嚼《そしゃく》する能力をつねに具えていたからにほかならない。そうした渡来人の渡来は、四世紀末葉～五世紀初頭から始まるのである」（五二頁）。

中国の**隋**《ずい》（五八一～六一八年）と接する高句麗は、始終その圧迫を受けており、高句麗は百済を攻める。この争いに新羅もからんできて、新羅は加耶の小国家群を屈服させる。この構図の中で百済は倭国との関係を深めていく。

2　前方後円墳の登場

前方後円墳（前部が方形＝四角形で、後部が円形の古墳）の出現をもって新しい時代が始まったとする見解には、次のようなものがある。

都出比呂志『王陵の考古学』（前出）は、「箸墓《はしはか》古墳［奈良県在—来間］のように定型化した巨大な前方後円墳の登場には大きな飛躍がともなった。…これは首長の葬送儀礼に莫大なエネルギーを注ぎ込むことが重視された社会の到来を意味する」。「古墳時代を通じてたえず最大級の規模をもつ古墳は前方後円墳であった。ついで前方後方墳、円墳、方墳の順となる。さらに、それぞれの墳形ごとに規模の大小の序列がある。これは被葬者の社会的地位の序列を示すものと考えられるが、弥生時代以来、複数系統の墳形が各地にあったことを考慮すると、墳形は被葬者の出自や系統を示し、規模はその実力を示すものであろう」。「墳丘によって身分を表示するこのシステムを、この時代を代表する墳形の名にちなんで**前方後円墳体制**とよぶことを、一〇年前に私は提唱した」（一五‐二三

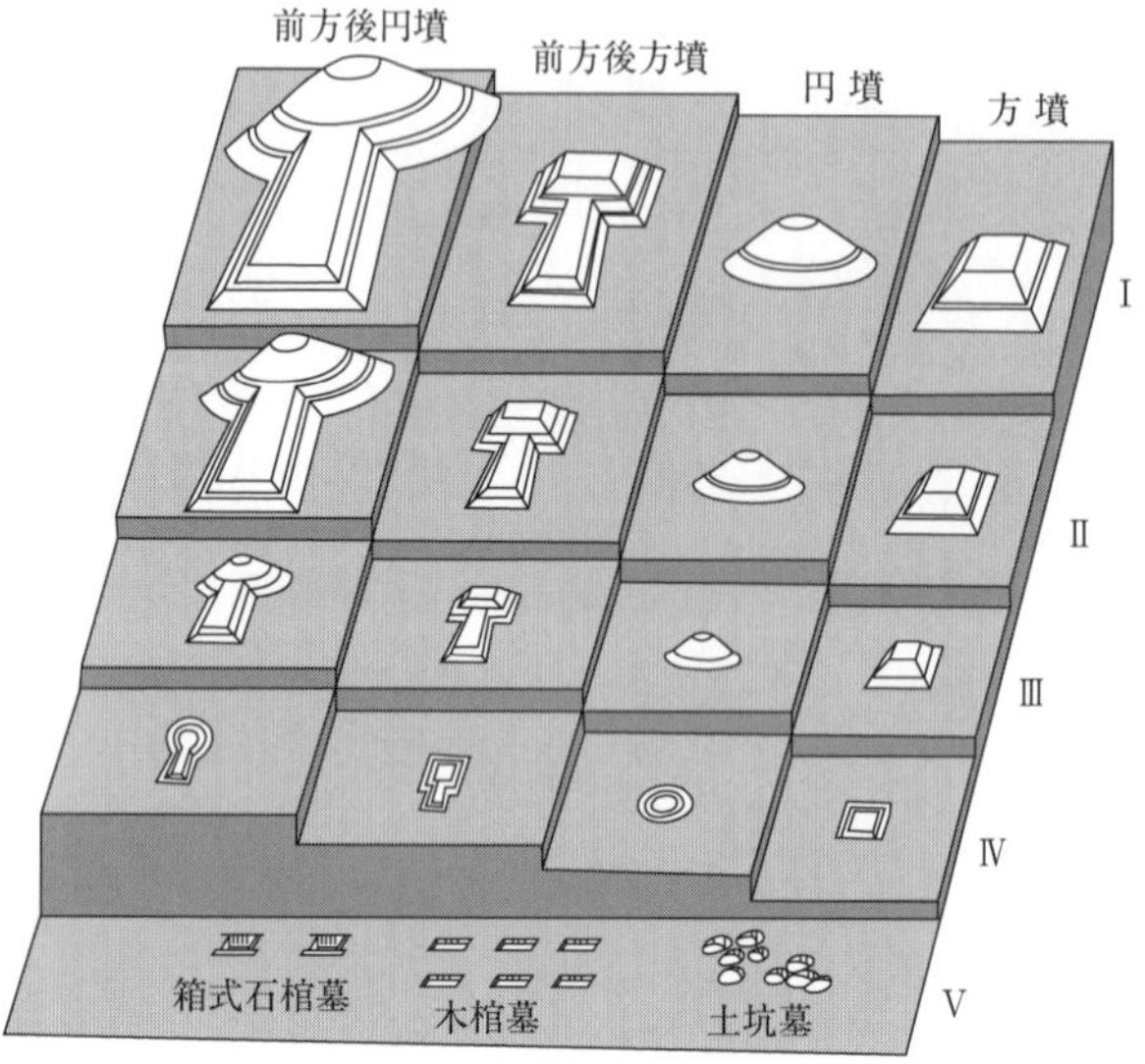

図 2-2　墳丘による身分表示

（出所）　都出比呂志『王陵の考古学』岩波新書，2000 年，24 頁.

頁）。

前章でも見たが、その「前方後円墳出現の震源地」は、「東の大和」（今の奈良県あたり）から「西の吉備」（今の岡山県あたり）にかけての「ベルト地帯」だという（一二頁）。

しかしながら、吉村武彦『ヤマト王権』（前出）は、異を唱えている。「考古学では定型的な企画で築造された前方後円墳の成立をもって、ヤマト王権の成立を説く研究者が少なくない」が、「統治権者たる王の所在地をはじめ、権力構造・統治内容が問題になる」、「権力の行使は王が居住している**王宮**から発せられる」ものであり、「王権論は王宮の位置を意識して組み立てねばならない」、「つまり、古墳の立地からヤマト王権を論じることは不可能なのであり、『古事記』の記述に表われる当時の政治的意識からしても、王宮の所在地をふまえた王権論を立てる見地が妥当である」。それでも古田は、「**前方後円墳体制**は倭国統合の象徴であり、統合された倭国の最終的な到達点である」ことを認めつつ、ただしその形成は「プレ・ヤマト王権」の段階であり、「前方後円墳体制の形成は、何よりも倭国の統合プロセスのなかに位置づけられる問題であり、ヤマト王権の成立問題とは、原理的に離して考える必要がある」と主張する。つまり、三世紀後半の「前方後円墳秩序の形成」を経て、四世紀前半に「ヤマト王権」が成立する、というのである（四八‐五一頁）。

広瀬《ひろせ》和雄《かずお》『前方後円墳の世界』（岩波書店・新書、二〇一〇年）は、まず「前方後円墳の時代」の時期区分については、「**前期**は三世紀中ごろから四世紀後半ごろ、**中期**は四世紀末ごろから五世紀後半ごろ、**後期**は五世紀末ごろから七世紀初めごろ。さらに前方後円墳消滅後の古墳時代**終末期**は七世紀前半ごろから八世紀初めごろ」としている（三頁）。広瀬の「年来の主張」は「古墳時代を〈**前方後円墳国家**〉とみるべき」というものである。「私は、〈一定の領域をもって軍事と外交、イデオロギー的共通性をそなえ、大和政権が運営した首長層の利益共同体〉を前方後円墳国家と呼びます（『前方後円墳国家』角川書店、一九九九）」（一九三頁）。そして、このような「国家」の中枢である「畿内五大古墳群」では、「一代一墳的に造営された墳長二〇〇メートルの巨大前方後円墳を盟主にし、各時期それぞれに中・小型の前方後円墳や円墳や方墳など、多数の古墳を随伴させ、〈階層構成型〉をとる」のであり（一三六頁）、これが畿内以外の地域にも及んでいって、全国的な秩序となっているのである。さらに、古墳時代の次に律令国家の時代がくるとはいえ、両者を内的構造の（変化をともないつつも）連続性でとらえるのではなく、古墳時代それ自体を「一個の独立した時代」としてとらえるべきだという（一九一頁）。

3　大王の時代（古墳時代）の社会

この古墳時代は、各地に「王」がおり、その中の「大王《おおきみ》」と呼ばれる者が、いわゆる「倭国の王」（倭王）である。

都出比呂志『王陵の考古学』（前出）は、「王」を「有力首長層」といい、それは「各地」と「中央」にあり、その中でも突出したものとして「大王」がいるとして、次のように描く。「筑紫《ちくし》、吉《き》備《び》、出雲《いずも》、毛野《けの》など**各地の有力首長層**は、それぞれの基盤となる地域の土地と農民を掌握して地域権力を樹立しているが、それは独立王国とはなりきれなかった。なぜなら鉄をはじめ自身の領域では自給できない必需物資の供給、あるいは中国や朝鮮半島の先進的文物を獲得する上での指導権は、三世紀の卑弥呼から五世紀の倭の五王にいたるまで、大和《やまと》や河内《かわち》に拠点をおく**中央の有力首長層**に握られていたからである。したがって各地の首長は、大王を頂点とする連合政権である倭国の政治センターに結集せざるをえなかった。／有力首長どうしの力のバランスが崩れたときには、中央の有力首長層のあいだで指導権をめぐって政変があった。それは四世紀後葉、五世紀初頭、五世紀後葉、六世紀前葉の四回あり、各地の有力首長層をまきこむ動乱になったことは、各地の首長層がその拠点に築いた代々の古墳の消長の様子を調べるとわかることである」（二五―二六頁）。

つまり、各地に有力首長層（王）がいて、それぞれの地域を掌握しているが、必要な物資や先進的な文物を入手するために、他の地域や中国・朝鮮などとの交流なしには地域は成り立たないので、その点で指導的立場を確立している中央の有力首長層のもとに結集していた、のである。しかし、中央の有力首長層も単一ではなく複数あって、相互の力のバランスのうえに中央権力が成立していた。これが「大王」であった。

都出は次のようにもいう。「前方後円墳体制の時代は有力首長の連合政権であり、人民支配は各地の首長を媒介とする間接支配にとどまっている。しかし、卑弥呼や倭の五王のように中国や朝鮮との外交権をもった中央権力は存在する。このような特色をもつ政治権力は、まさに形成されつつある国家であり、これを**初期国家**と呼びたい。したがって前方後円墳体制とは、日本における初期国家の政治秩序といえるのである」（二六頁）。

熊谷公男『大王から天皇へ』（前出）は、都出のいう「地方の有力首長層」を「有力地方豪族」、「中央の有力首長層」を「ヤマトの豪族」、「大王」を「倭王家」としつつ、次のようにいう。「五世紀の倭王権の構成は、**倭王家**を中心に、葛城《かづらき》・和珥《わに》などの**ヤマトの豪族**や、筑紫《つくし》・吉備《きび》・出雲《いずも》・紀《き》・上毛野《かみつけの》氏などの**有力地方豪族**が同盟を結んだ連合政権であった。この中で倭王家が優位を保持していたとはいえ、葛城氏などのヤマトの豪族や吉備氏などの地方豪族も大きな力をもっていて、内政や外交の枢要《すうよう》な地位を占めていた。六世紀以降の倭王権と比べると、王権の中枢に参画していた地方豪族が少なからずいて、ヤマトと地方との格差もそれほど大きくひらいてはいなかったのである」（九八頁）。これは、五世紀ころを描いたものである。

なお、政治経済の中心は、ヤマトから河内《かわち》、すなわち現在の大阪方面へと移動していった。「西暦四〇〇年前後に列島各地で大きな政治変動が起こった。中央では河内の重要性が高まり、王墓ばかりでなく王権の政治的センターや生産拠点、さらには氏族の拠点などの一定部分がヤマトから**河内**へと移動する。それに相前後して、列島各地でも在地首長の勢力交替が起こった。それには武力衝突がともなったようで、倭王権が有力メンバーを将軍として軍兵を派遣し、軍事介入することもあった」（二〇一－二〇二頁）。

また、平川南《ひらかわみなみ》『日本の原像』（小学館・日本の歴史二、二〇〇八年）は「六世紀になると、わが国の君主は、少なくとも国内では〈大王〉と呼ばれるのが一般化していたとみられている」とする（三九頁）。

吉村武彦『ヤマト王権』（前出）は、「日本古代は共同体の政治的意思が、首長に体現された**首長制社会**であり、首長たる王の意思が決定的に重要であった」こと、「ヤマト王権の首長は特定地域を代表するのではなく、王権を構成する氏族集団を統合する代表者として存在している」こと、などを指摘している（五八－六〇頁）。つまり、当時の首長（王）は、地域の代表ではなく、氏族集団（人びとのまとまり）の代表なのである。

4 「倭の五王」と大王

「倭の五王」については、これまでも「1 朝鮮・中国との交流」や「3 大王の時代（古墳時代）の社会」で触れてきたが、その最後の王「武《ぶ》」と見なされているのが「雄略《ゆうりゃく》天皇」であり、倭では「ワカタケル大王」と呼ばれていた。彼には物証がある。熊谷公男『大王から天皇へ』（前出）

は、次のようにいう。「ワカタケル大王が、国内で独自の〈天下〉観をもち、みずから〈治天下大《ちてんかだい》王《おう》〉と名のって列島支配を行っていたことを示す刀剣銘が二つ発見されている」。一つは、埼玉《さいたま》県行田《ぎょうだ》市の埼玉古墳群中にある稲荷山《いなりやま》古墳（墳丘長百二十メートル）から出土した鉄剣の銘が解読されたもので、「ワカタケル大王」の名が読みとられた。もう一つは、熊本県菊水《きくすい》町（現和水《なごみ》町）の江田《えた》船山《ふなやま》古墳の大刀銘で、これにも「ワカタケル大王」の文字があった。「二つの刀剣銘からみて、ワカタケル大王の時代に大王の支配の及ぶ世界を〈天下〉と観念し、列島の支配者を〈治天下大王〉と称するようになったとみられる。〈天下〉的世界の統治者としての〈大王〉の誕生である。この事実のもつ積極的な意味を正当に評価することなしには、この時期に倭国が冊封体制から離脱し、新たな外交政策を展開していくことの意味も理解できないと考える」（一一〇―一一三頁）。

森公章《もりきみあき》『倭の五王―五世紀の東アジアと倭王群像』（山川出版社・日本史リブレット・人、二〇一〇年）は、次のように述べている。「五世紀中葉には「王」であったが、「ワカタケル＝雄略＝倭王武の段階、五世紀後半には〈王〉を越える称号として〈大王《だいおう》〉が成立していることに注目したい」。そして、「〈ワケ〉は首長《しゅちょう》を意味する古語」であり、「〈ワケ〉を含む人名は四世紀後半～五世紀の人物に多い」こと、「〈天下〉は倭王の支配領域をさしており」中国皇帝の支配下である「天下」とは区別され、そこから離れた場所に、自らの「天下」を主張していると考えられること、「〈治天下大王〉の成立によって、倭国が中国王朝の冊封を受けなくても、独自に王権と国土を維持することが可能になったことは重要であり、そこに倭王武段階の一つの達成があった」ことを指摘している（六四―六七頁）。

5　首長制的土地所有

この時代の人びとは農耕を主としていた。それには土地が必要であり、一定の土地を占有していた。それはどのような形態であったか。渡辺尚志《わたなべたかし》・五味文彦《ごみふみひこ》編『土地所有史』（山川出版社・新体系日本史3、二〇〇二年）で「I　古代」を担当した小口雅史《おぐちまさし》は、研究史を紹介しながら、このことについて述べている。ここではその要点だけを噛み砕いて記すことにしたい。

律令国家には「公地公民制《こうちこうみんせい》」「班田収授制《はんでんしゅうじゅせい》」となるとするのが「通説」であるが、それはいわば「国家的土地所有」という理解になっている。そのことは別に検討するとして、ならばそれ以前の土地所有はどのようなものであったか。単純に「私地私民制《しちしみんせい》」すなわち「私的土地所有」であったとすることはできない。「私的土地所有」でもなく「国家的土地所有」でもなく、「**首長制《しゅちょうせい》的土地所有**」であった。古代日本を「在地《ざいち》首長制」の社会ととらえ、「地域の主権者たる在地首長のみがその共同体を体現し、すべての土地の領有者として存在するのであって、共同体成員はその分割地の占有者にすぎない」とする（石母田正《いしもだしょう》説）。「首長制的土地所有」は「共同体的土地所有」（竹内理三《たけうちりぞう》）と言い換えてもいい。

より具体的にいえば、次のようになる。日本古代においては、首長層がその地域の、支配領域の共同体を統一している唯一の代表者であり、その領域内の耕地、山林、原野、河海《かかい》などすべての土地の領有者として存在している。その共同体の成員は、その共同体に属し、その共同体と首長が領有している大地の一部（分割地）の「占有者」として存在している、そうとしてしか存在できない。共同体成員こそが直接的生産者であるが、首長はこれらの共同体成員の家族共同体を人格的に支配隷属させている。

6　鉄製農具と鉄製武器、乗馬

もともと人類社会には武器が伴っていた。しかし人間どうしの争いごとは、狩猟・採集・漁労の、縄文時代には考えられない。そのような争いごとは、生産に余剰があり、蓄積ができてくる、弥生時代以降のことである。

笹山晴生《ささやまはるお》『古代国家と軍隊―皇軍と私兵の系譜』（講談社・学術文庫、二〇〇四年、初出は一九七五年）によって時代を追って整理すればこうなる。まず「人間対人間の殺しあいが行われ、刀・槍・弓矢などが人間を殺傷するための武器として、狩猟具から独立して発展しはじめるのは、わが国では…西暦紀元前三世紀以後の、弥生時代のことである」。それは「稲作―農業生産の開始にともなう大きな社会変動のためである」。その「弥生時代の戦闘は、集落対集落の戦いであった」。「古墳時代にはいっても、しばらくのあいだは、首長層には弥生時代以来の農業共同体の代表者としての性格がつよくのこり、権力者としての側面はまだそれほどあらわではなかった」。

「しかしやがて、四世紀の末ごろになると、このような様相は一変し、古墳の被葬者である豪族は、軍事的指導者としての荒々しい風貌をあらわしてくる」。四世紀ころ、朝鮮半島における三国の争いに関わった倭国は、その経験を通して変貌を遂げていく。「古墳に埋葬される武器の様相は、四世紀末から五世紀にかけていちじるしく変化する」。「武器は量産され、その性能は向上し、戦法も変化したようだ。そして、その武力を最も充実させていったのは、中央の大和政権であった」（二二一-二二二頁）。そして、「成立期の大和政権は、奈良盆地およびその周辺に本拠をもつ有力豪族の連合政権的な性格がつよかった」とし、「大和政権が豪族の協力なしに、豪族配下の民衆を動員し組織することは、当時としては不可能であった。国家的な軍隊というべきものは、まだこの時代には成立していなかったのである」という（三二二頁）。大和政権の国家としての軍事力は、大和地方の豪族たちの軍事力を動かすもので、国家独自のそれはまだなかったのである。

笹山は、鉄製農具の普及による農業生産力の発達が、大家族が農業経営の単位となっていくことをうながし、それが小規模な円墳を生み出し、武器のあり方についても地方豪族の独占がくずれていくと、次のように述べている。「五世紀末以後のいわゆる後期古墳の一つの特色として、従来古墳が造られることのなかったような谷あいや海岸の地帯まで古墳の分布がひろがり、しかも直径十数メートル程度の小規模な円墳が無数に造られるようになったことがあげられる。これは、古墳を造ることが、豪族層ばかりでなく、さらにひろい階層にまで行われるようになったことを示すものである。おそらく**鉄製農具**が農民のあいだでひろく用いられるようになった結果、農業生産力が急速にたかまり、豪族の行なう農業経営のもとで駆使されていた農民のなかから、独自の農業経営を行なう**有力家父長層**が自立し、大家族が農業経営の単位となる傾向がつよまったのであろう。あらたに成立した小規模な円墳は、農民が造った家族単位の墓だったと思われる」。「六世紀代の小規模な円墳には、かならずといっていいほど、鉄刀などの基本的な**鉄製武器**が埋納《まいのう》されている。農民のあいだに鉄製農具が行きわたったことは、農村の手工業生産がすすんだことを物語るが、武器の面でも、地方豪族がその生産を独占する体制がくずれ、農民がそれぞれ武器を所有するようになったのであろう」（六八―六九頁）。

また、のちの武士の出現につながっていく様相は、次のごとくである。「もともとわが国で乗馬の風習がおこり、騎馬戦法が用いられるようになるのは、古墳時代中期のことで、馬を飼うのは大陸からの渡来人のしごとであり、大和・河内の二国には、これら渡来人の技術者が集中的に居住していた。これら渡来系の馬飼《うまかい》の技術者が、そのなかの有力者である馬飼造《みやつこ》を中心に組織され、朝廷に奉仕する体制がととのえられたのは、おそらく六世紀末から七世紀の前半にかけてのことであろう」。朝廷の軍事力の登場である。なお、「古代には武器のことをツワモノといった」という（七二―七三頁）。

7　部民制における「べ」と「カキ」

鎌田元一《かまだもとかず》「七世紀の日本列島―古代国家の形成」（岩波講座・日本通史・第3巻『古代2』一九九四年）は、「トモ（伴）の制度」が基礎になって、「部《べ》の制度」が形成された、という。「**トモ**とは王権に隷属し、王権に対して各種の人的・物的貢納の義務を負わされた服属集団」のことである。王権は、「中小の族長」を自らに服属させ、「王権に対する諸役の奉仕を義務づけ」る。それには、

「王宮への奉仕や労役の提供、あるいは特定物品の貢納」などが含まれる。それは「まず畿内の中小族長を」各種のトモに「組織することから始まった」。それは「王権の発生と同時に」始まったと考えていい。百済にならってトモに「部」という文字を当てたので、「それを音で〈**べ**〉と訓《よ》むことが一般化した」。つまり、トモはべになったのである。このような「部の制度」は、狩野久《かのうひさし》『日本古代の都城《とじょう》と国家』（東京大学出版会、一九九〇年）を引きつつ、「人間（集団）の人間（集団）による人格的な所有（隷属関係）」だという。そして、「五世紀代、とりわけ雄略《ゆうりゃく》朝」の時期には、「朝廷機構がいちじるしく整備され」、「また倭王武《ぶ》（ワカタケル＝雄略）」による「倭王権の全国支配が大きく進展した」とし、「この過程でトモ制の原理は全国に拡大され、王権に服属した各地の集団は、新たに大王の治世を象徴する王宮の名をその名に負い、王権に対する人格的隷属を強いられることとなる」という。しかしそれは、「諸豪族による人民の所有を前提とするところの王権への従属・奉仕の体制」であり、「諸豪族」を排除する体制ではなく、「諸豪族」を媒介する支配体制である。これを「**部民制**」という（五–七頁）。

井上光貞《いのうえみつさだ》『日本古代史の諸問題』（思索社、一九四九年）以来、「部《べ》」を①品部《しなべ》（ともべ）、②子《こ》代《しろ》・名代《なしろ》、③部曲《かきべ》の「三つの類型」に分けて理解されてきたが、「品部」は「部一般」のこと（津《つ》田左右吉《だそうきち》による）であり、「部曲」も「諸豪族の領有下にある人民（**カキ**）」だけでなく、「王権につながる中央・地方の諸豪族が所有する」ものも含まれる。すなわち「〈べ〉と〈カキ〉とは同一実体の上に重なりあって用いられる概念」であるとし、「〈べ〉（＝トモ）と〈カキ〉の表裏一体の関係」とも表現している（七–八頁）。

そして、「諸豪族は大王への従属・奉仕を前提として〈カキ〉の所有が認められ、それが〈べ〉として王権に組織されているのである」（八頁）、すなわち、中央と地方の豪族たちは、それぞれ自らの手元に隷属民である「カキ」を抱えているが、それは他面では「べ」として、王権にもまた所有されているという、二重の構造なのであり、そのことは王権が豪族たちの支えによって成り立っていることをも示しているのである。「このように、**部民制**は倭王権の全国的な人民支配の体制として成立しながら、諸豪族による重層的な〈カキ〉の所有という形態をとって実現されざるをえなかったところに、その構造的な特色がある」（一〇頁）。

なお、熊谷公男『大王から天皇へ』（前出）によれば、「**カキ**」は「民・民部・部曲などと書き、カキベ、カキノタミともいう」し、「〈カキ〉とは、垣根のカキに通じ、区画するという意味で、ここでは諸氏族によって区画され、囲い込まれた人間集団ということである」。熊谷は鎌田の説を紹介し、「鎌田氏によって、古代の部《べ》の研究は大きく進展したといってよい」とする（一七九-一八〇頁）。

8 屯倉制におけるミヤケ・田部

鎌田元一「七世紀の日本列島」（前出）は、「**部**の制度が人間そのものに対する支配であるのに対し、**屯倉**（**ミヤケ**）は土地支配をその本質とする」として、屯倉制論に移る（一〇-一四頁）。王権直属の田地を「ミタ」といったが、「御田」「屯田」とも書いた。したがって、もともとは

「倭王権発祥の地」である「大和国城上《しきのかみ》・城下《しきのしも》・十一《といち》各郡にまたがる地」にあったが、「その後五世紀以降の開発を通じ、大和ばかりでなく、屯田は畿内各地に設定された」。王権はみずから開発もしたが、「豪族の献上」を受ける場合もあった。「六世紀に入ると、西は九州から東は関東まで、全国的規模で屯倉が設置されるようになる。すなわち王権直属の地である畿内の屯田の原理が全国に拡大され、各地の国造の支配領域内に倭政権の直轄地支配が楔《くさび》のように打ち込まれていくのである」。

「ミタ」という名称は「田」を捉えてそれに尊称「御《み》」を付したものであるが、それには管理・経営のための「施設（館舎）」や、収穫した稲を収納するための「施設（倉・屋）」と、「耕作民」という人（「田部《たべ》」といわれる）が付属している。すなわち「それは田地・施設・耕作民の三者を一体的要素とする経済体であり、そのうちの建物施設に注目すれば、ミヤケ（御宅）ともよばれることとなる」。そして「一般豪族」のそれは単に「ヤケ」というのに対し、「大王」のそれには尊称の「ミ」がついて「ミヤケ」となる。

ミヤケの漢字表記は、「御宅」「三宅」「三家」などもあったが、『古事記』は「三宅」「屯家」「屯宅」を使い、『日本書紀』も大宝令・養老令も「屯倉」という表記に統一した。これは中国の用語「屯」を借りてきたものである。

熊谷公男『大王から天皇へ』（前出）の説明はやや異なる。「**ミヤケ**を〈屯倉〉と書くのは『書紀』のみで、『古事記』や『風土記』では〈屯家〉〈三宅〉〈屯宅〉〈御宅〉などと、さまざまに表記される。また『書紀』では〈**官家**〉という文字を用いることがある。このことに注目した館野和己《たてのかずみ》氏は、ミヤケを倉を中心とする経営体とだけ考えては不十分で、その本質はむしろ倭王権が多様な目的をはたすために国造等の領内においた政治的・軍事的拠点であるとし、中央から派遣された使者がそこで政《まつりごと》をとり、国造等の支配を行う拠点として機能していた、という説を提起した。もちろん、農業経営を主体にした朝廷の直轄領という説明は誤りではないが、それは多様なミヤケの一類型にとどまるというのである。筆者［熊谷─来間］は、この舘野氏の見解に賛意を表したい。というのは〈ミヤケ〉のミは天皇（大王）・朝廷や神に属するものにつけて尊敬の意を表わす接頭語、ヤケはヤカ（＝屋のあるところ）の変化したものであるから、ミヤケの語義は〈王権にかかわる建物（施設）のあるところ〉ということである。したがって、朝廷の使者がとどまって政務を執る施設ということであれば、〈ミヤケ〉とよばれておかしくない。そう考えると、『書紀』の〈官家〉という用字がもっともミヤケの性格を適切に表現していることになる」（一七六頁）。

9　国造・氏姓（ウジとカバネ）

熊谷公男『大王から天皇へ』（前出）は「六世紀前半に成立したと考えられる」国造《くにのみやつこ》について、次のように述べている。

「国造《くにのみやつこ》のミヤツコとは〈御奴〉、すなわち大王の下僕《しもべ》という意味で、倭王権が設置した地方官である」、「国造制が成立すると、地方豪族は国造という倭王権のツカサ（官）に任命されて在地支配を行うようになった。これによって国造は、王権の認める枠のなかで、しかも定められたクニの領域内の支配を行う存在となる」。国造の「領域内には必ず倭王権のミヤケや部が設置された」。地方豪族は、中央豪族の頂点に立つ倭の大王の支配下に組み込まれて「国造」（国の御奴《みやつこ》＝家《や》っ子《こ》）となったのである。「倭の王権（大王《おおきみ》）」―「国造（地方豪族）」―「部（部民）」という構造になる。ミヤケはすでにみたように、地方支配の拠点的施設であり、農業経営地でもあった（一七二―一七四頁）。

熊谷はさらに「ウジとカバネ」に触れる。「**ウジ**（**氏**）とは、蘇我・物部・大伴氏などの、主にヤマトとその周辺に拠点をおく中央の氏族集団のことである。それらは父系の系譜によって同族集団を構成する親族組織であると同時に、倭王権と一定の政治関係を結び、大王の政治的補佐や軍事・祭祀・特殊技能などに関係するツカサ（官）について王権の職務を分担する政治組織でもあった。ウジは、在地に農業経営の拠点であるヤケ（宅）と隷属民であるヤツコ（奴＝家つ子）を保有していた。しかしウジは単なる土豪、あるいは在地首長ではない。ヤケやヤツコもウジの重要な経済的基盤であったが、ウジをウジたらしめているのは、むしろ王権への奉仕の見返りとしての部＝カキの所有にあるといってよい」（一八二頁）。ここに「ウジは単なる土豪、あるいは在地首長ではない」とあるが、それはどういうことか。以前の在地首長は、もともと自らの部＝カキを所有していたが、その所有が今や「王権の支配機構」の一部となり、それに「依存」させられてしまったということである。

「ウジとともに、王権の職務分担組織の発展を示すものが**カバネ**（**姓**）の成立である。カバネとは、蘇我臣・物部連・上毛野《かみつけの》君などのように、ウジの名称のあとにつく臣《おみ》・連《むらじ》・君《きみ》・造《みやつこ》・直《あたい》・

首《おびと》・史《ふひと》などの称号のことで、ウジの王権内の政治的地位を示すものとされている」（一八三頁）。

こうして「六世紀の倭王権は機構による支配に大きくふみだしたが、支配機構の内部構造は、多分に人格的結合に依存したウジごとのタテ割り支配であって、多元的な君臣関係が広範に存在していた」（一八八頁）。つまり、支配―被支配の関係は、地域単位というよりは、それぞれの支配地域をもつ国造を間にして、人的に結ばれていたのであり、倭王権（大王）と国造、その国造と隷属民という人間関係であった。

こうして次のように総括される。「かつて列島各地に割拠していた地域勢力が、ヤマトを中心に吉備や筑紫・毛野などの勢力を中心に同盟を結んで倭王権を形成したが、しだいに優位を確立した大王家を中心とするヤマトの勢力が他の地域勢力を排除、ないしは取り込んで、支配者集団を構成するようになった」（一八六頁）。

第二節　四～六世紀の九州

1　北九州の古墳時代

柳沢一男《やなぎさわかずお》「九州古墳文化の展開」（下條信行《しもじょうのぶゆき》・平野博之《ひらのひろゆき》・知念勇《ちねんいさむ》・高良倉吉《たからくらよし》編『九州・沖縄』角川書店・新版［古代の日本③］、一九九一年）によれば、九州の古墳文化の特徴と変遷は、次のとおりである。「弥生後期前葉から中葉」（およそ一～二世紀）から「後葉から末葉」（およそ二世紀中葉～三世紀中葉）の墓制は、甕棺墓《かめかんぼ》が衰退し、箱型石棺や箱型木棺の混じりあった数十基程度の小規模な、墳丘《ふんきゅう》のない**群集墓**《ぐんしゅうぼ》を形成する。墓域は他と区別される。また、北・中部九州と南九州の日向灘《ひゅうがなだ》側には、あらたに**低墳丘墓**も出てくる。それには随伴土器として「近畿系の外来系土器」が多くなる。とくに「末葉」（三世紀）になると、前方後円・前方後方形墳丘墓も現われる。**定型前方後円墳**も、畿内から瀬戸内一帯にかけての成立期の一群からさほど遅れることなく、九州にも相前後して出現した。こうして、「瀬戸内・近畿と九州地方に共通する様相が強まった」。このことは、『魏志』東夷伝倭人条に描かれている「伊都《いと》・奴《な》国を中心とする北部九州勢力」が「衰退」し、「〈倭国乱〉を経て、畿内・瀬戸内勢力に統属された結果と考えられる」（一〇五頁）。これは、山尾《やまお》幸久《ゆきひさ》、白石太一郎《しらいしたいちろう》の説に同意したものである。

武末純一「国家への道」（前出、『福岡県の歴史』）も、同様に「九州の前方後円墳が、近畿《きんき》・瀬戸《せと》内《うち》地方からさほど遅れることなく出現した」と述べるとともに、「前方後円墳と居館から、古墳時代には各地に豪族がいたことがわかるが、福岡県下の豪族は二つの地域類型に分かれる」とし、「大和政権の勢力がはやくから強くおよんだ地域」（―直《あたい》、―県主《あがたぬし》、―君《きみ》と呼ばれる）と「独立性が高い」地域（―君《きみ》と呼ばれる）を指摘している。後者が「在地の大豪族」である。その状況のもとで、「一度は後退を余儀なくされた筑紫政権も、五世紀には独自の文化をつくりだすまでにふたたび成長していく」。そのなかで「一見はなやかな玄界灘沿岸地域＝対外交渉の最前線から一歩はなれて「大和政権に従属しつつ―武末により来間」、じっくりと新来の文化を消化し、広大な筑後平野の農業生産力を背景に、横口式家形石棺、装飾古墳、石人石馬に象徴される筑紫連合政権を再興し、逆に玄界灘沿岸地域を押さえはじめた在地豪族が**筑紫君**《つくしのきみ》であった」（二一六―二二三頁）。

しかしながら、この流れからは南九州は除かれている。柳沢に戻る。「前方後円墳の成立段階から半世紀ほどのち、南端の薩摩《さつま》半島と大隅《おおすみ》半島の錦江湾《きんこうわん》に面する一帯**を除いて**、高塚系墳墓としての古墳が出現し、四世紀中葉から後葉には、おおむね九州全域が前方後円墳に象徴される政治過程に突入したとみてよいだろう」。柳沢は続けて、「同時に、各地域の古墳の間に地域性がしだいに顕著となった」とし、「たとえば埋葬施設のうえでは、有明海東海岸を中心とする阿蘇《あそ》溶結凝灰岩《ようけつぎょうかいがん》製石棺、玄海灘沿岸域での横穴式石室、日向灘沿岸域の粘土槨《ねんどかく》や木棺直葬《もっかんじきそう》の指向性などが指摘できる」とする。このように「五世紀代の環有明海域の古墳文化は、強烈な独自性を保持しているが、…その形成や展開過程において、西日本各地勢力・ヤマト王権との強い関連を無視できない」し、

「六世紀前葉」の「磐井《いわい》の乱」をへて、「六世紀中葉には、…乱後の中・北部九州の勢力再編にあたって、ヤマト政権の一翼として肥後勢力が関与した」としている（一一七-一二四頁）。

2 磐井の乱

九州の北部、玄海灘に面する地域は、もともと朝鮮半島との交流が活発であった。半島から対馬・壱岐を経由して人びとが移り来るし、反対に九州や島々から半島に行き来する人びともあった。首長が生まれ、彼らの指導・牽引《けんいん》する国家が成立し、ヤマト政権（畿内政権）とは異なった道を歩んでいた。しかし、そのヤマト政権がしだいに力を増してきて、交流が深まり、また対立する局面も現われた。

五二七（継体《けいたい》二一）年に「磐井《いわい》の乱」が起こる。亀井輝一郎《かめいきいちろう》「磐井の乱の前後」（前出、下條信行ほか編『九州・沖縄』一九九一年）によって記す。ヤマト政権が「朝鮮・中国との交通手段の確保」をめざして「西国支配」に乗り出す。彼らはまず、瀬戸内海の中央部に位置する吉備《きび》の勢力（海の民）を「直接支配下に置」き、その延長線上に西国すなわち九州へと進出してきた。「朝鮮等の海外先進国との交通路を確保する」ために、それまで独自の動きをしていた「北部九州を中心とする在地勢力」を支配下に置こうとしたのである。乱の首謀者は「**筑紫君磐井**《つくしのきみ》」とされているが、「筑紫君は筑後川や有明海の支配と同時に、東は周防《すおう》灘や豊予《ほうよ》海峡の瀬戸内海への、また北は福岡平野から玄海灘に達する陸上交通の交叉する要衝《ようしょう》を抑える勢力であった」。反乱は平定された。これによりヤマト王権は、「支配的」ではあるが徹底しなかった「同盟関係」を、新しく築き直して、「西国統一と海上交通路の掌握、対外交渉の一元化を実現し、古代統一国家へと変容していくのである」（一三五－一五九頁）。

武末純一「国家への道」（前出）は、次のように述べている。「朝鮮半島へしばしば軍事介入し、その失敗のなかで、国内での一元支配的な体制づくりを強くめざしはじめた大和政権と、五世紀に伸長する地域政権とのあいだには、大きな軋轢《あつれき》がうまれた」。「こうした軋轢の頂点に、筑紫君磐井の乱がある」。乱の概要を述べたあと、「磐井の墓は、八女《やめ》古墳群のほぼ中央にある岩戸山《いわとやま》古墳で、北部九州では最大の前方後円墳である。筑紫政権の雄である磐井が、大和政権の象徴である前方後円墳を生前につくった点は、大和政権と一定の上下関係にあったことを示している」。「しかし、…石人石馬という独自の文化は筑紫・豊・火に広がり、六世紀の初めにはあらたに複室構造の横穴式石室もうみだされた」。大和政権は百済と結び、磐井は新羅と結んでいた。「大和政権と筑紫政権の対決は、避けられない歴史的な運命にあった」。勝利した「大和政権は、乱の平定後に各地に屯倉《みやけ》を設置し、乱の功労者の部民《べみん》や皇室部民の設置、軍事的な部民の再編成などによって支配体制を強化し、外交権の一元化も果たした。磐井の乱は、古代国家形成のための国土統一戦争だったのである」（二三一－二三八頁）。

武野要子《たけのようこ》『博多―町人が育てた国際都市―』（岩波書店・新書、二〇〇〇年）は、「磐井を武力で倒した大和政権は内政を強化し、かつ外交の一局集中をはたすことができた。…九州独立戦争は終わった。九州は中央であることを志向したが、その夢はあえなくついえさった。以後、九州は日本列島の西で、地域、地方として生きる道を模索することになった」としている（一三頁）。

3　「筑紫大宰」の登場

倉住靖彦《くらずみやすひこ》『大宰府』（教育社・歴史新書、一九七九年）は、「筑紫大宰の登場」を次のように描く。磐井の反乱（五二七年）を経て、「『書紀』の安閑《あんかん》二年（五三五）八月条には、北九州地方から関東地方にいたる諸国［引用略］に合計二六か所の屯倉《みやけ》を設置した記事が見られる」。「九州地方には、筑紫の穂波《ほなみ》・鎌《かま》、豊国《とよのくに》の媵碕《みさき》・桑原・肝等《かと》・大抜《おおぬく》・我鹿《あか》、そして火国の春日部《かすがべ》など八屯倉が設置された」（ルビは倉住）。「それらが瀬戸内海西端の豊前海岸地方から筑豊地方をへて玄界灘にのぞむ博多湾沿岸地域とをつなぐように位置していることに気づく」（三六―三八頁）。

そして、**筑紫大宰**（つくしのおおみこともち／ちくしのだざい）が出現する。「推古《すいこ》一七年四月、筑紫大宰は百済の僧など八五人が肥後国葦北津《あしきたづ》に来泊したことを奏上し、朝廷からは彼らの来たった理由を問うための使者が派遣された。この『書紀』の記事が筑紫大宰に関する史料的な初見であり、以後その名は『書紀』の記事にしばしばあらわれる」。「律令制的な国司制が整備されるにともなって、一定の目的を達したそれらは発展的に廃止され、やがて筑紫大宰のみが律令制的大宰府に再編継承され、ながく存続するのである」。「葦北津《あしきたづ》は現熊本県の最南部に位置しているが、景行《けいこう》天皇の巡幸伝承からもうかがわれるように、南九州地方における海上交通の要衝《ようしょう》であり、畿内古墳文化の波及状況からみて、遅くとも五世紀後半には大和朝廷に統属されていたようである」。「『書紀』

にみえる**筑紫大郡**《つくしのおおごおり》や**筑紫館**《ちくしのむろづみ》などは外国施設を応接するための施設で、大宰府鴻臚館《こうろかん》の前身と推定される」（四四-四七頁）。

武野要子『博多』（前出）は、まず、「大宰府といえば、学問の神様菅原道真《すがわらのみちざね》をまつる**太**宰府を連想する人がほとんどであろう。ここで取り上げようとしているのはその天満宮ではなくて、律令制の下にあった地方官庁としての**大**宰府である。大宰府は大化改新の後に、西海道《さいかいどう》の中央政府として設けられた」と述べつつ、平成一二年（二〇〇〇年）に発掘された「大宰府の前身と言われる**那**《な》の**津官家**《つのみやけ》の遺構」を紹介している。それによれば、比恵《ひえ》遺跡（福岡市博多区博多駅南）から「約六十メートル四方の柵の南北両端に倉庫群が並び、中央に広場を持つ大規模な構造が明らかになった」。「那津官家は、大和朝廷が北部九州の直接支配と対外交渉にのり出す歴史的転換の拠点である」。任《みま》那《な》・百済《くだら》支援軍出兵のための「兵站《へいたん》基地」（後方から支援する基地）であった。「『日本書紀』推古天皇十七（六〇九）年の記録に〈**筑紫大宰**〉と出てくる。七世紀初頭の筑紫に、外交・軍事を総括する施設があったというわけだ」（一三-一四頁）。

4　古墳時代の南九州と墓制

永山修一「鹿児島の黎明」（前出、『鹿児島県の歴史』）は、「ヤマト王権と南九州」という項を立てて、次のように論じている。「弥生時代の後期から、南九州から南島にかけて在地色の濃い土器がつくられるようになり、古墳時代に薩摩・大隅では弥生土器の系統を引く成川《なりかわ》式土器が用いられた。成川式土器は、甕型土器が突帯《とったい》と脚台《きゃくだい》をもち、全国的には消滅傾向にある大型の壺型土器がつくられ続けることを特徴としている」。「大規模な集落」もいくつも現われる。「五～六世紀の畑跡では、馬鍬《まぐわ》のような農耕具を用いて土をたがやした痕跡がみられ、イネ（陸稲）・アワ・ヒエを栽培していたらしい。この遺跡から出土した青銅製の鈴・鏡・陶邑《すえむら》［大和地方―来間］産の須恵器《すえき》、子持勾玉《こもちまがたま》などは権威を示す品と考えられ、こうした品を手にした**首長**の存在を想定できる」。古墳時代の須恵器は多数あるが、「他地域との交易などによって入手されたものと考えられる」（二七―二九頁）。**須恵器**とは、「古墳時代後半（五世紀）に大陸から伝えられた製陶技術と技術者によって作り出された陶質土器」。窯での製作と、高い温度と、ろくろの使用などの特徴がある（中村浩、『日本歴史大事典』小学館）。

南九州には、古来、熊襲《くまそ》や隼人が住んでいたといわれるが、熊襲は『古事記』に出てくるだけで、その実態は不明な点が多く、以下ではもっぱら隼人について記すことになる。

「隼人の墓制とされるものに、日向・大隅地方に分布する地下式横穴墓と、薩摩地方に分布する地下式板石積石室墓がある」と指摘されてきた（上村俊雄《かみむらとしお》「隼人の世界」、同上『九州・沖縄』、一八二―一九六頁）が、その後は否定された。

永山修一は「鹿児島の黎明」（前出）の中で、これとは異なった見解を提出している。奈良県立橿原《かしはら》考古学研究所附属博物館作成（一九九二年）の「高塚古墳・地下式板石積石室墓・地下式横穴墓・土壙墓《どこうぼ》の分布」図（三二頁）を示しつつ、「地下式板石積石室墓・地下式横穴墓・土壙墓は、南九州に特徴的な墳墓であるとして、熊襲《くまそ》・隼人《はやと》などと結びつけて理解される傾向が強かった。しかし、その分布域は隼人とよばれた人びととの居住地と重ならない部分も多いため、これら墓制は熊襲や隼人と直接結びつけずに、南九州の墓制としてまず評価していく必要があり、こうした点については今後の課題が大きいといわざるをえない」と述べている（三四頁）。

永山修一は、その一〇年後に『隼人と古代日本』（同成社・古代史選書、二〇〇九年）を著わし、南九州に焦点を当てて、しかも柳沢一男らによる近年の研究進展を踏まえて、次のように述べている。「前方後円墳に象徴される高塚古墳は、前期〜後期にかけて南九州で確認できるが、問題はその分布域の時期的変遷である」。前期には宮崎県域と、薩摩半島西岸を除く鹿児島県域に見られる。中期には宮・鹿両地域に三つの「巨大前方後円墳」が現われるほか、多くの古墳群が出る。ただし、「薩摩半島では前方後円墳は確認されず」という。後期には宮崎県域には現われるが、鹿児島県域には造られない。このほかの墓制については、ここではその紹介を省く（八−一五頁）。まとめて、「かつて古墳時代の南九州理解のなかで重視されてきた四つの墓制、なかでも隼人と関わって理解されてきた地下式板石積石室墓や地下式横穴墓は、必ずしも南九州のなかだけでは理解できるものではないことがわかってきている」とする（二〇頁）。

また「古墳時代を通じて営まれる大規模な集落遺跡が存在する」、日置《ひおき》市吹上町《ふきあげちょう》辻堂原遺跡（一〇七軒、二〇〇九年の調査で三〇軒）、指宿《いぶすき》市橋牟礼川《はしむれがわ》遺跡（一五〇軒）などである。「こうした集落の存在は、畑作中心の生産性の低い南九州という理解が、南九州全体に妥当するものではないことを示している」という。さらに「南九州では、土師器《はじき》化が顕著ではなく、弥生時代の伝統を引く形の在地の土器を使用し続ける」と指摘する（一八−一九頁）。**土師器**とは、「古墳時代以降に製作、

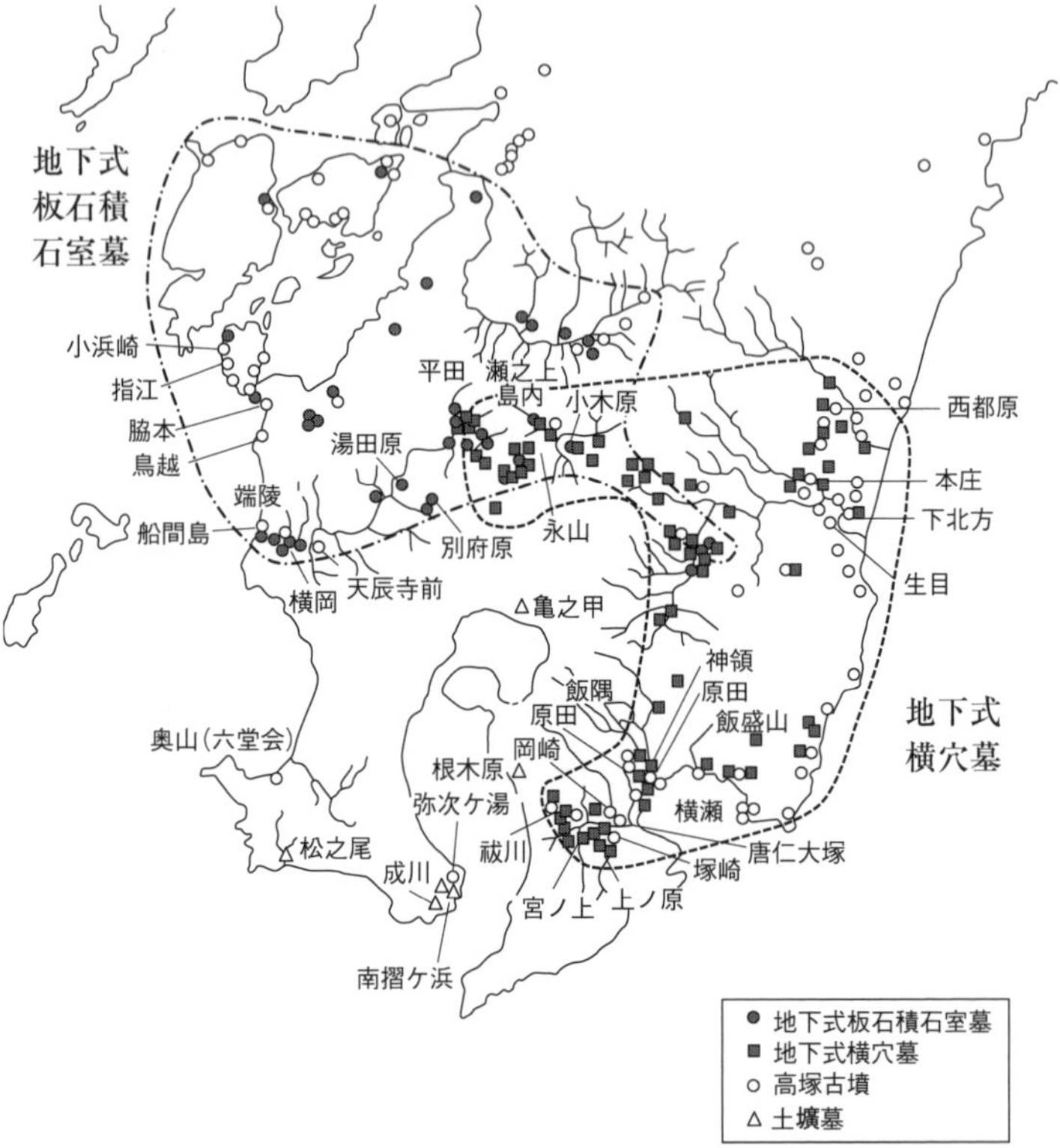

図 2-3　南九州の古墳分布

（出所）　永山修一『隼人と古代日本』同成社・古代史選書，2000 年，9 頁．『鹿児島県の歴史』（山川出版社，1999 年）に加筆．

使用された素焼土器《すやきどき》の総称」で、「轆轤《ろくろ》を使用しないで巻き上げで成形し、約八百度前後の温度で焼成したものと定義されている」（長谷川厚、『日本歴史大辞典』小学館）。

これらのわずかな「異質性」が、中央政権によって「隼人《はやと》」が「創出」される要因となるのである（一八―二〇頁）。

北郷泰道《ほんごうひろみち》「クマソ・ハヤトの墓制」（新川登喜男《しんかわときお》編『西海と南島の生活・文化』名著出版・古代王権と交流8、一九九五年）は、ここで論ずるのは「古墳時代の南九州に分布する独自の墓制」であって、それを（仮に）「クマソ・隼人の墓制」として扱うのであるとして、こう述べている。「〈熊襲・隼人〉の文字面と、考古学の成果が示す南九州の史資料との間には、まだまだ大きな距離が存在する」。具体的には、「南九州において六〇〇基に及ぶ地下式横穴墓が、これまでに発見されている。地下式横穴墓の形態は、実にバラエティに富んでいる」が、大きくは「妻入型」と「平入型」とに区分できる。「前方後円墳が畿内に一本化されようとする首長層の象徴」であるのに対して、「地下式横穴墓」は「平野部から内陸部の方向へ」しだいに縁が遠くなっていく。「前方後円墳の南下を阻んだ」のがこの「地下式横穴墓」である。「前史から畿内地方と強固な関係性を示し前方後円墳の存在する平野部の社会は、畿内化の波を受け入れたが、それに対して前方後円墳の存在しない内陸部の社会は、体制的には畿内の外に置かれながら、副葬品の武器・道具類の所有形態に見られるように、外から畿内を支える役割を担ったものと理解される」（一三七―一六七頁）。

同じ著書の中で、下山覚《しもやまさとる》「考古学からみた隼人の生活―〈隼人〉問題と展望」は、「地下式板石積石室墓」「地下式横穴墓」は、「構造上他地域に類を見ないもの」であり、今までは「墓制から地域の特殊性が強調され」ていたが、このような墓制が「存続した時期」と「〈隼人〉という用語が用いられた時期」とは一致せず、「隼人の土器」だとされてきた「成川《なりかわ》式土器」もそうとはいえず、「もとより、〈隼人〉とは他称であり、化外の民を指した呼称であることから、当時の都人の持っていた空間概念とわれわれ考古学の認知する物質文化の時間的、空間的まとまり・概念とを一致させようとすることは困難を極めるであろう」、そのことは当然に「予測される」ことであった、と述べている（一六九―一九九頁）。

5　古墳時代の隼人

永山修一は『隼人と古代日本』（前出）の中でも、「従来の墓制解釈がもつ問題性」を指摘した文献を紹介しており、それには、大平聡「南九州の墓制―『隼人』の社会」（『沖縄研究ノート』三号、宮城学院女子大学キリスト教文化研究所、一九九四年）、下山覚「考古学から見た隼人の生活」（前出）、永山修一「文献から見た『隼人』」（『宮崎考古』第一六号、宮崎考古学界、一九九八年）などがある（二一二頁）。永山はさらに、先の論考で「これら墓制は熊襲や隼人と直接結びつけずに、南九州の墓制としてまず評価していく必要があ」ると述べていたが、そのことについても「必ずしも南九州のなかだけで理解できるものではないことがわかってきている」という（二一〇頁）。

永山は、隼人に関するくわしい検討を経て、「おわりに」で、「あらためて、古墳時代以降の南九州の歴史的展開を簡潔にまとめておく」としている（二三七―二三九頁）。

「古墳時代の南九州は、中期までは副葬品などの面で全国的傾向と大きく外れることはないが、後期に入ると現在の鹿児島県本土域は地域的独自性を増していく。これが最終的に南九州の居住民を他と区別される存在として〈隼人〉に設定していく大きな要因となったと考えられる」。記紀には熊襲や隼人関係の記事が出てくるが、それは彼らが「服属すべき存在であることを根拠づけるためのものであった」。「実体をともなう隼人は、天武十一年(六八二)の朝貢開始とともに登場するが、隼人は、七世紀後期、律令体制建設に邁進《まいしん》する政府によって設定された〈擬似《ぎじ》民族集団〉であり、隼人は政府によって天皇の権威を荘厳《そうごん》するために朝貢を行うこととされた」(二三七―二三八頁)。

すなわち、古墳時代後期から表われてきた南九州の地域個性に着目して、近畿政権はその居住民を「隼人」として規定した。彼らはいまだ服属していないが、服属すべきものとしてあるとしたのである。そして現実に、この「擬似民族集団」(別の民族集団ではないが、そうであるかのように規定された集団)に対して、近畿政権は「朝貢」を行わせ、自らが東北のエミシ、南日本のハヤトを(そして朝鮮半島までも)服属させている「中華」であるとの体裁を整えていたのである。この中に、九州より南の島々を「**南島**」として位置づけることもなされていく(第五章)。

6　隼人とは何か

大林太良《おおばやしたりょう》「合流と境界の隼人世界の島々」は、大林自身が「著者代表」になっている『隼人世界の島々』(小学館・海と列島文化5、一九九〇年)の「序章」である。そこで「隼人世界の島々の六つの特徴」として、次のことをあげている。①「この地域に、日本の中の最も大きな文化の境界線、つまり本土の文化と琉球文化の境界線が、この隼人世界の南端を、つまりトカラ列島と奄美諸島の間を走っている」。②「この地域をあえて今回、隼人世界と呼んだことにも示されているように、ここは古代においては、中央の統制がなかなかおよばない独自の世界をつくっていた地域であることである」。③「薩南諸島は、大小多くの島々に分かれ、文化的にも共通点がありながら、また地域差もかなりあり、さらに政治的にも統一しがたく、分立する傾向がつづいていたことである」。④「隼人世界、またその島々は、本土の中央からみると辺境の地であるが、その一方においては、海外との交流も昔からあって、けっして孤立したところではなかったことである。このような海外諸地域との交渉において、一方では朝鮮、他方では中国江南が重要であった」。⑤「南九州本土と薩南の島々とが、いわば中央と辺境、表と裏のような関係にあったことである」。⑥「この地域の社会組織である。南九州、ことにその漁村や薩南の島々においては、東北地方のように同族組織が発達しているわけではない。むしろ家族をこえた、あるいはほかの方法による人間関係や社会組織において、いろいろおもしろい問題がある。その一つは、…二才《ニセ》の組織であるが、そのほか、一種の擬制的親族関係も発達している」（一二一―一二六頁）。

このように、大林らは、九州より南の島々、それも奄美諸島以南を含まない島々、トカラ列島までを「隼人世界の島々」と称しているのである。また、「隼人とは何か」、隼人が熊襲や肥人とどのような関係にあるのか、と自問して、自らの「民族学から見た古代九州」（大林太良・谷川健一編『西南日本の古代文化』大和書房、一九七七年）の要旨を掲げている。まず「肥人はヒビトではなくクマヒトと訓《よ》む説に賛成し、…肥人は熊襲の後身ではないか」と述べたという。そして「最近では、甲元真之《こうもとまさゆき》も同様な立場をとり、〈大和政権に反抗する段階では熊襲であり、征服されその支配体制の中に組み込まれると、肥人と呼称されるようになった〉と論じている」としつつ、「隼人は肥人と、したがって熊襲とは同一視されていなかった」、「甲元も、〈中央の支配機構の中に取り込まれた、肥人以南の地に住む人びとに与えられた総称とみなすことができる〉と考えている」と述べている（一四頁）。

つまり、以前は熊襲と隼人がいて、のち熊襲はヤマト政権に服属することとなり、肥人と呼ばれるようになるが、隼人はそれより遅れて服属するものの、隼人の呼称は残されたのである。

7　北九州海人族の東遷

山中英彦《やまなかひでひこ》「考古学からみた海人族の東遷」（前出『西海と南島の生活・文化』）は、「**海人**」［あまびと、と読むか—来間］すなわち「海に生活の糧を求めた古代の漁撈民」について、次のことを指摘している。

魏志倭人伝には「水人」とあり、記紀には「海人」「海部」「漁夫」「漁人」とある。「海人は、平時には多様な漁撈活動を展開し、必要に応じて航海民として、また、事が起これば水軍としての機能を持っている」。「魏志倭人伝に記された韓半島と倭国を結ぶ海上ルートは、北部九州の海人が、漁撈活動の長い歴史の中で拓いた道である。／農耕文化が普遍化していく中で、漁撈民としての海人はその特性が一層顕著となり、海に生きる特殊技術者として意識され、小国家の王にとって、その政治・外交を展開する上で不可欠の民となるのである。この傾向は、古墳時代には海人族が海部としてヤマト政権に掌握され、近世の海士《あま》や海女《あま》が領主のお抱えとなることに通じている」。北部九州の玄界灘地域には、典型的な王墓としての大型甕棺が集中しているが、それは「この地域が、農耕の先進地域で国産青銅器生産の中心地であったこととともに、**海上輸送組織**（**漁民集団**）を育成、掌握できた」からである（下條信行「瑞穂の国の成立」、『弥生農村の誕生』講談社・古代史復元四、一九八九年による）」という。また、古墳への副葬品として、**鉄製漁撈具**がきわめて多いことを示しつつ、これらの鉄製漁撈具は「古墳を造営し得た海人系の豪族層によって掌握されていたことが推定される」とも指摘している。そして、この「鉄製漁撈具で象徴される海人族の首長層の拠点が、北部九州から畿内に移動したこと、換言すれば、…海人族の東遷《とうせん》が窺《うかが》えるのである。また、盟主的な大型古墳を造営していることから、単なる海人ではなく、その統率者たる族長層であり、ヤマト政権下の卓越した海人系氏族が想定されるのである」。四～五世紀の鉄製漁撈具を出土した古墳の性格が、大和政権との直接的な政治関係の強い海人族をも統轄した首長墓であるのに対して、「北部九州に集中する六世紀代のそれは、自らも海人として活躍した海人族の族長墓である」といい、具体例を示して「島嶼部や沿岸部に位置し」ているとし、「いずれも小規模な古墳である」こと、したがって「攻撃と防御《ぼうぎょ》の両面から選ばれた軍事的な性格を有している」こと、これらは「刀剣類や鉄鏃《てつぞく》などの武器を伴っていることから、単なる海民的漁民ではなく、水軍を構成した**軍事的航海民**であったことがわかる」（一三一–六一頁）。

この論考の結論は、次のごとくである。『新撰姓氏録《しんせんしょうじろく》』によれば、畿内には筑前国糟屋郡《かすや》（又は志賀島《しかのしま》）を本貫地《ほんがん》とする安曇系《あずみ》、筑前国宗像郡《むなかた》を本貫地とする宗形（宗像）系、椎根津彦を祖とする**大和系**、**海部**《かいふ》**系**の四つの海人系氏族が多くみられる」。「かつては、奈良盆地は海に関係がない地域であったが、海人族の東遷にあって、多くの海人族が集住し、初期ヤマト政権の海上権掌握を支えた重要な拠点であったのである」。「海人系氏族が北部九州から畿内へ東遷し、初期ヤマト政権の海上権掌握を支え、国土の統一事業に寄与した」のである（六二―六五頁）。

8　古墳時代までの壱岐・対馬・松浦半島

九州でも、最北の地域は、朝鮮半島にきわめて近い。北から対馬島《つしま》、壱岐島《いき》、そして九州本土の松浦《まつうら》半島地帯である。朝鮮半島・釜山《プサン》からの距離は、対馬北端の比田勝《ひたかつ》まで五〇キロメートル弱であり、沖縄本島の那覇から名護まで（約六〇キロメートル）より近い。対馬は南北に長い島で、上県《かみあがた》島と下県《しもあがた》島からなり、その間に浅茅《あそう》湾というリアス式の、入り組んだ地形で風光明媚《めいび》な一帯がある。下県島のほぼ中間の東側に厳原《いずはら》があり、対馬の行政の中心都市をなしている。この位置は、政庁・大宰府との距離から定まったものと考えられる。厳原から壱岐までは約七〇キロメートルであり、壱岐から唐津《からつ》（松浦半島の一角）までは約四〇キロメートル、壱岐から博多までは約七五キロメートルである。

したがって、古来から中国大陸・朝鮮半島の文化は、人びとの渡来を伴いつつ、対馬―壱岐―松浦へと伝わってきた。時代を少しさかのぼって叙述することにする。

新川《しんかわ》登喜男《ときお》「海と山野の歴史を開く」（瀬野精一郎《せのせいいちろう》・新川ほか著『長崎県の歴史』山川出版社・県史42、一九九八年）は、次のように描いている。対馬にも、壱岐にも、「縄文時代の人びとの生活があった」。「対馬の縄文時代の土器は、朝鮮半島南部の土器との共通性が著しい」。対馬の弥生時代には、わずかとはいえ水田があったし、「指導者」もいた。壱岐の原《はる》の辻《つじ》遺跡は「約八〇㌶の範囲におよ」び、その前後につながる遺跡であるが、「弥生時代全般にわたる人びとの足跡が著し」いし、これが「『魏志』倭人伝にいう〈一支国〉の中核をなしていたことは間違いあるまい」。そして「ヤマト王権の時代」。対馬では、四世紀後半以降になると「畿内《きない》型の前期古墳が出現する」、「ヤマト王権に深く傾斜していく首長」が「うまれていたのである」。壱岐では、五世紀後半に「大塚山《おおつかやま》古墳」（円墳）や「対馬塚古墳」（古形の前方後円墳）がつくられ、六世紀末から七世紀にかけて、「双六《そうろく》古墳（県下最大の前方後円墳）、笹塚《ささづか》古墳、鬼《おに》の窟《いわや》古墳（県下最大の円墳）など「後期古墳が集中して」いる。六世紀以降、「ヤマト王権と緊密な関係をうみだした首長が成長してきた」とみられる。「九州方面の住吉神社」は、「筑前国那珂《なか》郡、壱岐島壱岐市、そして対馬島対馬市に分布する」ことは、「六世紀にはいって、那津のミヤケ〔那津官家《なのつのみやけ》―新川により来間〕を起点としたヤマト王権が、壱岐・対馬ルートで朝鮮半島と軍事活動を含んだ関係を緊密にした時期の痕跡であろう」。また、九州本土の松浦郡の島々にも「後期古墳」はみられるし、「ヤマト王権に取りこまれた在地の多くの小勢力」や、一方「朝鮮半島伽耶《かや》地域と交流をもった人びと」の存在も想定される（一〇-四〇頁）。

また、佐伯宏次《さえきこうじ》編『壱岐・対馬と松浦半島』（吉川弘文館・街道の日本史49、二〇〇六年）は、次のような史実を指摘している。八世紀にまで及んでいるが、ここに掲げる。

①「縄文時代前期の九州地方に広く分布する曾畑《そばた》式土器は幾何学《きかがく》文様を沈線《ちんせん》で刻んだ丸底の土器で、古くから韓国櫛目文《くしめもん》土器との関係が指摘されていた」。櫛目文土器は南下してきて曾畑式土器の成立に影響を与えた。その曾畑式土器も変化しながら、「渡具知東原遺跡《とぐちあがりばる》など沖縄まで南下している」、つまり「これは、朝鮮半島から対馬・壱岐・松浦・西九州・奄美《あまみ》・沖縄への南下のルートの存在を示しているのである」。②「九州の縄文人」は、「韓国南部の多島海地域」にまで、「おそらく近くの漁場の延長として」北上していたであろう。また北からは「韓国有文土器人」が対馬・壱岐まで下ってきて、「生活痕跡を残している」。それは「九州本土」には到らない。③壱岐では、「縄文時代のものはごく少量確認されているにすぎない」が、「弥生時代には韓国系の土器がかなりの量が出土している」。④「朝鮮半島南部の多島海、西北九州の多島海」には、共通の文化圏が成立していた、それを「環《かん》対馬海峡漁撈文化圏」といっている（五八‐七〇頁。①～④の執筆は木村幾多郎《きむらきたろう》）。

⑤八世紀の「律令国家《りつりょうこっか》の時代」には、「行政区分」として「対馬・壱岐はそれぞれが国に準じる〈島〉であり、国司ならぬ島司《とうし》がおかれ、［国分寺ならぬ―来間］島分寺《とうぶんじ》が設置された」。⑥「五島［列島―来間］は南海との交流がさかんで、古くから装飾品などの材料としてもたらされるゴボウラ貝・イモ貝を、朝鮮半島や日本列島に運ぶ〈海の道〉の中継基地となっていた」。⑦「倭人伝の末盧《まつら》国以来、松浦の中心は壱岐との交通が便利な唐津湾周辺であった。ところが六世紀になってヤ

マト政権の九州における対大陸用の基地として那津官家が博多奥部に設置され、七世紀には大宰府が成立する。外交窓口は限定するのが国防上も重要である。このため松浦は対外拠点としての意義を弱め、大陸へ向かう一通過点となった」（七〇-七七頁。⑤~⑦の執筆は細《ほそ》井《い》浩志《ひろし》）。

9　中国史書における台湾の初見と「流求」

なお、田中聡《たなかさとし》「蝦夷と隼人・南島の社会」（歴史学研究会・日本史研究会編『日本史講座　第1巻・東アジアにおける国家の形成』東京大学出版会、二〇〇四年）は、「毛人・隼人・流求人の登場―三世紀~七世紀前半―」と題して、次のことを指摘している。のちの「**流求国**」論と関わりがあるので、ここで紹介しておく。

「文献史料上、後の夷狄《いてき》に連なる地域・人々にかんする、一定の実態を伴った記述と思われるものが初めて現れるのは三世紀以後である。『三国志』呉書呉主伝には魏の黄龍二年（二三〇）、三国［魏《ぎ》・呉《ご》・蜀《しょく》―来間］の呉が会稽東冶《かいけいとうや》の東方海上にある夷州《いしゅう》・澶州《せんしゅう》を征討したことを伝える。／呉軍は遠方の澶州には至ることができず、夷州の数千人を捕虜として帰還した。ここでの夷州はのちの**台湾**、澶州はのちの**済州島**（あるいは**種子島**）にあたる。この時従軍した沈瑩の実録に基づく地誌と考えられる「臨海水土志」（『太平御覧』巻七八〇・四夷部・東夷一所引）によれば、夷州は臨海《りんかい》郡（現在の浙江《せっこう》省臨海）の東南二〇〇〇里にあり、〈土地に雪霜《せっそう》無く、草木《そうもく》死せず。四面は是れ山。山夷衆《あつ》まりて居する所なり〉という」（二七〇頁。ルビは来間）。「夷州」すなわち台湾は、雪が降らず、霜も降りず、草木は年中青く、山ばかりの地形で、「山夷」すなわち狩猟民族が住んでいる所である、ということであろう。

ここに出ている台湾や種子島が、夷州・澶州として、ともに扱われていることは注目される。三世紀ころにはこれらがはっきりと区別されることなく、ただ夷の所、澶の所とばくぜんと捉えられていたのである（「州」という語は、後には九州・州県などの行政区分に使われるようになるが、当初は「水流によって自然に区画されている地域」をいった――白川静『字統』）。そして、これらを攻めて数千人を捕虜として帰還したことと併せて、第四章でみる七世紀の「**流求**」観につながっている。

第三章　律令国家の誕生（飛鳥時代）

第一節　七世紀の日本

1　律令国家の成立と古墳時代の終末

古墳の規模で権威を表わす時代は、新たな権威の象徴が生まれることによって終末を迎える。都出比呂志『王陵の考古学』（前出）によって叙述する。「六世紀の末、前方後円墳は全国でいっせいに終焉をむかえる」。「六世紀後半から七世紀の初頭において、巨大な方墳と円墳が大王や有力豪族の墳形として採用されたが、白石太一郎氏は方墳は蘇我《そが》氏および蘇我氏を外戚《がいせき》とする大王の墓であり、円墳は物部《もののべ》氏などの非蘇我系の有力豪族のものと解釈する。蘇我氏は五八七年（用明《ようめい》二）に物部氏を滅ぼして中央政権を掌握したが、屯倉《みやけ》における戸籍の編成や、仏教を積極的に採用するなど、新しい政策を次々に打ちだした彼らだからこそ、伝統的な前方後円墳を廃止して新しい方墳を採用できたのだと思われる」（二七－二八頁）。すなわち、蘇我氏が「屯倉における戸籍の編製や、仏教を積極的に採用するなど、新しい政策を次々に打ちだした」ことを背景として、それまでの権威を乗り越え、「伝統的な前方後円墳を廃止して新しい方墳の採用を断行」したのである。その白石太一郎は「日本史のあけぼの」（前出）で、「前方後円墳の造営停止がたんなる墓制の変革にとどまるものではなく、首長連合体制にかわるヤマト王権による直接的な地方支配体制の樹立と一連の出来事であったことは疑いなかろう」と述べている（五三頁）。

そうして、「七世紀後葉に律令国家が成立すると、それまでの大王は**天皇**と称号を変えて絶対者となり、官僚機構と、律と令からなる成文法をもち、人民を戸籍で掌握して個別に支配する、官僚王制とでもいうべき制度的に整った国家となった」（二六頁）。

都出は、世界各地の王陵（前方後円墳、始皇帝の陵、ピラミッドなど）についてその共通点を指摘しつつ、「王陵は、支配機構が未成熟な段階において、神格化された王の宗教的権威によって民衆をまとめ支配するという初期国家の段階を特徴づけるものといえよう。王の宗教的権威によって民衆を支配する必要がもはやなくなった**成熟国家**の段階に達したとき、王陵はその存在意義を失ったのである」。「日本の場合、前方後円墳が終焉《しゅうえん》をむかえる六世紀末は、律令国家への本格的な歩みが始まった時期であった。エジプトでファラオの墓としてのピラミッドが衰退し、目立たない横穴墓が王家の谷に集中した時期は、官僚機構を整備した新王国の出発の時代であった。また、ヨーロッパでバイキングの王の大きな円形墳が消滅する十世紀は、成文法をもった古代国家が誕生する時期であった」（一五六頁）。

熊谷公男『大王から天皇へ』（前出）も、次のように述べている。「近年の考古学の研究で、古墳時代の初頭から築造されつづけた前方後円墳が、六世紀末から七世紀初頭にかけて列島各地でいっせいに造られなくなってしまうことが明らかとなった。五世紀以来の社会構造の変化に加えて、倭王権による国造《くにのみやつこ》や伴造《とものみやつこ》の任命、部民の設置などによって旧来の首長の権力が弱められ、それまでのように首長が多数の農民を動員して巨大な首長墓を造営することができなくなったことが、その原因の一つと考えられる。端的にいうと、国造制の成立が、〝前方後円墳の時代〟の終わりに追い打ちをかけたことになったのである」（一九〇頁）。国造制については、前章第一節9で扱った。

2 「蘇我政権」の時代

五九二年に蘇我《そが》氏に支えられた推古《すいこ》（天皇）が即位し、飛鳥《あすか》時代に入る。宮都は次々に遷《うつ》っている。豊浦宮《とゆらのみや》、小墾田宮《おはりだのみや》、飛鳥岡本宮《おかもとのみや》、飛鳥板蓋宮《いたぶきのみや》、難波長柄豊碕宮《なにわのながらのとよさきのみや》、後《のちの》飛鳥岡本宮、近江大津宮、飛鳥浄《きよ》御原宮《みはらのみや》などである。このうち難波と近江に遷都した時期もあるが、他はすべて飛鳥の同じ場所、「伝承板蓋宮跡に所在した」（前出、熊谷公男『大王から天皇へ』二八三頁）。

この時代については、推古天皇の下、その皇太子である厩戸皇子《うまやどのおうじ》（没後に聖徳太子《しょうとくたいし》と呼ばれた）と、大臣・蘇我馬子《そがのうまこ》の「共治」であったとされる。事績としては「中国王朝（隋）との新たな国交開始、仏教の積極的導入、冠位の制定」などがあげられる。鎌田元一は「厩戸の立太子についてはこれを疑う見方もあるようであるが、筆者はその事実を認めてよいとする立場をとる」という（前出、鎌田「七世紀の日本列島」、一六頁)。吉川真司《よしかわしんじ》も「伝承［聖徳太子伝承―来間］の核には聖徳太子の政治権力と仏教信仰が確かに存在しており、それ自体はやはり史実として認めるべきであろう」と述べている（吉川真司『飛鳥の都』岩波書店・新書・シリーズ日本古代史③、二〇一一年。三五頁)。しかし、「聖徳太子」については伝説と史実との仕分けが難しく、近年ではその存在は強調されてはいない（例えば前出、熊谷、二一三―二二一頁)。

この間、遣隋使として小野妹子《おののいもこ》らが、また犬上君御田耜《いぬがみのきみみたすき》（御田鍬）らが送られ、犬上は遣唐使にもなっている（小野妹子は、「流求国」に関わっても出てくる、次章)。

蘇我氏は六世紀末に物部《もののべ》氏を倒し、仏教を「国教」にまで押し上げていくことに力を尽くし、その権勢は七世紀半ばまで続く。「蘇我政権」の時代としてもよいかもしれない。「推古朝の政権中枢部は、…〈推古天皇―聖徳太子―蘇我馬子《うまこ》〉という蘇我色の濃いもの」であった（前出、吉川『飛鳥の都』一七頁)。

六二八年に推古女帝が亡くなると、次期王位をめぐって対立が生じ、馬子の子・蝦夷《えみし》は対立候補を刺殺し、かつぎ上げられた舒明《じょめい》（天皇）は六四一年に亡くなり、また後継をめぐって対立が起こり、蝦夷の子・入鹿《いるか》は、やはり対立候補をその一族とともに滅ぼしている。ただし、鎌田は「蘇我大臣家は決して王権そのものを否定しているわけではない」ことに注意を促している（二一一頁)。

3　中国・朝鮮の情勢と倭国・流求国

朝鮮半島（韓半島）では、五六二年に「加羅《から》」が亡び、北の「高句麗《こうくり》」、西の「百済《くだら》」（ひゃくさい）、東の「新羅《しらぎ》」（しんら）と、三国が競り合う形となっていた。また中国大陸では、五八一年に「隋《ずい》」が成立し、久しぶりに統一王朝の誕生となったが、六一八年には「唐《とう》」が興り、隋を滅ぼす。隋は高句麗を圧迫し、高句麗は百済と新羅を攻める。このような時代であった。

　隋とはどのような国であり、またその煬帝《ようだい》とはどのような皇帝だったのか。砺波護《となみまもる》「宗教国家の隋王朝」（砺波・武田幸男《たけだゆきお》『隋唐帝国と古代朝鮮』中央公論新社・文庫・世界の歴史⑥、二〇〇八年。初出は一九九七年）は、次のように述べている。「即位した年に、みやこの長安《ちょうあん》から四〇〇キロ東の洛陽《らくよう》ちかくまでの水路を改修させた」。その長さは「およそ五〇〇キロ」にもなった。また「宏《こう》壮《そう》豪華な苑囿《えんゆう》（庭園）を造営した」。副都・東京《とうけい》（東のみやこの意で、場所は洛陽）を造成した。大業律《たいぎょうりつ》を発布した。そして、「煬帝の関心は東南アジアへも［四方に及んだが東南アジアへも―礪波により来間］及んだ。まず即位した直後の六〇五年に林邑《りんゆう》［チャンパ―来間］に向かって軍をおこした。そのころはヴェトナム北部までが中国領で交州《こうしゅう》といい、その南のヴェトナム南部が林邑と称する独立国であった。隋は陸軍と海軍の共同作戦でそのみやこを占領し、林邑は隋の朝貢国となった。六〇七年には、常駿《じょうしゅん》を東南アジアの赤土《せきど》国に派遣した。赤土国の位置については、諸説があって一定しない［マレー半島の南端か―来間］。同年、煬帝は使者を派遣して**流求国**に朝貢をすすめた。流求国についても、台湾か、沖縄か、はたまたフィリピンあたりなのか、これも定説はない。翌年三月に、遣隋使の小野妹子《おののいもこ》が煬帝に謁見《えっけん》したのは、…東都の洛陽においてである」（二〇五頁）。このことは、本書第四章で扱う。

鐘江宏之《かねがえひろゆき》『律令国家と万葉びと』（小学館・日本の歴史三「飛鳥・奈良時代」、二〇〇八年）は、次のようにいう。朝鮮半島の三国は、六世紀末には隋に朝貢《ちょうこう》して冊封《さくほう》を受ける。倭も六〇〇年に隋に使者を派遣するが受け入れられず、改めて六〇七年に小野妹子《おののいもこ》を派遣した。このとき、その国書には「日出《い》ずる処《ところ》の天子、書を日没《ぼっ》する処の天子に致す。恙《つつが》なきや」となっていて、隋の煬帝《ようだい》を怒らせた。怒ったのは、「日の出と日没の対比」にあるのではなく、自らをも「天子」と称していることにあった。それでも隋は、「翌年、帰国する小野妹子に伴わせて裴世清《はいせいせい》を倭に送り、国書をもたらした。結果としては、倭にとって収穫はあったのである」。また、それ以降は留学《るがく》生《しょう》や留学《るがく》僧《そう》を隋に派遣することが受け入れられた。鐘江は、これにより朝鮮半島を介しない中国とのルートが開かれたが、なおまだ「国内の政治を動かしている大多数は、朝鮮半島系の知識をもつ人々であり、朝鮮半島からやってきた人々とその子孫、そして彼らのやり方を学んだ人たちであった」という（七四-七五頁）。

4 「律令国家」とは

日本がめざした「律令国家」のモデルは、もちろん中国にあった。砺波護「宗教国家の隋王朝」（前出）は、次のように述べている。「隋から唐の前半期にかけては、**律令体制の社会**であった。それは律《りつ》（刑法）、令《れい》（行政法・民法）、格《かく》（臨時法）、式《しき》（施行細則）のかたちで公布された法制を根幹とし、〈均田法《きんでん》〉とよばれる土地制度、〈租庸調《そようちょう》制〉とよばれる課税体系、〈府兵《ふへい》制〉とよばれる軍事制度、郷《きょう》—里《り》—保《ほ》と村《そん》（あるいは坊《ぼう》）—隣《りん》—系統に組みなおされた村落制度の四つによって、人びとをもれなく把握し、支配しようとする新体制であった。この体制こそ、政治権力を中央に集中するための基盤であり、その上に三省六部《さんしょうりくぶ》を中核とする中央政府が存在し、地方では州県制が維持されて、国家が形づくられていたのである」（二二〇頁。ルビは砺波）。

「土地制度の〈均田制〉」は、「国家が一定の均等規模の土地を人びとに支給するのを建前とする」。これを給田《きゅうでん》という。人びと（良民《りょうみん》）は、丁男《ていだん》（成人男子）・中男《ちゅうだん》（年齢による区分がある）・老男《ろうだん》（六十歳以上）に分けられ、給田の規模に差が設けられた。また、「課税体系の〈租庸調制〉」は、**租**《そ》としては粟《ぞく》、**調**《ちょう》としては絹・綿・麻などの反布、**庸**《よう》とは「正役《せいえき》」（労役）を定めてあるが、それをせず、代わりに反布で納める場合をそういった。このほか、**雑徭**《ざつよう》（軽い労役）もあり、負担する階層が決められていた。これに**軍役**《ぐんえき》も加わった。軍役は地域によって課されない所があった（負担の格差）。人びとは「戸籍」と「計帳《けいちょう》」で管理された（二二〇-二二四頁。ルビは砺波）。

しかしながら、建前と実態にはかなりの開きがあった。「もともと、唐初において均田制が実際に実施されたのは、華北のごく一部の地方にすぎなかったと考えられる。律令制の建前としては、授田の見返りとして租庸調と雑徭からなる公課をとることになっていたが、唐初の一般農民は、受田のいかんにかかわらず、公課を納める義務だけは果たさなければならなかった」。また、軍役負担の地域格差は、負担のない地域への逃亡を促進した。この律令制度の手直しは、つぎつぎに実施されていった（二四〇-二四一頁）。

なお、李成市《リソンシ》『東アジア文化圏の形成』（山川出版社・世界史リブレット、二〇〇〇年）は、例えばこの律令体制を、もっぱら中国と日本の関係でのみ形成されたとみるべきではなく、この時代は日中の交流はさして密ではなく、むしろ新羅を通じて受容したとすべきだと指摘している。また、例えば「日本語の語順によって漢文を読みかえる転倒読法（訓読）は日本人の独創であると考えられがちであるが、近年、朝鮮（高麗時代）における訓読法の存在を立証する資料が発見され、その存在はほぼ確実となっている。それだけでなく中国東北地方の民族である契丹《きったん》人や女真《じょしん》人のあいだでも訓読のおこなわれていたことが明らかにされている」という（六一－七〇頁）。

5　白村江の敗戦、東アジアの新しい国家関係

六一八年に隋が倒れ、唐が建国されると、また高句麗への圧迫が強まった。高句麗は百済と結び、新羅が唐と結んで百済を攻めた。百済は倭に救援を求め、倭はそれに応えて、六六三年に白村江《はくそんこう》（はくすきのえ）で百済とともに唐・新羅連合軍と戦ったが、大敗して退却した。これが倭にとって転機となる。

なお、「高句麗」は「こうくり」と読まれてきたが、現地音は「コグリョ」であり、「百済」は「くだら」と読まれてきたが「ひゃくさい」ともいい、現地音で「ペクチェ」であり、「新羅」は「しらぎ」と読まれてきたが、現地音の「シルラ」に近い「しんら」ともいう。「白村江」が「はくすきのえ」と読まれてきたが、「はくそんこう」ともいうようになったことと同様である。今では多くの教科書に両音が併記されている。

鐘江宏之はいう。「大陸からの追撃を恐れた倭《わ》は、筑紫《つくし》に**大宰府**《だざいふ》を築いてここを拠点に防衛線を張る。対馬《つしま》［金田城《かねたのき》―来間］から九州北部［後出―来間］、瀬戸内海沿岸、さらに大和《やまと》の西にあたる生駒《いこま》山地の高安城《たかやすじょう》や近江《おうみ》の三尾《みお》城まで、畿内・近江を結ぶ間に点々と分布する朝鮮式山城《やまじろ》は、旧百済《くだら》から日本［倭―来間］に身を寄せた人々の協力を得て造営された。朝鮮三国では山城をつくる技術が発達しており、倭では百済からの技術者の知識・技術を利用して、防衛線を築いていった」（七七-七八頁）。

渡辺晃宏《わたなべあきひろ》『平城京と木簡の世紀』（講談社・学術文庫・日本の歴史04、二〇〇八年。初出は二〇〇一年）も、七世紀末から八世紀初めには「城柵《じょうさく》修理の記事が多いことが目につく」として、「越後国《えちごのくに》や佐渡《さど》国に石舟《いわふねの》（盤舟）柵《さく》（現在の新潟県村上市付近か）」、「大野城《おおのじょう》・基肄《きい》城・鞠智《きくち》城（いずれも大宰府防衛のために白村江の戦いの敗戦後に築かれた朝鮮式山城《やまじろ》）」、「三野《みの》城と稲積《いなつみ》城（これらも大宰府防衛のための山城か。遺跡としては未確認）」［これらは九州北部に位置する―来間］、「河内平野と飛鳥盆地を結ぶ軍事拠点である高安《たかやす》城」の修造・修理を挙げ、「これらは、防衛を固めて律令国家の版図を維持・確定する施策の一環として理解することができる」と述べている（四二頁）。

唐・新羅連合軍は、白村江での戦いに勝利して五年後の六六八年、今度は高句麗を滅ぼした。朝鮮半島で唯一の国となった新羅は、次には倭と連携しそれを支えとして、逆に半島の旧百済地域に居残った唐軍を退却させた。**統一新羅**の誕生である（六七六年）。さらに、「六九八年には新羅の北に渤海《ぼっかい》［バレ―来間］が成立して、七〇五年からは唐とも国交をもつに至る。東アジアにおいては、唐・新羅・渤海・日本の四か国がそれぞれの版図《はんと》を占める状況が、二〇〇年ほどの間、続いていく

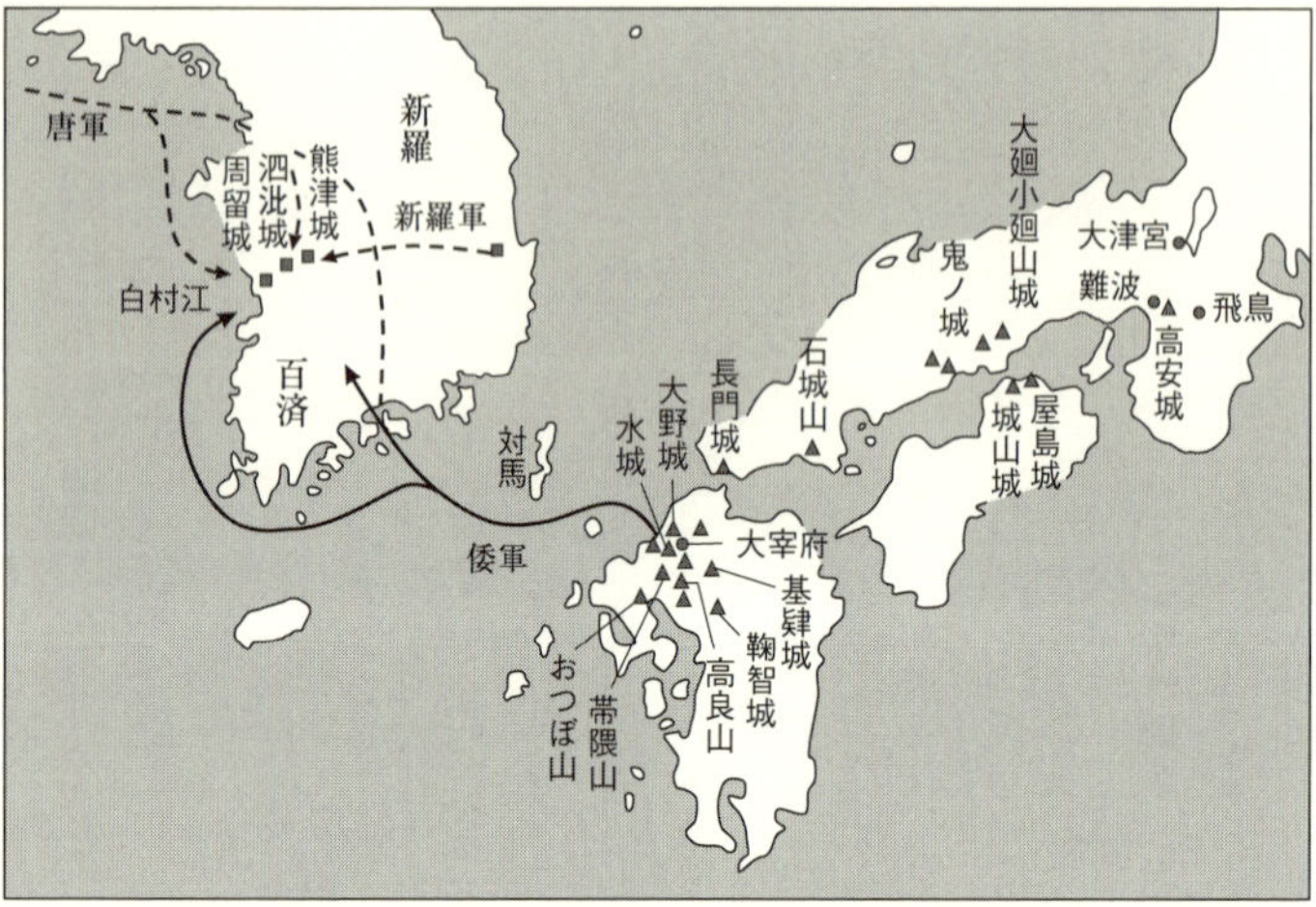

図 3-1　百済の役と防衛施設

（出所）　吉川真司『飛鳥の都』岩波新書，2011 年，101 頁．

こととなった」（鐘江、九二頁）。

新羅と唐との関係は冊封《さくほう》関係にあり、新羅から朝貢をし、唐からは使者が来て冊封する（新羅の王に任命する）のに対して、日本は朝貢するだけで、冊封は受けないという違いがあった。この新羅に対する日本は、朝貢と臣従を求め、新羅もそれに応えたりするが、八世紀の半ばには関係が崩れた。一方の渤海は、唐と新羅との対抗上、日本への朝貢形式での外交を続けたが、唐の圧力が弱まると、朝貢はやめて交易だけとなっていった。新羅も、日本との外交が途絶えても、私的な新羅商船の来航はむしろ増加していき、この**新羅商人**が新羅の物品のみならず唐や東南アジアの物品を、日本にもたらした。唐や新羅との往来は**大宰府**を経由したが、渤海の場合は日本海沿岸地域を経由した（鐘江、九七-一〇〇頁）。

その対応のため、「能登《のと》国に客院の建設が命じられ、その後、越前国に松原客館（福井県敦賀《つるが》市と考えられる）が設けられ、渤海使の滞在に利用された」（一〇三頁）。

6 「乙巳の変」と「大化改新」

飛鳥時代の半ば、白村江の敗戦の少し前、六四五年に「**乙巳《いっし》の変《へん》**」が起こる。中大兄皇子《なかのおおえのおうじ》・中臣《なか》《とみのかまたり》鎌足が、蘇我入鹿《いるか》を殺害し、その父・蝦夷《えみし》も自害した。新しく大王になったのは孝徳《こうとく》（天皇）で、中大兄は皇太子（太子）となった。二三年後の六六八年に中大兄皇子が即位して天智《てんじ》天皇となり、近江《おうみ》に遷都し、中臣鎌足に「藤原《ふじわら》」姓を賜い（鎌足は直後に没する）、最初の戸籍である**庚午《こうご》年籍《ねんじゃく》**を造らせたりしたが、その国制改革は未完に終わり、六七一年には没する。藤原氏はその後、天皇家を支える有力貴族として、日本史に永くその名を刻むことになる。

乙巳の変の翌年、「改新の詔《みことのり》」が発布されたと『日本書紀』にあるが、その理解をめぐっては議論がある。熊谷公男『大王から天皇へ』（前出）は、これは問題が多いので、「ひとまず改新を考える史料から除外」して扱うという（二五六頁）が、結論的には「〈改新の詔〉は、後世の律令の条文と酷似《こくじ》した部分は加筆ないし潤色［作り変え―来間］の可能性が高いが、四カ条の核心部分は、大化当時に発布されたとみることも十分可能ではないか、というのが現在の筆者の考えである」とする（二七四頁）。また、吉川真司『飛鳥の都』（前出）も、「改新の詔」にはやはり問題があるとはするが、内容的には「改新の趨勢がその中に集中的に表現」（岸俊男《きしとしお》説）された記事として読めば、

『日本書紀』の認識・記述は基本的に正しいと考えられる」という（七〇頁）。

従来「**大化改新**《たいかのかいしん》」と言われてきたものを「乙巳の変」とするのは、事件（変）と改革（改新）を切り離して評価しようとするものであろうが、ことに「改新の詔」が史料として問題含みであることからきていた。しかし研究はさらに一転して、「改新」「改革」は確かにあったとみるのである。したがって、乙巳の変を起点とする大化改新となる。

六七一年に「**近江令**《おうみりょう》」が施行されたということについても、それを疑う意見が大勢を占めていたが、近年は「唐や百済から将来［持って来ること—来間］された法典、大化以降のさまざまな単行法令を基礎とし、百済の役［白村江の敗戦—来間］の重い経験をふまえて、〈臨戦体制〉に即応する成文法典が生み出されたのであろう」（吉川真司、一一四頁）という理解になってきた。

7 「甲子の宣」と「庚午年籍」と「近江令官制」

吉川真司『飛鳥の都』（前出）は、次のように述べている。「白村江の敗戦からわずか半年後の天智三（六六四）年二月、称制《しょうせい》［先帝の没後、即位儀《そくいぎ》を行わないまま国政を執ること—吉川により来間］していた中大兄皇子は重要な勅命を発した。この年の干支《かんし》をとって〈**甲子**《かっし》**の宣**《せん》〉と呼ばれるもので、二十六階冠位制と氏上《うじのかみ》制の二つの内容からなり、さらに民部《かきべ》・家部《やかべ》の制が付け加えられている」（一〇八頁）。

「**二十六階冠位制**」は、それまでの「十九階冠位制」から移行させたもの（「冠位制」の変遷表3-

1を参照）で、それによって「実務を担う中下級官人をさらに細かく序列化し、官僚機構全体の管理強化を図ったものと考えられ」、また「氏上制《うじのかみ》」は「さまざまな氏の代表者を」氏上とするもので、それまでの「自律的な親族集団」であった氏を、「王権の側から統制を加え」て、「王権のもとに結集させ」ようとしたものである。そして、これらの氏上には「民部」「家部」が与えられた。「家部《やかべ》」は奴婢《ぬひ》（ヤツコ）を指すと考えられ、もともと彼らに隷属していた人びとであるが、これを王権が「その所有を認める」という形式をとったものである。「民部《かきべ》」については、それまでの「封戸《ふこ》」（給与として与えられた戸で、その人びとの労働の成果が給与に当たる。封戸《ふうこ》とも読む）と同様のもので、「一定数の公民を定め、その貢納物・労働力を氏上に与えたもの」であろう（一〇八－一一〇頁）。

表 3-1　冠位制の変遷

推古朝	603 年	十二階
同	647 年	十三階
同	649 年	十九階
天智朝	664 年	二十六階
天武朝	685 年	四十八階

なお、「民部」は「国家民＝公民」であり、「家部」は「豪族の私民」であるが、「甲子の宣」によって、「家部」を含めて「国家民＝公民」として理解されるようになったのであり、実態としての「豪族の私民」に変化はないものの、今やその「私民としての家部」も単なる「私民」ではなく、同時に「公民としての私民」となったのである。そうであれば、「家部」は国家による豪族たちへの「給与」としての「食封《じきふ》」に変化したことになる。「食封」は「封戸」のことで、民を給与として豪族に与えることであり、民の労働の成果の一部としての剰余生産物が、豪族の収入となるのである。したがって、その量は戸数で示される。

また、天智《てんじ》九（六七〇）年二月、「倭国最初の本格的戸籍『庚午年籍《こうごねんじゃく》』の作成」が指示された。これによって、倭国の全地域を、全人民を、「五十戸」単位にまとめて、「徹底した人民支配台帳」を作り上げた。それまでの「戸」は人民をおおまかに捉えていたが、今度は「公民一人一人から生産物・労働力を搾りとる」ことを目指した。また、この「五十戸」（「さと」と読む）単位で括られる「戸」は、いわゆる「家族」とは必ずしも一致せず、兵士・役夫を一人ずつ「供出」する単位であり、それを「五十戸」という単位で掌握したものである（他書により来間）。「多数の兵士・役夫を動員し、大量の物資補給を行なって、国家防衛を果たすこと――公民支配における〈臨戦体制〉がこうして作られた」（吉川、一一〇-一一二頁）。

天智天皇はさらに、翌六七一年正月、「近江令《おうみりょう》」を施行した（吉川は、近江令否定論を退けている）。そして「新しい政権首脳部が発足した」。ここに「太政《だいじょう》（「だじょう」とも―来間）大臣《だいじん》―左右大臣―大納言《だいなごん》」という大宝令太政官制の原形が生まれた。中央には太政大臣・左右大臣・御史大夫《ぎょしたいふ》が頂点に立ち、法官《のりのつかさ》・理官《おさむるつかさ》・大蔵《おおくら》・兵政官《つわもののつかさ》・刑官《うたえのつかさ》・民官《かきのつかさ》の「六官」がおかれた。地方は「国―評―五十戸」というそれまでの組織がそのまま存続し、各国には国宰《くにのみこともち》（のちの国司）が派遣され、評の官人を統括しながら行政にあたった。「国」をいくつか束ねて管理するため、例えば筑紫・吉備などには「大宰《おおみこともち》」が置かれた（一一二-一一七頁）。

かくして次の結論に至るのである。「白村江の敗戦以後、切迫感をもって進められた国家体制の整備は、このように天智天皇の即位後まもなく、ほぼ完成の域に達した」、「倭（日本）の律令体制の成立は、天智朝に求めるのが妥当である。そして、きわめて強圧的な国家体制の本質を、緊迫した国際情勢に対処するための〈臨戦体制〉と把握したい」、「大化改新による体制変革がなされた孝《こう》徳《とく》朝～斉明《さいめい》朝を〈初期律令体制〉、本格的な官僚制・公民制が始動した天智朝以降を〈律令体制〉と位置づけたほうがよかろう」（一一七－一一八頁）。

8　壬申の乱と天武・持統朝

天智天皇没の翌六七二年、天智の弟である大海人皇子《おおあまのおうじ》が軍をおこして、近江朝廷軍を破り（**壬申《じんしん》の乱**）、飛鳥浄御原宮《あすかきよみはらのみや》を建造して都を移し、天武《てんむ》天皇として即位する。天武は、一人の大臣も置かず、妃と皇子とで国政を推進した。天皇も六八六年には没するが、その妃・持統《じとう》天皇が諸課題を引き継いでいく。持統天皇は六九七年に譲位してその孫・文武《もんむ》天皇（一五歳）を立てるが、みずからは「太上《だいじょう》天皇」（のちには「上皇」といわれる）としてふるまい、「**飛鳥浄御原令《りょう》**」を定め（六八九年）、「**庚寅年籍《こういんねんじゃく》**」を完成させる（六九〇年）。

吉田孝《よしだたかし》「八世紀の日本―律令国家」（岩波講座・日本通史・第四巻『古代3』一九九四年）は、「壬申の乱の歴史的位置」を次のように述べている。まず兄弟が王権を争ったことについては、それまでも「代替わりごとに祭式のように繰り返されてきた」ことであり、「皇位継承の争い」として特に変わってはないという。しかし近江朝廷側には中央の豪族たちが就いていたのであり、彼らが敗れたことは、それまでの、彼らの合議による朝廷の運営体制が崩壊し、天武はそれから自由になったことを意味していて、天武は「独裁的な権力を掌握した」のである。こうして「はじめて本格的な古代官僚制への道が開かれた」。まず「恒常的な軍事体制の構築を始め」、「官僚制の形成」に進む。地方豪族を勤務評定して「官人《かんじん》」（「かんにん」とも—来間）にし、その昇進と給与を定めるために「出身法」を定め、「ウヂに属する民部《かきべ》（部曲）を廃止し、官人個人に支給する食封《じきふ》に切り換えていった」（一二一―一二三頁）。

吉川真司『飛鳥の都』（前出）は、天智と天武の関係について次のように述べている。「天武天皇は、近江令で整備された中央官制を天智から受け継ぎ、その治世を開始した」。また「庚午年籍によって徹底された公民制も」受け継いだ。「天智天皇は近江令施行後、わずか一一カ月で死去したため、律令体制の成立を享受し、思うままに運用できたのは、実は天武天皇であった」、「天智朝と天武朝前半［天武一〇年まで—吉川により来間］は、国制の面での連続性が強い」、「天智朝と天武朝前半は律令体制が姿を現わしたひと続きの時代として、**〈近江令の時代〉**と呼ぶのが適切であろう」（一二八―一三〇頁）。

9　「飛鳥浄御原令」

吉川は、しかし、「天武一〇（六八一）年は倭国の大きな転換点となった年である」という。飛鳥浄御原令編纂の勅命を出し（没後に完成）、「国―評―五十戸」という公民支配機構が「国―評―里」に改められ（実質の変更ではなく、名の変更である）、服制・髪結い・冠の制度を改め、**四十八階冠位制**や宮廷儀礼が定められ、氏上制が徹底され、「八色《やくさ》の姓《かばね》」が定められたといい、「律令官人制が最終的に整序され」たとする（一四二―一五〇頁）。

渡辺晃弘『平城京と木簡の世紀』（前出）は、次のようにいう。「天武のやり残したもう一つの仕事［一つは藤原京の建造―渡辺により来間］、それは律令の制定である。**飛鳥浄御原令**《あすかきよみはらりょう》は、持統即位に先立つ六八九年（持統三）六月、〈令一部二十二巻〉を諸司に頒布《はんぷ》する形で公布・施行された。律《りつ》については官制の明証がない。このとき頒布された令《りょう》の規定は、その後徐々に実現に移される。翌六九〇年（持統四）四月に勤務評定と位階授与を定めた考仕令《こうしりょう》を部分施行し、九月には、戸令《こりょう》によって戸籍を造ることが指示されている（庚寅年籍《こういんねんじゃく》）」。「飛鳥浄御原令は、大宝律令以前に完成・施行された唯一の法典であり、体系的な法典としての天智朝の近江令《おうみりょう》や飛鳥浄御原**律**はなかったと考えられる（青木和夫《あおきかずお》氏による）。したがって、飛鳥浄御原令は天武朝までの律令国家建設の集大成といってもよい法律である。日本古代の令の枠組みの基本はこれによってほぼできあがったとみられる。…ただ、律の編纂《へんさん》が後回しになっているなど、やや間に合わせ的と思われるような部分もある。建設が進む新しい都、藤原京を動かしていくために、ともかくソフトが必要だったのである。しかし早晩、律も含めた体系的な法令整備が必要になる。その結果、真に藤原京を支えるに相応しい律令として編纂・施行されることになるのが、**大宝律令**《たいほうりつりょう》である」（三八―三九頁）。「近江令」の存在について、吉田は認める（本節7）が、渡辺は疑問を持っている。

こうして、倭国は中国にならって「飛鳥浄御原令」・「大宝律令」を定め、**律令国家**への道を歩むことになるが、他方で歴史書『日本書紀』（当初は『日本紀《にほんぎ》』といった）の編纂《へんさん》が始められ、「天皇」の称号が使われ始め、国号を「日本」に改めた（本節12を参照）。これは朝鮮における新羅の動きとも連動して、東アジア世界での位置を確立する取り組みでもあった。律令は、「飛鳥浄御原令」として、六八九年にまず「令一部二十二巻」が公布されているが、律はその完成があいまいであり、七〇一年に「大宝律令」が成立するまで、少しずつ作成されていったようである。

加藤友康《かとうともやす》「東アジアの国際関係と律令国家の形成」（前出、宮地正人編『日本史』）は、「大宝律令《たいほうりつりょう》は、飛鳥浄御原令を日本の実情にあわせて改変を加えて編纂されたもので、藤原不比等《ふじわらのふひと》・粟田真人《あわたのまひと》・下毛野古麻呂《しもつけのこまろ》・伊岐博徳《いきのはかとこ》・伊余部馬養《いよべのうまかい》など、海外情勢や法典・学問に詳しい官人《かんじん》や渡来系の官人が実務を担っていた。中国の支配層が、一〇〇〇年にわたる人民支配の経験のなかで生み出した統治技術である律令を手本として、日本の支配層は自らの統治技術を生み出したのである」と述べている（七四頁）。

10　国司と郡司、国府と郡家

加藤友康はまた、律令国家の地方支配の制度を次のように説明している。「律令国家が地方支配を進める行政機構を確立するうえで、地方豪族（在地首長）の編成と組織化が不可欠であった。中央から諸国に派遣される**国司**《こくし》が国の行政を担い、**郡司**《ぐんじ》には国造《くにのみやつこ》の系譜を引く在地首長が任じられ、在地社会で国家支配の基礎を担っていた。郡は、立郡時における人間集団としての側面が強調されるように、在地首長の支配する人間集団とそれに二次的に付随する領域という特徴を当初はもっていた。国境によって画定された領域的区画を前提とする国と在地首長制を基礎とする郡という性格の異なる二つの行政組織の融合のうえに成り立っていた」（七五頁）。つまり、**国**は地方を領域的に区分しようとするが、そのような国を構成する**郡**の方は、それまでの在地首長が把握しているので、その在地首長を中心とする人間の集まりでしかなく、両者の成立原理は異なっていたが、それでもその両者を融合させた組織として成立していた、というのである。

国司が担当する地域（国）には**国府**《こくふ》がおかれ、そこの政治的拠点とされた。「国府は国庁《くにちょう》・曹司《ぞうし》・厨《くりや》・国司館・正倉院《しょうそういん》・駅家《えきか》などの施設によって構成される」。国はいくつかの郡から構成されているが、それらの郡には**郡家**《ぐうけ》がおかれ、そこの政治的拠点とされた。その中心施設は地域によって多様であり、国府同様の正倉院その他がおかれている。「国府と中央、国内においては国府と郡家を結んで、情報の伝達や物資の輸送のために全国的に道路網が整備された」。駅も置かれた。「平城京と諸国を直線的に結ぶ駅路とならんで、郡家を結ぶ道路と交通施設（伝《でん》）も整備された」（七八-七九頁）。なお正倉院とは、今では東大寺の旧境内《けいだい》に建つ古代の倉庫建築をいうが、当時は「中央・地方の官庁や寺院の中心となる倉庫をさす一般的な語で」あった（杉本一樹、『日本歴史大事典』小学館）。

11　律令税制と条里制

税制については、吉川真司『飛鳥の都』（前出）に、次の記述がある。「律令制下の租税の代表は〈**調**《ちょう》〉である。調は一般に、公民それぞれが指定物品を生産し、地方官衙《かんが》に収めるもののように思われがちである。しかし、例えば美濃《みの》国の主要な調品目である絁《あしぎぬ》（のち絹）は高価な生産物であり、民衆が自給自足するようなものではない。むしろ郡家（評家）やその周辺に製糸・製織などの工房が置かれ、公民たちの調絁が生産されたと見るのが妥当である。これは東村純子氏が絹布について解き明かしたところである［「古代日本の紡織体制」、『史林』87-5、二〇〇四年—参考文献による］が、若狭《わかさ》の塩、駿河《するが》の堅魚《かつお》に関しても同じような知見が得られている。つまり郡家（評家）は租税貢進の拠点であっただけでなく、租税物品の計画的な生産センターでもあったことになる。公民たちはそこで働いたり、代納物を支払ったりしたのであろう。〈郡家（評家）工房〉による生産体制は、七世紀後半を通じ、国家側の需要から形作られていったと推定してよい。やがて八世紀中葉になると、高級織物が〈国衙工房〉で生産されるようになるが、七世紀の評家工房はその先駆けであった」（一八四頁）。

なお、「律令公民制支配」は「個別人身支配」と呼ばれる。しかし、制度としては個別に賦課されているようになっているが、実質は地方のまとまり、郡家（評家）などを単位に、その責任者たちが労働を指揮して、あるいは代わりの生産物を提出させて、それによって中央への上納を果たしていたのである（一八五頁）。

吉川はまた、税制との関連で、条里制を次のように説明している。古代の列島各地では、「弥生・古墳時代以来の耕地を大きく改変し、一辺一〇九メートルの方格地割を造り出した」。地域社会の公民を戸・五十戸という単位で支配するとともに、彼らの口分田を管理し、耕作状況を把握するために、つくりだしたものであるが、「このような土地区画、およびそれによって土地を管理・

支配するシステムを〈**条里制**〉と呼ぶ。農地の条里制は、都城《とじょう》の条坊制とならんで、古代を代表する方格地割であった」。「方格」は、方形（四角形）の区画・区割りで、縦横をまっすぐに切っていくものである。それとともに、八世紀前葉には、「直線道路である**駅路**が敷設された」。「しかし、八世紀の方格地割・直線道路は突然現れたのではない。それには七世紀に遡るモデルがあった」。大倭国《やまと》、河内国《かわち》である。「要するに王権お膝元の畿内地域では、七世紀の早い時期から直線道路が通され、それを利用して条里制が整備されていったのである」（一八六－一八九頁）。

12 「天皇」号と国号「日本」の成立

称号の「天皇」と国号の「日本」が現われてくるのはいつか。国号「日本」の成立については、「天武—持統期」（七世紀末）ということでほぼ一致しているが、「天皇」号は同じ時期とする説と「推古—天智期」（七世紀初頭）とする説があり、この点では論者の意見は一致していない。

この問題について、吉田孝《よしだたかし》『飛鳥・奈良時代』（岩波書店・ジュニア新書・日本の歴史2、一九九九年）は、「〈**天皇**〉号が何時《いつ》から用いられ始めたか、学界でも意見が分かれているが、私は推古朝の隋との外交のなかで、〈天子〉〈皇帝〉ではなく、それらと肩を並べることができる語として選ばれたと推測している」としている（二三頁）。

七〇二年の遣唐使が中国に対して正式に「日本」という国号を伝えたとし、「**日本**の国号が正式に定められたのは、六七四—七〇一年の間、おそらく天武・持統朝と推定されている」とする。さらに、次のようにいう。「なお〈倭〉を〈日本〉と改めても、やまと言葉では〈倭〉〈日本〉はいずれも〈やまと〉と訓《よ》まれ、日本の内実は〈やまと〉であったことに注目したい」（八七‐九〇頁）。

ただし、吉田はその末尾（エピローグ）で、研究史を簡単に総括しながら、次のように述べている。「たとえば〈天皇〉号は何時《いつ》から用いられ始めたか。かつては『古事記』『日本書紀』の記述が、そのまま信じられていました。それを批判して、〈天皇〉号は推古朝に成立した、という画期的《かっきてき》な新説を出したのが津田左右吉《つだそうきち》氏です。第二次大戦後は、津田説がほぼ通説となりました。しかし、津田が最大の根拠とした史料（法隆寺金堂の薬師像の光背銘《こうはいめい》）が推古朝より後のものであることが明らかとされ、〈天皇〉号の始用は天武・持統朝である、とする有力な学説が三十年ほど前に発表され、私もその説によって概説を書きました。けれども数年前に『日本の誕生』（岩波新書）を執筆しながら、天武・持統朝説に疑問をもち、〈天皇〉号は〈日本〉号より先に成立していた可能性に言及しました（同書一二五頁）。／それに対して〈天寿国繡帳《てんじゅこくしゅうちょう》〉の刺繡の銘文に〈天皇〉の語が用いられているのをなぜ重視しないのか、という批判をいただきました。私は関係史料や論文を読み直し、天寿国繡帳の銘文が確証とはならないが、〈天皇〉号の始用は推古朝ごろの可能性が高いと考え、『日本の誕生』の第三刷からは、〈七世紀前半に〉成立していた可能性があることを加筆しました。そしてこの『飛鳥・奈良時代』を執筆する過程で、推古朝において、隋との外交のなかで用いられ始めた、とする説がもっとも自然である、と考えました」（一九一‐一九二頁）。

その『日本の誕生』（岩波書店・新書、一九九七年）には、次のようにある。「〈日本〉の国号と同じころ、〈天皇〉号が成立したというのが、近年の学界の有力な説である。しかし、〈天皇〉号がいつから正式に用いられるようになったのかは、実は明確でない」。法隆寺金堂の薬師如来像の光背銘や、野中寺の弥勒菩薩《みろくぼさつ》銘や、木簡の削り屑《けずくず》にある「大津皇（子）」については、論争が続いている、といい、「この問題に対する私なりの見解を出す準備はまだできていない」と書いていた（一二三－一二五頁）。

以下に掲げる諸文献は、「天皇号も日本号も天武朝」だという立場であるが、ここではいちいち引用紹介することはしないで、文献名だけ記すことにする。

熊谷公男《くまがいきみお》『大王から天皇へ』（講談社・日本の歴史03、二〇〇八年。初出は二〇〇一年）
渡辺晃宏《わたなべあきひろ》『平城京と木簡の世紀』（同右、日本の歴史04、二〇〇九年。初出は二〇〇一年）
米谷匡史《よねたにまさふみ》「古代東アジア世界と天皇神話」（大津透《おおつとおる》ほか『古代天皇制を考える』、同右日本の歴史08、二〇〇九年。初出は二〇〇一年）
森公章《もりきみゆき》「倭国から日本へ」（吉川弘文館・日本の時代史3、『倭国から日本へ』二〇〇二年）
吉村武彦《よしむらたけひこ》「ヤマト王権と律令制国家の形成」（岩波書店・列島の古代史―ひと・もの・こと8『古代史の流れ』二〇〇六年）
平川南《ひらかわみなみ》『日本の原像』（小学館・日本の歴史二、二〇〇八年）
加藤友康《かとうともやす》「東アジアの国際関係と律令国家の形成」（宮地正人編『日本史』山川出版社・世界各国史1、二〇〇八年）
鐘江宏之《かねがえひろゆき》『律令国家と万葉びと』（同前、日本の歴史三、二〇〇八年）
吉村武彦《よしむらたけひこ》『ヤマト王権』（岩波書店・新書・日本古代史②、二〇一〇年）

ところで、熊谷公男は、二〇〇一年刊行の『大王から天皇へ』を二〇〇八年に文庫版にした時、その「学術文庫版あとがき」の中で「近年の研究の進展」にふれているが、「天皇号と古代天皇制の成立」については、こういう。「本書では、天武・持統朝説を確信した記述になっているが、最近は、少なくとも**天皇**号単独であれば、天智朝以前に遡るとみたほうがよいと考えるようになった」。また「推古朝説も成立の可能性を残している」としつつ、「ただし、もう一方で、近年の天皇号をめぐる議論は、成立時期の問題に議論が集中しすぎているきらいがある」といい、「古代天皇制」とは何かという視点から、「このように古代天皇制の成立を総体としてみれば、天武・持統朝がもっとも重要な画期になっているのは動かしがたいと思われ、天皇・皇后・皇太子という称号がセットとして成立するのもまたこの時期なのである」と述べている（三五六―三五八頁）。

なお、大《おお》津《つ》透《とおる》「〈日本〉の成立と天皇の役割」（前出、『古代天皇制を考える』）は、「もちろん飛鳥浄御原令ではじめて制度化された、つまり〈**日本**〉の君主号が**天皇**であるが、天皇制の実態はより古い七世紀初頭のあり方、つまり大王《おおきみ》以来の氏姓制的なあり方を継承しているのである（拙著『古代の天皇制』参照）。そして天皇のあり方も、また〈日本〉も、八世紀以降平安時代になって変わっていくのであり、それを無視することはできない」（一四頁）といい、単に日本国号と天皇号の成立の時期をとらえるだけでなく、それ以前の「大王」との連続性と、一方、それ以後の時代における「天皇」のあり方の変化・変遷を見落としてはならないとするのであり、「日本」という律令国家の成立がそのままその後のこの国の枠組みの成立であったのではなく、それは「ずっと遅れて九～十世紀ごろである」との吉田孝の説（『日本の誕生』岩波書店・新書、一九九七年）を踏襲しているのである（一一頁）。その吉田は、この項の冒頭で見たように、天皇号は日本号より先に、「〈七世紀前半に〉成立していた可能性がある」との説に移行している。

ここまでに紹介した文献の多くが「天皇」号の出発は「天武・持統朝」説であった。しかし、近年は異論も強くなった。吉川真司『飛鳥の都』（前出）は、「天皇号については、長らく〈推古朝成立説〉と〈天武朝成立説〉が対立してきた」として、次のようにいう。「しかし、丙寅年（天智五、六六六）の野中寺《やちゅうじ》弥勒《みろく》菩薩像銘文に見える【天皇】は、近年この銘文全体の信頼性が高まったことにより、疑問視する必要はなくなっている。つまり〈天武朝成立説〉はおそらく無理であって、天皇号は天智朝までに成立していた可能性が高いのである。政治・思想の流れから見れば、成立時期としては推古朝・孝徳《こうとく》朝・天智朝などが想定できるが、どれにも確証はない。そこで、本書では〈天智朝以前成立説〉という慎重な態度をとりたいと思う」（三〇頁）。

かくして、日本号の成立は天武朝でほぼ一致しているが、天皇号の成立はなお明確にすることはできないものの、七世紀後半の天武朝説から、七世紀初めの推古朝説へと、移行しつつあるようだ。

13　軍団制の成立

笹山晴生『古代国家と軍隊』（前出）は、律令体制のもとでの軍団制について、次のように述べている。

「古代の律令国家は、近代国家のそれに類似する**徴兵による公民兵制度**をとっていた。しかしその律令時代においても、皇族や貴族のあいだでは**私的武力**をたくわえる動きがいちじるしかった」（一七頁）。「白村江の戦いと壬申の乱という二つの大戦を経験した日本古代の権力者が、唐の府兵《ふへい》制にならった**軍団制**をみずからの軍事機構として誕生させたのは、天武《てんむ》天皇の皇后であり、夫のあと皇位をついだ持統《じとう》天皇のときであった」。それは、「飛鳥浄御原令の施行、庚寅年籍の作製をまって出発した」。その「軍事力の基礎」に置かれたのは、「六世紀以来、地方首長のもとで個別農業経営を発展させてきた農民たち」であった。その、農民たちを束ねているのが在地首長層であり、「律令国家の軍事体制は、依然として在地首長層の民衆支配力に頼る面をもっていたのである」。「農民兵の武力としての基盤の弱さは、日本の軍団・兵士制が最初からかかえていた問題であり、やがて八世紀をつうじて、その矛盾がしだいに大きくなっていくのである」（七九-八四頁）。

律令国家のもと、令制では「五衛府《ごえふ》」が置かれた。衛門府《えもんふ》（「ゆげいのつかさ」とも）・左衛士《えじ》府《ふ》・右衛士府（「衛士府」は「みかきもりのつかさ」とも）・左兵衛府《ひょうえふ》・右兵衛府（「兵衛府」は「つわもののとねりのつかさ」とも）である。ほかに「馬寮《めりょう》」（うまのつかさ）、「兵庫《ひょうご》」（つわもののくら）があった。これらの衛府の武力は、衛士・兵衛・門部《かどべ》によって構成されていた。「このうち**兵衛**は、ツワモノノトネリといい、令制以前の朝廷軍としての舎人《とねり》の伝統をひくものである」。これが「武官としての兵衛をおき、地方首長層や中央の下級官人の指定をそれに採用した」。「また**門部**は、宮《きゅう》城《じょう》外郭の宮城門（外門）の開閉と守衛にあたるもので、…大和政権のカドモリの系譜をひき、特定の世襲氏族（負名《なおい》の氏《うじ》）から採用されるのを原則とした」。なお、「名を負う氏」とは、その職務を世襲する氏のことである。「五衛府の武力のうち、兵衛・門部は…令以前の制を継承し、それを再編成したものであるが、衛士は、まさに律令制とともに誕生した新しい武力である」。「衛士とは、諸国軍団の兵士のうち、交替で上番勤務するものを名づけたものにほかならない。…八世紀をつうじて、多いときには…合計一千六百人もの衛士が存在しており、ことに左右衛士府のばあいは、衛士が衛府にとっての唯一の武力であった。…このような大量の農民兵を都城《とじょう》の警備にあてることが可能になったのは、軍団制の施行―いいかえれば中央集権的な民衆支配の進行―によるものであるから、衛士は中央集権国家＝律令国家の申し子といってもよい存在であった」（八五-八八頁）。

「国家の軍隊を、天皇の軍隊＝スメラミクサ（皇軍）であるとみ、軍隊の行動の支えとして大君にたいする忠誠心が強調されるようになる動きのうえでも、天武朝の果した役割は大きかった」。スメラミクサ＝スメラ（皇）＋ミ（御）＋イクサ（軍）であり、「イクサ」は古代では戦争のことではなく、軍隊・軍人のことを意味する（九〇頁）。

第二節　七世紀の九州

1　白村江の敗戦と九州

六六三年、いったん潰れた百済《ひゃくさい》（くだら）を復興させようと立ち上がった人びとを支援するために、百済に送られた倭の水軍は、白村江《はくそんこう》（はくすきのえ）で唐の水軍に大敗した。兵士の大半は北九州から動員されたのである。倭はこの敗戦後、唐の追撃を恐れてその事後対策として、筑紫に**大宰府**《だざいふ》を築いてここを拠点に防衛線を張る。そして、北九州をはじめとして各地に朝鮮式山城《やまじろ》が建設された。大宰府近傍の大野城《おおのじょう》をはじめ、対馬の金田城《かねたのき》、佐賀の基肄城《きいじょう》、熊本の鞠智城《きくち》などである。それが「朝鮮式」となるのは、朝鮮の人びとに指導されて建造されたからである。

吉川真司『飛鳥の都』（前出）は、次のように述べている。「白村江の敗戦をうけ、中大兄皇子を中心とする倭国の支配層は、国家体制を整備し、国土防衛する必要に迫られた」。敗戦の翌年（六六四年）には、「対馬《つしま》・壱岐《いき》・北九州に防人《さきもり》（沿岸防備兵）が配備され、緊急連絡のための烽《とぶひ》（のろし）が置かれた。それとともに、博多湾沿岸にあった筑紫大宰府が内陸部に移され、軍事・外交上の最重要機関として、堅固な施設で守られることになった。移転先は現在の福岡県**太**宰府市。その後ずっと**大**宰府政庁が置かれ続ける場所である。天智朝の成長は掘立柱建物からなり、その配置は奈良時代以降とはかなり異なっていたらしい。大宰府の背後（北側）には標高四一〇メートルの四天王山がそびえ、そのすぐ西に脊振《せふり》山地が迫っていて、博多湾から大宰府に至るにはこの合間を通らなければならない。そこで狭隘《きょうあい》部をふさぐ全長一・五キロ、基底幅八〇メートル、高さ一三メートルもある防塁が構築された。博多湾側には幅六〇メートル、深さ四メートルの壕をそなえ、戦時には水を貯める設計であったため、この施設全体が〈水城《みずき》〉と呼ばれた。／その翌年、大宰府の南北に大野《おおの》城・基肄《きい》城が築かれた。大野城は四天王山の頂部一帯に造営された山城《やまじろ》で、全長六・五キロにわたって土塁・石塁をめぐらせ、その内部に谷を取り込んで、倉庫と見られる多数の礎石建ち建物を置いていた。水城とともに博多湾からの侵攻に備え、大宰府の逃げ城としても利用できる施設であった。基肄城の東には水城に似た施設（基山築堤）があることもわかっており、これらが全体として大宰府防衛網を形作ったのである。二城の建設工事を担当したのは、亡命百済人の憶礼福《おくらいふく》留《る》と四比福夫《しひふくぶ》であった。彼らは百済と同じような構造をもつ山城を造営し、百済の故都《こと》泗沘によく似た防衛網を構築した。大野城タイプの古代山城が〈朝鮮式山城〉と称されるのはそのためである」（二〇〇-二〇二頁）。

2　大宰府の成立

倉住靖彦『大宰府』（前出）は、「白村江の戦い」、「水城と大野城」に続けて、「大宰府の成立」を論じている。「天智一〇年条には、対馬国司が唐使郭務悰《かくむそう》らの来朝を〈**筑紫大宰府**〉に報じたとあり、大宰府の名が史料的に初見される」。「天智朝以来、筑紫大宰とその管掌組織は整備されつつあったが、ここに飛鳥浄御原令にもとづいて再編され、そして官司としての大宰府が成立したと考えられるのである」。「〈飛鳥浄御原律令〉の施行を律令的大宰府成立の一大画期とみなすことができよう」。「律令官人制は位階と官職を相当させる官位相当制を原則としているが、大宰府の官人は相対的に高く位置づけられていた。長官《かみ》の帥《そつ》は三品《さんぽん》・四品の親王と従三位の諸王臣の担当官で、中央政府でみれば大納言に次ぎ、中納言や八省卿よりも高位であった。…次官《すけ》の大弐《だいに》は正五位上相当官であるが、実際には従四位帯位者が多く」、のち「従四位下相当官に改制された」（七〇‐七七頁。ルビは倉住）。

以下は省略して、倉住靖彦「大宰府成立までの経過と背景」（前出、下條信行ほか編『九州・沖縄』一九九一年）に譲る。六八九（持統《じとう》三）年六月に飛鳥浄御原《きよみはら》令が施行され、律令体制が成立していくと、大宰府制が全国に施行され、そのうちの一つとして**筑紫大宰府**が成立した。しかし、七〇一（大宝元）年に大宝律令が施行され律令体制が確立すると全国の大宰府制は廃止され、筑紫大宰府だけが存続し、単に大宰府といえばこれを指すこととなった。大宰府は、「国防および九州統括の全般にわたる中核的拠点」であった。そこは「諸祭祀を掌る主神《しゅしん》、長官の帥《そち》［倉住の前著では「そつ」］以下の大《だい》・少弐《しょうに》、大《だい》・少監《しょうげん》、大《だい》・少典《しょうてん》という四等官、裁判の大《だい》・少判事《しょうはんじ》と大《だい》・少令史《しょうれいし》、営繕の大《だい》・少工《しょうこう》、教育の博士《はかせ》、占筮《せんぜい》の陰陽師《おんようし》、医師、経理の算師《さんし》、防人《さきもり》関係の防人正《さきもりのかみ》・佑《すけ》・令史《れいし》、船舶修理の主船《しゅせん》、保存食などを担当の主厨《しゅちゅう》などの品官、そして書記の史生《ししょう》からなり、その定数は五〇名であった」（二一九‐二二〇頁。倉住の前著によってルビを補った）。

倉住はまた、「大宰府の機能」の基本について、次のことを指摘している。「帥《そち》の職掌として規定された大宰府の機能をみると、〈祠社〉から〈僧尼の名籍〉までの内政に関することは一般国守のそれとまったく同一であるが、〈蕃客・帰化・饗讌《きょうえん》〉の三項は帥に独自のものである。このうち、蕃客と帰化は壱岐など管内の一部の国島司［国司と島司―来間］にも課されているが、饗讌という能動的な外交上の儀礼行為が帥のみに課されていることからすれば、それらは受動的な側面を持っているので、現地において帥の任務の一部を分掌せしめようとしたのであろう。かかる対外交渉にかかわる機能は前代以来のもので、大宰府存続の理由の一端でもあり、律令制定に伴って法制化されたのであるが、これが外交権を委ねられたことを意味するものでない…。また海辺防備を中心とする軍事機能もそのまま継承したが、防人司という専当部局を置いた点は注目される」。なお、大宰府の管轄する西海道は「特別行政区」であり、この地域の「九国・二島を総管する所」であった（二三一―二三二頁）。「二島」は「壱岐島」と「対馬島」で、この場合の「島」は「国」に対応する行政の単位である。

3　壬申の乱と九州

六七二年の壬申《じんしん》の乱で、大海人側が東国の軍の動員に成功したのに対して、近江朝側は吉備や筑紫の大宰《おおみこともち》に応援を求めたが、それは失敗した。そのため、吉備の大宰は殺されたが、同じく応援を断った筑紫の大宰には何事もなかった。「九州を統轄する筑紫の大宰栗隈《くるくま》王は、動員命令を伝える使者に傲然《ごうぜん》として答えた。〈筑紫国は、元より辺賊の難を戍《まも》る。それ城《き》を峻《たか》くし隍《みぞ》を深くして、海に臨みて守らするは、豈《あ》に内賊のためならむや〉。今もし、朝廷の命で軍をおこせば、国の守りは空しくなる。もし不意の急事があれば、たちまち国が傾いてしまう。そうなってから後で私を百たび殺しても、何の益があるか。／吉備と筑紫の大宰は、ともに大海人のシンパとみられていたので、栗隈王の発言は出兵を拒否する口実だったのかも知れない。しかしつい一ヵ月前まで、唐の大船団が博多湾に停泊していたのである。内賊のためには兵を動かさない、という筑紫大宰の発言は、重いひびきをもっていた」（前出、吉田孝「八世紀の日本」、八頁）。

覇権を制した天武が、「恒常的な軍事体制」を構築しようとするとき、六七五年、栗隈王は「軍政の元締めである兵政官の長官」に任命された（一二頁）。

4　郡司・肥君の職務と家族構成

青木和夫《あおきかずお》『古代豪族』（講談社・学術文庫、二〇〇七年。初出は一九七四年）は、九州の郡司《ぐんじ》である肥君猪手《ひのきみいで》について、その戸籍などを利用して次のように述べている。当時の家族のあり方、戸籍の作り方、仕事の内容、「肥君」一族の九州各地への勢力拡大など、興味深いことが知られる。

①戸籍作製の年代は、大宝二（七〇二）年である。②その所在は、「筑前国嶋郡川辺里《ちくぜんのくにしまのこおりかわのべのさと》」で、「今日、福岡県糸島郡志摩《しま》町と福岡市にわかれている。金印の出た志賀島《しかのしま》と向かいあって博多湾をかこんでいる、福岡市西北の半島である。今日でこそ半島だけれども、江戸時代以前は島だった」。

③残された戸籍から分かる川辺里《かわのべのさと》の**戸主**の数は二一で、実際の戸主数の半分程度であるが、最大の戸主・肥君猪手《ひのきみいで》の一二四戸口を筆頭に、以下三五戸、三二戸、三一戸の戸主と続き、さらに二〇戸台が四戸主、一〇戸台が一一戸主、最も小さなのが五戸とつらなっている。④これらの戸口は、**寄口・奴・婢**に分けられる。「寄口《きこう》とは女系で姻戚関係か、さもなければ親族呼称では簡単に表わしにくい男系の遠縁」であろう。肥君猪手《ひのきみいで》の場合、寄口が二六人、奴婢が合計三七人であり、奴婢は「戸主奴婢《こしゅぬひ》・戸主母奴婢《ははぬひ》・戸主私奴婢《しぬひ》の三種に分けられている」。戸主奴婢（氏賤《しせん》）は「家をつぐ嫡子が一括相続するところの、氏《うじ》の世襲財産である」。戸主母奴婢は「母が嫁いできたときに実家から持参した奴婢である」。戸主私奴婢は、戸主（家父長）が売買譲渡の自由にできる奴婢である。⑤「合計三十七人の奴婢たちは、竪穴《たてあな》住居が四つほどあれば収容しえたであろう」。「肥君猪手《ひのきみいで》の家は、奴婢小屋はもちろんとして、直系家族や寄口たちも親子など近親ごとにわかれて、それぞれ別棟に住んでいたであろう」。⑥結婚しても姓氏《せいし》を変えない習慣があった。⑦戸籍が男性を中心に編成されているため、「一夫多妻」のように見えるが、そうではなかった。⑧「妻《さい》と妾《しょう》」と肩書が書き分けられているが、「ツマとメカケという差別ができたのは後世のことで、当時はさきに来たのをコナミ（前妻）、あとから来たのをウナワリ（後妻）と区別するにすぎなかった」。⑨「猪手《いで》の家がそのまま〈豪族居住型〉の郡家《ぐうけ》となった」であろう。⑩猪手の根拠地の「島」（→志摩）には、可也山《かややま》（標高三六五メートル）と、その北に火山《ひやま》（標高二四六メートル）がある。「火山の東南麓には稲留《いなとめ》という集落がある。これは「**稲積城**《いなつみのき》の稲積だという」。この城は当時、「山の頂上周辺に石垣を積み、穀倉《こくそう》・兵庫《ひょうご》・兵舎などを配置した朝鮮式の山城で、稲積城も白村江の敗戦（六六

三年）後、大宰府周辺から瀬戸内海および河内にかけて、百済《くだら》の亡命技術者の指導によってつくられた多くの防衛施設のひとつだったのであろう。これを猪手《いで》の父の時代に築き、猪手の時代にも修理をつづけていたのである。そして朝廷から修理命令がこなくなると城はしだいに荒れ、山はやがて人々から肥《ひ》の山（火山）とよばれるようになったのだと思う」。⑪この「島」は、周囲は五〇キロほどで、八つの里があり、全島の戸数は四〇〇戸、人口は八千〜一万戸だっただろうか。⑫猪手《いで》の、郡司としての報酬は、「六町の**職分田**《しきぶんでん》だけであった。しかし一家百二十四人の**口分田**の合計がすでに十三町六段百二十歩もあったのであるから、全部で二十町近くなる」。⑬「農業経営のほかに製塩も猪手《いで》の家ではいとなんでいた」。この一帯は「以前から海人の製塩で知られていた」。この場合の「海人は海人族《あまぞく》というような特殊な種族ではなく、ふつうの漁師のことだが、漁のかたわら…〈**藻塩製塩**《もしお》〉もする」。藻、すなわち「ホンダワラのたぐい」を刈りとって干すなどして製塩するのである。「だが奈良時代前後から、このささやかな〈藻塩製塩〉のあいだに、大規模な〈**海浜製塩**〉が割りこんでくる。砂浜にひろい塩田《えんでん》をつくって潮水《しおみず》を入れ、藻を干すかわりに砂を干すわけであり、濃い塩水も大量にとれるし、煮つめるときも大きな皿《さら》形の鉄釜を使う。それだけに集約的な労働力が必要なのはもちろん、薪をとる山と塩浜にする海岸とを占拠する権力や、大きな釜を購入する財力がないと着手できない。奈良時代から平安時代にかけての例でも、塩浜製塩の経営者は、いわゆる国衙《こくが》とか貴族寺社の荘園《しょうえん》のように、国家権力そのもの、または国家権力と癒着《ゆちゃく》したものが一般だった」。猪手《いで》一族もこの海浜製塩に乗り出した。「おりから朝廷が大宰府に建設中の観《かん》世音寺《ぜおんじ》に、この浜と山とを朝廷から寄進してもらい、寺の塩浜製塩所を設立して、経営を引きうけ」たのである。また「鉄製塩釜を、朝廷から観世音寺へ寄進したという名目で、一族が入手した」。⑭その後、嶋郡は志麻郡に、肥君は肥公《ひのきみ》に、文字はかわったが、「肥氏一族の支配はあいかわらずであ」った。⑮「井上［辰雄］氏によると、**肥君**の本拠は肥後《ひご》国八代《やつしろ》郡肥伊《ひい》郷、今日の熊本県八代郡宮原《みやはら》町付近の氷川《ひかわ》流域だという。肥は火であり、活火山阿蘇《あそ》をもつ〈火の国〉の豪族として、早くから北のかた筑紫国の八女県《やつめのあがた》（福岡県八女《やめ》市）を本拠とする筑紫君の一族と対抗していたが、六世紀前半、国造筑紫君磐井《いわい》の反乱でその勢力がおとろえると、姻戚関係を利用して筑紫君の勢力圏をうばい、筑後・筑前・肥前の諸地方に進出、また大和朝廷が隼人《はやと》討伐に乗りだすと、これにも参加して薩摩へも勢力を扶植《ふしょく》したという」。⑯「肥君は勢力拡大にあたって水軍を使ったようである」。肥君猪手《いで》の家族の中に名の出ている「吉志《きし》（または吉士）」の姓《かばね》は、帰化系で、「航海術に長じているので著名だった」。⑰ただ、肥君（肥氏）一族は、中央には進出しておらず、地方豪族にとどまった（一三四－一五九頁）。

5　九州より南の島々

七世紀から「九州より南の島々」が『日本書紀』に現われる。これを宇治谷孟《うじたにつとむ》『日本書紀・全現代語訳』（講談社・学術文庫、上・下＝一九八八年）によって、年表風に整理したのが、次の表3－2である。この段階では、ヤク（掖玖・掖久）、タネ（多褹）、そしてアマミ（海見・阿麻弥）の名が出ている。

表 3-2　『日本書紀』にみる「ヤク・タネ・アマミ」の記事

天皇	西暦	記事
推古 23	615	3 月，**掖久**《やく》の人が 3 人帰化してきた．5 月，**掖久**の人が 7 人帰化した．秋 7 月，また**掖久**の人 20 人が来た．前後合わせて 30 人．すべて朴井《えのい》（岸和田市辺か）に住まわされたが，帰郷を待たず皆死んでしまった．
28	618	秋 8 月，**掖久**の人が 2 人，伊豆の島に漂着した．
舒明元	629	夏 4 月 1 日，田部連《たべのむらじ》を**掖玖**に遣わした．
2	630	この月［秋 9 月］，田部連らは**掖久**より帰った．
3	631	2 月 10 日，**掖久**の人が帰化した．
孝徳 5	654	夏 4 月，**吐火羅**《とから》**国**の男 2 人，女 2 人，**舎衛**《しゃえ》の女 1 人，風に会って日向《ひむか》に漂着した．
斉明 3	656	秋 7 月 3 日，**都貨邏**国の男 2 人，女 4 人が筑紫に漂着した．「私どもははじめ**奄美の島**［多くは「海見島」としている］に漂着しました」といった．駅馬《はいま》を使って都へ召された．
		15 日…夕に**都貨邏**人に饗を賜った．
天武 6	677	この月［2 月］，**多禰嶋**《たねのしま》の人らに，飛鳥寺の西の槻《つき》の木の下で饗応された．
8	679	［11 月］23 日，大乙下倭馬飼部造連《やまとうまかいべのみやつこむらじ》を大使とし，小乙下上寸主光父《うえのすぐりこうぶ》［山里純一は「上寸主光欠《かみのすくりこうかむ》」とする］を小使として，**多禰嶋**に遣わし爵位 1 級を賜わった．
10	681	［8 月］20 日，**多禰嶋**に遣わした使人らが，多禰嶋の地図をたてまつった．その国は京を去ること 5 千余里，筑紫《つくし》の南の海中にある．住民は髪を短く切って草の裳をつけている．稲は常に豊かに実《みの》り，年に 1 度植えれば 2 度収穫できる．土地の産物は支子《くちなし》（染料になる）・莞《かま》子（藺《い》［山里は「蒲《がま》」とする］）および種々の海産物が多い．
		［9 月］14 日，**多禰嶋**の人たちに，飛鳥寺の西の川のほとりで饗応された．さまざまの舞楽を奏した．

11	682	［秋 7 月］25 日，**多禰**（**種子島**）**の人**・**掖久**（**屋久島**）**の人**・**阿麻弥《あまみ》の人**（**奄美大島の人**）に，それぞれ禄を賜わった．
12	683	3 月 19 日，**多禰**に遣わされていた使人が帰ってきた．
持統 9	695	［3 月］23 日，務広弐 文忌寸博勢《ふみのいみきはかせ》・進広参 下訳語諸田《しものおさのもろた》らを**多禰**に遣わして，蛮《ひな》（朝廷に帰順しない未開の人々）の居所を探させた．

（注） 引用にあたっては，ルビの重複を避け，またカッコ内の説明文（宇治谷による）を省略したものがある．［ ］は，引用者（来間）が補足したもの．

しかし、ヤクが必ずしも今の屋久島をさすとは限らず、「九州より南の島々全体」をさすとされている。この年表の後半、六七〇年代以降はヤクに代わってタネと表記されているが、これも今の種子島をさすのではなく、その意味するものは「九州より南の島々全体」のことである（第六章第三節）。宇治谷は「掖玖（屋久島）」「多禰（種子島）」としているが、引用にあたって、カッコ内を外した。これが六八二年には「タネ・ヤク・アマミ」が併記され、個別の島の名を区別して理解するようになった。しだいに、島々の総称から個別の島々の名に変化した。ただ、それもアマミ止まりであり、沖縄諸島は現われない。なお、ここに出ているトカラは、今の鹿児島県の吐噶喇《とから》列島のことではなく、はるか南の今のタイやインドのこととされている（第六章第二節11）。

記事には、当初は漂着などであったが、六二九年には使を遣わし、翌年帰り、そのまた翌年にはヤクの人が「帰化」したとある。帰化させたのであろう。また、六七九年にも使を遣わし、二年後に帰り、タネの人びとを饗応した。そのタネの人びとには種子島だけでなく、屋久島や奄美大島の人びともいたようで、それぞれに「禄」を与えた。つまり、臣下と位置づけたのである。その翌年（六八三年）、使が帰ってきたというが、これは六七九年に派遣された使のグループの一員のこととされている。一〇年以上を経て、六九五年にも使をタネに派遣している。以上、大和王権からの使の派遣は、七世紀には三度にわたっていることになる。

こうして、九州より南の島々への権力の介入が始まったのである。この問題については、第六章でくわしく検討する。

第四章　「流求国」は沖縄のことか（七世紀）

第一節　『隋書』流求国伝

1　テキストと研究論文

「琉球」（りゅうきゅう）の字音が最初に見えるのは『隋書《ずいしょ》』流求国伝《りゅうきゅうこく》の「流求」であるという。これが、現在の沖縄諸島を中心とした地域を指すということであれば、沖縄に関する最古の記述となるわけで、慎重な扱いが求められる。これについては、膨大な研究の蓄積があり、山里純一《やまざとじゅんいち》は『古代日本と南島の交流』（吉川弘文館、一九九九年）において、それを四五頁にわたって整理・紹介しており、その時点までの到達段階を示している。小玉正任《こだままさとう》『琉球と沖縄の名称の変遷』（琉球新報社、二〇〇七年）も、この問題に関する八三の所説を「発表された年順に」、その要旨を記録している。しかし、その後の研究も出てきた。ここでは、それらを総括して、この問題に一定の回答を与えようとするものである。

なお、テキストとしては、山里純一の前掲書に全文の、漢文の読み下しがある。比嘉春潮《ひがしゅんちょう》の「沖縄文化史」（『比嘉春潮全集』第一巻歴史篇Ⅰ、沖縄タイムス社、一九七一年、四九三―五〇四頁。初出は一九六三年）、松本雅明《まつもとまさあき》の『沖縄の歴史と文化』（近藤出版社・世界史研究双書、一九七一年、一七―三一頁）、小玉正任『史料が語る琉球と沖縄』（毎日新聞社、一九九三年）に全文の現代語訳があり、同じく小玉『琉球と沖縄の名称の変遷』にも、漢文の読み下し文と現代語訳とくわしい「註」がある。さらに全文ではなく一部を取り上げたり、意訳したりして論じたものには、私の目にとまったものだけでも次のものがある。

①真境名安興《まじきなあんこう》『沖縄一千年史』（『真境名安興全集』第一巻、琉球新報社、一九九三年、三〇頁。初出は一九二三年）

②東恩納寛惇《ひがしおんなかんじゅん》『琉球の歴史』（至文堂・日本歴史新書・増補版、一九六六年。『東恩納寛惇全集』第一巻、第一書房、一九七八年、一二―一四頁）

③比嘉春潮『沖縄の歴史』（前出、『比嘉春潮全集』第一巻歴史篇Ⅰ、二四―二五頁。初出は一九六五年）

④山里永吉《やまざとえいきち》『沖縄歴史物語』（勁草書房、一九八二年、一〇―一二頁。初出は一九六七年）

⑤宮城栄昌《みやぎえいしょう》『沖縄の歴史』（日本放送出版協会・NHKブックス、一九六八年、二四頁）、同じく宮城『琉球の歴史』（吉川弘文館・日本歴史叢書、一九九六年新装版、一八頁。初出は一九七七年）

⑥上原兼善《うえはらけんぜん》ほか『沖縄県の歴史』（新里恵二《しんざとけいじ》・田港朝昭《たみなとともあき》・金城正篤《きんじょうせいとく》著、山川出版社・県史シリーズ47、

一九七二年、うち上原執筆部分、三〇‐三二頁）、同じく上原ほか『南島の風土と歴史』（上原兼善・大《おお》城立裕《しろたつひろ》・仲地哲夫《なかちてつお》著、山川出版社・風土と歴史12、一九七八年、うち上原執筆の「海上の道」、三九頁）

⑦高良倉吉《たからくらよし》『琉球の時代―大いなる歴史像を求めて』（筑摩書房・ちくまぶっくす、一九八〇年、二九‐三四頁。その「新版」はひるぎ社、一九八九年、二八‐三三頁。さらに筑摩書房・ちくま学芸文庫、二〇一二年）

⑧外間守善《ほかましゅぜん》『沖縄の歴史と文化』（中央公論社・中公新書、一九八六年、三一頁）

⑨真栄平房昭《まえひらふさあき》「琉球の形成と東アジア」（下條信行《しもじょうのぶゆき》・平野博之《ひらのひろゆき》・知念勇《ちねんいさむ》・高良倉吉《たからくらよし》編『九州・沖縄』角川書店・新版［古代の日本］③、一九九一年、四六四‐四六八頁）

⑩村井章介《むらいしょうすけ》「古琉球と列島地域社会」（琉球新報社編『新 琉球史 古琉球編』琉球新報社、一九九一年、二九八‐三〇〇頁）

⑪田中健夫《たなかたけお》「相互認識と情報」（『東アジア通交圏と国際認識』吉川弘文館、一九九七年、五八頁。初出は一九九三年）

⑫森浩一《もりこういち》「文化の道・琉球弧」（陳舜臣《ちんしゅんしん》・森ほか『南海の王国 琉球の世紀―東アジアの中の琉球』角川書店・選書、一九九三年）

⑬中村明蔵《なかむらあきぞう》『ハヤト・南島共和国』（春苑堂出版・かごしま文庫、一九九六年）

⑭田中聡《たなかさとし》「古代の南方世界―〈南島〉以前の琉球観」（『歴史評論』五八六号、一九九九年二月）

⑮永山修一《ながやましゅういち》「隼人と南島の世界」（原口泉《はらぐちいずみ》・永山修一・日隈正守《ひのくままさもり》・松尾千歳《まつおちとし》・皆村武一《みなむらたけいち》『鹿児島県の歴史』山川出版社・県史46、一九九九年、六一頁）

⑯永山修一「原始・古代の薩南諸島」（松下志朗《まつしたしろう》・下野敏見《しものとしみ》編『鹿児島の湊と薩南諸島』吉川弘文館・街道の日本史55、二〇〇二年、六〇頁）

⑰安里進《あさとすすむ》「琉球文化の基層」（安里進・高良倉吉・田名真之《だなまさゆき》・豊見山和行《とみやまかずゆき》・西里喜行《にしざときこう》・真栄平房昭『沖縄県の歴史』山川出版社・県史47、二〇〇四年、三八頁）

⑱田中聡「蝦夷と隼人・南島の社会」（歴史学研究会・日本史研究会編『東アジアにおける国家の形成』日本史講座・第一巻、東京大学出版会、二〇〇四年、二七五-二七八頁）

⑲中村明蔵「古代の沖縄と『隋書』流求伝—六～七世紀、沖縄史への接近」（鹿児島国際大学附置地域総合研究所編『沖縄対外文化交流史』日本経済評論社、二〇〇五年、一二三-一五三頁）

⑳山里純一・安里進「古代史の舞台　琉球」（『列島の古代史　ひと・もの・こと　一』岩波書店、二〇〇六年）

㉑田中史生《たなかふみお》「古代の奄美・沖縄諸島と国際社会—日本・中国との交流をめぐって—」（池田栄史編『古代中世の境界領域—キカイガシマの世界』高志書院、二〇〇八年、五〇-五七頁）

㉒山里純一『古代の琉球弧と東アジア』（吉川弘文館・歴史文化ライブラリー、二〇一二年、六-二四頁）

また、藤堂明保《とうどうあきやす》・竹田晃《たけだあきら》・影山輝国《かげやまてるくに》『倭国伝—中国正史に描かれた日本』（講談社・学術文庫、二〇一〇年。初出は一九八五年）の中に全文の漢文読み下しと現代語訳（全訳注）が収録されている。現代語訳はこれによりつつ、必要に応じて他との異同を記すこととする。

藤堂ほか『倭国伝』によれば、『隋書』は八五巻あって、「唐《とう》の魏徴《ぎちょう》（五八〇～六四三年）らの撰。

志は長孫無忌《ちょうそんむき》（?～六五九年）の撰。日本関係では交渉が密になったことにより史料も豊富で遣隋使とその答礼使の往来のほか、九州を中心とする日本国一般の地理や生活も述べられている」（二〇頁）。ただし、ここでの「流求国が、沖縄と台湾のいずれに当たるかについては、今ではほぼ台湾と考えられている」とする（一七三頁）。これについては、以下で検討する。なお、引用文中のルビもすべて藤堂らにより、「藤堂ら」と表記する。

2　隋の「流求国」侵略

(1)　位置と地勢

まず、「流求国」の位置と地勢に関する記述から取り上げる。「流求国《りゅうきゅうこく》は、建安郡《けんあんぐん》の東方に当たる海上の島にある。海上を行くこと五日でその国に至る。土地は山の洞穴が多い」（一八〇頁）。訳文にはいずれも大差はない。「建安郡」について、藤堂らは「福建省福州市」とし、比嘉は「今の福州」とし、松本は「福州省の北部」としている。原文の「山洞」を、藤堂らは「山の洞穴」とし、松本は「山洞（洞穴）」としている。しかし、山里は「洞は洞穴の意味ではなく、一種の行政単位的な地理的空間を指しているようである」とする。すなわち、①流求国は福建省の東方の海にあり、船で五日かかる、その土地には集落が多い、ということになる。そのかぎり、現在の沖縄地域との矛盾はない。

なお、(3)でみる記事の中にも、「流求」の位置に関する情報がある。

(2) 隋の「流求」訪問

次に、「流求国」伝の末尾にある、隋が「流求国」に使者を送ったという記事を取り上げる。「隋《ずい》の大業《たいぎょう》元年（六〇五年）、船長《ふなおさ》の何蛮《かばん》たちが言うには、毎年の春と秋の空が晴れわたり風が穏やかなときに、東の方を望むと、もや［靄―来間］のようなものの気配があるらしく見えるが、そこまで幾千里あるものかわからない、ということだった。大業三年（六〇七年）、煬帝《ようだい》は羽騎尉《うきい》の朱寛《しゅかん》に、海上に乗り出し、変わった風俗の人々を探し求めるよう命令した。その時、何蛮らの先の言葉があったので、何蛮を案内役に立てて出発した。そして流求国に達したが、言葉が通ぜず、流求人一人をさらって中国へ戻った」（一八四頁）。

藤堂らの「語釈」には、「船長《ふなおさ》」の原文は「海師」であるが、それは「漁師団のかしら」とあり、「羽騎尉《うきい》」とは「近衛騎兵の隊長」とある（一七八－一七九頁）。

山里純一は、安里進・山里純一「古代史の舞台　琉球」（二〇〇六年）でもっと簡潔な紹介文（現代語訳）を掲げている。「隋の煬帝《ようだい》は、東方に陸地が遠望できるという何蛮《かばん》の言葉を信じ、大業三年（六〇七）に、羽騎尉《うきじょう》の地位にあった朱寛《しゅかん》に命じて流求を〈求訪〉せしめたが、言語が通ぜず、現地の人一人を虜にして引き返した」（三九四頁。ルビは山里）。「羽騎尉」のルビが「うきじょう」となっている。

これらによれば、②大業《たいぎょう》三年（西暦六〇七年）に、隋の煬帝《ようだい》が、朱寛《しゅかん》を派遣して流求（国）に到ったが、言葉が通じなかったので一人を捕らえて帰った、となる。

(3) 隋の「流求」侵略

この時は侵略というほどの行為はしていないようだが、翌年、隋は「流求」を侵略した。「翌大業四年（六〇八年）、煬帝は再び朱寛に命じて、流求国へ派遣し、中国に服従させようとしたが、流求は従わなかった。そこで朱寛は流求の麻の鎧《よろい》を奪って中国に帰った。ちょうどその時、倭国《わこく》の使者が隋の朝廷に来ていて、この麻の鎧を見ると、〈これは夷邪《いや》久国《くこく》の人のものだ〉と言った」（一八四―一八五頁）。文はまだ続くが、ここで説明の都合上、一応区切りをつける。

藤堂らの「語釈」には、「鎧《よろい》」の原文の「布甲」を「麻を編んで作ったよろい」とし、「倭国の使い」は「小野妹子か」としている（一七九頁）。

以上によれば、③六〇八年にも朱寛を派遣したが流求は従わないので、「布甲」を取って帰った。④この布甲を隋に来ていた日本の使者に見せたら、夷邪久国の人が使うものだといった、となる。

隋による「流求」の侵略行為は、次のように展開する。「煬帝は、武賁郎将《ぶほんろうしょう》の陳稜《ちんりょう》、朝請大夫《ちょうせいたいふ》の張鎮周《ちょうちんしゅう》を軍隊と共に派遣して、義安《ぎあん》から海を渡って流求国を攻めさせた。まず高華嶼《こうかしょ》に達し、そこから東へ向かって二日で鼅鼊嶼《くへきしょ》に達し、さらに一日で流求に達した。出発する際、陳稜は南方諸国の人々を軍隊に加えていたが、その中に崑崙《こんろん》の人がおり、その人が流求の言葉をよく理解した。そこでその崑崙人を使者として諭《さと》し従わせようとしたが、流求は従わずに隋の軍隊を拒絶した。陳稜は流求軍を撃ち破って敗走させ、その王都へ進軍した。次々と戦ってみな撃ち破り、流求王の宮殿に火をかけ、流求人の男女数千人を捕虜とし、戦利品を船に載せて帰った。それ以来、流求との往来は絶えている」（一八五頁）。

藤堂らの「語注」では、役名の「武賁郎将《ぶほんろうしょう》」は「近衛兵の隊長」、「朝請大夫《ちょうせいたいふ》」は「朝貢を司る官」であり、地名の「義安《ぎあん》」は「広東省潮安県」、「高華嶼《こうかしょ》」「黿鼊嶼《くへきしょ》」は「ともに台湾海峡の澎湖列島の島々と思われる」、「崐崘《こんろん》の人」は「南海諸国の人」としている（一七八―一七九頁）。

この部分に触れている者と触れていない者がある、地名について、比嘉は「義安（今の潮州）」、「高萃嶼（彭佳嶼）」、「黿鼊嶼《くへきしょ》（久米島）」とし、松本は「義安（今の広東省潮州）」、「崐崘人《コンロン》（マレー人種）」としている。

ここには、次のことが記されている。⑤煬帝は、陳稜と張鎮周を流求に派遣した。⑥陳らは、兵を率いて義安（潮州）から出航し、高萃嶼（高華嶼＝澎湖諸島か）に行った。⑦そこからまた二日、東に進んで、黿鼊嶼《クヘキ》（澎湖諸島か久米島か）に到った。⑧そこからまた一日で、流求に到着した。⑨陳らは、初めから、南方諸国の人びとを船に乗せていたが、その中のコンロン人（マレー人、南海諸国人）は流求の言語をよく理解できた。⑩その人を通訳に立てて、流求に対して中華に従うように説得したが、流求はそれに従わず、陳らの軍隊に抵抗した。⑪陳らは、流求と何度も戦い、そのたびに勝利し、流求の「宮室」（宮殿）を焼いた。⑫陳らは、流求人の男女「数千人」を捕虜にして連れ帰った。⑬このことがあって以来、中国と流求との交渉は途絶えた。

以上が、中国（隋）による「流求国」侵略の内容である。

なお、『中山世鑑』にも、これが琉球（現在の沖縄諸島）のことだとして取り上げられている。「天孫氏二十五代の御代に、異国隋《ずい》の煬帝《ようだい》が利欲に飽きたりずに、中国の宝物を掠め取るだけではなく、数千万艘《そう》の船を造って密かに異国を探し求めさせた。この時、隋の使者羽騎尉《うきい》の朱寛が初めてこの国に至った。波濤の間からこの地を見れば、虯龍《きゅうりゅう》が水に浮かぶ如くだったので、これによって、隋人は我が朝を流虯《りゅうきゅう》と名付けた。しかし、異国隋の人は初めて来島したので、言語も通ぜず、使者もどうにもならずに、男一人を捕虜にしただけで帰国してしまった。その後数年を経て、捕虜にした男がようやく中国の言語を理解したので、これを通事［通訳―訳注］にして、武賁郎将の陳稜を大将に、数万の兵船を派遣して攻め立てた。だが、流虯人は従わなかったので、男女五百人を捕虜にして帰国してしまった。これ以降、往来は途絶え、唐、宋の時代に至るまで交流はなかった」（諸見友重《もろみともしげ》『訳注　中山世鑑』榕樹書林、二〇一一年、三九‐四〇頁）。傍線の部分は『隋書』にはないが、諸見によれば、夏子陽《かしよう》の『使琉球録』によったものであり、向象賢《しょうじょうけん》が原文に無い「龍」の文字を加えたのであろう、としている（四一頁）。

(4) 陳稜伝の記述

山里純一は、「陳稜《ちんりょう》伝には、当時の戦闘の様子がより詳細に記されている」として、その原文を付して紹介しているが、ここではその現代語訳（抄訳）の部分を紹介する。「まず鎮周（州）が先鋒となり流求の王渇刺兜《からとう》の兵を撃破し、また陳稜は低没檀洞に進軍し、小王の老模の兵を破り老模を斬殺したこと、さらに都において王は数千人の民衆を率いて抵抗したが、陳稜の軍は王を柵に追いつめこれを斬殺したことなどが記されている」（一六頁）。

ここには、「王」と「小王」が登場しているが、これについては「流求伝」の別の個所にも出てくるので、そこで扱うことにする。

また、中村明蔵も「陳稜伝」を紹介しているが、「流求人初見船艦、以為商旅、往往詣軍中貿易」（流求人は、「船艦」すなわち小舟ではない大きな船を初めて見て、「商旅」すなわち商売のために来たと思い、しばしば「軍中」すなわち軍艦に寄って来て、貿易した）という（一四三頁）。これものちに取り上げる。

第二節　「布甲」を「夷邪久人のもの」と見たことをめぐって

第一節で見たように、『隋書』には、③朱寛らは「布甲」を取って帰った、④この布甲を隋に来ていた日本の使者に見せたら、夷邪久《いやく》国の人が使うものだといった、とあった。これをめぐっては、「布甲」とは何かについてさまざまに議論されている。また「日本から来ていた使者」とは誰のことかについては、断定するか推定するかの違いはあるものの、すべての論者が小野妹子《おののいもこ》であるとしている。

東恩納寛惇『琉球の歴史』（一九五七年）は、「翌四年再び朱寛等を遣わし、今度はその〈布甲〉を取つてかえつた。たまたま隋に来ていた日本使節小野妹子等が、それを見て、これは〈夷邪久国人〉のものだと言った」と、小野妹子の名を明示している。また「布甲というのは、李朝実録に載せてある明の成化中の琉球の見聞に〈紵を編んで甲を為《つく》る〉とあるのと、恐らく同様のもので、今日アイヌ人の用いている〈あつし〉の類であろう」ともいう（一一－一二頁）。

松本雅明『沖縄の歴史と文化』（一九七一年）は、「布甲」を「布と甲《よろい》」としている。他方、「流求の布や甲をみた倭国の使者は小野妹子らである」としている（二九頁）。

宮城栄昌『琉球の歴史』（一九七七年）も同様に、「翌年煬帝は朱寛を派遣して慰撫したが服従しなかったので、その布甲を収めて帰国した。たまたま隋に滞留していた日本使節の小野妹子がそれをみて、夷邪久《いやく》国人のものだと称した。布甲というのは明の成化中の琉球の見聞を記した『李朝実録』に、〈紵を編んで甲を為《つく》る〉とあるのと同じであろう」（一八頁。宮城『沖縄の歴史』一九六八年もほぼ同様）。つまり宮城は、布甲を、東恩納と同様に「紵を編んでつくった甲」であるとし、日本使節は小野妹子であるとしているのである。

上原兼善は、共著『沖縄県の歴史』（一九七二年）で、「朱寛が〈布甲〉をもち帰ったさい、折しも遣隋使の身で隋にあった小野妹子がそれをみて〈夷邪久国人〉のものだといったという」。「布甲」は「紵で編んだ甲」とし、日本使節は小野妹子としている（三一頁）。

高良倉吉『琉球の時代』（一九八〇年）は、この話を簡単に紹介して、「その頃中国にいた倭国（日本）の使者とは遣隋使小野妹子《おののいもこ》であると考えられている」（三三頁）という。

村井章介「古琉球と列島地域社会」（一九九一年）は、次のように言う。「流求伝で私が心ひかれるのは、六〇八年の遠征で朱寛がもち帰った布甲（苧で編んだかぶと）を、たまたま隋に来ていた倭国の使者に見せたところ、使者は〈これは夷邪久国人のものだ〉と答えた、というくだりだ。使者とは、六〇七年聖徳太子の命で隋に渡り、翌年四月に帰国した小野妹子らである。…すでに七世紀の初頭、ヤマト人はかなりくわしい南島の知識をもっていたことになる」（三〇〇頁）。村井は「甲」を松本が「よろい」とするのとは異なって「かぶと」としているが、そのように話した人物については遣隋使の記録を示して、小野妹子だとしている。

小玉正任『史料が語る琉球と沖縄』（一九九三年）は、次のようにいう。「二度目の遠征のとき（六〇八）、朱寛は布甲（布で作った武具）を取りあげて帰国した。ちょうど日本から国使が隋の朝廷に来ていて、その者がその布甲を見て、夷邪久《いやく》の国人が使うものである、といったと記述されている。大業四年（六〇八）には、わが国から遣隋使である小野妹子一行が滞隋していた可能性が極めて高い。推古天皇の十五年（六〇七）七月に船出した小野妹子は隋に渡り、翌年（六〇八）四月に帰国している。そして同年九月、再び小野妹子らは出航し、隋に翌年まで滞在、推古天皇十七年（六〇九）九月に帰国している。以上のことから、六〇八年に朱寛が持ち帰った布甲を見たのは、小野妹子か、あるいはその一行の誰かであると推測される」（一七‐一八頁）。

小玉『琉球と沖縄の名称の変遷』（二〇〇七年）は、「布甲」について、「布製の甲である。『隋書』流求国伝に〈紵ヲ編ンデ甲トナス〉とあるので、この布甲は紵（麻ぬの）を用いて作った甲といえよう」としている（三五頁）。『隋書』流求国伝とあることについては、本章第四節5を参照。

山里純一『古代日本と南島の交流』（一九九九年。該当部分の初出は一九九四年）は、「布甲は文字通り解すれば、布製の甲である。…厳密には紵（あさぬの）を用いて仕上げた甲ということになろう」とし、「類似するもの」に「綿襖・綿甲」というものがあり、それは「綿を主体とし、それを布で包む形で外套の形状に仕上げたものと思われる」とし、「流求の布甲もそのような外套状のものであったかも知れない」という。布甲についての、最もくわしい検討といえる。また「流求の布甲をみて〈これは夷邪久国の人の用いるものだ〉と言った倭国使が、大業三年すなわち推古天皇十五年（六〇七）に入貢した遣隋使小野妹子一行であったことは疑いない」とする（一二‐一三頁）。

中村明蔵『ハヤト・南島共和国』（一九九六年）は、「布甲《ふこう》」を見て「此れ夷邪久国人の用うる所「布甲」は「布製の甲」であり、「紵を用いて仕上げた甲」とし、日本使節は小野妹子であるとする。

也」と言ったのは、「遣隋使（小野妹子一行）であったと考えている」と述べている（六二頁）。また、「布甲」については、「文字通り解すれば布製の甲《よろい》である」としつつ、山里純一の見解を紹介している（六三頁）。

中村「古代の沖縄と『隋書』流求伝」（二〇〇四年）は、『隋書』流求国伝と陳稜伝の紹介をして、「これらの諸記事のなかで、倭国との関連でもっとも注目される箇所」として、流求から布甲を取って帰還し、倭国使に見せたらこれは夷邪久国人が用いるものだと言ったという部分を挙げている。そして『書紀』（『日本書紀』）に記録されていることからして、この「倭国使が小野妹子一行であったことは認められる」とし、また「布甲が武装具であろうとの推測はできても、…具体的にどのように材料を用いて、どのように仕立てられていたかについては明らかでない」と述べている（一二七-一二八頁）。

かくして、「布甲」については意見が分かれ、松本雅明と中村明蔵と藤堂明保らの「甲《よろい》」と、村井章介の「かぶと」とでは、かなりの開きがある。山里純一は前著では「甲」にルビを打っていなかった。しかし、新著『古代の琉球弧と東アジア』（二〇一二年）では、「甲《よろい》」とルビを打ち、「綿《わた》襖《おう》・綿甲《わたこう》」については「『蒙《もう》古襲来《こしゅうらい》絵詞《えことば》』に見える元軍兵士の図」を掲げて、このような「外套《がいとう》［ルビは来間］のようなもの」としつつ、「流求の布甲もそのような外套状のものであったかもしれない」と、前説をよりくわしく展開している（一八-二〇頁）。寒地の蒙古と暖地の「流求」と、同様の衣服を着ていたということになるが、どうだろうか。

使者が小野妹子であることでは、すべての論者が一致している。この小野妹子のことは同じ『隋書』の「倭国伝」に次のようにあり、疑いない。「隋《ずい》の煬帝《ようだい》の大業《たいぎょう》三年（六〇七年）、倭の王の多《た》利思比孤《りしひこ》が、使者を派遣して朝貢してきた。その使者が言うには［中略］。そして倭国の国書にはこうあった。〈太陽が昇る東方の国の天子が、太陽の沈む西方の国の天子に書信を差し上げる。無事でお変わりはないか…〉。煬帝はこの国書を見て不機嫌になり［以下、略］」（藤堂ほか『倭国伝』一九九-二〇〇頁）。

第三節　「夷邪久＝流求」説の検討

隋の侵略軍が「流求国」から持ち帰った「布甲」が、「夷邪久国」の人が使っているものであれば、「流求国」と「夷邪久国」は同一の土地となろう。それは音論からも妥当性が高い。では、その「流求＝夷邪久」は今の沖縄あたりのことを述べているのかどうかが問題となる。この節では、その議論の経過を見ることにする。七～八世紀の文献、『日本書紀』『続日本紀』に出てくる「ヤク」や「南島」と関わらせて論ずる者も多いので、そのまま紹介するが、本書ではそれは主に第六章で扱う。

1　真境名安興・比嘉春潮・東恩納寛惇の「掖久＝夷邪久＝流求」論

真境名安興『沖縄一千年史』（一九二三年）は、「掖久《やく》」は「琉球」のなまったものだと、次のように紹介している。「史家或は掖久《やく》を以て隋書・唐書にいふ所の流求の転唱となし（「続日本紀考証」にいふ阪氏宅甫の説、即ち掖久は唐音「ウエキー」にて、「リユキー」「琉球」の転音なりと）、以《もっ》て南島の総名とするあり」（三〇頁、ルビは来間）。つまり、『日本書紀』や『続日本紀』にある「掖久《やく》」は、隋書や唐書にある「流求」と音が通ずるので「流求＝掖久《やく》」であり、当時の日本では

「南島」と同じである、と。

そのうえで真境名は、『隋書』流求国伝を紹介している。ここで「流求」を「琉球」「琉求」とした個所があるが「流求」のミス（編集者の）であろうし、また「夷邪久《いやく》国」を「夷邪《や》久《く》国」としているが、「夷」にもルビ「い」を加えて「夷邪久《いやく》国」とすべきところを（編集者が）欠落させたのか、それとも「夷邪《や》久《く》国」＝「ヤク国」との理解から、ルビは「やく」としたのか。

比嘉春潮『沖縄の歴史』（一九六五年）は、「邪久というのを隋の人々の耳には流求と聞こえて、それが琉球の名の始めだという説もある。またこの流求は今日の台湾だという説もある。かりに古い時代の夜久《やく》、多褹《たね》が南島全体の称で、現在の屋久・種子島から琉球諸島までを含んでいたとするならば、その掖久人、多褹人、南島人の中にわが沖縄人も含まれていたとも考えられる」と述べている（二六頁）。比嘉は、真境名と東恩納の説を引き継いでいるようだ。

東恩納寛惇『琉球の歴史』（一九六六年）もほぼ同一の意見である。「ここにいう所の夷邪久と流求とは、同一物で音訛によって字形を異にするものであることは、既に新井白石《あらいはくせき》・伊地知季安《いぢちすえやす》・加《か》藤三吾《とうさんご》等先人の説くところで、吉田東伍《よしだとうご》博士は、日向《ひゅうが》風土記に〈俗語、謂栗為区児〉とあるを引用し、ジ・キ・リの三音が南方の訛音《かおん》で転用する例を挙げ、邪久《やく》と流求が同一音であることを確認していられる。現在でも薩摩方言では、琉球を〈ジキユウ〉、琉球人を〈ジキジン〉と唱えている。夷邪久の夷は東夷の意ではなくイユクの発語であろう。要するに、日本からは今の屋久以南の諸島を漠然と邪久と唱え、中国からは台湾以北［以東―来間］の諸島を漠然と流求と唱えたもので、R音がY音と通ずることは硫黄と書いてユオウと唱えることによっても知られる」（一二一頁、ルビは来間）。

つまり、①別の表記（字形）になっているが、そもそもは同一のものが「音訛」すなわち転訛《てんか》した（発音が訛《なま》って変わった）ものであり「夷邪久＝流求」である。②しかも、ジ・キ・リの三音は互いに転訛するもので、「邪久」（ジャキュウ）と「流求」（リュウキュウ）は「ジャ」が「リュウ」に転訛したもので、音は同じである。③まとめとして、薩南諸島から八重山諸島までの島々（沖縄諸島などを含む）を、日本からは「ヤク」といい、中国からは「リュウキュウ」といい、いずれも「漠然と」そう言っていた、という。

なお、「謂粟為区児」は「粟《り》為《い》区《く》児《じ》と謂《い》う」と読むのであろう。

この三名は、そのような「ヤク＝南島」の中に現在の沖縄諸島も含まれているとみていたようである。

2　山里永吉・宮城栄昌・松本雅明

ところが、山里永吉『沖縄歴史物語』（一九六七年）は、「夷邪久」ではなく「夷」を除いて「邪久」として、次のように述べている。まず「隋書の琉球伝」（山里はこのように表記している）の要旨を述べて、「ちょうどその時、日本の使節が隋の国に来朝していたので、その布甲を見て、〈これわが国の夷、邪久（ヤク）国人の用いるものだ〉といったと書いてある」という。「夷」と「邪久」を分離して、「わが国の夷」＝「邪久」とするのである。そして「邪久（ヤク）は、現在の屋久島のように思われるが、その当時は、琉球全体を邪久または夜久と称したという説もあつて、はつきりしたことは解つていない」。「夜久は屋久島のことではなく、中国の発音でウユキイとよむから、琉球のことではないかという説もあるそうである」という（一二頁）。自説は特に示していない。

宮城栄昌『沖縄の歴史』（一九六八年）・『琉球の歴史』（一九七七年）は、「琉球と夷邪久が同音であることは多くの研究で確認されているが、薩南列島［薩南諸島と琉球列島―来間］の汎称であった夷邪久が、隋の人々の耳には流求と聞こえたのであろうと説かれている。しかし『隋書』の流虬、流求が現在の沖縄であるか、それとも台湾であるか、かつて学界の論争をよんだが、現在でも定説がない。ただいつの時代からか、中国人は台湾以東の諸島を、琉球と唱えたのは事実である」（二四頁／一八頁）という。「流求＝夷邪久」とはするが、そこが「現在の沖縄」であるかについては「定説がない」として、判断を保留している。

松本雅明『沖縄の歴史と文化』（一九七一年）は、「夷邪久というのは日本で掖玖とよばれたところ」としている（二九頁）。

3　上原兼善・高良倉吉・外間守善

上原兼善ほか『沖縄県の歴史』（一九七二年）は、「〈夷邪久〉あるいは〈邪久〉と〈流求〉は、音訛によって字形が違うのみで本来同一物であり、日本からは現在の屋久以南の諸島をばく然と〈邪久〉と唱え、中国からは台湾以北の諸島をばく然と〈流求〉と唱えていたとする説がある。この説にしたがえば〈流求〉はかならずしも沖縄でなくてもよいことになる」とする（三一頁）。「夷邪久＝邪久＝流求」との説（東恩納説）を紹介しながら、それによって「流求≠沖縄」だとするが、東恩納の主張は屋久島から与那国までの列島を「ばくぜんと」「流求」としていた、つまり沖縄を含むというものであり、上原の整理とは異なっている。

上原兼善「海上の道」（一九七八年）は、この部分を紹介しながら、「このことからすれば、妹子に代表されるいわゆる、倭人のいう〈夷邪久国〉と大陸側からみた〈流求国〉とは重なるわけであるが、実際は、当時の大和国家の〈夷邪久国〉という観念は、いまだ朝廷にまつろわぬ夷州＝南島の総称であったとみてよい」とする（四〇頁）。そうであろうが、そのことを認めたうえで、さて、この「夷邪久国」に沖縄諸島は入るのかどうか。

高良倉吉『琉球の時代』（一九八〇年）は、「夷邪久」は「〈掖玖〉〈夜句〉に同じだとする意見があ」り、「南島」は九州より南に連なる島々の総称だと「一般には理解されている」し、また「掖玖は屋久島に比定されたり、あるいはまた南島と同じように九州以南の島々の総称的なものではないかと考えられたりしている」と紹介しているだけ（三三頁）で、踏み込まない。

言語学者の外間《ほかま》守善《しゅぜん》『沖縄の歴史と文化』（中央公論社・中公新書、一九八六年）は「夷邪久と流求は同音」説を否定している。「『隋書』ではさらに、〈夷邪久〉と〈流求〉が同じであるような記述がされており、そのために〈夷邪久〉あるいは〈邪久〉と〈流求〉は同一のものをさす、つまり、イヤクが訛《なま》ってリュウキュウになったという説が作られ、かなり流布しているが、これは語頭にr音は立たないという沖縄古語の原則に合わないことと、〈夷邪久〉が今の沖縄であることの確証が得られないことなどの理由で問題が残されている」（三一頁）。これは、皆が中国ではどう発音したかを論じているのに、外間は「沖縄古語」の原則を持ち出していて、議論がかみ合わない。

4　村井章介・真栄平房昭・鈴木靖民・小玉正任

村井章介「古琉球と列島地域社会」（一九九一年）は、「流求＝沖縄」説を支持しているが、「〈夷邪久〉とは、六一六年三月の条以降『日本書紀』に頻出する〈掖《や》久《く》〉、つまり屋久島に比定できる」という（三〇〇頁）。「夷邪久＝掖久＝屋久島」だとしている。

なお、真栄平房昭「琉球の形成と東アジア」（一九九一年）は、この「論争」を簡略に紹介し、鈴《すず》木《き》靖民《やすたみ》「南島人の来朝をめぐる基礎的考察」（『東アジアと日本』歴史編、吉川弘文館）の文章を引用して、「最も的確で要を得ていると思う」と述べている。鈴木のそれは、「流求伝にいう〈夷邪久〉が、掖《や》玖《く》に同じで、しかもそれが流求と称したはじめてであるとの説があるが、夷邪久＝流求説は、『隋書』自体が使い分けをしているから、成立不可能な憶説の域を出ない」とするものである（四六七頁）。「使い分け」とは、「流求国」から持ってきた布甲を「夷邪久国」のものと証言したことを述べながら、両者の共通性に言及していないことを指しているのであろう。「夷邪久＝流求」説の批判である。

小玉正任『史料が語る琉球と沖縄』（一九九三年）は、「『隋書』の夷邪久は、『日本書紀』の掖玖と同じ地域を指すものと思われる。掖《や》玖《く》といえば、今の屋久島のことかと思ったが、今日の学説では、七世紀初頭の頃は、掖玖といえば、今の屋久島に限らず、それ以南の島々を包括して指していたという。その包括される島々が、今日《こんにち》の奄美諸島までぐらいなのか、さらに沖縄諸島、もっと広げて先島諸島まで含むのかははっきりしないが、いずれにせよ、屋久島以南の南西諸島、つまり琉球を漠然と指していたのであろう」と述べている（一八頁）。「掖玖＝現在の琉球」説を容認しているようである。

5　中村明蔵・山里純一・田中聡・永山修一の「掖玖＝夷邪久＝流求」論

中村明蔵『ハヤト・南島共和国』（一九九六年）は、次のようにいう。「この『隋書』流求伝の記事からすると、隋が流求としている国は、倭国では〈夷邪久国〉とよんでいたことになる。イヤクはその音がヤクとつうじるので、そのままでも南島の意であろうとの推測が可能であるが、〈夷〉と〈邪久〉と分けて考えることもできる。すなわち、夷＝エビスのヤク国である。夷には、ともがら・仲間の意もあるが、古代では一般的に野蛮な人・未開人の意で用いられ、古代中国では倭国を〈東夷〉とも表現していたので、南島のことを、倭国の使者が中国人に理解しやすいように〈夷邪久国〉として紹介したことも、十分にありうることである」（六二—六三頁）。

山里純一『古代日本と南島の交流』（一九九九年）は、東恩納寛惇が「倭国使の言葉は流求が台湾から琉球群島に至る諸島の総称であることを裏づけるものと解している」こと、「また流求＝沖縄説の秋山謙蔵」は「倭国使の言葉は流求と邪久（掖玖）がおおむね同じ風俗であったことを示すものであると述べている」ことを紹介して、「私見も基本的にはこの見解と同じである」としている（一三―一四頁）。「流求＝邪久＝掖玖」説であり、したがって沖縄諸島を含むとの理解である。

田中聡「古代の南方世界―〈南島〉以前の琉球観」（一九九九年）は、次のように述べている。「朱寛による二度目の〈流求〉探査行（六〇八〔大業四〕年）の首尾について触れ、〈流求〉が慰撫に従わず朱寛が〈流求〉より〈布甲〉を奪い還ったと伝える。注目すべきは、その〈布甲〉をみて、ちょうど隋朝にあった遣隋使小野妹子らが〈夷邪久人〉の使用する物であると述べた点である。〈夷邪久〉はここで用いられた一例のみであり、日本の同時代史料にも出てこないが、これが『日本書紀』の推古《すいこ》・舒明《じょめい》朝等に現れる〈掖玖〉に当たるという理解は、新井白石《あらいはくせき》の『南島志』、伊地知《いぢち》季《すえ》安《やす》の『南聘紀考』（一八三〇年代・天保年間成立）以来、ほぼ通説となっている」。しかし、田中はこの通説を批判する。

「しかし〈掖玖〉が七世紀前半において南西諸島全域を漠然と示す総称であったという理解については、積極的な根拠といえるものは特にみあたらない」。「南西諸島全域を漠然と示す総称」との説（東恩納寛惇・山里純一）も否定される。では、どこだろうか。「以上のように総称説を採らない場合、七世紀前半の〈掖玖〉をどこに比定するかが次に問題となる。ヤクという呼称は八世紀以降の実態から考えれば屋久島と思われるが、先述のように〈掖玖〉＝〈夷邪久〉と考えられる以上、六〇八年の時点で既に倭国において知られていた〈夷邪久〉と同一の比定地を想定すべきである」、すなわち「山里［純一］氏のいわれるように〈夷邪久〉＝〈流求〉の方がより率直な理解といえるのではないか」。そうして「以上により私は、〈掖玖〉＝〈夷邪久〉＝〈幽久〉＝〈流求〉と考える」という。

永山修一「原始・古代の薩南諸島」（二〇〇二年）は、『隋書』流求伝の記述を紹介して、小野妹子が「この布甲を見て、これは〈邪久《やく》国人〉が用いるものであると言ったという」とする。その上で「流求がどこをさすかについては、沖縄説と台湾説とがあり、いまだに決着がついていないが、ここで問題になるのは〈邪久国〉である」という。そして『日本書紀』の「掖玖《やく》」と『隋書』流求伝の「邪久」は、「音が似通っており、同じ実体をさすと考えられる。ヤクについては、今の屋久島とする説、屋久島を含む南島の総称とする説、沖縄とする説（田中聡「古代の南方世界」『歴史評論』五八六号）などがある」と述べている（六〇頁）。「夷邪久国」ではなく、「邪久国」としていることが注目される。

6　中村明蔵・田中史生・山里純一の「夷邪久＝ヤク＝流求」論

中村明蔵「古代の沖縄と『隋書』流求伝」（二〇〇四年）は、「隋が〈流求国〉といっている国は、倭国では〈夷邪久国〉すなわちイヤク国とよんでいた可能性」は「きわめて高くなって」くる、という。「夷邪久国＝流求の可能性が高くなると、つぎにはこの時期にほぼ該当する『書紀』の記事に見える〈掖玖〉人・〈夜勾〉人などとの関連が見出される。これらが〈ヤク〉人と読めることは、夷邪久のイヤクと同一であろうと推測できるからである。倭国使がヤクと発音したものを、隋側の人物がイヤクと聞いて表記したのか、それとも東夷のヤクの意なのか、そのどちらにしても、蓋然性としてはイヤクとヤクは同じ地域を指している、と筆者は考えている」（一二八‐一二九頁）。「流求＝イヤク＝ヤク」説である。

小玉正任『琉球と沖縄の名称の変遷』（二〇〇七年）は、「夷邪久国」の注書きで、諸説を紹介している（三六-三七頁）。私が本書で言及しない論者でも、和田清、阪宅甫、藤田元春、塚田敬章などがある。

田中史生「古代の奄美・沖縄諸島と国際社会―日本・中国との交流をめぐって―」（二〇〇八年）は、「掖玖（ヤク）とは、周知のように七世紀以後の『日本書紀』などの日本史料に登場する地域名称で、倭国使の言う〈夷邪久〉がこの〈掖玖〉のことを指すのは間違いない」としている（五一頁）。「夷邪久＝掖玖＝流求」説である。

山里純一『古代の琉球弧と東アジア』（二〇一二年）は、『古代日本と南島の交流』以来の「掖玖＝夷邪久」説に立ちながらも、新しい根拠を提示している。「『三国名勝図《さんごくめいしょうず》絵《え》』によれば、〈夷邪久国〉は『続弘簡録』には〈彝《い》邪《や》久《く》国《こく》〉とあり、イヤクのイヤ（邪久・彝邪）を縮めるとヤになる。また『集韻《しゅういん》』（一〇三九年）には〈掖〉の字は〈夷益切〉とある。切は反切のこと。一字の発音を二字を使って表示する方法で、〈夷益の切〉は〈益〉となる。〈益〉の呉音（日本漢字音）はイヤク（漢字で表記すると夷邪久）。したがって掖玖と夷邪久は同一と見ることができる」（九頁）。

7　「流求＝夷邪久＝ヤク」（まとめ）

かくして、真境名安興・比嘉春潮・東恩納寛惇の「流求＝夷邪久＝掖玖」という説に対して、松本雅明・小玉正任・山里純一・中村明蔵・田中史生は肯定し、宮城栄昌・高良倉吉は判断を留保し、外間守善・鈴木靖民・真栄平房昭は否定していることになる。

山里永吉と永山修一は、「夷邪久」ではなく「夷」を除いて「邪久」としていた。中村明蔵も、「夷のヤクの意なのか」と言っている。藤堂らの『倭国伝』記載の「原文」によれば、「時倭国使来朝、見レ之曰、此夷邪久国人所レ用也」とあり、「わが国の夷、邪久国人」とは読めない。小野妹子らの認識を想像すれば、「邪久」を「国」とするよりは、「わが国」にとっての「夷である邪久」とする方が、ありそうだとも思われるが、原文にはそうはないわけである。

私（来間）は、次のように考える。まず「流求＝夷邪久＝ヤク」が音として通じ合うということに同調したい。それを否定する外間守善・鈴木靖民・真栄平房昭は、いずれも根拠が薄弱である。このようなヤクに類する音が、鹿児島より南の島々をばくぜんと指す言葉として生まれ、しだいにその位置が限定・確定されていく過程で、ヤクとタネが分離し、さらにアマミ・トクが（ここまでは松本雅明説）、そしてリュウキュウが分離し、屋久島・種子島・奄美島・徳之島・琉球となっていったのであろう。とはいえ、この七世紀の段階で、この分離・確定はどの程度に進行していたかと考えると、ヤマト王権の側からは屋久島・種子島という捉え方はできていたが、それより南の島々についてはなおあいまいである（この点については、第六章で詳論する）。そして問題は、中国の側からの認識がどうかである。

しかしながら、「流求」が台湾を指すのか、それとも沖縄あたりを指すのかという当面の課題を解くには、この〝音論〟からは無理であろう。

第四節　「流求国」の自然・習俗・社会

そこで、七世紀の「流求国」が沖縄のことなのかは不明としたままであるが、それがどのような社会であったのか、見ていくことにしよう。そこには、その地が沖縄だとしても、妥当していると思われる記述もあれば、まったく妥当しない記述も、またそれらの中間的な記述もある。次の第五節で「『隋書』の〈流求国〉は沖縄諸島のことか」を検討するが、それは『隋書』の記述を見て議論しているので、あらかじめその記述内容を見ておく必要がある。そこでこれを第四節とするしだいである。そのさい、沖縄のことと思える記述、沖縄のこととは思えない記述を、そのつど指摘することにしたい。その判断がつかないか、あるいは論者の間で意見が一致しないことについては保留にしたい。

藤堂らの「現代語訳」は一八〇-一八五頁、漢文の読み下し文と「語釈」は一七三-一八〇頁にあるが、引用にあたっては頁数を示さない。また、原文は「順不同」のように見える。そこで、いくつかのテーマを立てて再編して紹介する。

1　牧畜と農耕

『隋書』流求伝は、その流求の社会・経済について、多くのことを記している。その中からまず牧畜と農耕とその背景について示す。「流求国には、熊《くま》・羆《ひぐま》・豺《やまいぬ》・狼《おおかみ》がいる。とりわけ、豚や鶏が多く、牛・羊・驢馬《ろば》はいない。耕地は肥沃で、まず畑とするところを火で焼き、その後、水を引いてきてそこに注ぐ。石の刃をつけた長さ一尺余り、幅数寸の一本の鋤《すき》を持って、この土地を耕す。流求の土地は、稲・粟・床《び》の黍《きび》・麻・豆・小豆・えんどうまめ・黒豆などがよくできる。樹木には楓《かえで》・檜《ひのき》・樟《くす》・松・楩《やまにれ》・楠・杉・梓・竹・籐《とう》がある。果物や薬草は、江南地方と同じで、風土・気候は、嶺南地方に似ている」。

藤堂らの「語注」から拾う。原文の「尤も」は「とりわけ」、「田」は「畑」、「良沃」は「よく肥えている」、「挿《すき》」は「地に穴をあける棒」、「床《び》」は「甘粛省の地名」、「豆」は「大豆か緑豆か未詳」、「赤豆」は「あずき」、「胡豆」は「えんどうまめ」、「黒豆」は「黒大豆」、「江表」は「江南」、「嶺南の地と相類す」は「広東・広西の地と似ている」。

「熊《くま》・羆《ひぐま》・豺《やまいぬ》・狼《おおかみ》がいる」というがこれらは沖縄諸島には以前からいなかったであろう。豚と鶏が多いが、牛と羊と驢馬《ろば》はいないとある。「ろば」がいないのはいい。比嘉春潮は、「牛羊はその後の輸入［導入―来間］かも知れない」と記している。松本雅明は「田」を水田とみているが、中国では「田」は必ずしも水田を意味せず、畑を意味する場合もあるし、藤堂らも「畑」だとしている。そこにまず火を入れて焼き、その後に水を引いてくる、つまり灌漑《かんがい》するとある。焼畑を連想させるが、そのことと灌漑との関連が分からない。田であれば灌漑することと整合し、畑であれば火を入れることと整合する。耕耘の器具は「鋤《すき》」としているが、藤堂らはこれを「地に穴をあける棒」と説明しているし、訳語に「一本の」と加えているから、「掘り棒」ということか。それには石製の刃が付けられているようだ。作物としては稲、粟、黍、麻と豆類が挙げられている。

しかしながら、そもそもこの七世紀にはまだ沖縄諸島から農耕の証拠は出ておらず、とりわけ稲は、少なくともあと数世紀も待たねばならない。ここで農耕や牧畜の話が出ていること自体が疑わしい（第九章第二節）。

2　植物と衣類と装身具

「闘鏤樹《とうろうじゅ》という木が多い。橘《たちばな》に似て葉が密に茂り、細い枝が髪の毛のように垂れ下がっている」。「語注」では、「闘鏤樹《とうろうじゅ》」は「ガジュマル［ガジマル—来間］の木か」、原文の「条繊」は「枝が細い」、「下垂」は「たれさがる」としている。まさにガジマルの姿を描いているようだ。しかしこれは台湾でも「榕樹」といってポピュラーである。

「闘鏤の樹皮や、いろいろな色の麻や、雑多な毛を織って衣服にしている。断ち方やつくり方は同じではない。毛をとじつけ、巻貝を吊《つ》り下げて飾りとし、さまざまな色をまじえ、下には小貝を垂らしているので、その音は佩玉《はいぎょく》のようである。金属の小札《こざね》をつづり合わせ、腕輪をはめ、真珠の首輪をする。籐を編んで笠をつくり、毛や羽で飾っている」。

原文との対応を「語注」でみれば、「雑色の紵《ちょ》」を「いろいろな色の麻」とし、「製裁一ならず」は「裁ち方つくり方は同じでない」、「螺《ら》」は「まき貝」、「雑色相間《あいまじ》り」は「いろいろな色をまじえ」、「其《そ》の声珮《はい》の如し」は「その音は佩玉のようである」（珮《はい》→佩玉）、「鐺《とう》」は「うちがね」、「釧《せん》を施し」は「腕輪を身につけ」、「珠」は「真珠」、「藤《とう》」は「籐」、「毛・羽」は「毛と羽」としている。

3　面貌・服装・婚姻・お産・歌

「流求の人々は、目はひっこみ鼻が高く、中国の西北方の胡人《こじん》によく似ている。また、こざかしい才覚がある。主君と臣下や目上目下のけじめがなく、平伏して行う儀礼もない。父と子は同じ寝台で寝る」。原文と対比すると、「深目長鼻」が「目はひっこみ鼻が高い」に、「胡に類す」が「中国の西北方の胡人《こじん》によく似ている」に、「小慧《しょうけい》」が「こざかしい才覚」に、「礼」が「礼儀作法」に、「牀《しょう》」が「寝台（ベッド）」に、訳されている。「主君と臣下や目上目下のけじめがな」いというのは、そもそも「主君・臣下」の区別がないとも読める。

「男は口髭《くちひげ》と鬢《びん》の毛を抜き去り、身体の毛もみなとってしまう。婦人は墨で手に虫や蛇の文様を入れ墨する」。「嫁を娶《めと》るには、酒、肴《さかな》、真珠、貝殻を結納とする。時には、男女がお互いに好き合えば、すぐに夫婦となることもある」。「語釈」によると、「髭鬢《しびん》」は「口髭と鬢」に、「黥《げい》」は「入れ墨」に置き換えられていて、「墨《すみ》」は「煤」（すす）と説明されている。ひげを剃《そ》るのではなく、抜くとある。婦人の入れ墨は、「針突」（はじち）と読めば納得いく。「結納《ゆいのう》」や恋愛のありようまで、よく観察できたものである。

「婦人はお産をすると、必ずその胞衣《えな》を食べてしまう。お産の後は火にあたって身体をあぶり、汗を出させると、五日たてばもとの身体に戻ってしまう」。原文の「産乳」が「お産」に置きかえられ、「平復」が「もとにもどる」と説明されている。中村明蔵は、名越左源太《なごしさげんた》『南島雑話』の「産婦之図」に「産婦のそばで火をたくようす」が紹介されているとする。

「民間に文字はない。月の満ち欠けを見て、季節を区切り、薬草の枯れるのをうかがって、一年たったとみなす」。「満ち欠け」の原文は「虧盈《きえい》」、「一年たったとみなす」の原文は「年歳」である。『球陽』にこの部分が借用されている。「書契未《しょけいいま》だ興らず。月の虧盈《きえい》望みて、以て時節を紀《しる》し、草の栄枯を候ひて、以て年歳《としどし》を定む」（『球陽』読み下し編、九四頁）。

「大声で歌を唱い、足を踏んでリズムをとり、一人が唱い出せば他の人々がみな声を合わせる。音調はなかなか哀愁を帯びている。男は女の上腕を支え、手を振って舞う」。「大声で歌を唱い、足を踏んでリズムをと」るの原文は「歌呼蹋蹄《かことうてい》」、「哀愁を帯びている」の原文は「哀怨」、「上腕を支え」の原文は「上膊《じょうはく》」である。沖縄らしい雰囲気ではある。

4 塩・酢・酒・食事

「木の桶《おけ》で海水を日にさらして塩をつくり、樹の汁から酢をつくり、米や麦を原料として酒を醸造する。酒の味は淡泊である」。それぞれの原文は「木の桶」は「木槽《もくそう》」、「樹の汁」は「木汁」、「米や麦」は「米麪《べいめん》」である。当時の沖縄に米や麦はなかったとされており、したがって酒の醸造も疑わしい。

「食事は、みな手づかみで食べる。珍しい食物を手に入れた時には、まず目上の人に差し上げる。普通、宴会があれば、酒壺をもった主人が、必ず名前を呼んでのち、酒を飲ませる。王に酒を奉る者も、同じように王の名を呼ぶ。みな一緒に酒盛りするさまは、突厥《とっけつ》と同じようである」。それぞれの原文は、「珍しい食物」は「異味」、「酒壺をもった主人」は「酒を執《と》る者」であり、「突厥」については「六〜八世紀頃、中国西北方の草原地帯で勢力を伸ばした遊牧民族の国」と説明している。ここにも酒が出ている。また「王」がいるとされている。

5 鉄が少ない、死者を食べる、髑髏を並べる

「流求国には片刃の刀、矛、弓、矢、両刃の剣、広幅の剣などがある。この国には鉄が少ないので、刃はみな薄く小さい。そのため、骨や角で補強してあるものが多い。麻を編んで鎧《よろい》とし、また

熊《くま》や豹《ひょう》の毛皮も用いる」。それぞれの原文・文字は「矛」は「矟《さく》」、「矢」は「箭《や》」、「広幅の剣」は「鈹《ひ》」、「麻」は「紵《ちょ》」、「鎧」は「甲」である。

このころの沖縄諸島には鉄はまだなかったか、少なかった。ここでは「鉄が少ない」と述べており、大きく外れているとは言えないが、一方で各種の刀や剣があるとしている。その中の剣は「両刃」あり「広幅」ありといいつつ、「刃はみな薄く小さい」ともいう。矛盾していないか。「麻の鎧（甲）」は、小野妹子が述べた「夷邪久国の人の用いる布甲」に通じている。「熊や豹の毛皮」はありえまい。

「流求国では、人が死ぬとき、まさに息が絶えそうになると、みなでかつぎあげて庭に出て、身内の者も客も、大声で泣いて弔《とむら》う。その死体を水につけて洗い清め、屍衣を纏《まと》わせ、葦で包んで土にじかに葬る。その上に墳丘はつくらない。父の喪に服する子供は、数ヵ月間、肉を食べない。国の南部の地域の習俗は少し違っていて、人が死ぬと、村の人々が一緒に死者を食べてしまう」。死者については、「土に葬る」地域と、「食べる」地域があるというのである。この点が「沖縄説」が排除され、「台湾説」が主張された最大の論点となった。しかし、台湾でも「食人の風習」はないという説と、あるという説がみられる（山里純一による）。のちの沖縄諸島では風葬もあったが、土葬もあった。

「人々は、山海の神を信じており、酒・肴を供えて祭っている。闘いで人を殺すと、殺された人を供えてその神を祭る。よく茂った樹の傍に小屋を造ったり、髑髏《どくろ》を樹上に掛け、矢でそれを射る。石を積んでその上にのぼりをつないで神の居場所とする。王の宮殿では、壁の下にたくさんの髑髏を並べて、それがよいとしている。一般の人々の間では、家の門の上に必ず獣の頭骨や角を安置している」。

この記述も「台湾説」に味方することとされる。台湾には「首狩り族」がいた。それは敵（ことにその首長）を尊重して、首を胴体から切り離すが、埋葬するさいにはその首と胴体を並べてていねいに処理したという（台南の博物館での私の実見と聞き取り、二〇一二年）。

「流求国の人は互いに戦うことを好む。人々はみな勇ましくて強く、よく走り、なかなか死なず、傷を受けてもよく耐える。それぞれの洞ごとに部隊を組み、お互いに助け合うことはない。両軍がぶつかる時は、勇士数人が前面に出て飛びはね、わめき、罵り合いをし、そうしておいて攻撃し合う。もしそこで敗れると、部隊はみな逃げてしまう。あとから使者を派遣して陳謝させると、すぐに和解する。そこで戦死者の遺体を収容し、みなが集まってその死体を食べてしまう。そしてその髑髏《どくろ》を持って王の所へ行く。王は髑髏に冠をかぶせ隊帥《たいすい》の位を贈る」。「髑髏」は「頭骨」、「隊帥」は「隊長」と説明されている。髑髏については、風葬のなされた地では、岩や崖の陰に髑髏になるまで放置される（私も沖縄本島南部で実見したことがある）ので、そのような髑髏が見聞されたとも考えられる。

日本史では、弥生時代になって「戦い」が始まるとされている。それまでは蓄積もなく、したがって争う意味がないからである。当時の沖縄は「縄文時代後期」（貝塚時代後期）であり、弥生文化の流入は希薄であったが、すでに蓄積される時代になっていたとは考えられない。

6　租税はない

『隋書』流求伝には、租税についての記述もある。「割り当てられる税金はなく、なにか事があれば、その時に、均等に税がかけられる」。「語注」では、原文の「賦斂《ふれん》無く」は「割り当ての税はなく」とされている。租税はない。しかし、何かの時に平等に負担するということは、物品租税ではなく、労働調達であろうが、そのレベルのものであっても疑わしいし、橋や道路の建設などの共同作業がそのように捉えられたのかもしれない。

7　「王―統領―頭―鳥了帥」がいる

『隋書』流求伝の中で、最も論議の的になっているのは、社会組織の記述である。これは冒頭の位置と地勢の記述の次にある。「流求国の王は姓を歓斯氏《かんしし》といい、名を渇刺兜《かつらつとう》という。その氏の来歴や王として何代目であるかなどはわからない。その国の人は王を可老羊《かろうよう》と呼び、王の妻を多抜茶《たばつた》という。王の住んでいる所を波羅檀洞《はらだんどう》といい、堀と柵を三重に廻《めぐ》らせて堀には水を流し、棘《とげ》のある木を植えて生け垣にしている。王の住む家は、大きさが一六間あり、鳥や獣の彫刻で飾られている」。

ここには、①「王」がいるとしていて、その名前さえ描かれている、姓は「歓斯氏《かんしし》」（松本は

「歓斯《クワンシ》」）で名は「渇剌兜《かつらつとう》」（松本は「渇剌兜《カツラト》」）である。人びとは彼を「可老羊《かろうよう》」（松本は「可老《カラウ》年《ネン》」）と呼び、その妻・王妃を「多抜茶《たばった》」（松本は「多抜茶《タバット》」）という。②「王の住んでいる所」のこともあって、それを「波羅檀洞《はらだんどう》」といい、そこは「堀と柵を三重に廻《めぐ》らせて堀には水を流し、棘《とげ》のある木を植えて生け垣にしている」というように、かなり具体的に表現されている。③「王の住む家」の広さ（大きさ）を「一六間」と数字で表し、それには「鳥や獣の彫刻」がほどこされている、とある。

また、次の記述がある。「流求国には四、五人の統領がいる。諸洞《しょどう》を統率し、洞《どう》ごとに小王がいる。ところどころに村があり、村々には鳥了帥《ちょうりょうすい》（松本は「鳥了帥《ウリョウスイ》」）という者がいる。みな戦闘の巧者で、選ばれて鳥了帥になり、その中で互選して頭《かしら》を立て、村の事にあたる」。厳密に検討したいので、漢文の読み下し文も掲げてみる。「国に四五帥《すい》有り、諸洞《しょどう》を統《す》べ、洞《どう》ごとに小王有り。往往にして村有り、村ごとに鳥了帥《ちょうりょうすい》有り、並びに善く戦う者を以って之《これ》と為《な》し、自《みずか》ら相樹立し、一村の事を理《おさ》む」（同じく藤堂ら）。

原文との対比を「語釈」でみると、「四五帥《すい》」は「四、五人のかしら」、「並びに」は「どれもこれも」、「自《みずか》ら相樹立し」は「お互いに選びあってかしらをたて」となっている。

読み解いてみよう。④「流求国」には、「王」の下にということであろうが、「統領」（かしら）が四、五人いる。これら「統領」は、いくつかの（あるいは「それぞれの」か）「洞」を統率している。その「洞」には「小王」がいる。これら「小王」も「洞」の統率者ではなかろうか。また「村」がある。「洞」と「村」は別物だろうか。その「村」の統率者は「鳥了帥《ちょうりょうすい》」である。すると、

「小王」は、上との関係では「統領」と重なり、下との関係では「鳥了帥」と重なることになる。「鳥了帥」は「お互いに選びあってかしらをたて」るという。この「かしら」は「鳥了帥」そのものであろう。

つまり、区域としては「国（流求国）―洞―村」という区分があるようだが、あるいは「洞＝村」である可能性もある。また、人の階層としては「王―統領―小王―鳥了帥」となる。しかし、「統領＝小王」あるいは「小王＝鳥了帥」である可能性がある。両者の対応関係は、「国（王―統領）」―「洞（小王）」―「村（鳥了帥）」となろうか。そうであれば「統領」は国の役人で、「小王」や「鳥了帥」は地方の有力者ということになる。この三段階は二段階にまとめられる可能性があろう。

さらに王については、こうも書かれている。「王は木で造った獣の像に乗り、これを従者にかつがせて行く。供揃《ともぞろ》えは数十人に過ぎない。小王は簡単な椅子《いす》に乗り、それには獣の姿が刻まれている」。ここでは「王」と「小王」しか出てこない。

鳥了帥は、別の所にも出てくる。「刑罰を行うにもあらかじめ決められた標準はなく、その時になってから、等級を分けて罪を決める。犯罪はみな、鳥了帥《ちょうりょうすい》が裁断する。その罪に承服できないときは、王に上申する。王は臣下たちに合議させてその罪を決定する。牢獄には枷《かせ》や鎖がなく、縄で縛っておくだけである。死刑を執行するには、鉄の錐《きり》を用いる。その錐の太さは箸くらい、長さは一尺余りで、頭のてっぺんに差し込んで殺す。軽い刑には杖《むち》打ちの刑をあてる」。⑤鳥了帥が犯罪の裁断をする、その裁断に異議が出れば、王が引き取り、臣下に合議させる、という。刑には死刑からむち打ちまで、いくつかの等級がある、という。ここには「臣下」が出ているが、先の「統領」と重なるであろう。ここでは「鳥了帥」は「王」と直結する関係であって、間に「小王」は出てこない。

第五節 『隋書』の「流求国」は沖縄諸島のことか

『隋書』の描く「流求国」の自然環境・社会習俗・社会構造についての詳細は以上のとおりであるが、この記述が沖縄のことなのか、台湾のことなのかという点に関する研究者たちの総括的な評価を見ておきたい。「流求国」は沖縄だという説を「肯定論」とし、そうではないという説を「否定論」とする。

1 「流求国」は沖縄か台湾か─論争史

山里純一『古代日本と南島の交流』（一九九九年）は、そのI・第二章を「『隋書』流求伝研究の論点」にあて、六七の文献を掲げつつ、研究史を整理し、それを六つの時期に区分している（初出は一九九三年）。簡潔に紹介する。

「第I期は、流求=沖縄と専ら認識されていた時期である」。『中山世鑑』、『中山世譜』、新井白石《あらいはくせき》『南島志』の段階である。

「第II期は、流求=沖縄とする固定的観念から脱却して、台湾が注目されはじめる時期」、すなわち明治期である。これにはフランス人、オランダ人、ドイツ人の学者も参加している。

「第Ⅲ期は、台湾説全盛期」の大正期である。

「第Ⅳ期は、沖縄・台湾論争期である」。伊波普猷《いはふゆう》と東恩納寛惇《ひがしおんなかんじゅん》の論争を経て、真境名安興《まじきなあんこう》、宮《みや》城栄昌《ぎえいしょう》、秋山謙蔵《あきやまけんぞう》、和田清《わだきよし》その他の論者が登場し、「台湾説が主流になったことは確か」とまとめている。ここで戦前期は終わる。

「第Ⅴ期は、沖縄説が再浮上する時期である」。松本雅明《まつもとまさあき》はこの時期の代表であり、沖縄の日本復帰直前の一九七一年以後である（ただし、比嘉春潮《ひがしゅんちょう》「沖縄文化史」一九六三年は、文献目録にはあげているが、その内容には触れていない）。

「第Ⅵ期は、「昭和六〇年以降今日に至る時期である」。

山里はまた、この『隋書』流求伝の関係箇所の全文を逐条・逐字とりあげて解説し、その解釈をめぐって各論者がどのようにからみあっているかも解き明かしている。「ここでは大きな研究の流れと、記事内容に関する諸氏の見解を対比する形で整理してみた」と述べている（五七頁）。

ここでは、山里の精緻な整理を参考にしつつも、沖縄史家と、近年のものにほぼ限って取り上げることにしたい。

2　比嘉春潮の肯定論

比嘉春潮『沖縄文化史』（一九六三年）は、「多抜茶《たばった》」を「多抜茶」とし、「鳥了帥《ちょうりょうすい》」を「烏了《うら》帥《すい》」とし、「歓斯は沖縄語の〈あんじ〉、渇刺兜、可老羊は按司の同義語〈から〉（後世ちゃらと訛る。頭《かしら》の義〉の音写であろう（幣原坦《しではらひろし》・伊波普猷《いはふゆう》説）。ここに王というのは按司中の最有力で按司達を統率する地位にある、後の世主《よのぬし》に当たるものであろう」「『中山世譜』には〈郡に按司あり、村に酋長あり云々〉として、帥を削り小王を按司、鳥了帥を酋長とし、又洞を郡としている」と解説している（四九九-五〇〇頁）。

比嘉春潮は、「七世紀の沖縄・隋書流求伝」の書かれた事情を推察して、「二、三の悪い条件［①瞥見《べっけん》による誤解、②国情の相異と言語の不熟による誤伝、③誇大の表現］によって、流求国伝には沖縄社会の当時の真相を伝えることにおいて、幾分の欠陥があり得るようである。しかし、総体において七世紀の沖縄島の社会生活を伝えるものというべきであろう」とし、その全文を二十三の項目にまとめ、現代文に置き換えて掲げている（四九八-五〇四頁）。なお比嘉は、この項の注で、「この七世紀初、朱寛・陳稜の来た流求が、一四世紀以後明・清と進貢貿易を行なった琉球（即ち現今の沖縄）であったことは、近世に至るまで何人《なんぴと》も疑うところがなかった」とし、「一九世紀末」になって「台湾説」が現われ、「琉球説」、その折衷説と議論が続いたことを紹介しつつも、「私はこれら諸家の所説を検討した結果、隋書の流求国は今日の沖縄島であったといいたい」としている（四九七-四九八頁）。

比嘉は、このように肯定論の立場にありながら、その『沖縄の歴史』（一九六五年）では、わずかに数行しか触れていない。『球陽』や『中山世譜』に「郡に按司あり、村に酋長あり」などと書いてあるのは、『隋書』流求国伝の記述の「焼きなおし」であるが、「郡即ち間切に按司があり、その下の村に頭があり、よく戦う者が按司や頭になって、間切や村の政治をするというのはあたっていると思う。隋書の流求は沖縄ではなく台湾だという学者の説もあるが、球陽や中山世譜の著者は、あっさり流求すなわち琉球としていたようである」（二四―二五頁）。自らも「流求＝琉球」だと「あっさり」認めていて、正史の著者たちと同一であるはずだが、それを批判的なニュアンスで紹介している。

比嘉は伊波普猷にしたがって「歓斯＝按司」説にたち、「流求国＝今の沖縄諸島」を肯定したが、その沖縄史理解はその後の考古学の研究からみて、時代の展開がいかにも早すぎる。例えば、西暦三〇〇年ころに「稲作伝来し、農業生活はじまる」とか、六〇〇年ころに「按司の発生」とか、九〇〇年ころに「築城はじまる」などである（『沖縄の歴史』年表第一、七八頁）。そのような沖縄史理解から、『隋書』流求伝に親近感をもったのであろう。

3　松本雅明の肯定論

松本雅明『沖縄の歴史と文化』（一九七一年）は、この議論に関わった人びとの名を挙げつつ、「たしかに流求伝には沖縄にふさわしくない記事がある。それがすべて沖縄をさすとは思えず、南方の知識の混入もあるであろう。しかし、『宋史』『元史』の記事とは異なるように思われる。また唐・宋の詩文にあらわれる記載も、中国人はたしかに沖縄についての知識をもっていたとしか思えない」（一八頁）、「『隋書』の流求伝は、そのなかに、当時の伝聞の誤り、混乱があるとしても、大部分は沖縄をさすとみてよいであろう」「基本においては流求をさすことは誤りないとおもう」（二一三頁）と、沖縄説をとっている。

また松本は、「多抜茶《たばった》」を「多抜茶《タバット》」とし、「鳥了帥《ちょうりょうすい》」を「烏了帥《ウリョウスイ》」とし、王の姓を「歓斯《クワンシ》（按司＝主か）」と注をつけている（二三―二四頁）。

松本の総括は次のようになっている。「このような記事のうち問題になったのは、動植物の種類、戦闘の時の食人、王の宮壁下の髑髏《どくろ》などである。後者は沖縄ではなく、むしろ台湾の高砂《たかさご》族の風習とみられたのである。熊・羆《ひぐま》・豺《やまいぬ》・狼などはたしかにいないし、昔いたかどうかも疑わしい。ことに熊と羆はそうで、化石骨も発見されていない。また植物にも今ないものがある。ことに戦闘を好み、戦死者を食うとか、その髑髏を王にたてまつるとか、殺した相手を神に祭るとか、王宮の壁下に髑髏をあつめるとかいう風習は、のちにはみられない。ことに最後の習慣は台湾の高砂族に近代までみられたので、流求を台湾とみる説の一証とされたわけである。／しかし闘鏤樹（ガジュマル）とか猪や鶏が多いとか、鉄が少ない、深目であること（長鼻は問題としても）、珠貝（真珠）の生産、哀調を帯びる歌舞、死者を土葬して墳をきずかない、水田耕作で［も―来間］あるが、アワ・キビ・豆類が多いこと、山海の神、もしくは石神をまつること、などはいちじるしく沖縄の習俗にちかい。髑髏のことも、崖葬とか洗骨《せんこつ》とかが誤り伝えられたように思われる。少し整然としすぎた国家組織があり、国王の下に、帥《すい》がいて諸洞を統《す》べ、各洞に小王があり、その下に烏了帥《ウリョウスイ》に率《ひき》いられる村があった。しかしこれとて、租税の法がないところをみると、ゆるやかな部族結合の組織で、国家形態をもつものとはみられない」（二七―二八頁）。「洞」は町や村のことである。

松本は、全体として「流求国＝今の沖縄諸島」であることを肯定しつつ、記述内容についてはいわば是々非々主義で振り分けている。しかしこのような主観的な方法で真実に迫ることは難しかろう。

4　梁嘉彬の肯定論

松本雅明『沖縄の歴史と文化』は、梁嘉彬『琉球及東南諸海島与中国』が台湾で刊行され、この議論に積極的に貢献しているとして、その内容を紹介している（山里によれば、中華民国市立〔私立─来間〕東海大学、一九六五年の刊行である）。松本にしたがって、その要点を記し説明を加える。といっても、正確に伝えるために、要約は最小限とした。

①「梁氏は流求の地名に先んじて、『魏志』倭人伝にみえる侏儒国を、今の琉球であると考える」（松本はこの部分については「問題がある」としている。二三頁）。「侏儒《しゅじゅ》」は「こびと」のことである。

②「氏は、『新唐書《しんとうじょ》』日本伝の末尾に、〈その東海嶼中に、また邪古・波邪・多尼の三小王あり〉とあるのが、それぞれヤク（琉球の古名）、隼人、種子島であるのを根拠とし、そのころ沖縄が中国に知られていたとする」。「邪古・波邪・多尼」は、ヤク・ハヤ・タネと読まれている。ヤクが「琉球の古名」だとすることについては、③で説明がある。また、本書では第六章で取り上げる。

③「唐の韓愈《かんゆ》の〈鄭尚書を送るの序〉に〈流求・毛人・夷《い》・亶《たん》之州〉とあり、元の呉萊《ごらい》の〈論倭《わ》〉（『続文章正宗』）に、〈倭…の旁《かたわ》らにまた夷州紵嶼《ちょしょ》人あり、倭種に非るなし。みな会稽と海を臨んで相対す〉とあるが、このうち毛人はアイヌ、亶州は日本、夷州は広義では東南島を総称するが、

狭義では琉球をさしている。亶州（Yi-chieu, Yie-chiu）は、邪久・掖玖（Yie-chieu）・夷邪久（Yie-chiu）・邪古（Ya-ku）などの文字の語源である。沖縄人はこの夷州の音をとってみずから Yie-chiu といったが、その音がしだいに変化して Ya-ku となったのである」。Yi や Yie が Ya となり、chieu や chiu が ku に変化したとしている。

④「また、その音は変化して、幽求国（Yiu-chiu）（宋の楽史『太平寰宇《かんう》記』巻九九にみえる）となり、また晋~南北朝いらい竜宮（南の温州音では Lie-chung）・流虬《きゅう》・流求ともいわれるようになった。流虬は海中の小竜、流求は海流中の縄索で、琉球列島の連なった地形から名づけたのである」。「縄索《じょうさく》」は、縄も索も「なわ」のことである。

⑤「この琉球の原始族は日本人からみれば短少、多毛であったので、かれらを侏儒といった」。中国の古典には侏儒の転音である語句（周饒《しゅうぎょう》・焦僥《しょうぎょう》）がみえるが「その方位は流求と合致する。黒潮を利用した、日本西南諸島と中国の江・浙《せつ》・閩《びん》（揚子江~福建）の海岸との交通ははやくから開けていたのである」。松本は「このように戦国末から、南島と中国との交渉があったとみる梁氏は、『隋書』の流求伝も当然、沖縄をさすものとみる」とコメントしている。「日本西南諸島」がどこのことかは明確ではないが、今の沖縄諸島を主としているのであろう。相手は中国の揚子江《ようすこう》（長江《ちょうこう》）から福建省にかけての地域である。

⑥「隋・唐時代に琉球（沖縄）についての知識があった」として、「さきの韓愈《かんゆ》の〈鄭尚書を送るの序〉」にも、「海外の雑国」を列挙した中に「耽浮羅《たんふら》国（済州島）」などとともに「流求」も含まれている。もう一つは、「日本の延暦二十三年（八〇四）に藤原賀能と僧空海《くうかい》が入唐《にっとう》したとき、

賀能が空海にかわってつくらせた〈唐の観察使に贈るの書〉」にも、「凱風《みなみ》が朝に扇げば、肝を耽《たん》羅《ら》（耽浮羅）の狼心を摧《くだ》き、北風が夕に発《ふ》けば、胆《きも》を留仇（流求）の虎性に失えり」（流求の「虎性」を思って、胆をつぶした、ということであろう―来間）としている。これらから「済州島とならべられる流求は、台湾ではありえない」という。この空海のことについては、村井章介「古琉球と列島地域社会」（一九九一年）が、「八〇四年、空海の代筆になる遣唐大使の福州観察使あて書簡」として次のように紹介している。「凱風《みなみ》朝に扇げば、肝を耽羅《たむら》（済州島）の狼心を摧《くだ》き、北気夕に発《ふ》けば胆を留求（琉球）の虎性に失う」（『性霊集』）。そして「あの博学な空海のこと、隋書を読んで琉球即食人国という観念を得ていたらしい」とコメントしている（三〇二頁）。

⑦「唐の昭宗（八八八～九〇三）の時の広州司馬の劉恂《りゅうじゅん》の『嶺表録異記』巻上に、閩《びん》人の周遇が浙《せっ》から閩《びん》に帰るとき、海上で悪風に遭い、五昼夜漂流したとき、〈また流虬国（流求）を経るに、その国人は幺麼《ようま》（短小）で、一概《ひとし》くみな麻布を服して礼あり、競って食物をもって釘や鉄と易《か》えんことを求め、新羅《しらぎ》の客もまた半ばその語を訳していう、この国は華人が飄《ただよ》い泛《うか》びてここに至るに遇えば、災禍あるを慮う、と〉とある。短小、麻の服、礼がある、新羅人がその語を解する、中国人とあうと禍がおこるのを恐れる、鉄が乏しく、とくにそれと交易するのを求めた、などの特徴は、みな沖縄のことをさし、それは台湾ではありえない。空海が〈留仇（流求）の虎性〉といい、『隋書』にみえる、戦時の儀礼としての食人の風も、古沖縄にたしかに〈啖《たん》人、洗骨の風俗〉があったことを示すものである」。「食人の風」は、死後数年後に骨を洗って骨壺に納める、「洗骨の風俗」を反映したものとしている。

⑧隋の陳稜《ちんりょう》の流求討伐以後、彼らの海洋への欲望を刺戟し、彼らは島づたいに南に発展し、台湾島を発見し、宋時代には多くの沖縄人が台湾南部に移住した。もっとも豊かな南の高雄港周辺を根拠としたことは、今も琉球嶼《しょ》の名がのこることから知られる。中国人はかれらと接触し、台湾が沖縄とつらなるところから、台湾をも流求と併称するようになったのである」。沖縄人は、隋に征伐されてから、多くが南の方向に進んで行って、台湾、とくにその南部・高雄《カオシュン》に移住した、という。「琉球嶼《しょ》」という名の島が、その近くに残っていているのはその証拠である、という。

⑨のちに「流求を台湾と混同するようになった」のは、「宋の馬端臨《ばたんりん》の『文献通考』にはじまる」。馬端臨は「この本を編集して、流求の条をしるすにあたって、『隋書』流求伝と、宋の趙汝适《ちょうじょかつ》の『諸蕃志』の流求国の条と毗舎耶《ビシャヤ》国（台湾）の条とを」組み合わせて、次のように記した。「琉球国は海島に居り、泉州（福建省）の東に在る。島ありて彭湖（台湾の西の澎湖《ボウコ》島［ルビは松本］）といい、煙火あい望み、水行五日にして至る。上に山洞多し」。これを参照した「『宋史』の著者は、隋代の流求と、宋代の流求とが異なるのを知り、かえって『文献通考』の文を抄録」するとともに、次のように述べている。「商賈《こ》（貿易）通ぜず、淳熙《じゅんき》（一一七四〜一一八九）のあいだに、国の酋豪、嘗《かつ》て数百の輩猝《はいそつ》を率いて泉（州）の水澳《スイオウ》・囲頭《イトウ》などの村に至り、ほしいままに殺掠《さつりゃく》を行えり。…舟楫《しゅうしゅう》（舟）に駕《の》らず、ただ竹を縛って筏《いかだ》をつくり、急があれば則ちこれを群がり舁《かつ》ぎ、気に泅《うか》んで遁る。商業の習慣なし」。「袒裸《たんら》・盱睢《くき》（裸かで大目）で、ほとんど人の類にあらず」。これをうけて『元史』が書かれた。『元史』は、「流求」の「文字をかえて瑠求《リュウキュウ》とし、〈彭湖諸島とあい対す〉〈漢・唐いらい、史（書）の載せざるところ、近代の諸市船（商船）もその国に至るを聞かず〉

といい、明らかに隋代の流求とことなると見ている」。この記述は、「『文献通考』いらい、台湾と琉球を間違え、ついに異るものとした」わけであり、「それらの記述によって、『隋書』流求伝を解しようとするのは誤りである」。なぜこのような誤りが生じたかといえば、「隋・唐・五代・宋・元の各朝において、沖縄について別に邪古などの国号を用い、貿易があるいは福建・広東の一隅にかぎられ、あるいは国に内乱があって、来航するものが少なく、ついに国号に混乱がおこったからであろう」。

整理してみよう。「流求を台湾と混同するようになった」理由と経過である。**まず**、宋の馬端臨《ばたんりん》の『文献通考』が、『隋書』流求伝と、宋の趙汝适《ちょうじょかつ》の『諸蕃志』の流求国の条と、毗舎耶《ビシャヤ》国（台湾）の条の、三つを統合して、「琉球国は海島に居り、泉州（福建省）の東に島があって澎湖《ほうこ》諸島といい、煙火が見えるくらいの所にあり、水行五日で到達できる」と述べた（琉球国は福建省の東にあるというのはいいが、その福建省と台湾の間にある澎湖諸島のことを説明していて、そこと琉球国の関係は分からない）。**次に**、これを参照した『宋史』の著者は、隋代の流求と、宋代の流求とが異なることに気づいたというから、馬端臨の『文献通考』は台湾を琉球国としていると読んだのであろう。そして、『文献通考』を加えて、琉球国の人びとは、通常の商業・貿易はせず、時に中国沿岸にやって来て、殺害し略奪する、舟ではなく筏に乗ってくる、裸で大きな目をしていて、「人の類」とは見えない、と記した。**さらに**、『元史』が編まれた。このとき「流求」は「瑠求」と表記が変更され、台湾と琉球を区別するようになった。そして瑠求は、隋代以降は中国との交易が限定された地域でしかなく、あらゆる記述から除かれた。したがって、『隋書』の「流求国」を、その後の文献によって論ずるのは控えるべきである、としている。

⑩「元の陶宗儀の『南村輟《てつ》耕作録』には、〈流求（沖縄）は元の時に来貢するものがある〉といっていて、『元史』の記事と異なっている」。『元史』は交易が限定されていたとしていたが、同じ元代の別の文献には交易があったとしている。

梁嘉彬は、以上の理由を挙げて、「流求＝現在の沖縄」を主張している。

これを承けて、松本は「『隋書』の流求伝は、そのなかに、当時の伝聞の誤り、混乱があるとしても、大部分は沖縄をさすとみてよいであろう」と結論している（再引用。一八一―一三頁）。

また、山里純一『古代日本と南島の交流』は、この梁嘉彬と松本雅明の議論について、「梁氏の個々の論文はそれ以前に発表されているが、この著書が広く日本人の研究者に知られるようになったのは、松本雅明氏が〈古代沖縄の謎〉（『朝日新聞』昭和四十四年九月十三日付）で紹介してからである」と述べている。また山里は、梁論文があったのではあるが、「しかし沖縄説［流求＝沖縄説―来間］再浮上を決定づけたのは、昭和四十六年に出版された松本雅明『沖縄の歴史と文化』である。その中で松本氏は、梁氏の研究を積極的に評価するとともに、『隋書』流求伝の記事を基本的に沖縄のことと解する」と述べている。

5　上原兼善の肯定論

上原兼善ほか『沖縄県の歴史』（一九七二年）は、『隋書』には「そのころの沖縄の状態をほうふつたらしめるものがある」一方、「沖縄の状態を述べたものとは考えにくい」ものとが混在しているとして、「今後の研究をまたなければ結論は下せない」としていた（三一頁）。

しかし、上原兼善は共著『南島の風土と歴史』（一九七八年）の中の「海上の道」では、「流求」は「現在の琉球」だと論じている。「〈流求国〉が、『隋書』のこの国の風俗に関する記事から推して台湾であろうという説と、現在の琉球とみる二つの説があるが、最近では、『隋書』の編者が、朱寛や陳稜らよりの伝聞に、南国もしくは南島の知識を加えたものとみて、ほぼ後者の説が有力視されている。これまでの遺物の分布状況からみて、少なくとも大陸には南島に関する知識は存在していた。六〇七年以降の派兵は、すでに多くの人々に知られていた南島に対して、即位まもない煬帝がその武威を海外に示そうとしたものとみてよいであろう」という（三九頁）。

ここで、「流求」を「南島」に置き換えて、それは「すでに多くの人々に知られていた」というが、隋がやってくるとき、隋には「流求」についての予備知識は何もなかったのである。なお、六〜七世紀という時代の「遺物」に何かを証明するようなものがあるだろうか。

6　高良倉吉・真栄平房昭の否定論

高良倉吉『琉球の時代』（一九八〇年）は「『隋書』流求国伝」「疑問の多い記録」の項目を立てて、野口鉄郎『中国と琉球』および松本雅明『沖縄の歴史と文化』によりつつ、三頁にわたってその概要を要約したうえで、これまでの論議についても触れ、次のように述べている。「『隋書』流求国伝は、当時の中国人の対外認識からみて正確な情報にもとづく整序された記事とは考えられない。そのことを念頭において検討する必要があると思われるのであるが、ただ、私がここで一言コメントしたいのは、流求国伝の伝える七世紀の頃、沖縄は貝塚時代の終末期であり、動植物、土俗問題を除くとしても、その時期に〈王〉や〈小王〉、あるいは烏了帥《うりょうすい》[高良もそういう—来間]のような首長がはたして発生していたのだろうか、ということである。穀類農耕と鉄器使用がすでに開始されているグスク時代ならともかく、自然物採集経済の段階にしかない貝塚時代の終末期のイメージと『隋書』流求国のイメージとの間には大きなズレがあるように思える。いずれにしても、この『隋書』のいう流求国問題は、戦前の論争成果をふまえつつ、考古学の着実な発展を通じて再検討するだけの価値はあるだろう」(三二一頁。『新版』一九八九年、でもほぼ同文である、三二一頁)。

高良はその一五年後に書いた「グスクの発生」(『岩波講座日本通史』第六巻・古代5、一九九五年)でも、「隋書流求国伝論争」があり、『隋書』の「魅力的な記事をそのまま直結できない壁が立ちはだかっている」といい、その記述はほとんど採用できない、〞ダメ〟との見解である(三四八頁)。

真栄平房昭「琉球の形成と東アジア」(一九九一年)は、「『隋書』東夷伝の記事」を紹介して、高良倉吉に賛同して、「〈王〉や〈小王〉などの在地の首長権力が、実際に沖縄に存在していたかどうかについては、…きわめて〈大きな疑問〉がある」と述べている。また、「〈流求〉をめぐる長い論争」を短く紹介したうえで、「鈴木靖民氏による批判的整理が最も的確で要を得ている」とする(先にも紹介した)。その要点は次のとおりである。「少なくとも沖縄説が有力とはいえず…台湾説が支配的である」、「風俗・習慣・言語の記事」や「地理の記事」も、「この問題を解く決定的な材料にはならない」、こうして「流求が現在の沖縄であるとの断言は到底できない」（四六五‐四六六頁）。真栄平はまた、「中国の最近の研究」として、劉蕙孫（福建師範大学教授）の「わたしの考えでは、隋の時代の夷州や壇州は台湾も指し、琉球も指すというふうに考える」という見解を紹介している。

7 村井章介・田中健夫の肯定論

村井章介「古琉球と列島地域社会」（一九九一年）は、「この流求については、古くから台湾だとする和田清・白鳥倉吉・東恩納寛惇らの説、沖縄だとする秋山謙蔵・喜田貞吉・アグノエルらの説、ある部分は台湾で別の部分は沖縄をさすとする伊波普猷らの説があり、激しい論争がくりひろげられた。現在も決着はついていない」とする。しかし、松本雅明のいうように、地理的な位置関係、航海日数などからみて、沖縄島としていい、「朱寛・陳陵らによる伝聞を主とし、それに編者が他の南国もしくは南島の知識を加えたもの」という松本の結論が「穏当なところだろう」という。ただし、「流求伝の記事のすべてを七世紀の琉球の実態としてうのみにするのは危険だ」としている（二九九‐三〇〇頁）。

田中健夫「相互認識と情報」（一九九三年）は、次のように述べている。「『隋書』東夷伝の〈流求国〉の記述は、台湾島に関する記述なのか、沖縄島に関する記述なのか、あるいは両者をふくめた地域の記述か、一部は台湾で一部は沖縄を示したのか等について、明治以後の研究者によってさかんに議論されたが、現在では基本的には沖縄島を念頭において書かれたとする考えが有力である」

（五八頁）。

8　森浩一の肯定論

森浩一《もりこういち》「文化の道・琉球弧」（陳舜臣《ちんしゅんしん》・森ほか『南海の王国　琉球の世紀―東アジアの中の琉球』角川書店・選書、一九九三年）は、いわゆる「魏志倭人伝」は「北部九州のことをかなり丁寧に書いていています。それと同じようなことが沖縄県では、『隋書』流求国伝にいえる」という立場から、次のように述べている。『隋書』の流求国伝については、数十年前は沖縄ではなく台湾ではないかという説が強くあったようです。しかし、最近の発掘データから、私は『隋書』流求国伝は沖縄を中心にしていると思います。あとはどれだけほかの地域が入っているのかが問題です。奄美まで入っているのか、鹿児島まで少しは反映しているのかといった問題は残りますが、沖縄本島の辺りが中心になっているのは、まず間違いないと思います」。例示としては、①「流求国では鉄が非常に少ないために骨角で鉄の不足を補うというような記述」、②「田を作るときに、非常に長い石の斧を使うと書かれてい」ること、③「王の住んでいる場所には木の柵があると書いてあ」ること、を挙げている。①は「木とか、何かの骨や角に筋を彫って、鋭利なサメの歯を鋸の歯のように埋め込」んで作る「組み合わせ道具」のことであろう、②は「三十センチほどの石の斧」がある、③は、石垣積みの前に、「古い時代は木の柵であったということが何か所かで見つかってい」る、などを説明している。こうして、『隋書』流求国伝には、六世紀の終わりから七世紀の、中国人の目を通した沖縄が不完全ながら描かれている可能性が非常に強いということができます」（二一八‐二一九頁）。

9　山里純一の肯定論

山里純一『古代日本と南島の交流』（一九九九年）は、その第一章「掖玖と流求」（初出は一九九四年）で、「夷邪久＝流求」説に賛同し（一四頁）、総括的には次のように述べている。「私は、隋の入貢を拒み征討された流求と、大和政権および律令国家への入貢をあっさり受け入れた地域は別であると考えている。具体的に言うと、前者は沖縄本島で、後者は奄美諸島および久米島・石垣島などである。従来から、入貢した南島の中の最も大きい島である沖縄本島が含まれていないのは不審であると指摘されてきたが、それは沖縄本島が律令国家の朝貢催促に応じなかったためで、むしろ他国からの朝貢勧告には一切応じないという流求以来の伝統が、少なくとも和銅期の頃［八世紀初頭―来間］まで残存していたことを示すものではなかろうか」（一六‐一七頁。読点を増やした）。山里は、沖縄本島は隋の朝貢勧告に従わずに攻められたとしていて、『隋書』流求伝の「流求」は沖縄本島だと述べているがしかし、別の島々、すなわち「奄美諸島および久米島・石垣島など」は、大和政権と律令国家からの朝貢勧告を受け入れたとしているのである。

そして、山里純一は、安里進との共著「古代史の舞台　琉球」（二〇〇六年）においても、「私は、記述の主たる内容は沖縄本島であるが、琉球列島の他の地域の風俗・習慣も混在しているという立場を取る」、「記述された社会状況とその後の琉球と台湾双方の歴史的展開を比較した時、台湾の可能性はきわめて低いと考えている」と、明瞭に沖縄説支持を宣言している（三九四頁）。

山里はまた、近著『古代の琉球弧と東アジア』（二〇一二年）でも、『隋書』流求伝の描く「土俗」を紹介して、「これらの記述を、近現代の民族や考古学の出土遺物と比較した場合、沖縄的なもの、台湾的なもの、あるいは双方に通ずる習俗が見られることは否定できない。それは『隋書』の撰者の元に集められた流求国の情報のほとんどが伝聞に拠るため、ある意味仕方のないところであろう。中には、撰者の推測が加えられたところがなかった［なくはなかった、あった―来間］と言えなくもない」と述べている（一八頁。読点を増やした）。また描かれている「社会」を紹介して、「洞は洞穴の意味ではなく、一種の行政単位的な地理的空間を指しているようである」といいつつ、「七世紀段階の流求国は、王（流求国全体）―小王（洞）―鳥了帥（村）の身分階層が歴然と存在した社会であったことが知られる」と述べている（二二一―二二三頁）。

10　田中聡の肯定論

田中聡《たなかさとし》「古代の南方世界―〈南島〉以前の琉球観」（『歴史評論』五八六号、一九九九年二月）は、「本稿の主な目的はリュウキュウ観念自体の変異を跡づけることにある」といい、「リュウキュウ観念」の変遷に着目する。山里純一による紹介では次のようになっている。「氏はまず、流求の比定にあたって〈毘舎耶〉関連記事が付加される一二世紀末以降の史料を根拠とすべきではなく、あくまで『隋書』流求伝の記事のみに判断材料を求めるべきであると述べた上で、中国からみた流求の方角と、航海に要する日数の問題について独自の解釈を示し、流求が後世一貫してリュウキュウと呼称された沖縄島であると主張する」(三三-三四頁)。簡潔で妙を得た紹介であるが、ここでは、もう少し詳しく田中聡の論をたどってみよう。

田中聡は、次のように展開している。この「流求国」をめぐっては、「沖縄説」と「台湾説」があり、両者の間に古くから論争があって、「決着をみず、今日に至っている」。そして「流求国」をどこに比定するかについては「以下のような共通の問題がある」。「一つは、〈流求国伝〉が七世紀初頭の流求像を描いているという時代性への考慮の不足である」。成立年代の異なる各種文献を、一律に、年代を無視して取りあげている、というのである。「もう一つは、考古学や民俗学の成果と文献史料の解釈を、それぞれのデータの質の差を顧慮せず、同列に扱う傾向があるということである」。そこに「先入見」が入り込んでいる、とする(六〇-六一頁)。

「『隋書』の地理関係記事を分析した結果、**台湾説**の想定航路が〈建安郡東〉と合致しないという大きな難点があるのに対し、**沖縄説**はネックとなる義安出発の理由も〈南方諸国人〉の徴発・編成のためとすれば、方位・行程ともに無理なく説明できるとの結論が得られた」。こうして「沖縄説」を主張しているが、以下に見るように、それは可能性としての提起であるようだ。「ここから即『隋書』の〈流求〉を現在の沖縄島に比定するのは性急であるが、この島が後世一貫してリュウキュウと呼称されたことを勘案するならば、その可能性は充分に認められる」(六六-六七頁)。「流求＝沖縄」説である。ここで、田中が「この島が後世一貫してリュウキュウと呼称された」としている、すなわち「リュウキュウ」という呼び方は「この島」(現在の沖縄島)にずっと付きまとっているとしていることは、ずっと以前、七世紀においても「この島」が「リュウキュウ」だったと考えられるということであろう。

田中はここで『日本書紀』の「掖玖」について検討しているが、それは第六章で扱うことにして、ここではその結論が「流求＝夷邪久＝掖玖＝沖縄島」となっていることだけを指摘しておく。そして、こう述べている。「沖縄島は本来〈ユークー〉などと称呼されており、これが七世紀初頭の隋による侵攻時に〈流求〉と記録され、少し遅れて倭国では〈掖玖〉と記録された」。それは「同一の歴史的実態」なのに、別の呼称が生まれ、そこに「認識のズレ」も現われてきた。七世紀後半になると「掖玖＝屋久島」とされ、「掖玖＝沖縄島」という理解は消えていった、という（七〇頁）。

一方中国でも、「隋による〈流求国〉の滅亡によって、その後永く正式な国家間の政治的交通が途絶したことにより、隋を継いだ唐では新たな情報が得られず、結果として『隋書』の〈流求〉についての知識はほぼそのままの形で、以後五〇〇年余にわたって継承・反復された。その過程で強調・固定されていくのは、食人風習の島〔略〕、〈虎性〉の住民〔略〕などという〈野蛮〉な〈流求〉像である」（七〇頁）。

11　田中聡の肯定論（再論）

田中聡は「蝦夷と隼人・南島の社会」（前出、二〇〇四年）でもこの問題に触れ、隼人と南島の社会が時代的に展開する様子を描いている。「流求人社会の一時的衰退」の項を、要約して紹介する。

①「南方世界では、六世紀末の時点で琉球諸島に住む集団の一部は倭国において〈掖玖《やく》（夜勾）人〉（推古紀二四年（六一六）三月・六月・七月条に〈帰化〉・来航記事を一括列記）・〈夷邪久国人〉（『隋書』巻八一東夷伝・流求国。以下『流求国伝』と略記）と呼ばれ、〈夷人〉的関係がすでに成立していたことをうかがわせる。こうした交通の中核をなしたのは沖縄島にあった可能性が高い〈流求国〉である（『隋書』巻三煬帝紀大業三年三月癸丑条、同巻六四陳稜伝。地理比定は（田中　一九九九〔田中聡前項―来間〕）」（二七五頁）。これは前項10の要約である。約《つづ》めていえば、「琉球諸島」に住む人びとは、倭国で「掖玖人」と呼ばれ、あるいは「夷邪久国人」と呼ばれていたが、その「中核をなしたのは沖縄島」すなわち「流求国」である、ということになる。

②「隋の煬帝は、三世紀初め以来長く中国王朝との交渉が途絶えている絶域、旧南朝勢力や当時潮州など五州で激しく反抗していた異種集団〈獠《ろう》〉の後背にまさに位置する流求国に関心をもち、六〇七・〇八年、使者を派遣した。ところが流求国が招慰を拒絶したため、六一〇年、隋は万余の兵を送って流求国王を殺し、その宮室のある大集落〈波羅檀洞〉を焼き、男女数千人を連行して以後交通は途絶える（『流求国伝』、『隋書』陳稜伝、『冊府元亀』巻九八四外臣部など）。隋が「流求国」に関心を持った国内事情がつけ加えられている。ここで田中は、『隋書』流求伝の中身を論じていくが、それは第六節にまわしたい。

③田中によれば、「流求国」は隋に滅ぼされて「消失」したのである。「当時の南方世界において重要な交易拠点の一つであった流求国の消失は、おそらく周辺社会に少なからぬ影響を与えただろう。国家による掖玖への招慰《しょうい》（六二九年）以前に、〈掖玖人〉の側から〈帰化〉・〈投来〉の行動が

起こっていること（六一六年）は、単に大和国家の支配が及びはじめたのではなく、国家と結びつくことで政治的に優位に立とうとするための行為であり、この海域における政治権力の再編が進みつつあることを示唆している」（二七七頁）。さらに『日本書紀』『続日本紀』の記事を資料に加えて、「政治権力の再編」が論じられている。しかしそれは、「流求国」においてのことではなく、それが消滅した後の「この海域」すなわち奄美諸島以北での権力問題である。

④また田中聡は、「七世紀前半の時点で、辺境に住む異種集団の社会には地域的に大きな偏差がみられた」として、当時の四つの「辺境」を次のように描いている［以下、番号は来間］。「1すでに水田農耕が定着し、遠距離交易のもたらす富によって階層分化が進展しつつあった東北地方東南部（北上川中・下流域）。2北方の異種集団と緊張関係に入りつつある東北西部・越の海岸地域。3大和国家の影響を受けながら地域的な独自性を明確に保っている九州南部（大隅半島先端部・薩摩半島南部・鹿児島湾岸）。4遠距離交易を基盤とした階層社会を形成し、流求国崩壊後の政治的再編を模索する薩南諸島から琉球列島にかけての南方島嶼群」（二七七‐二七八頁）。

1と2は東北・北陸のこと。3はいわゆる「隼人」の地帯、4が「薩南諸島から琉球列島にかけての南方島嶼群」なのだが、それには沖縄諸島以南は含まれていないと思われる。

田中聡による「流求国＝沖縄諸島中心」論は、滅ぼされてしまった、〝今は無き〟それということになる。

12　安里進の肯定論

安里進「琉球王国の形成と東アジア」（二〇〇三年）は、次のように述べている。「『隋書』流求伝には、柵を三重にして水堀をめぐらし、棘のある木で藩《かき》をつくって防御した波羅壇洞《はらたんどう》とよばれる城塞に王がいて、その下に鳥了帥《ちょうりょうすい》という村の長がいる発達した階層社会として描かれている。『隋書』流求伝が琉球を指すかどうかはまだ議論が必要だが、当時の沖縄諸島がヤコウガイ交易という経済活動を基礎に発達した階層社会としてとらえることが考古資料からも可能になってきたと思う」（二〇〇頁）。

安里進はまた、共著『沖縄県の歴史』（二〇〇四年）の中でも、「『隋書《ずいしょ》』流求伝《りゅうきゅうでん》には、柵を三重にして水堀をめぐらし、棘《とげ》のある木で藩《かき》をつくって防御した波羅壇洞《はらたんどう》とよばれる城塞に王がいて、その下に鳥了帥《ちょうりょうすい》という村の長がいる発達した階層社会として描かれている」とし、そして『隋書』の流求は「琉球列島～台湾」だとして、自ら引用した部分は「沖縄諸島を描いている可能性があるといえそうだ」と結んでいる（三八頁、ルビは安里）。

安里進・山里純一「古代史の舞台　琉球」（二〇〇六年）で安里は、「貝塚後期」は「採取経済段階の原始社会」だという論をうけて、「『隋書』流求伝に描かれた階層社会像は、『隋書』流求伝をめぐって琉球説・台湾説・混在説と評価が分かれていることもあって、ほとんど評価されない状況がつづいてきた」とし、その典型例として高良倉吉『琉球の時代』を例示する。そのうえで、「流求は沖縄諸島を中心にした地域だと考えてよいだろう」という立場に立ち、「朱寛や陳稜らが報告した流求は、山里［純一―来間］が分析しているように、王がいる発達した階層社会ないしは階級社会だと考えられる」、「『隋書』の流求社会は、王の居所は三重の柵と水堀をめぐらし、王の下にある〈諸洞〉もそれぞれ部隊を編成して互いに戦うような社会である。全体で隋軍と戦う戦闘力もある。その武器・武具には、刀・矟《ほこ》・弓・箭《や》・剣・鈹《ひ》（つるぎ）などの武器や紵《からむし》を編んだ甲《よろい》があるという。貝塚後期には、グスク時代の城塞的グスクと立地が重なるグスク的遺跡があるので、これらの遺跡が防御された王の居館や諸洞の城塞である可能性はあるが、武器・武具になりそうな遺物は、奄美・沖縄諸島の貝塚後期全期間をみても、銅製三翼鏃《さんよくぞく》・鉄鏃・磨製石鏃・骨製刺突具《しとつぐ》・貝鏃などが少量出土しているだけで、恒常的な戦闘の存在を示すものとはいえない。グスク時代の武器・武具の出土量と比較しても、緊張関係が高まった社会のイメージはない」（四二一頁）。傍線の部分は、この記述が当時の沖縄の実態とは離れているという指摘である。

そして「『隋書』流求伝には、誤記や誇張、あるいは貝塚文化圏と先島先史文化圏の情報の混在などがあると考えられる。『隋書』流求伝の吟味は、これまで民俗事例や他の文献史料との比較で行われてきたが、考古資料による吟味検討も積極的に行う必要があるだろう」と結ばれている（四二二頁）。

安里は、『隋書』流求伝が「発達した階層社会」と描いているということだけを採用し、その記述を根拠に、だからこれは自らの描いている当時の沖縄諸島と響きあうと感じて、これは今の沖縄諸島のことだと肯定的に見ているのである。しかし、まだ「考古資料による吟味検討」も十分行っていないし、「武器・武具」を検討しただけでも、当時の沖縄諸島のイメージとは合わないとしながら、それでも「発達した階層社会」をイメージさせる記述だけは採用したいとしているのである。

13 中村明蔵の肯定論

中村明蔵「古代の沖縄と『隋書』流求伝」（二〇〇四年）は、「流求＝イヤク＝ヤク」説に立っていたが、では「そのヤクとはどの地域をさすのだろうか」との問いを掲げて、「のちの鹿児島県熊毛郡・屋久島を限定してさすものではない」、「〈ヤク〉はいまの南西諸島に列在する島々の総称的表現であろう、と筆者は考えている。そのヤク地域の入口に位置するのが、のちの屋久島で、ヤクの地名は後代に島名として固定されてくるようになったとみている」と答えている。そのうえで「ヤクの地名を、このように南西諸島域と重ね合せてくると、『隋書』に見える〈流求〉あるいは〈夷邪久〉が、少なからず沖縄を含んでいた可能性が高まってくる。したがって、〈流求〉をどこに比定するかの論争に、筆者も従来の沖縄説を主にして、それに次ぐ沖縄およびその周辺説を支持する立場の一端に加わることになる」と述べる。

さらに、沖縄本島からみた、「北の奄美大島」と「南の先島（宮古・石垣両嶋を主とする）」との距離などを考慮すると、「沖縄・台湾説は地域的には成立しがたいが、両者の記事が混入していることは事実であろうと思っている」ともいう。その意味は、「沖縄・台湾説」＝「混在説」は、沖縄本島と「南の先島」との距離は遠く、さらにその南に位置する台湾と沖縄を一緒にして扱うことは、地理的には成立しがたいが、記事の内容には両者の状況が混在しており、むしろ沖縄本島に奄美大島を加えた地域を主にして見るべきだ、としているのであろう（一三〇-一三一頁）。

このような、「流求を沖縄を主とする立場」に立つ中村は、『隋書』流求伝を読み、次のように「解釈」している。「当時の流求国には王が存在した…。また小王も存在していた。このような王・小王の体制から、ただちにのちの王国を想定するよりも、倭国における三世紀の邪馬台国体制との類似が浮上してこよう。諸国が連合しての体制で、小国の王たちが連合して共立して軸になる〈王〉を立てていたのではないかとみられる。海島であったから、地域連合としてまとまりやすい一面があったともみられるが、中国大陸との間が五日ほどの航行距離であったことから、周辺からの脅威、あるいは侵攻に備えての連合体性も、おのずから成長していたと考えられる」。「六世紀ごろからは交易活動［倭国との―中村により来間］も活発化しており、その活動の基盤となっていたことが推察される」。「武器類の記述があ」り、「共立連合王国の武力誇示の記述とも読みとれる」。「しかし、王には専制とみられる側面は少ない。というのは、定期的税制がな」いからである。「刑罰」についても「共議体制が推測できる」。その他、容貌、入れ墨（「針突」と書いて、奄美大島ではハヅキ、沖縄ではハジチ）や、産室で火をたくや、酒宴の様子などの習俗は、「現在の沖縄…を描写したようで、…とりわけ解説の必要をおぼえない」。また、「沖縄のこととは考えられない」習俗・習性も「混入している」といい、まとめて「以上のように、多少なりとも『隋書』流求伝の成立と記事内容の整理をした上で、当時の沖縄の政治的段階や対外的状況について、さらに後節でとりあげたいと思っている」（一三三-一三六頁）。

その「後節」では、次のように述べている。①隋が「流求」に出兵したのは、大業三～六年（六〇七～六一〇年）で、「その直後の大業七年には高句麗攻撃の詔が出され、翌年から三次にわたる高句麗遠征が始まっている」。またこのころは「つぎつぎに副都建設、大運河開削あるいは拡張整備のための大工事が続いていた」。「このような大土木工事と高句麗遠征の間の流求出兵に、はたして隋がどれほどの力を注いだのかについては、少なからず問題があろう」。大業三年の場合は捕虜一人、翌年は布甲を取って帰ったとあり、「これはほぼ実態であろう」。しかし大業六年の侵攻は、「南方諸国人を従軍させたとはいえ、〈兵万余人〉を率い、〈虜男女数千而帰〉とあるのは、やや誇張があるようにみられる。また、それだけの戦果をあげながら、…以後の国交の途絶を伝えているような文言である。何のための出兵であったのであろうか。憶測すれば、人的資源の獲得を主に意図していたのであろうか」。②「陳稜伝」によれば、「それまでの流求国人は丸木舟などの小型船しか見たことがなく、軍船のような大型船を初めて見たというのである。それが軍船とは知らず〈商旅〉のための来航と思い、しばしば軍中に詣《まい》り貿易したというのである。ここには、当時の流求国社会のありようが、よく示唆されている。流求国人は大型船が来航しても、それが軍船などという発想はしなかったのである」。③同じく「陳稜伝」によれば、「流求国人が交易を主目的として、他の地域の人々と接していたことも、この記事は示している。おそらく、南へ北へ、西へと海を渡って交易し、海洋民として早くから周辺諸地域との間を往来していたのであろう」。④（関連して）「交易活動に従事したのは流求の人びとばかりでなく、周辺諸地域からも往来して私的な商業行為が行われていたことが推定できる」（一四二―一四四頁）。

中村明蔵は、「流求国人」すなわち沖縄島を主とする地域（海域）の人びとは、七世紀頃から、周辺の広い地域と交易していたたし、そのために一定の秩序が社会内部に形成され、王や小王とみられる、「地域連合」（国・国家ではなく）の代表者も生まれていたと主張しているのである。

14　田中史生の否定論

このように肯定論が続くなか、田中史生「古代の奄美・沖縄諸島と国際社会―日本・中国との交流をめぐって―」（二〇〇八年）は、否定論を展開している。まず「近年の田中聡の議論」、すなわち田中聡「古代の南方世界―〈南島〉以前の琉球観―」（一九九九年、本節10）を紹介して、「田中は、中国資料の流求関係史料を整理し、台湾説が拠り所とする宋・元代の史料を根拠たり得ないと退けた上で、『隋書』が記す〈流求〉の地理情報のなかに〈流求〉＝沖縄島を示唆する新たな根拠をいくつか見出している」という（五一頁）。「流求国」への行程の問題である。この点については、田中史生もほぼ了解している。

そして、一一世紀ころの文献『濇水集』を示して、「流求」に至るまでの経由地」に『隋書』と同一の「高華嶼・鼊鼊嶼」が出ていて、「これらが、条件次第では中国大陸側からも望めるとされていることからすれば、それを沖縄周辺に求めるのは難しいと思われる」という。また、十一世紀半ば編纂の『新唐書』巻四一地理志には、泉州清源郡から東海へ「海行」すれば、「二日で高華嶼に至り、また二日で鼊鼊嶼に至り、また一日で流求国へ至る」とあるから、この「流求国」は台湾であろう。「以上のことから、筆者には『隋書』の〈流求〉が台湾ではないかとの疑念が未だぬぐえない」と、「流求＝台湾」説を主張する。したがって、『隋書』流求国伝を「奄美・沖縄諸島史の史料とみなして議論を進めることには慎重な立場をとりたい」、すなわち「奄美・沖縄諸島史の史料」ではないとする（五四頁）。

15　山里純一の肯定論（再論）

山里純一『古代の琉球弧と東アジア』（二〇一二年）は、先の9でも紹介したように、肯定論をくり返しているものではあるが、それまでにない新しい指摘が加わっている。それは、中村明蔵の指摘への同意である。「流求人は初めて見る船艦を〈商旅〉のための貿易船だと思いこみ、ちょくちょく軍中にやってきて交易したという」、「陳稜伝が記す〈初めて船艦を見〉たという〈初めて〉というのは、丸木舟《まるきぶね》などの小型船と違った大型船を見たのが初めてだという意味にも取れるが、それにしても流求人の行動は、一度や二度外国人と接触しただけでは取り得るものではない。これ以前から外国船の往来があり、流求人が彼らと船上で交易を行っていたからこそ、船艦を恐れるどころか、交易のチャンスとらえ、軍中にも出かけて行ったのではなかろうか。陳稜伝のこの記事は、当時の流求国の交易社会を反映している（中村明蔵「古代の沖縄と『隋書』流求伝」『鹿児島国際大学地域総合研究』三〇ノ二）」。指示している文献は異なっているが、13で紹介した中村の論文と同一の表題であるし、そのものであろう。

16 『隋書』流求伝の「流求」は沖縄である（まとめ）

以上、一〇余の見解を紹介し検討してきた。多くの論者が、今なお「決着がついていない」と断っているが、ここで紹介したなかでは**否定論**は高良倉吉・真栄平房昭・田中史生の三人に限られている。多数決で考えるわけではないが、圧倒的少数意見である。高良は「自然物採集経済の段階にしかない貝塚時代の終末期のイメージと『隋書』流求国のイメージとの間には大きなズレがある」ということから論じ、また真栄平はそれに同調したものであり、他方で真栄平が同調している鈴木靖民は、「夷邪久＝流求」説の否定に根拠を求めているものである。私は、「夷邪久＝流求」説は有力だと考えるし、鈴木には同意できない。高良のイメージ論、すなわち記述内容からみた否定論については、個別に検討すべきであって、内容に過ちがあるから「流求＝沖縄」説をとらないという議論はおかしい。肯定論者も、一部を除いて、是々非々主義をとっているのであり、「すべて」沖縄のことではないと退ける態度は支持できない。また田中史生は、位置論から「流求＝沖縄」説を否定するのだが、ずっとのちの一一世紀の文献の記述と対比していて、根拠が弱い。「流求」の概念が台湾あたりを含めたものに変化した後のことであるかもしれないではないか。

一方、**肯定論**（流求＝今の沖縄）の特徴は、肯定的にみる結果、その記述によって七世紀の沖縄諸島を論じようとしていることである。もちろん、記述のすべてが当時の沖縄諸島を描いたものとする者は一人もいない。それを妥当するものと妥当しないものに「仕分け」しているのである。そして、その基準が主観的になっているものが目につく。

以上の検討を踏まえて、私（来間）は肯定論を支持する。しかし、この『隋書』の記述によって当時の沖縄諸島を描くことはしない。高良倉吉がいうように、考古学に依拠してみた当時の沖縄諸島と、その記述は「大きなズレがある」からである。

『魏志倭人伝』において、三世紀の邪馬台国をかなりくわしく叙述しているが、それは使節の行き来が何度かなされていて、情報がそれなりにあったからであり、ましてやこの七世紀の『隋書』（その倭国条）に至れば、『魏志』の記述を引き継ぎつつ、その情報はさらに深くなっている。例えば、「隋の文帝《ぶんてい》の開皇《かいこう》二十年（六〇〇年、推古天皇八年）、倭王で、姓は阿毎《あめ》、字《あざな》は多利思比孤《たりしひこ》、阿輩雞弥《あほけみ》と号している者が、隋の都大興《たいこう》（陝西省西安市）に使者を派遣してきた」とあり、そこでの会話まで記録されている。「中央官の位階に十二等級がある」云々、「倭国の服飾としては」云々、「楽器には、五弦の琵琶・琴・笛がある」云々、「阿蘇山という山がある。突然噴火し、その火が天にも届かんばかりとなる」云々、「隋の煬帝《ようだい》の大業《たいぎょう》三年（六〇七年）、倭国の王の多利思比孤《たりしひこ》が、使者を派遣して朝貢してきた。…そして倭国の国書にはこうあった。〈大洋が昇る東方の国の天子が、太陽の沈む西方の天子に書信を差し上げる。無事でお変わりないか…〉。煬帝はこの国書を見て不機嫌になり」云々、などである。これも交渉のあったことが根拠になって書かれているからである。

しかし、『隋書』流求伝は異なる。中国大陸の東南海岸の場合は、多少の交渉はありえただろうが、隋の都にまでは当時の沖縄諸島の情報は伝わっていなかった。「流求」についてよく分からないから、まずは六〇七年に視察に出かけたものの、「言葉が通ぜず、流求人一人をさらって中国へ戻った」という程度である。六〇八年に再び使者を派遣して、朝貢を促したが断られ、その時持ち帰った布甲が「夷邪久国の人」のものだと、初めて知った。つまり、「流求＝夷邪久」だった。そして次には、いきなり侵略軍を送ってきたのである。この経過を見れば、隋の「流求」の情報はきわめて貧困である。それは「倭国」の情報と対比すれば歴然とした違いである。

このように見れば、少なくとも、この『隋書』流求伝の記述を根拠として、当時の沖縄諸島を云々しても意味がないというべきだろう。

予備知識も貧困で、いきなり戦闘に入った隋が、「流求国」（私はそれは今の沖縄諸島だったと考える）をどれだけ観察できたか、大いに疑問というべきである。文字記録のない時代の沖縄史を考えるには、やはり考古資料に沿ってゆくべきである。そして、文字記録がないということ自体が、歴史の展開の遅れを物語っているのである。

第六節　『隋書』流求国伝にみる沖縄諸島

『隋書』流求国伝が主として沖縄諸島を描いたものとみても、そこから得られる情報は限られるし、その記述のすべてが正確なわけではなく、「仕分け」が必要となる。その仕分けの基準は、主観によることもできない。松本雅明の仕分けと、田中聡の「階層社会」論に沿って点検する。そして、「階層社会」であったかどうかの議論として、山里純一と安里進を挙げる。

1　松本雅明の「採用・不採用」仕分け論（一九七一年）

松本雅明『沖縄の歴史と文化』（一九七一年）は次のように述べている。「私はもちろん、『隋書』流求伝の記事が、ことごとく七世紀のはじめ、もしくは唐初の沖縄の記事とは思っていない。陳《ちん》稜《りょう》の流求討伐の状況、ことに流求人の強烈な抵抗からみて、詳細に流求を調査する余裕があったかどうかに、疑問をもっている。そのあまりにも詳しい記事には、伝聞の誤りや、他国の風聞の混入、編者の解釈や想像がはいっていることは否めないと思う。しかし基本においては流求をさすことは誤りないと思う」（二三頁）。

松本はこうして、「流求＝沖縄」説の立場に立ちながらも、その記述内容を仕分けしているが、その仕分けの基準は必ずしも明らかではない。

松本は「流求伝」の「大要」をほぼ四頁にわたって紹介して、自らの判断を次のように提示している。採用できない記事は「動植物の種類、戦闘の時の食人、王の宮壁下の髑髏など」で、採用できる記事（「いちじるしく沖縄の風俗に近い」もの）は「闘鏤樹《とうろうじゅ》（ガジュマル［ガジマル―来間］）とか、猪や鶏が多いとか、鉄が少ない、深目であること（長鼻は問題としても）、珠貝（真珠）の生産、哀調を帯びる歌舞、死者を土葬して墳をきずかない、水田耕作で［が―来間］あるが、アワ・キビ・豆類が多いこと、山海の神、もしくは石神をまつること、など」であるとする。また、「髑髏のことも、崖葬とか洗骨とかが誤り伝えられたように思われる」、「少し整然としすぎた国家組織があり、国王の下に、帥《すい》がいて諸洞を統べ、各洞に小王があり、その下に鳥了帥に率いられる村があった。しかしこれとて、租税の法がないところをみると、ゆるやかな部族連合の組織で、国家形態をもつものとはみられない」ともいう（二七―二八頁）。

松本が肯定している記事のなかでも、考古学的な研究成果にたてば、鉄は「少ない」ではなく「なかった」に近いのではないか、真珠の「生産」や、水田耕作も「なかった」のではないか、と疑うべきであろう。特に、水田については、松本が「田」を文字どおり「水田」と読んだところに根拠があるだけで、この「田」は「畑」と読むべきものであろう（藤堂らは「畑」としていた）。「国家」ではなく「部族連合」としているのは、より説得的ではあるが、「詳細に流求を調査する余裕があったかどうか」に疑問を持ちながらの判断にすぎない。松本は「両者の戦闘状態からみて、そのあまりに詳しく、客観的な日常の描写には、理解しがたいところがある」とも言っている（二九-三〇頁)。

このように見ると、削り落とされて残るのは、ガジマル、猪や鶏が多い、深目である、哀調を帯びる歌舞、死者を土葬して墳をきずかない、山海の神もしくは石神をまつること、だけとなる。

それでも松本は、稲作と鉄器使用に踏み込んで、次のように述べている。「上述のように、沖縄は六世紀末~七世紀初には、まだ貝塚時代であった。しかし鉄器を使用して、稲作をふくむ、穀物の栽培をすでにはじめていたのである。それ以前に弥生土器の影響はみられるが、ただちに稲作がおこったとは思えない。それは穂づみの石包丁や炊飯具が見つからないことからもいえる。しかし鉄器使用のころ、おそらく鉄器とともに稲作などが伝わってきたことは予想できる。日本の弥生期における土器の変化は、半島[朝鮮半島―来間]との交渉からおこったものである。半島と直接交渉をもたなかった沖縄は、貝塚末期に、おそらく華南[中国大陸―来間]もしくは薩南[薩南諸島―来間]から鉄と稲などの穀物をいれたのであろう。ただ鉄器は貴重品で、沖縄では生産されなかったので、耕作具には使用されず、穂づみに用いられ、そこから石包丁を見ないのであろう。この鉄器の使用、稲作とともに粗朴な部族連合がおこり、それが上述の記録となったが、まだ縄文後器[後期―来間]の土器の顕著な変化はあらわれなかった。土器の変化は、おそらく遣唐使の南路とともにはじまるのである」(三〇-三一頁)。

松本は、考古資料よりも『隋書』を重視するのである。「土器の変化」はないといいながら、「鉄と稲などの穀物」は入ってきた、それは「華南または薩南」からきたと強弁している。

2　田中聡の「階層社会」論（二〇〇四年）

田中聡は「蝦夷と隼人・南島の社会」（前出、二〇〇四年）は、次のように述べている。『流求国伝』によれば、滅ぼされる以前の流求国の社会には、王・小王・帥・鳥了帥《ちょうりょうすい》という特権的な地位があり、国内に散在する大小の〈洞〉〈村〉をそれぞれ支配していた。王独自の権限は〈村〉ごとに設けた戦士の〈部隊〉のなかから隊帥を認定すること、犯罪者に与える刑罰を最終決定することの二つだが、いずれも調停者的な役割に止まり、他の点では複数存在する小王と大差がない。中国的な文明を象徴する文字・暦はないが、有事には均しく税を集め、独特の刑罰が行なわれている点から、独自の法制があるといえる。すでに社会の階層化が進みつつあるが、整然と序列化した政治組織はなく、特定の血統による王位の継承もみられない、未発達な王権をいわば調停機関として有力者（小王・帥・鳥了帥）が共立しているような段階であった」（二七五―二七六頁）。要点は次のようになる。六〇七・〇八年の使者派遣で「流求国」は滅ぼされたが、それ以前の「流求国」では「社会の階層化が進みつつある」ものの、まだ「整然と序列化した政治組織はな」かった。

そして、こうもいう。「沖縄諸島では、現在もなおこの当時の水田農耕の確実な痕跡は発見されていないようであるが、農耕が未だ本格的に展開していないこうした社会において、北方における毛人と同様、南方世界に点在する他の島嶼社会を介して展開された**遠距離交易**を階層化の主要な契機として想定することは充分に可能だろう。琉球列島周辺で産出するゴホウラやイモガイ・夜光貝などは貝輪や貝匙、螺鈿の材料などとされ、とくにゴホウラ製の腕輪は弥生時代以来、威信財的な価値をもつものとして広く珍重された。その交易の担い手となったのは琉球列島・薩南諸島の貝塚後期文化、また九州島西部海岸域・南部の弥生・古墳文化の荷負集団であった〔木下 一九九六〔木下尚子『南島貝文化の研究―貝の道の考古学』法政大学出版局〕〕（二七六頁）。

ここでは、いわゆる「貝の道」論に依拠しつつ、先ほどの「階層化」の契機を「農耕」にではなく「遠距離交易」とその担い手の成立によって説明している。しかし、それは「契機」たりうることの提起であって、実際に「階層社会」が成立したという主張ではあるまい。「整然と序列化した政治組織」はまだなく、「階層化」は「進みつつある」にとどまるのである。

3 安里進・山里純一の「階層社会」論

山里純一『古代日本と南島の交流』（一九九九年）は、「『隋書』流求伝の以上のような記述をみる限り、流求はもはや原始社会を脱し階級社会に入っている」と述べている（一八頁）。山里純一は、安里進との共著「古代史の舞台 琉球」（二〇〇六年）においても、「以上のことから七世紀段階の流求国は、王（流求国全体）―小王（洞）―鳥了帥（村）の身分階層が歴然と存在した社会であったことが知られる」としている（三九六頁）。さらに山里は、近著『古代の琉球弧と東アジア』（二〇一二年）でも、描かれている「社会」を紹介して、「洞は洞穴の意味ではなく、一種の行政単位的な地理的空間を指しているようである」といいつつ、「七世紀段階の流求国は、王（流求国全体）―

小王（洞）―鳥了帥（村）の身分階層が歴然と存在した社会であったことが知られる」と繰り返している（二二一―二二三頁）［第五節9の再掲］。

安里進も同様の見解表明をくり返しているが、例えば山里との共著「古代史の舞台　琉球」（二〇〇六年）において、「朱寛や陳稜らが報告した流求は、山里が分析しているように、王がいる発達した階層社会ないしは階級社会だと考えられる」と記している（四二一頁）。安里は、『隋書』流求伝が「発達した階層社会」と描いているということだけを採用し、その記述を根拠に、だからこれは自らの描いている当時の沖縄諸島と響きあうと感じて、これは今の沖縄諸島のことだと肯定的に見ているのである。しかし、まだ「考古資料による吟味検討」も十分行なっていないし、「武器・武具」を検討しただけでも、当時の沖縄諸島のイメージとは合わないとしながら、それでも「発達した階層社会」をイメージさせる記述だけは採用したいとしているのである［第五節12からの再掲］。

この共著論文で、安里は、考古学側の資料をいくつか提出して「階層社会」であることを説明している。これについては、第九章第五節で扱うことにする。

第七節　「大琉球と小琉球」論

1　真境名安興（一九二三年）

道筋を若干そらすことになるが、このことに関わって、中国はのちに、沖縄を「大琉球」、台湾を「小琉球」というようになるということについて触れておきたい。

「琉球」の名称に関する真境名安興『沖縄一千年史』（一九二三年）の考察を紹介しておく。真境名によれば、中国から見て、台湾と沖縄は連続した島嶼群であり、初めのうちはまとめて「琉球」と捉《とら》えられていたが、地理的な知識がしだいに進んでいって両者を区別するようになり、そのように区別するころは、沖縄は中国との公式の関係をもつ「王国」であったので「大琉球」と呼び、台湾は「小琉球」と呼ばれるようになった、と次のようにいう（三七頁）。

まず、「琉球の名称は、地理上の自然の結果として、西隣《にしどなり》なる支那［中国—来間］人の称呼《しょうこ》なりしは明《あきらか》なり。元来、支那の我が日本と往来するや実に年《とし》久しく、殊《こと》に支那の隋書の時代に方《あた》りては、中古に於ける彼我《ひが》の交通の頻繁《ひんぱん》なりし時にして、而《し》かも当時に於ける航路は、専《もっぱ》ら南道に拠《よ》りしを以《もっ》て、台湾の地勢が宛《あたか》も［このルビのみ真境名、他は来間］沖縄列島と一帯断絶して、躍石《おどりいし》の状を為すの故により、同じくこれを認めて一群の島群として概して琉球と称したりき」とする。すなわち、「琉球」という名は中国人が唱えたものであり、「中古」においては中国と日本の交通はひんぱんであり、台湾から沖縄にかけて飛び石のように連なる島々を、まとめて「琉球」と称したのである。

次に、「琉球といへる称呼の起原は又、此の島群の形勢に基づきしものにして、世法録に〈地界は万涛に蜿蜒《えんえん》とあり、水中に虯《みずち》を浮かせた、流虯《りゅうきゅう》の名に因《ちな》む。後には琉球と謂《いい》伝える、云々〉［カッコ内の引用は読み下しにした―来間］とあり」という（三七頁）。すなわち、「琉球」という呼び名は、このような島々の姿・形から起ったもので、『世法録』という文献に、虯《みずち》（古代人が恐れた想像上の動物。水中にすみ、蛇に似た形をし、角・四肢をもち、毒気を吐いて人を害するという、一種の竜―『大辞林』）が水に浮かぶ姿を表わしたもので、これを後には「琉球」というようになった、とある。

さらに続けて、「既にして、地理的智識の漸《ようや》く進むに従ひ、自《おのずか》ら台湾と沖縄列島とを区別するの傾向を生じ、殊に南宋《なんそう》の頃に及びては、沖縄本島は独立せる王族の其《その》地を統《す》べ、明《みん》の初葉に及びては、中山王の使を明に遣はし、彼の冊封を受くる等の事ありしより、沖縄列島を**大琉球**と呼び、台湾を**小琉球**と呼び、以て之を区別するに至れり。斯《か》くて、小琉球の名は啻《ただ》に［このルビは真境名］支那人のみならず、時の東洋航海者たりし欧羅巴《ヨーロッパ》人にも襲用《しゅうよう》せられ、西暦一七〇〇年代の初め、即ち和蘭《オランダ》人の根拠地と為すまでは、葡萄牙《ポルトガル》語［このルビは真境名］の小琉球の訳なるレクエオ（琉球）・ミノル（小）（Lequeo minor）といひ、大琉球即ち沖縄本島をレクエオ・グランド（Lequeo Grande）といひき（西暦一五九四年に成れる東亜地図、台湾志伊能嘉矩・明治三五年、台湾史リース博士、参照)」という。すなわち、その後、台湾と沖縄諸島を区別して、沖縄諸島を「大琉球」、台湾を「小琉球」というようになったが、この用法は中国だけでなく、ポルトガルも使っていて、沖縄諸島を「大琉球(Lequeo Grande)」、台湾を「小琉球(Lequeo minor)」といった。

2　田中健夫(一九九三年)

田中健夫《たなかたけお》『東アジア通交圏と国際認識』(吉川弘文館、一九九七年)は「相互認識と情報」(初出一九九三年)の中で、次のように述べている。ずっと時代が下るが、中国が「大琉球」「小琉球」という区分を意識して使っていたという。「明王朝の末期には、大琉球は沖縄島、小琉球は台湾島として明らかに別の地域と考えられており、地図などでも両者が混同されることはなかった」(五八頁)。「以上の類書のなかに示された明代中国人の琉球認識を総括してみると、大琉球国と小琉球国は風俗をことにする別の国と認識されていたこと、大琉球国人については中国に進貢し、大学で子弟が多く学んでいたことを知って」いた(六〇頁)。

3　田中聡(一九九九年)

田中聡《たなかさとし》「古代の南方世界」(一九九九年)の末尾の部分の引用を先(第五節10)には略した。そこは、この議論に関わっているので、ここで紹介しよう。「それでは一二世紀末を境にして〈流求国〉

に対する地理観が変化した理由とは、いったい何か」として、「ここで注目したいのは、一四～一六［田中は関係文献を提示しているが、その文献のナンバーで、『諸蕃志』『文献通考』『宋史』のこと―来間］の〈毘舎耶国〉記事の核心が、南宋の淳熙《じゅんき》年間（一一七四～八九年）に〈毘舎耶〉の〈酋豪〉が数百人の衆を率いて泉州の水澳・園頭等の村を侵凌した事件だということである。おそらくこの襲撃事件なしに、〈毘舎耶〉に関する情報は記されなかったに違いない」、「ここ［その後の文献『島夷誌略』『元史』―来間］での〈琉球〉〈瑠求〉は地理観からいって明らかに台湾を指しているといえよう」。「〈毘舎耶〉は、泉州から近く、澎湖諸島から煙が互いに見える程近接している所、すなわち台湾西海岸のどこかに比定するのが妥当である」（六三―六四頁）。つまり、『諸蕃志』『文献通考』『宋史』で「毘舎耶」（ヴィサヤ）とされた台湾が、その後の文献『島夷誌略』『元史』では「琉球」「瑠求」と呼ばれている、というのである。

「明・清代の使琉球録にも表れる大・小二つの琉球は、隋以来の〈流求〉と、〈毘舎耶〉との関わりで一三世紀初頭に新しく観念された〈琉球〉とが、それぞれ琉球王国、台湾を具体的に指すようになった時点で、両者を明確に呼び分けるため作られた名称と考えられる」（六四頁）。すなわち、《流求―琉球王国―大琉球》《毘舎耶―台湾―小琉球》という対応関係になる、とする。

第五章　律令国家の展開（奈良時代）

第一節　八世紀の日本

1　平城遷都と律令国家体制

七〇一年に**大宝律令《たいほうりつりょう》**が制定され、七一〇年に**平城京《へいじょうきょう》**（平城京《ならのみやこ》、平城京《へいぜいきょう》とも）に遷都した。この奈良時代は律令国家としての実質的なスタートとなる。律令とは、若干の変更は加えられているものの、中国のそれを範として、国家の体裁を整えようとしたものである。「律」は刑法で、「令」は行政法である。日本では「令」の成立が先行して、「律」は遅れて整備されたとされている。

坂上康俊《さかうえやすとし》「律令国家の法と社会」（歴史学研究会・日本史研究会編『律令国家の展開』東京大学出版会・日本史講座2、二〇〇四年）はいう。「律令国家の展開過程をどうとらえるかというテーマに関しては、ここ二〇年ほどの間に大きく学説状況が変化してきた」。これまでは律令国家は八世紀に成立したが、そのうち「混乱に陥り、九世紀前半には律令制の再建が図られるものの、やがてなしくずし的に崩壊してゆく」とされてきたが、「八世紀を律令制の発展期ととらえ、九世紀こそ律令国家の運営が一応の安定をみた時期である」とされるようになってきた（一八–一九頁）。

平城京への遷都の意味について、村井《むらい》康彦《やすひこ》『律令制の虚実』（講談社・学術文庫、二〇〇五年。初出は一九七六年）は、次のように述べている。「百官の府としての首都の造成とは、そのまま律令制の具体的な実現形態にほかならなかった」、遷都して首都を新しく造るのは、律令制の理念を実現するためであった。「官人集住」すなわち官人を京中に集住させたが、それは「古代氏族」を「本《ほん》貫《かん》（本籍地）」［ルビは村井］から引き離し、「農業生産から遊離」させて、「都市居住民」にしたということであり、かわりに「国家はかれらに自存しうるだけの俸禄を与え」る義務を引き受けたことになる。この「官人の俸禄が〈代耕《だいこう》の禄《ろく》〉（耕す代わりに支給する俸禄）と呼ばれている」。「首都＝都城の形成は古代氏族を京中に集住させ、それによってかれらの在地性を希薄にし、都市貴族＝律令官人にした」（九五–一〇一頁）、すなわち「**古代氏族**」は、それぞれの地域の有力者として、農業生産を基礎に力を貯えてきた人びとであったが、かれらを出身の土地と農業から切り離し、都（都市）に集住させて、都市住民＝都市貴族＝律令体制下の**官人**（官僚）にしたのである。

村井はさらにいう。都市に集住させられたかつての古代氏族たちは、替わりに俸禄を受け取ることになったが、それは「五位以上の貴族」に限ったものであって、「それ以下のもの」については「切り捨てた」。そして彼らには、帰農して貯えてある穀物を「〈納資成考《のうしじょうこう》〉（財物を出して官位を求めること）してもよい」とした。このことを村井は「のち摂関時代から院政期にかけて盛行する受領《ずりょう》層の〈成功《じょうごう》〉の源流をなすものであ」ると指摘している。また、俸禄を得ているはずの「官人たちが、山川藪沢《そうたく》・田野を占有して民業《みんぎょう》を妨げる行為に出はじめるのが、律令官人制の形成期である藤原京時代から奈良初期にかけてのことであった」と付け加えている。「つまり律令制ができるということ」は、古代氏族がその「本来的な特性」を捨てていって、「官人一般」になっていくという側面をともなっていたのである（一〇二―一〇三頁）。

青木和夫『古代豪族』（前出）も、ほぼ同様の議論である。「律令国家の成立は、…国造クラスの地方豪族の政治的、社会的な地位や勢力をすっかりかえてしまった。君主から役人になりさがったといってもいいくらいである」（五八頁）。「国造」とは、もともとは「クニヅクリをした人、すなわちその地方を最初に開拓した人」のことで、「それが子孫の代になるとクニノキミとかクニノカミとかの意味にかわる」。さらに進んで、「大化改新後、国司が常駐するようになると、国司の長官こそクニノカミであり、国造はもう国家の僕《しもべ》にすぎなくなるから、クニノミヤツコ（ミヤツコ＝御奴）と呼ばれるようになる」（六五―六六頁）。青木は、「国造権力の経済的基盤を律令国家がいかにして破壊したかという問題」を提起して、次のように論じている。大宝令のうちの「賦役令《ふやくりょう》」には、朝廷は国営の大土木建設事業などに「全国の正丁《せいてい》（二十一歳から六十歳までの健康な男子）」を「歳役《さいえき》という徭役」（ただ働き。年に十日ずつ都で働く義務）に使うことのできるという規定があり、これは確かに「ただ働き」なのであるが、では人びとは「奴隷」だったのかというとそうではなく、これらの人びと（領民）を取りまとめる立場の国造が、「国造とその領民とのあいだにあった共同体的なあたたかい関係」に依拠して、国造自身が領民を雇用して、それに報酬《ほうしゅう》を与えていたのであり、領民からすれば「奴隷的な労働ではなく、報酬をもらう雇傭労働であった」。具体的には、歳役の「十日分の労働を麻や楮《こうぞ》などの布二丈六尺に換算して、庸《ちからしろ》という名目で納入させ、この庸の布を支払い、食事もあたえて、雇役《こえき》という雇傭労働をおこしていたのである」。これは、「朝廷に対しては無償」となる人びとの労働を、国造の持てる力を削《そ》ぐかたちで、国造に負担させているという構図になる（七九-八三頁）。

2　藤原四子政権と税制改革

藤原不比《ふひと》等の四人の子どもが、そろって政権の中枢につき、いわば「藤原四子政権」の時代が到来する。長子・武智麻呂《たけちまろ》、二男・房前《ふさざき》、三男・宇合《うまかい》、四男・麻呂《まろ》である。それぞれの家系は、その後、南家《なんけ》・北家《ほっけ》・式家《しきけ》・京家《きょうけ》と呼ばれる。また、娘・光明子《こうみょうし》は、臣下の女性でありながら、初めて天皇の正妻＝皇后になった。

渡辺晃宏『平城京と木簡の世紀』（前出）は、「藤原四子政権下の天平《てんぴょう》前半期は、律令財政の上でも一つの画期となる時代である」といい、次のように述べている。「七三四年（天平六）一月、雑官稲《ざつかんとう》が大税《たいぜい》と混合して一本化され、**正税**《しょうぜい》が成立した」。「雑官稲」とはさまざまな「官稲」ということであり、「官稲」は各地の郡家《ぐうけ》にある正倉に収納されたイネである「郡稲《ぐんとう》」に代表されるが、それは郡司が管理する郡の蓄えである。他に公用稲《こうようとう》・屯田稲《とんでんとう》・官奴婢稲《かんぬひとう》がある。それまで大税が膨らんできて、郡稲の不足を生じてきたが、それをさらに進めて、一本化・混合したものが正税である。これに並行して「地子《じし》」の「京進」(京への貢進)を進めている。地子とは、「公田《こうでん》(班田を実施して余った田)を貸して得られる地代」のことである。この地子が「官稲混合の二年後の七三六年(天平八)三月、諸国の地子を太政官《だいじょうかん》に送ってその雑用に充てる、という太政官の発案が認められている」。「官稲混合と地子の京進は、このように一連の経済政策として捉えることができるのである」(一八一―一八二頁)。

この藤原四子政権は、九州から伝染して来たらしい天然痘《てんねんとう》の流行の犠牲になって、天平九年(七三七)に四人とも死亡するというハプニングによって、あえなく潰え去った。このあと政権を掌握したのは橘《たちばなの》諸兄《もろえ》で、それに不満をもった藤原広嗣《ふじわらひろつぐ》(宇合の長男)が乱を起こしたものの、鎮圧される。それについては、第二節で取り上げる。

3　唐・渤海・新羅との交渉

渡辺晃宏『平城京と木簡の世紀』(前出)は、このころの対外関係を次のように描いている。七二三年(養老《ようろう》七)と七二六年(神亀《じんき》三)に、**新羅**から使者が来日し、日本側は自らを「君」、新羅を「臣」とみなす君臣関係で対応したが、以後その来日は途絶える。「新羅は唐との関係をてこにして、日本との朝貢関係の解消を図り始めていたのである」(一八三頁)。

これにかわって、**渤海《ぼっかい》**が来日してくる。渤海は新羅の北方に位置している。七二七年(神亀四)のことである。その前年、「渤海の北東に接する黒水靺鞨《こくすいまっかつ》(靺鞨七部の一つ)」が唐と接近して渤海を脅かしたので、渤海は唐と対立することとなり、唐は新羅に接近した。「日本は彼ら［渤海の使者―来間］を手厚くもてなし、引田虫麻呂《ひけたのむしまろ》を送渤海客使《そうぼっかいきゃくし》に任命して渤海まで送り届けている」。七三〇年に帰国した引田は、新羅と唐が接近しているとの情報をもたらした。渤海はそのために日本との接近を図ったというのである（一八四頁）。

七三二年（天平四）には、新羅に使者を送って、朝貢の督促をしようとしたが、新羅から使者がやってきた。それは、「朝貢間隔の延期の交渉」だったようで、「三年に一度」と決まった。日本からの使者も新羅に出かけた。七三四年の新羅使は、大宰府に来たものの、「朝貢ではなく対等の外交関係を要求したため、日本側は聖武天皇との謁見《えっけん》を停止して一行を退去させている」（一八六―一八九頁）。

「このように、日本との朝貢関係を解消し対等の外交を模索し始めた**新羅**、渤海との対立に対処するために新羅との冷えた関係を転じてその後ろ盾の役割を果たすようになった**唐**、唐との対立から日本との接近を図る**渤海**、そして三者三様の思惑の中にいやがおうにも放り込まれつつある**日本**。東アジアに新しい歯車が回り始めていた」（一八七頁）。

「七三二年（天平《てんぴょう》四）八月、七一六年（霊亀《れいき》二）任命の養老の遣唐使以来、十六年ぶりに遣唐使が任命された（天平の遣唐使）。…翌七三三年（天平五）四月に出発し、七三四年（天平六）十一月に帰国したこの天平の遣唐使は、玄昉《げんぼう》や下道真備《しもつみちのまきび》（後の吉備《きび》真備）による多数の典籍の将来、唐僧道璿《どうせん》とインドの婆羅門《ばらもん》僧上《そうじょう》菩提僊那《ぼだいせんな》の来日、鑑真《がんじん》招請の契機になった栄叡《ようえい》と普照《ふしょう》の入唐《にっとう》など、この後の日本文化を方向づける重要な役割を果たすことになる」（一八七―一八八頁）。

4　京と五畿七道、畿内豪族

坂上康俊『平城京の時代』（岩波書店・シリーズ日本古代史④、二〇一〇年）は、五畿七道の成立について、次のように述べている。七世紀半ばに出された「大化改新の詔（六四六年）には、東は伊《い》賀《が》の名墾《なばり》（名張）の横河、南は紀伊の兄山《せのやま》、西は播磨の赤石《あかし》（明石）の櫛淵《くしぶち》、北は近江の狭々波《さざなみ》の合坂山《おうさかやま》（逢坂山）を境として、その内側を〈畿内国〉とするという規定がある」。ここに出ている四つの地点は「都から地方への主要な交通路の上にあった」。やがて国境の確定作業が進められ、「先の〈畿内国〉は倭《やまと》（のち大倭、大養徳、そして大和）、摂津《せっつ》、河内《かわち》、山背《やましろ》（のち山城）の四国に分割され（四畿内《しきない》）、さらに河内国から和泉国が分立して（七五七年）、ここに**五畿内**《ごきない》が成立した」。「いっぽう畿内にはいらなかった諸国は、〈畿内（きない・うちつくに）〉に対して〈外国（げこく・とつくに）〉、あるいは〈四方国《よものくに》〉と総称され、都から放射状に出て行く東海道、東山道、北陸道、山陰道、山陽道、南海道、及び西海道という七つの官道に沿う、七つの行政区画（「**七道**《しちどう》」）に組み込まれた」。「道」は、唐の制度にならったものである（八四頁）。

京（都）に住むべき人は、「京戸《きょうこ》」として特定され、京内に戸籍を持ち、宅地を班給された。「日本古代の京の住民は、特に京に戸籍を持つ住民は、そこが京になる前から住んでいた人や、京ができたから集まってきた人というのではなく、七世紀の七〇年代に近江で登録され、いくたびもの遷都を越えて子々孫々登録され続けた人びとなのである。その中には、もちろん下級官人層も大勢い

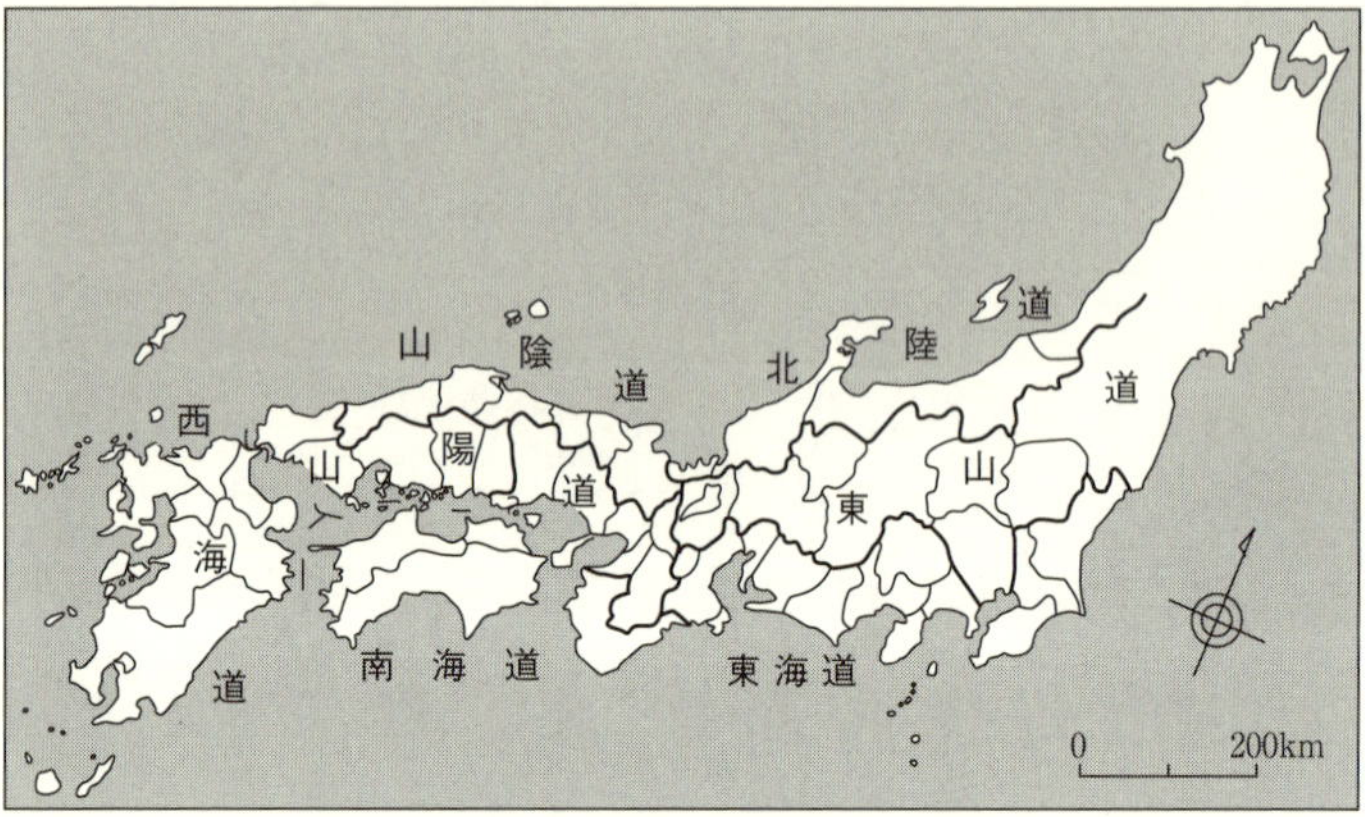

図 5-1　七道制成立直後の全国

（出所）　鐘江宏之『律令国家と万葉びと』小学館・日本の歴史三・飛鳥・奈良時代，2008 年，312 頁.

たが、有力貴族の大半が含まれていたことは間違いない。／その有力貴族たちは、もともとは大和や河内などの畿内各地に基盤を持って続いてきた豪族たちの子孫であった。ただ、これも逆転した言い方であり、大王が宮を構え、大王を支えてきた豪族たちが勢力基盤としてきた地域を、大化改新の際に〈畿内国〉として設定し、それが後の〈畿内〉（四畿内・五畿内）になったというのが正しい」（八七頁）。

このことは、先にも見た、地方豪族の官人化、在地性の喪失の過程でもあった。「かつて大和朝廷を構成していた豪族たちは、それぞれの勢力基盤、経済的基盤を畿内の各地にある程度保ちながら、七世紀を通じて次第に大王の宮の近辺への集住が求められるようになり、やがて京戸に登録されて京域内に宅地が与えられるようになった。他方で彼らには、冠位十二階に起源を持つ位階が授けられ、やがて位階とそれに相当する官職の一覧表ともいうべき官位令《かんいりょう》が制定されて**官位相当制**《かんいそうとうせい》が確立すると、ピラミッド状に体系的に組み立てられた律令官僚制の中に身を置くこととなった」（九〇頁）。

その官僚制のトップに太政官がある。まもなく大納言の定員を削って「中納言」が置かれた。また、議政官の末席に「参議」が加えられた。

太政官　議政官《ぎせいかん》（公卿《くぎょう》）―太政大臣《だいじょうだいじん》・左大臣《さだいじん》・右《う》大臣・大納言《だいなごん》（四人）

　　その事務組織―左弁官局《さべんかんきょく》・右《う》弁官局・小納言《しょうなごん》局（下記局《げきょく》）

坂上は、関晃《せきあきら》「律令国家の展開」（一九五二年）によりつつ、「律令国家の成立とは、天皇を頂く畿内豪族らによる全国支配の達成という評価も可能となる」と論じている。つまり、中央政府の官僚の大半は畿内出身者で占められ、彼らは地方官としても赴任していくし、その国司たちが臨時から常駐へと変化していき、多くの地方は彼ら畿内豪族の勢力下に置かれていくのである（九三頁）。

5　地方制度　国―郡―里

鎌田元一「七世紀の日本列島」（前出）は、「律令郡制に帰結する**コホリの制度**は、七世紀半ばの孝徳朝に**評**制として全国的な施行をみた。コホリは本来朝鮮語で、大きな城邑を意味する語であるが、〈評〉も〈郡〉もこのコホリを表わしたもので、〈評〉は朝鮮諸国における表記をそのまま採用したものである」。確かとはいえないが、この制度が施行される前にも「何らかの地方組織」があったであろうし、それは「屯倉」のイメージでとらえられよう。各地方は国造が支配していたが、その国造が倭王権に取り込まれていき、それぞれの地域内に屯倉が設定されていく。そのことを通して、地域としての屯倉は、各地方の豪族の独立した支配地域であることに加えて、「倭王権に直結する地方政治組織」という性格も持つようになっていった。「その土地と人民の総体に対して、〈コホリ〉の名称が適用されたものと考える」（一三頁）。

渡辺晃宏『平城京と木簡の世紀』（前出）は、次のようにいう。「律令制のもと、地方には、国―郡―里の三段階の行政組織が設定された。この中で最も実態に即した行政単位は郡《ぐん》である。郡は七世紀半ばの孝徳《こうとく》朝に、国造《くにのみやつこ》など在地豪族の支配領域であるクニを統合・分割して全国的に設定された評《ひょう》を前身とする（郡も評も訓は〈こおり〉）」（五九頁）。すなわち、もともと各地にクニ（小国家）という単位ができていたが、その首長が「在地豪族」で、彼らは国造《くにのみやつこ》などに任命されていた。そのクニを分割したり統合したりして「評《ひょう》」が設けられていたが、その「評《ひょう》（こおり）」を受け継いだものが、律令制下の「郡《ぐん》（こおり）」である。

在地豪族は、「評」の段階では「評督《ひょうとく》（評の長官）」であったが、律令制下の「郡」の段階では「郡司《ぐんじ》」となり、引き続き在地の支配を続けていく。「郡の役所を郡家《ぐうけ》、あるいは郡衙《ぐんが》と呼ぶ」、「郡家の施設としては、郡の政務を行う郡庁《ぐんちょう》、それを財政的に支える厨《くりや》のほか、イネを貯える正倉《しょうそう》があり、多くの場合いくつかの区画に整然と配置され正倉院《しょうそういん》と呼ばれる空間を構成していた」（五九頁）。

この郡に対して「郡をいくつか束ね人為的に設定された広域行政単位が国で、八世紀初めの大宝令施行の頃には約六十の国があった」。「国には中央から国司《こくし》が派遣され、その政務を執り行う。在地の人間が国司に任じられることはまずない」、「国の役所が国府《こくふ》である」（五九‐六〇頁）。

次に「里」について。「郡は五十戸からなる里《り》によって構成される」、「里にはその中から里長《りちょう》（五十戸長とも書き、いずれも当時は〈さとおさ〉と呼んだのだろう）一人が選ばれ、里内の戸口《ここう》掌握・農業督励・納税催促・治安維持などにあたる」。この「里《り》」（さと）は、徴税のために上から編成されたものであり、人為的なものであるが、「実際の生活単位としての集落を指す言葉として史料に時折みえるのが〈村《むら》〉である」（六一‐六二頁）。

表5-1　里制→郷里制→郷制

640年代		国《くに》	評《こおり》	五十戸《さと》	
681-3年		国	評	里《さと》	
701年	里制	国	郡《こおり》	里	
717年	郷里制	国	郡	郷《さと》	里《こざと》
740年	郷制	国	郡	郷	

　このような「国―郡―里という行政組織（里制）」は、七一七年（霊亀《れいき》三＝養老元）に里を郷に改称し、郷のもとに新たに里（コザト）を置く国―郡―郷―里という行政組織（郷里制）に変更される（その施行年については鎌田元一《かまだもとかず》氏による）。戸の中にもさらに、より家族形態に近い小規模単位の戸（房戸《ぼうこ》。これに対して従来の戸を郷戸《ごうこ》と呼ぶ）が設けられる。さらに七四〇年（天平十二）頃、里（コザト）を廃止し、郷はそのまま残されたので、今度は国―郡―郷という行政組織（郷制）に再び変更される」（六二頁）。

　渡辺晃宏は、後に見る人民の負担とそのあり方をも踏まえて、次のようにまとめている。「つまり八世紀の地方支配は、律令国家―在地首長層という関係と、在地首長層―人民という二重の支配関係から構成されていた。郡司層を介して初めて律令国家は成り立ち得たのである。…八世紀とは、律令国家と在地の社会が激しくぶつかりあった時代であった。同時に、律令法をてこに在地首長層の支配権を徐々に弱め、国司による在地の直接支配の確立が目指されることになる」（八〇-八一頁）。

平川南『日本の原像』（前出）は、「古代の国名は、古代国家が〈国《くに》〉〈評《こおり》（郡）〉〈五十戸《さと》（里・郷）〉という行政区画として画定したものである」（二三三頁）、という。ここでは「五十戸」も「さと」と読まれている。そして次のように述べている。「そもそも律令国家とは、朝廷のもと、律および令を基本法典として支配を行う中央集権国家であり、土地・資源・労働力・生産物・宗教など、すべてを国家が一元的に管理することを理念としていた。そのため、中央政府は戸籍や計帳《けいちょう》などの籍帳《せきちょう》を通して人民を把握・管理し、徴税や労働力徴発など、より直接的な支配のために国―郡―郷（里）という行政単位を置き、**国司**《こくし》を頂点としてこの責務にあたらせた。しかし、実際に地方行政の中核を担ったのは、国司ではなく**郡司**《ぐんじ》である。彼らの多くは旧来のその土地を支配していた地方豪族であり、郡家《ぐうけ》（郡役所）を拠点として、生産手段を集中させ、労働力を独自に編成していた。／地方豪族はその農業経営にあたって、私有する労働力や家畜だけではなく、貧しい農民を一時的、季節的に雇用して多くの臨時労働力を投入した」（二九二頁）。

平川はまた、「古代の稲作が想像以上に統制・管理されたものであった」として次のように述べている。「地方社会においては郡司層が、稲の品種を統制・管理していた」、郡家が多量の農耕具を専有しており、「稲作農耕が郡司層によって統制・管理されていたことを示唆している」。こうして「古代において稲は、繊維製品と並ぶ物品貨幣としての役割を果たしていた」のである。他方、このように「稲が古代国家そのものを支えた生産物だったとすると、古代の農民の生活を支えた食料は雑穀や木の実・魚類・動物など、山野河海《さんやかかい》のあらゆる資源がその対象となったであろう」。稲が中央に吸い上げられる重要な作物であったから、人びとは稲以外の食料によって生活していたであろう、という（九五―九八頁）。

坂上康俊『平城京の時代』（前出）は、当時の人口（政府掌握人口）を四百数十万人と推計し、唐のそれの一〇分の一よりやや少なめと説明している。この人口は、まず「正丁《せいてい》四人を抱え込む**戸**」として戸籍に把握されるが、それは二〇人程度となり、「現実の生活を反映していない」ものの、「実生活の状況とかけ離れすぎ」ともいえない、とする。これを五〇戸集めて「**里**《り》（霊亀三年以降は「**郷**《ごう》」）」とするが、それは「自然に存在する二、三の集落を含みこんだもの」であり、「八世紀初頭の段階では、戸を、それができなければ里をできるだけ全国共通の計算基準としたい、という方針を政府が強く意識していた」と述べている（四九―五二頁）。

6　良民と賤民、戸籍、口分田支給

渡辺晃宏『平城京と木簡の世紀』（前出）は、良民と賤民、戸籍、口分田支給などについて、次のように述べている。

まず、「律令制下の人々は、大きく良民《りょうみん》と賤民《せんみん》に分けて把握されていた。このうち**良民**は戸籍に登録され、いずれかの戸に所属していた。この点は、天皇以外は、貴族であろうと民衆であろうと、同じである（ただし、皇親は戸籍ではなく皇親名簿によって管理されていた）。一方、**賤**身分には、養老令では陵戸《りょうこ》・官戸《かんこ》・家人《けにん》・公奴婢《くぬひ》・私奴婢《しぬひ》の区別があり、五色《ごしき》の賤といわれた。このうち、官の労役に従う**官戸**とこれに対応する私有民である**家人**は、唐の制度を模倣したもので、実態を伴っていなかったらしい。また、陵墓を守る**陵戸**は大宝令では賤としては扱われなかったが、特定の技術を継承すべく官司のもとに組織された**雑戸**《ざっこ》とともに、一般良民の戸籍とは別に陵戸籍、雑戸籍に登録されていた（雑戸と併称される技術者集団に品部《しなべ》があるが、これは一般良民の戸籍に登載される）。これに対し、公奴婢と私奴婢は戸籍による把握の対象外で、**公奴婢**は官司や宮などの施設、**私奴婢**は個人に付属する存在であった。とはいっても、奴隷ではなかったことが明らかにされているし、奴婢身分からの解放は比較的容易に行なわれており、八世紀半ば以降その実体を次第に失っていく」（六三−六四頁）。

戸籍への登録は、六年ごとに行われた。「戸籍作成の基礎になったのは、毎年作成された歴名《れきみょう》という帳簿である。…そこには戸主との血縁関係、生命、年齢、年齢区分、黒子《ほくろ》・傷などの身体的特徴が記された」。畿内（大倭《やまと》・山背《やましろ》・摂津《せっつ》・河内《かわち》。後に和泉《いずみ》が河内から分立）と畿外とは制度が異なっていた。畿内は、歴名を中央に送ったが、畿外は課税対象者の人数だけで、個人名は略されていた。「律令国家は、もともと大和の政権の支配外だった畿外の地域については、在地首長層の支配力に依存する形で初めて機能する国家であった」（六五頁）。

「すべての子どもが最初に律令国家と直接関わるのは、六歳以上を対象にして実施される班田《はんでん》、すなわち**口分田**《くぶんでん》の支給である。一人あたり男は二段《たん》（一段＝三百六十歩《ぶ》、一歩＝約三・三平方メートル）、女はその三分の二の支給を受けることになっている」。「この班田の便宜のため八世紀半ば以降に施行されていた土地区画が、**条里制**《じょうりせい》と呼ばれる地割《じわり》である」。日本の口分田の制度は中国にならいながらも、世襲・私有が許される「永業田《えいぎょうでん》」を設けなかったために、窮屈となり、後に修正を必要とするようになる（六八-七〇頁）。それが「三世一身法」と「墾田永年私財法」である。

7 「墾田永年私財法」

渡辺晃宏『平城京と木簡の世紀』（前出）は、七四三年（天平十五）に発布された「墾田永年私財法《こんでんえいねんしざいほう》」の意義について、次のように述べている。「従来、律令制の原則である公地公民制の解体をうながした法令として、三世一身法《さんぜいっしんのほう》とともになじみ深いものであろう。しかしこれほど長い間誤解されてきた法令も珍しいのではなかろうか。それは大宝律令の施行によって律令国家が完成し、以後しだいに律令制が崩壊していくという史観に基づくところが大きい。こうした見方を修正する契機となった、吉田孝《よしだたかし》氏の墾田永年私財法の研究の意義は大きい。…大宝律令は中国の法体系に若干の修正を加えただけのものであったから、実際に施行してみるとさまざまな不具合が生じてくる。三世一身法にしても墾田永年私財法にしても、大宝律令を日本社会に適した法令に生まれ変わらせようとする努力の痕跡である。天平の時代とは、いわば日本型律令制の産みの苦しみの時代だったのである」（一三二頁）。具体的には、次のとおりである。

日本の班田制は中国の均田制を取り入れたものであるが、口分田の制度のみを受け入れ、別にあった収公《しゅうこう》（没収）されない田地の制度を無視したため、開墾田が許されないものになっていた、それでは田畑を増やすことができないので、七二三年（養老七）に三世一身法を定め、さらに墾田永年私財法を定めることによって、前法を改正し、「①開墾地の三世・一身を限っての収公期限を廃止し、墾田の私有を永久に認める、②墾田の面積に品階《ほんかい》・位階による制限を設ける（ただし郡司には特例措置がある）、③国司在任中の墾田の扱いについての規定、④開墾する土地の占定手続きと有効期限についての規定」という、四つの内容で制定したのである。「これは中国の律令制の継受そのものであって、律令制の崩壊とみる見方が誤りであることはもはや明らかであろう」（二三一―二三三頁）。

坂上康俊「律令国家の法と社会」（前出、『律令国家の展開』二〇〇四年）は、渡辺晃宏が吉田孝の説を支持したのとは異なって、「しかし、墾田永年私財法の意義をこのようにとらえることは妥当なのだろうか」と疑問を出し、「墾田永年私財法は、庶人についても私的土地所有の確実な一歩を踏み出させたというかつての通説はそのまま理解してよい」という。「律令国家による田土支配は、すでに大宝律令制定の時点において、熟田についてはもちろん、庶人の開発田についてまで、明確な構想と意思とが示されていたのであり、墾田永年私財法は、その構想・意思の一部放棄を宣言したものと評価せざるをえず、この法によって国家による田土把握が深化したという評価には従いがたいし、同時にこれをもって唐の律令田制に近づいたと評価することもまたできないのである」。そして「吉田説の画期性」は「律令の規定と現実とのズレをもって律令制の崩壊度を測るのではなく、中央政府による土地・人民の把握の強化如何という観点からみるならば、八～九世紀を通じてこれは深化・拡大した、だからこそ、その間に生じた諸矛盾の解決が、直接的に政府の課題になっていった」という「通時的」な理解の仕方にある、とする（二一六−二一七頁）。

8　租・庸・調と労役

渡辺晃宏『平城京と木簡の世紀』（前出）はまた、律令制下の租税制度について、次のように述べている。

「口分田の支給を受けると、**租**《そ》（田租《でんそ》ともいう）の納入が課される。租は口分田の収穫から、一段あたり二束《そく》二把《わ》（一束＝十把。一把から米五合〈現在の二合程度〉が得られる）のイネを納める租税の一種である。口分田単位で個人に課されるけれど、実際には戸ごとにまとめて徴収されたらしい」。「一段あたり二束二把というのは、収穫量の約三パーセントに相当する」（七〇頁）。

「租は租税の一種だと先述した。しかし古代の用語では、**租**は負担体系の一種を指す用語であり、**税**は出挙《すいこ》（貸借）されるイネを指す用語である。だから、租は税の一種というのは実はおかしいのである。租の起源については諸説あるが、その年最初の収穫を神に捧げる初穂《はつほ》儀礼が在地共同体の首長に対する貢納《こうのう》に転化し、それをさらに律令国家に対する初穂貢納として位置づけたものと考えられる」。租は「稲籾《いねもみ》（当時の言葉では稲穀《とうこく》）」の状態で、「各郡に新たに造った倉（正倉）に蓄積」された。これは中央に運び込むことはなかったが、「いまだに在地首長層の強い影響力のもとにあったイネを、律令国家の財源として確保していく第一歩がこうして踏み出されたのであった」（七一‐七二頁）。
また、**公出挙**《くすいこ》という負担がかかる。「出挙というのは、律令制下に行われた利息付きの貸借をいう、そのうち律令国家が貸主になるものを公出挙（単に「出挙」ともいう）、私的なものを**私出挙**《しすいこ》という。公出挙は「強制貸付としての側面が濃厚である」。「租の制度と公出挙の制度の両者あいまって、初めて律令国家の財源としてのイネの運用が機能していくのである」（七二頁）。

次は「**調**《ちょう》」である。調は「もっとも基本的な賦課」である。「律令制以前には、在地の豪族から大和政権に対する貢納物として、定期的な服属関係の確認のための貢進物ツキと、山海の珍味を時に応じて届けるニエという二種類が存在した。律令制への移行にあたって、ツキ・ニエは個人単位の賦課である調や調副物《ちょうそわつもの》として制度化されることになったのである。調の基本は、絹・絁《あしぎぬ》・糸・綿・布のいずれかその土地で生産する繊維製品による徴収で、これを**正調**《せいちょう》と呼ぶ。繊維製品以外で代替する場合は、金属・塩・海産物などで納め、これらを**調雑物**《ちょうぞうもの》と呼んでいる。この他、調に付随して賦課する各地の特産物は**調副物**といい、正丁のみに課された」。正丁《せいてい》とは、二十一歳から六十歳までの男子のことである。調の賦課は、郡ごとに異なり、しかも「制度上は個人単位に賦課されたけれど、その実質は郡司を頂点とする在地共同体が担っていたのである」（七三‐七四頁）。

正丁以下の年齢層で、一七歳から二〇歳までは「少丁《しょうてい》」といい、正丁以上の年齢層で、六一歳から六五歳までは「老丁《ろうてい》」といい、それぞれ負担が減額されていたが、「七一七年（霊亀《れいき》三＝養老《ようろう》元）の制度改定によって、少丁の調の負担と、調副物（正丁のみ）が廃止され、新たに**中男作物**《ちゅうなんさくもつ》と呼ばれる税負担が創設された（中男というのは少丁を改称したもので、調を免除されたことを受けて、課役負担者の意味をもつ丁の称を外したのである)。中男作物は、中男の共同労働により律令国家が必要とする物資を必要な分だけ納めさせる貢進として再編したもの」である。律令制の建前は個人単位の賦課であるが、実態としては地域への共同賦課となり、それを取り仕切る郡司の権限を強める方向に働いた(七五頁)。

また、「**雑徭**《ぞうよう》」もある。「雑徭とは、道路・水利施設や官衙《かんが》(役所)の造営などの土木工事、中央への貢進物の生産、行幸や国司巡行《こくしじゅんこう》(国内視察)に対する奉仕など、年間六十日を限度として課される労役《ろうえき》負担のことである」(七五-七六頁)。

次は「**庸**《よう》」である。「庸は、年間十日の労働(歳役《さいえき》)の替わりに二丈六尺(約七・七メートル)の布を納めさせるものである(木簡などには米・綿・塩の実例がある)。京と畿内は庸の替わりに、雇役《こえき》という労働徴発が重い負担として課されていた。大宝令で成立した庸は人頭税として個別に課税するものであったが、これもまた服属儀礼によって貢進された、仕丁《じちょう》・采女《うねめ》の食料をその出身地が負担する、仕丁・采女の庸という共同体的負担をベースにした制度だった」。少し砕いてみよう。それまで「年間十日の労働(歳役《さいえき》)」があった。それを布で納めさせることにした(布ではなく、米・綿・塩でもよかった)。これを「庸」という。これは、仕丁や采女を国家中枢部に提供していたが、それには彼らの食料を負担することが伴っていた。ここでも、「建前は個人単位の賦課であるが、実態としては地域への共同賦課とな」っていた(中男作物の項)。「仕丁」とは、「五十戸(里)ごとに二人、三年交替で都に上り、官司の雑役に従事する労役負担である」。「采女」とは、「郡司の少領以上の姉妹や娘を中央の女官として勤務させる制度」である。このような「庸」は、

「京と畿内」以外の地方に対するもので、「京と畿内」には庸ではなく、「雇役」が課されていた。「雇役」とは、季節によって長短はあるものの、律令国家側が一方的に指定する、事実上の強制を伴う労働であり、ただ対価は支払われる（七六-七八頁）。

また、「運脚《うんきゃく》」といって、調・庸を都に運ぶ人びととその制度で、遠近にかかわらず貢進するのに要する日数と、その間の食料までも自己負担させられるものもある（七六-七七頁）。

さらに「兵士役《へいしやく》」がある。「兵士は、一戸から正丁一人の割合で徴発されたと考えられており（規定上は正丁三人に一人の割合）、全国に配置された軍団に配属される。通常は千人で一つの軍団を構成し、長官にあたる大毅《だいき》・少毅《しょうき》は在地の有力者から任命される。軍団に勤務する兵士は日常的には、軍団を十に分け十日ずつ交替で勤務し、武芸の訓練に励むことになっていた。年間三十日余りの勤務となり、食料は自弁、個人用の武器も基本的に自己負担であって、かなりの拘束・負担となる。軍事施設や兵器の管理の他に、災害時の堤防修理などの大規模土木工事に人夫として駆り出されることもあった」。「この体制は非常時には一変して、律令国家の軍隊として機能するようになる」。「兵士は本来の勤務地である軍団から、他地域へ派遣される場合もあった。一つは、都に派遣されて宮・京の警備にあたる兵士で、これを衛士《えじ》と呼んだ。…もう一つは、西海道（九州）に派遣されて日本の西辺の防備を担当する兵士で、これを防人《さきもり》と呼んでいる」（七八-八〇頁）。

以上のように、律令体制のもとでの人民の負担は、かなりハードなものであった。

平川南『日本の原像』（前出）は、戸籍と計帳について、次のように述べている。「戸籍は律令《りつりょう》体制下、班田収授《はんでんしゅうじゅ》の実施と姓氏身分の確定のために、六年ごとにつくられた。一方、計帳《けいちょう》は調庸収取のための基礎台帳として、毎年つくられた。これらを総称して籍帳《せきちょう》制度という。籍帳制度は、民衆の把握と租税の徴収の根本となる制度であり、国家による支配の象徴ともいうべきものであった」。しかしながら、その建て前は持続しない。もっと後のことであるが、次のごとくである。「平安時代の戸籍が、調庸などの負担をまぬがれるために記載を偽っていることは明白である」。「戸籍は完全に有名無実と化してしまった」（三二一―三二三頁）。

9　藤原氏の政権掌握過程

藤原氏は、奈良時代・平安時代の中央貴族を代表する有力な一族であった。その政権掌握の過程は、次の経過をふんでいる。ここでは、ほぼ奈良時代を扱う。①大化改新で功をあげた中臣鎌足《なかとみのかまたり》が死の直前に「藤原姓」を賜わる。天智八（六六九）年のことである。②その子・藤原不比等《ふひと》は、大宝律令の制定など、律令国家の創設に功績を上げる。③不比等の女《むすめ》・宮子《みやこ》を文武《もんむ》天皇の夫人《ぶにん》（令制の皇妃には、皇后の外に妃二人、夫人三人、嬪《ひん》四人が規定されていたが、そのうちの夫人。「ふじん」とも）とし、首皇子《おびとのみこ》（のちの聖武《しょうむ》天皇）をもうける。④不比等は県犬養美千代《あがたのいぬかいのみちよ》（持統《じとう》天皇の後宮《こうきゅう》に力のある）と結婚して、安宿媛《あすかべひめ》（のちの光明《こうみょう》皇后）をもうける。⑤不比等は右大臣になり、二男・房前《ふささき》は参議になる。しかし不比等は養老《ようろう》四（七二〇）年に亡くなる。⑤長屋王《ながやおう》（天武《てんむ》天皇の孫）が右大臣になり、不比等の四人の子（武智麻呂《むちまろ》・房前・宇合《うまかい》・麻呂《まろ》）がそれぞれ高い官位に就く。⑥神亀《じんき》元（七二四）年、聖武天皇（不比等の孫）が即位する。長屋王は左大臣になり、藤原の四子も地位を高める。⑦天平元（七二九）年、長屋王が謀反《むほん》のかどで追いこまれて自殺する。武智麻呂が大納言となる。安宿媛が聖武天皇の皇后になる（令《りょう》をおかす）。⑧天平九（七三七）年、天然痘《てんねんとう》にかかって藤原の四子があいついで亡くなる。⑨翌年、橘諸兄《たちばなのもろえ》（藤原の四子の異父同母兄弟）が右大臣になり、僧・玄昉《げんぼう》と吉備真備《きびのまきび》が重用される。⑩天平一二（七四〇）年、藤原広嗣《ひろつぐ》（大宰少弐《だざいのしょうに》。宇合の子）が、玄昉と吉備真備を除くことを求め、九州で反乱を起こすが鎮圧される。⑪このころから安宿媛は「光明皇后」と称しはじめる。⑫天平勝宝元（七四九）年、孝謙《こうけん》天皇（聖武天皇と光明皇后との娘、安倍内親王）が即位し、皇太后となった光明が実権を握り、藤原仲麻呂《なかまろ》（武智麻呂の子、光明の甥）が勢力を伸ばす。⑬天平勝宝八（七五六）年、橘奈良麻呂《ならまろ》（橘諸兄の子）が反乱を起こすが鎮圧される。⑭天平宝字二（七五八）年、淳仁《じゅんにん》天皇（天武天皇の孫、大炊《おおい》王。仲麻呂の亡くなった長男の妻と結婚させ、仲麻呂の家に起居していた）が即位し、仲麻呂は恵美押《えみのおし》勝《かつ》の姓名を賜わって勢力をふるう。⑮光明皇太后が亡くなり、孝謙上皇は淳仁天皇と対立するようになり、僧・道鏡《どうきょう》に近づき、恵美押勝の権力を奪う。⑯天平宝字八（七六四）年、恵美押勝が反乱を起こすが鎮圧される。藤原氏一門の大半も押勝と対立する。⑰淳仁天皇は廃位され、孝謙天皇が重祚《ちょうそ》して称徳《しょうとく》天皇となる。道鏡はしだいに地位を高め、天平神護二（七六六）年、ついには「法王」となる。このとき、藤原永手《ながて》（房前の子）が左大臣になる。⑱しかし翌年、道鏡の即位は回避され、宝亀元（七七〇）年に称徳天皇が亡くなると、左遷される。天皇には光仁《こうにん》（天智天皇の孫）が就く。⑲宝亀二（七七一）年、永手死去の後、太政官の主導権は、藤原良継《よしつぐ》・百川《ももかわ》兄弟（宇合の子）に移る。

吉田孝『飛鳥・奈良時代』（前出）は、「藤原氏の台頭」を次のように描いている（①②に関連）。「日本の律令官制の特質の一つとして、神祇官《じんぎかん》が太政官《だじょうかん》と並立《へいりつ》されたことがあげられる」。「太政官は神祇官を分立させることによって、世俗的な権力機構として行動しやすくなった。太政官は、神祇を切り離すことによって、古来の神々の呪縛《じゅばく》から解放されたのである。太政官政治を主導した**藤原氏**が、祭祀《さいし》をつかさどる**中臣《なかとみ》氏**から分離したのは、太政官と神祇官の分立に対応する動きであった。中臣氏は、ヤマト朝廷で代々祭祀をつかさどってきた氏族であり、〈中臣〉のウジ名は、神と人との中《なか》をとりもつ意と伝えられる。中臣氏の一員である鎌足《かまたり》は、その死の床で、天智天皇から〈藤原〉のウジ名を賜《たま》わったが、〈藤原〉のウジ名は、子の不比等《ふひと》だけでなく、鎌足の従父兄弟《いとこ》の子にあたる意美麻呂《おみまろ》らにも継承される。しかし、大宝律令の施行も間近《まぢか》い六九八年、〈藤原〉のウジ名は、不比等（とその子孫）にだけ継承させ、意美麻呂《おみまろ》らは神事をつかさどるので、〈中臣〉のウジ名に復帰させる、という詔《みことのり》が出された。おそらく不比等の意向を受けたものであろう。…それは、祭祀をつかさどる中臣《なかとみ》氏から訣別《けつべつ》し、律令官人への道を進む、との宣言ともいえよう」。「日本の歴史において、天皇一族とともに、きわめて重要な役割を果《は》たす藤原氏は、こうして誕生した。のちの武家政治の長である平氏と源氏（足利、徳川も源氏）が、天皇の子孫と伝承するのに対して、藤原氏は、ニニギノミコトを守って高天原《たかまがはら》から降臨した天児屋根命《あめのこやねのみこと》の子孫という神話をもつ。天皇と藤原氏の女性との間に生まれた皇子が、皇位を継承するという基本形も、不比等から始まる」（九五‐九七頁）。

10　皇族・貴族の私的武力の強化と公的武力の弱体化

前々項8で、負担の側から「兵士役」をみたが、それを束ねる国家の側からは、どのようになっていたのだろうか。笹山晴生『古代国家と軍隊』（前出）によってみていく。

まず笹山は、「令前《りょう》の舎人」が「令制の舎人」にどのように継承されていったかを図示している（一〇四頁）が、ここではそれを簡略にして示す。このうち「帳内《ちょうない》」とは「親王に与えられる」「国家から認められた私的従者」である。

さて「五衛府や軍団は、天皇というよりは国家に属する軍隊であって、支配層の意志を代表する天皇が発動するという体制であった。…このような体制のもとでは、天皇が貴族層の意志に反してかってに軍隊を動員することはできないし、できたとしてもそれはたいへんな困難をともなうことであったろう」。そこで「八世紀には、〈天皇の私兵〉的な軍隊が登場してくる」ことになる（一〇七‐一〇八頁）。

「大化改新によって皇族や諸豪族による土地・人民の私的所有は禁止され、大夫《たいふ》以上にはかわりに食封《じきふ》が支給された。食封とは一定戸数の人民を給い、その戸からたてまつられる租税を封主の収入とする制度であるが、実際には旧来の豪族の私的領有民のある部分がそのまま食封に設定され、旧来の豪族による私的領有がそのまま継続されることが多かったらしい」。この古くからの関係はなかなか変更できなかったのである。令制になって、「私的な使用にあてる従者として、親王に対

表 5-2　令前の舎人と令制の舎人

	令制の舎人	その役割	規模
令前の舎人《とねり》	内舎人《うどねり》	天皇の近侍者	90 人
	→大舎人	官人	1,600 人
	→兵衛	朝廷軍	800 人
	→中宮舎人	后妃の近侍者	400 人
	東宮舎人	皇太子の近侍者	600 人
	→帳内《ちょうない》	皇族の従者	

する**帳内**、五位および大納言以上の官人に**位分《いぶん》資人《しじん》・職分《しきぶん》資人**が与えられた。食封と同様、これはあくまで国家所有の人民であり、それを官人らに給うという形式をとっているが、古くから従者をつとめた縁故ある者が、在地から召し出されて資人となる例が多かったかと思われる」。皇族や貴族の側からこの問題を見れば、かれらは「多くの食封や田地を保有し、帳内・資人・氏賤・奴婢などを擁していた。それは農業や、物資の商品流通にかかわる、多面的で大規模な**経済体**であるとみることができる。このような経済体を維持するために、律令国家の官人として高い地位をたもちつづけなければならない。そのためにも貴族たちは、激化する政治抗争のなかで、**私的武力の拡充**につとめるのである」(一〇八―一一〇頁)。

「このような皇族・貴族の私的武力充実の動きにたいし、政府はなんとかそれを、帳内・資人という公的に認められたもののなかに押しこもうとやっきになった。そしていっぽうでは、皇族や上級官人にたいして舎人・衛士・資人などを給することにより、公的な武力による身辺警護策をとろうとした。…それは政府にとって、私的なものを公的なものによって抑え、あるいは公的なものにくみこんでいこうとする闘いであったといえる」(一一五頁)。

私的な武力が強化されていく一方で、「国家の公的な武力である衛府にも深刻な問題が生じていた」。衛府の武力は、おもに地方から交替で勤務する衛士に依存していた。農民の側からいえば、衛士としての都での勤務は「徭役労働《ようえき》としての性格を持っている」。衛士の逃亡が増えていったため、農民の負担を軽減することが求められた。それはそれなりに進められたが、なお公的な武力の衰退は阻むことができなかった。そこで、政府は「当時、浮浪・逃亡する農民を自己のもとに吸収して、私有地の拡大をめざしていた、地方の豪族や上層農民の武力」を、「武力をになう官人」として任用していったのである。こうして「京中の夜警の仕事」は、「左右兵衛府の兵衛と左右衛士府の衛士」の担当だったものが、衛士は外され、兵衛と「新設の中衛府の舎人」の担当に変えられた（一一五-一一九頁）。

11　藤原氏の軍事力掌握への足跡

そのようななかで、藤原氏もまた権力掌握のもう一つの面として、武力・軍事力を掌握しようと努めていった。引き続き、笹山晴生『古代国家と軍隊』によってみていく（①②…は、前々項9のナンバーである）。

藤原氏は、③で生まれた首皇子《おびとのみこ》を、将来の天皇にすべく努力していたが、周囲には反対勢力があって、「皇位継承予定者としての首皇子の地位を、是が非でも守らなければならない立場におかれていた」。七〇七（慶雲《きょううん》四）年、つなぎとして天皇になった元明のもとで、「授刀舎人寮」という官司が新設された。「授刀舎人」は、タチハキノトネリと読み、「大刀《たち》を帯びて天皇の側近の宿直や警衛の任にあたるもの」であり、「軍事的に重要な存在」であった。「授刀舎人は、持統天皇以来の皇位継承路線、ひいては皇位継承予定者としての首皇子を反対勢力の手から守るということを直接の任務として設置されたのではなかろうか」。「注目されるのは、このような任務をになう授刀舎人を、藤原氏がしっかり掌握していたらしいことである」。⑥で権力の中枢に進んだ不比等の次男・房前が、「授刀寮（授刀舎人寮）の長官（頭）となっていた」。「授刀舎人は国家の公的な制度としておかれた武力ではあるが、元明天皇が自己の皇位継承路線を擁護する目的でおいた一種の私兵でもあった。また藤原氏にとっても、氏族の利益を守る私兵としての役割をになうものであった」（二一九-二二一頁）。

次に、中衛府《ちゅうえふ》設置の意味である。七二八（神亀五）年に設置された中衛府は、「もとの授刀舎人を継承したもの」で、「初代の長官（大将）が、それまでの授刀寮の長官（頭）をつとめていた藤原房前であった」。職種は「令制の兵衛と同種」であるが、それまでにあった五衛府とは異なり、官制の上でも格が高く位置づけられた。⑦で長屋王が謀反を起こしたとき、「中衛府の兵も、五衛府の兵とともに、藤原氏の指揮のもとに動員され」た。武智麻呂が大納言となり、安宿媛が聖武天皇の皇后になり、「藤原氏の派遣」が確立された。「中衛府はもともと、天皇の私的な武力であるとともに、それと結ぶ特権貴族＝藤原氏の軍隊としての性格をもっていた。このような性格は、独立した衛府となって国家の制度にくみいれられたのちもなおのこり、国家の支配層全体のための軍隊というよりは、藤原氏という特権貴族の権力保持のための軍隊という性格を、かなりのちまでとどめていた」。そして、その構成員は、「農民出身の衛士」から「地方豪族層を主体とする舎人」へと移行していて、内実からも大きな転換を方向づけている（一二四-一二九頁）。

第二節　八世紀の九州

1　「九州」の成立

律令国家は七世紀から八世紀にかけて、全国を「五畿七道《ごきしちどう》」とした。政権の中枢である「五畿」または「五畿内」は、大和《やまと》・河内《かわち》・摂津《せっつ》・山背《やましろ》（のち山城）・和泉《いずみ》を指す。そこを中心に、そこから放射状につながる国々を七つのブロックに分け、「七道」あるいは「畿外」と呼んだ。東ないし北に向かって「東海道」・「東山道《とうさん》」・「北陸道《ほくろく》」、西に向かって「山陰道」・「山陽道」・「南海道」・「西海道《さいかい》」である。それぞれに「国」や「島」が規定され、八世紀初めには「五十八国三島」であったが、九世紀には「六十六国二島」となる。

九州地方は、このうちの「西海道」として位置づけられていた。行政用語としてではないが、九州島を筑紫島《つくしのしま》、あるいは単に筑紫ということもあった。もともとは大きく四つの地域、すなわち筑紫国《つくしのくに》・豊国《とよのくに》・肥国《ひのくに》（火国）・日向国《ひゅうがのくに》からなっていた。それが六八九年の飛鳥浄御原令《あすかきよみはらりょう》施行のころから、筑前《ちくぜん》・筑後《ちくご》・豊前《ぶぜん》・豊後《ぶんご》・肥前《ひぜん》・肥後《ひご》のいわゆる「三前三後の六国」と、「日向・大隅《おおすみ》・薩摩《さつま》の三国」となり、「九国」の構成となる。これが「九州」である。

日向国から薩摩国と多褹《たね》島が分離したのが七〇二年、大隅国が分離したのが七一三年である。こ

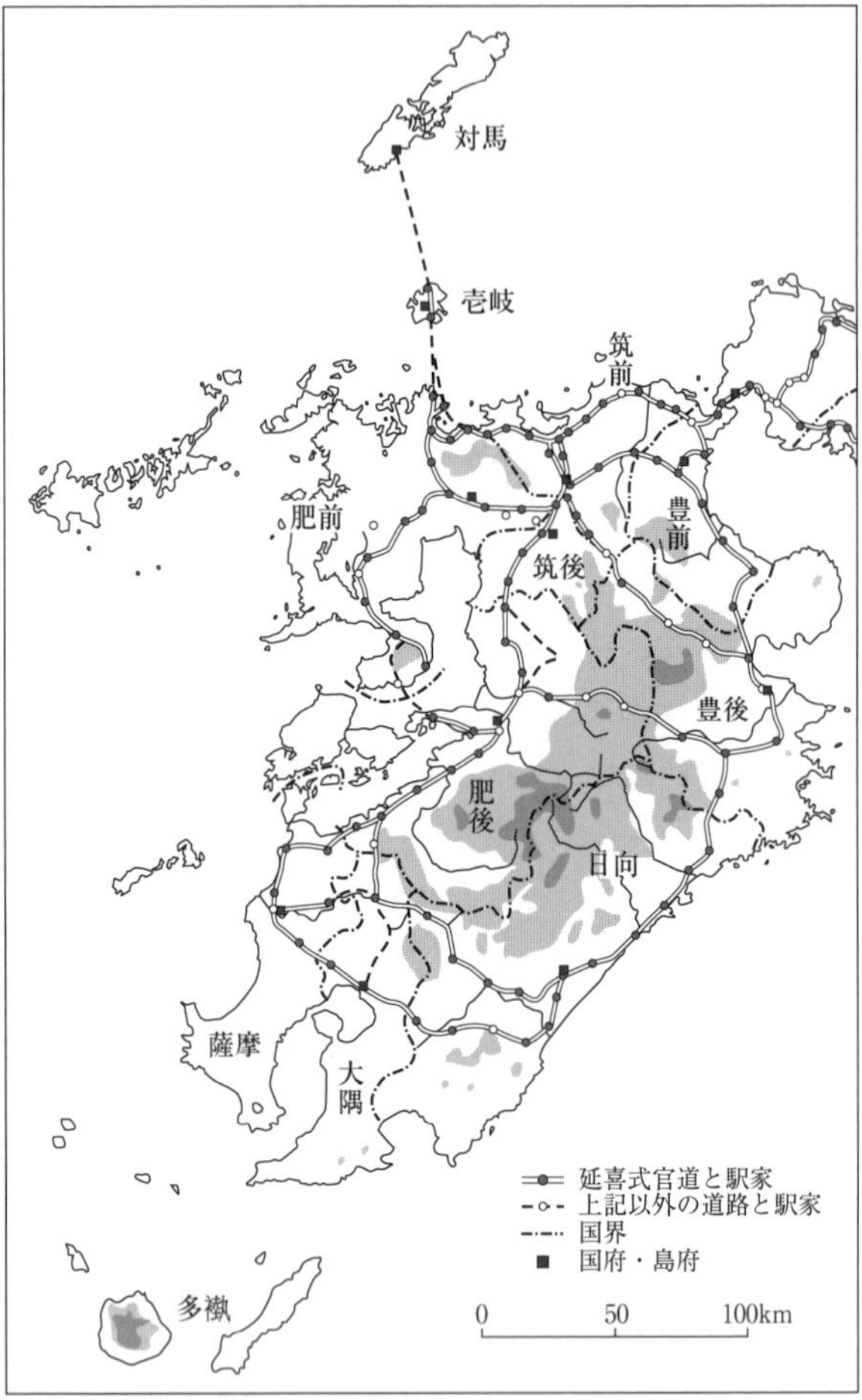

図5-2　古代九州地図

（出所）　坂上康俊『平城京の時代』岩波新書・シリーズ日本古代史④，2011年，37頁．

れに壱岐《いき》島・対馬《つしま》島・多褹島の「三島」が加えられたり、外されたりした（多褹島は八二四年に大隅国に編入されて「九国二島」となる）。「国」より一回り小さな行政区画としての「島」との位置づけである。「三島」を略して「九州」を表示すれば、次のようになる（表5-3）。

表 5-3　九州の成立

6 世紀	筑紫国		豊　国		肥（火）国		日向国		
7 世紀	筑前国	筑後国	豊前国	豊後国	肥前国	肥後国	日向国		
8 世紀	筑前国	筑後国	豊前国	豊後国	肥前国	肥後国	日向国	大隅国	薩摩国

（注）　年代は「世紀」で表示したが，具体的には，「7 世紀」の三国が六国へと「前・後」に分かれるのは 689 年・690 年ころ，「6 世紀」は 7 世紀を含めたそれ以前のこと，「8 世紀」は薩摩国の設置が 702 年，大隅国の設置が 713 年である．またこの表には示していないが，702 年には多褹「島」も設置され，別に対馬「島」と壱岐「島」も設置されていた．

西海道（九州）は、他の「道」とは異なって、「大宰府《だざいふ》」の管轄下とされた。大宰府は筑前国におかれ、西海道全域の行政を総括するほか、外交と防衛の任に当たった。

外山幹夫《とやまみきお》『中世の九州』（教育社・歴史新書・日本史54、一九七九年）は、「古代においてこの島を指す呼びかたは西海道《さいかいどう》、あるいは筑紫《つくし》であった」、筑紫とは「古代の京《みやこ》からはるか遠隔の道の尽くるところという意から起きた」もので、「それは東北五カ国を陸奥《みちのく》と称したのに対応する。これが〈みちのおく〉の語が約されたものであることはもちろんで、ともに京《みやこ》から僻遠の地であるとの意によるものであった」という（一三―一四頁）。また「九州」というのは、右にみた「九国」のことで、この「国」という字を「同じ字義の州の字に置きかえたものにすぎない」、それが「南北朝以降、九州の語に変遷定着して今日にいたった」とも述べている（一五頁）。

倉住靖彦『大宰府』（前出）は、次のようにいう。「古くは〈筑紫《つくし》〉と汎称されたこともある西海道地方におけるいわゆる令制国の成立はかなり遅れたようであるが、七世紀末までには筑紫・豊《とよ》・肥《ひ》の三国はそれぞれ前後に分割され〔筑前・筑後・豊前・豊後・肥前・肥後―来間〕、これに日向国を加えた七国が成立していたようである」。「和銅六（七一三）年には日向国の四郡を割いて大隅国を建置し、早くから一国扱いを受けていた壱岐・対馬の両島、和銅二年に初見される多褹島を加えて、和銅年間には九国三島制が成立した。そして天長元［八二四―来間］年に…多褹島を大隅国に併合し、九国二島に移行した。ところが、これらの管内諸国島［国と島―来間］は、…大宰府からの行程によって、いわゆる三前三後六国を近国、他の三国三島を遠国というように大別されていた」（八二頁）。

長洋一《ちょうよういち》「筑紫・火・豊の国の成立」（前出、下條信行ほか編『九州・沖縄』一九九一年）は、日本が律令国家としてスタートするこの時期、「浄御原令《きよみはらりょう》の施行に伴って、九州の筑紫国・火国・豊国はそれぞれ前後の国に分割された」とし、それは「九州が明らかに天皇の徳治下にはいったということ」だという（二〇三頁）。それまで、九州でも各地に土着の豪族が育っていたが、大和政権との関係は薄かった（豊国はやや異なる）。しかし、この段階に来て、その豪族たちが「国造《くにのみやつこ》」として編成されていき、また、筑紫国や肥国には中央から派遣されてくる「ミコトモチ」（宰）もおり、「ミヤケ」（屯倉・官家）も設置された。さらに、肥前国の場合、朝鮮半島の百済《ひゃくさい》（くだら）との親縁性があったが、この段階でそれも断たれた。こうして、次のように総括される。「筑紫島＝九州は海に囲まれ、その北半の海に面した各地に律令制形成時に筑紫・火・豊の国が成立し、そのとき前時代の有力な国造のもっていた特性は生かされていた。しかし、その国が前後の国に分割され、律令制が確立すると、その国造の特性は否定されていったようである」（二一五頁）。

2　大宰府の財政構造と「大宰綿」

岡藤良敬《おかふじよしたか》「大宰府財政と管内諸国」（前出、『九州・沖縄』）は、結論として「財政史的にみて、八世紀の大宰府はまさしく西海道の中央政府であった。それはもちろん大宰府を頂点として独立した世界ではなく、大宰府に集められ、またそこで加工生産された物品は京進［京への進貢―来間］を義務づけられ、政務報告も中央政府の再勘《さいかん》によって終了したのであり、全国的な律令体制のなかに位置づけられるものであった」（三二四頁）という。つまり、九州各地の租税はいったん大宰府に集結され、そのうえで中央に送られた、またそれとは別に、各地から大宰府に集まった物品を原材料として、この大宰府で加工される物品もあった（**大宰府工房**ともいうべきものがあった）、それも中央に上納された、政務報告も大宰府を経由して中央に伝達される仕組みだった、のである。なお、各地からの租税物品の中には、国または郡において集中的に生産・加工されるものもあった。

岡藤良敬「大宰府の成立・展開のなかで」（川添昭二・岡藤ほか『福岡県の歴史』山川出版社・県史40、一九九七年）は、八世紀の「西海道調庸の綿（大宰綿）の財政的意味」について、次のことを述べている。「奈良時代の綿《まわた》は真綿のことで、絹綿、繭綿《まゆわた》ともいい、蚕《かいこ》の繭《まゆ》からとったものである」。「八世紀をつうじて大量の大宰綿が京進された」が、それは各地から「集められた調庸物のうち、京進されたものは、今のところ綿だけらしい」。七二〇年代には総生産量約二〇万屯、七六〇年代には約四〇万屯で、それぞれその半分が京進された。一袋一〇〇屯の重さは約二二・五キロで、「五

○人分の輸納量になる」（四四-四五頁）。

坂上康俊「〈九州〉の成り立ち」（丸山雍成《まるやまやすなり》編『前近代における南西諸島と九州』多賀出版、一九九六年）は、「大宰府がその所管の九国三島を支配する際、筑前・筑後・豊前・豊後・肥前・肥後の三前三後と、日向・大隅・薩摩・対馬・壱岐・多褹《たね》の三国三島とでは、その管掌の様相が異なっていた」といい、大宰府の運営費は「三前三後の六国」がほぼ負担するだけでなく、日向を除く「二国三島」の官人の禄なども上の「六国」が負担したし、防人《さきもり》の維持費もそうであったし、さらに中央に送られる「調庸綿」もすべて「三前三後」と日向国であった、という（五四-五六頁）。「大宰府の運営というものは、特に軍事的・財政的な面に顕著に表れるように、対馬―壱岐―大宰府という防衛及び交通のラインを押えることに主眼がある」、「（日向）・大隅・薩摩の諸国（及び多褹島）は、大宰府の直轄地であった」（六一頁）。

坂上康俊『平城京の時代』（前出）は、大宰府管内の財政の特徴を、次のようにいう。律令財政には、「地域による違い」と「時期による特徴」があるとし、「調庸が中央政府に送られない地域、あるいは送り方が特殊な地域」として、京・畿内・大宰府管内・陸奥国をあげる。このうち「大宰府管内と陸奥国とは、ともに軍管区とも呼ぶべき共通の様相」が見られ、「大宰府管内について言えば、個々の調庸は大宰府に留め置かれた。大宰府という役所は、中央の一省よりはるかに大きな規模を持つので、人件費その他の運営経費が相当かかる。その上、外国使節の接待・滞在の費用や、後には交易の際に支払う代価として、ある程度の蓄積がなければならない。それに加えて、軍備にも費用がかかる。こういった理由で管内諸国からの調庸は、大宰府に基本的に留め置かれ、管理・

運用されたのであった」（七三頁）。

武野要子『博多』（前出）も、大宰府工房と大宰府綿について指摘している。「大宰府には金属加工生産、高級絹織物・染色物、木器・竹器具、紙・筆・墨の製作、瓦・土器などの生産の場があり、**大宰府工房**とよぶべき組織があったと考えねばなるまい。現存する正税《しょうぜい》帳によると、大宰府工房での労働力や製作期間中の食料および原料・材料などは、大宰府管内の諸国から出させているようだ。大宰府工房は、中央官営工房の縮小版と考えてよいと思う。／また大宰府財政を考えるとき、八世紀の**大宰府綿**（**西海道調庸綿**）のもつ歴史的意義は、きわめて大きい」。木簡《もっかん》も出土している。「もともと大宰府からは税、もっと正確にいえば調庸物として大量の綿《まわた》（絹綿）が中央へ納められている。…質の面で優れていたらしい筑紫綿は、律令国家システムの中で、また対外交易の中で、高い需要と商品性を発揮したと思われる」（一五頁）。

3　南九州の律令体制下への編入と隼人の「服属」

熊田亮介「古代国家と蝦夷・隼人」（岩波講座・日本通史第4巻『古代3』岩波書店、一九九四年）は、「蝦夷《えみし》・隼人《はやと》」のことを「列島北部と南部の先住土着の人々」といい、「列島の南部と北部に固有の文化が形成され」ていて、それが「列島中央部のさまざまな地域文化との間に多様な交流」をしていた（一八九頁）として、次のようにいう。

「律令制下の地方行政組織は国・郡・里（郷）を単位とした」、それが畿内と七道に総括されていた、その「国土の境界地域は〈**辺**〉とされ、華夏《かか》＝中国（中州）と区別された」、そのうちの西の辺、すなわち「**西辺**である日向・薩摩・大隅が隼人に」対していた。「古代国家は北海道・東北北部と南西諸島南半などを除いて［今の沖縄県地域を除いて―来間］、最終的に国（島）郡制下に組み込むことに成功するが、国（島）郡制の施行が八世紀以降までもつれこんだのが、**辺**とされた九州南部と列島北部であった」。「九州では筑紫・豊《とよ》・肥《ひ》・日向の四国が七世紀末に七国に分国され［前三者がそれぞれ「前後」に分けられた―来間］、ついで七〇二年に**薩摩・多褹**《たね》が、七一三年には日向国から肝坏《きもつき》・贈於《そお》・大隅・姶羅《あいら》の四郡を割いて**大隅**が建国される。大隅国は八世紀初めに桑原郡、七五五年に菱刈《ひしかり》郡が置かれ、八二四年には多褹嶋の停廃にともない、馭謨《こむ》・熊毛二郡を併合する」（一九〇－一九一頁）。「馭謨《こむ》郡」は屋久島、「熊毛《くまげ》郡」は種子島のことである。「多褹嶋」（多祢島）という行政区は、七〇二年から八二四年まで続いた。熊田は「多褹」ではなく「多禰」と書いている。

熊田はそこに至る経過として、次のことを指摘する。阿多君《あたのきみ》・薩摩君・大隅の曾君《そのきみ》（曽君）という隼人の統率者たちがいて、阿多君は肥後勢力の南下、大量移住によって衰退し、薩摩君と曾君らが六九九年に古代国家に抵抗するが征討され、七二〇年にも大規模な武力衝突を起こしてまた征討され、「服属の強制が完了する」（二〇五頁）。

永山修一「隼人と南島の世界」（原口泉・永山ほか『鹿児島県の歴史』山川出版社・県史46、一九九九年）のなかで、郡名をあげて、次のように述べている。薩摩国は八世紀に一三郡二五郷六〇里でスタートし、一〇世紀にも一三郡三五郷があったが、その郡名を出水・高城・薩摩・甑島《こしきじま》・日置・伊作《いさく》・阿多・河邊《かわのべ》（河辺）・頴娃《え》・揖宿《いぶすき》・給黎《きいれ》・谿山《たにやま》・麑島《かごしま》と示している。大隅国は変遷があり、七一三年に肝坏《きもつき》・曽於・大隅・姶羅《あいら》の四郡で成立し、七世紀半ばまでに一郡［桑原郡―来間］増え、七五五年には菱刈《ひしかり》郡が成立し、八二四年に多褹「島」から二郡を加え八郡となり、一〇世紀に至っている（漢字での表記には変遷がある）。その多褹「島」は、もともと能満《のま》・熊毛《くまげ》・馭謨《ごむ》・益救《やく》の四郡からなっていたが、大隅国に加えるときに熊毛・馭謨の二郡に減らした（五二―五三頁）。

渡辺晃宏『平城京と木簡の世紀』（前出）は、次のようにいう。「九州南部では大宝令施行の翌七〇二年（大宝二）から、**隼人**《はやと》との武力衝突が生じる。隼人は九州南部の大隅《おおすみ》・阿多《あた》（薩摩半島地域）地方の人々の呼称である。この地域の人々が大和政権の支配下に入ったのは遅く、六八二年（天武一一）七月に隼人が多数朝貢し、大隅隼人と阿多隼人が朝廷で相撲をとり、大隅隼人が勝ったと『日本書紀』にみえるのが、その確実な記録としては最古である。衝突後、七〇九年（和銅《わどう》二）までには**薩麻**《さつま》（**摩**）**国**が置かれ、七一三年（和銅六）には**大隅国**も設置される。その後大隅守《かみ》殺害事件が起きたりもしたが、七二一年（養老《ようろう》五）を最後に隼人の反乱の記録はない。七〇九年以降、隼人は交替で入京して一定期間滞在し（これを大替隼人《おおがえはやと》という）、大嘗祭《だいじょうさい》などの儀式で歌舞（隼人舞《はやとまい》）を奏したり、竹製品の製造に従事したりするようになる。大替隼人の制度は、八〇五年（延暦二十四）まで続いた。これとは別に畿内に移住させられた隼人がおり、大替制によって勤務する番上《ばんじょう》隼人に対して今来《いまき》隼人と呼び、番上隼人とともに朝廷行事に奉仕した」（四三頁）。

少し整理しよう。七世紀の末ころから八世紀の初頭に、大和政権は南九州の「隼人」と呼ばれる人びとを、「武力衝突」を経て「支配下」に置き、薩摩国と大隅国を設置した。その後の隼人は、

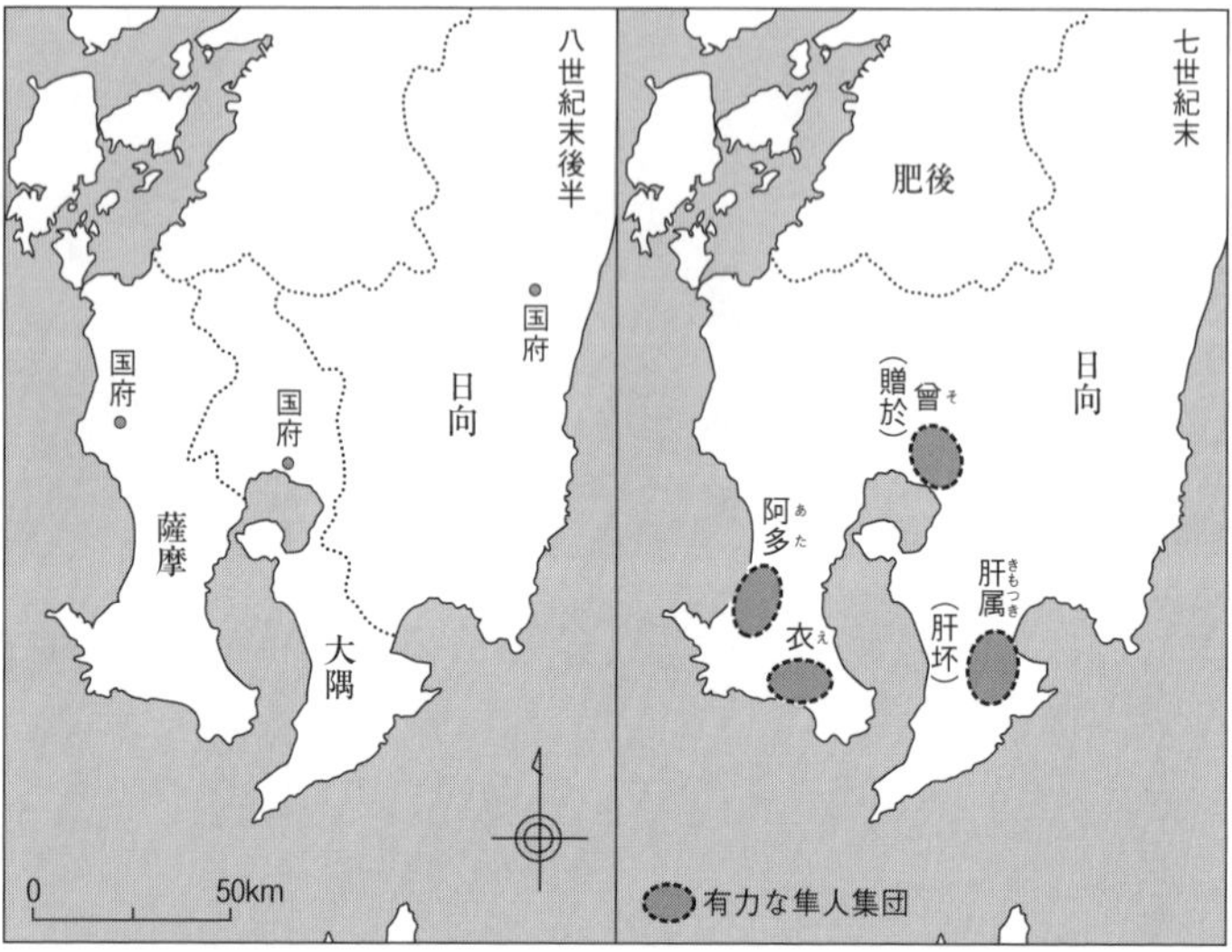

図 5-3　隼人支配の進展

（出所）　鐘江宏之『律令国家と万葉びと』小学館・日本の歴史三・飛鳥・奈良時代，2008 年，156 頁．

畿内に移住させられたグループ（今来《いまき》隼人）と、交替で上京してきて歌舞や竹製品製造に従事するグループ（大替《おおがえ》隼人＝番上《ばんじょう》隼人）があった。

なお、前之園亮一《まえのそのりょういち》「隼人と芦北国造の氷・モヒ・薪炭の貢進」（前出、『西海と南島の生活・文化』）は、隼人から大和政権への貢進物には、氷、モヒ（飲料水）、手水、薪炭があったことを、二〇一頁から二六四頁にわたって論じ、「むすび」として次のように述べている。「畿内とその周辺に移住させられた隼人は、大化以前に服属のしるしとして、氷・モヒ・手水をモヒトリノ司に、薪炭をトノモリノ司に貢進し、その運搬は南九州からもたらされた馬を使って行われた。南九州の隼人もはるばる大和へ赴いて、井戸の掘鑿《くっこん》や浚《しゅん》渫《せつ》、モヒ・手水の汲上げ、薪炭の採焼などの労役に従事し、移住した隼人とほぼ同じ職務を負っていた。隼人がそのような職務を負担して、モヒトリノ司やトノモリノ司と密接な関係に結ばれるようになった時期は、同じ職務を負って隼人とも緊密な関係にあった刑部が設定された五世紀中葉までさかのぼる可能性がある。／といっても、すべての隼人が、五世紀中葉から右のような職務に従ったのではない。それは、いち早く大和政権と同盟ないし服属の関係を結んだ日向の諸県君《もろかた》や、五世紀中葉頃に唐仁大塚《とうじんおおつか》古墳（全長一三七メートル）や横瀬《よこせ》古墳（全長一三四メートル）など大型の前方後円墳を築いた志布志《しぶし》湾沿岸部の勢力に始まった。その後、阿多隼人や県の設置された地域の隼人、出水郡の隼人など、大和政権に服属した勢力にも及んでいき、これらの地域から畿内とその近辺に移配された隼人は、恒常的に氷・モヒ・手水や薪炭の貢進に携わるようになった。そのような隼人の職務は、井のモヒを火遠理命（山佐知毘古《やまさちひこ》）に献上する日向《ひゅうが》神話にも投影されている。／また、隼人と地縁的につながりの深い肥後国葦北郡の葦北国造刑部靫部も、五世紀中葉に刑部に設定されて靫部となって奉仕したにとどまらず、モヒトリやトノモリとしてモヒトリノ司・トノモリノ司に上番し、モヒや薪炭を進上する職務を負っていたのであった」（二五七―二五八頁）。

永山修一『隼人と古代日本』（前出）は、次のようにいう。「七世紀末以降、南九州から大隅諸島にかけて、政府は造籍や国制の施行をはかった」。すなわち「六国」と「三国」の体制である。しかしながら、「これに対して、文武三年（六九九）に覓国使《くにまぎ》剽窃《ひょうせつ》事件、大宝二年（七〇二）、和銅六年（七一三）、養老四年（七二〇）には隼人による大規模な抵抗が起こった」（二三八頁）。「朝貢」を促す使節であるクニマギ使を派遣して、戸籍の編製と人口調査をしようとするヤマト王権に対する

表5-4　南九州の動向（8世紀）

天武朝		隼人の朝貢開始
		隼人に阿多君，薩摩君，大隅の曾君という統率者あり
		肥後勢力の南下，大量移住で，阿多君衰退
文武3	699	薩摩君と曾君が覓国使を脅迫
大宝2	702	薩摩・多褹で反乱．戸籍の作成，薩摩国と多褹島を設置
和銅6	713	隼人の反乱？　大隅国を設置
和銅7	714	大隅国に豊前から200戸移す
養老4	720	隼人の反乱，大隅国守を殺害，政府は軍を動員して制圧
延暦20	801	隼人の朝貢を廃止
	824	多褹島を廃止

（注）　坂上康俊『平城京の時代』の「南九州と東北地方の動向」表から「南九州」の項目だけを抜き出した．また，「多褹島」関係を追加し，熊田亮介「古代国家と蝦夷・隼人」（岩波講座・日本通史第4巻『古代3』）で補充した．

抵抗であった。これには薩摩とタネがかかわった。

「政府は、征隼人軍を派遣してこれらの動きを鎮め、日向・薩摩・大隅の三国に肥後や豊前・豊後からの移民を行い、南九州支配の円滑化をはかった。養老四年（七二〇）に起こった最大規模の隼人の抵抗を鎮圧して後、隼人による反抗は起こらなかったが、〈天平八年薩麻《さつま》国正税帳《しょうぜいちょう》〉等の分析によれば、律令制度の諸原則が適用されたのは、**非隼人郡**とそれに隣接する二～三の**隼人郡**にすぎず、隼人居住域に対する政府による支配は、律令制の完全適用を留保するという特徴をもった。また、隼人に対する賑給《しんごう》［救済支援―来間］のあり方から、八世紀中期に入るころ、南九州に居住する隼人は、公民と夷《い》狄《てき》の中間に位置づけられているということができる。政府と隼人の対立のなかにあって、政府側に協力した隼人も数多く存在した。政府は、隼人の有力者の子弟を、上京させ大舎人《おおどねり》として訓練し、しかる後に帰国させて郡領に任命し、隼人郡への律令制の浸透をはかった」（二三八頁）。

隼人の抵抗は鎮圧され、律令制度の諸原則が及ぼされたが、それは限定的であった。隼人はなお「公民」とはされず、「公民と夷狄の中間」とされた。

3 「多褹嶋」の成立

永山修一「隼人と南島の世界」（前出）はさらに、次のように述べている。「大宝元（七〇一）年に大宝律令を完成させた政府は、翌年三月に大宰府に対して、管内の掾《じょう》（国司の三等官）以下と郡司を選ぶ権限を与えて、郡司の選任と戸籍づくりを推進しようとしたが、南九州ではこれに対する抵抗がおこった。一般に大宝二年の**隼人の〈反乱〉**とよばれるものである。『続日本紀』の大宝二年八月一日条には、薩摩・多褹地方の抵抗をおさえて、〈戸を校《こう》し、吏《り》を置く〉との記事がみえる。〈戸を校《こう》〉すとは、国内に住む一人一人を確実に掌握するために戸籍を作成することを、〈吏《り》を置く〉とは、中央政府から派遣される国司と地方の有力者から任命される郡司とがおかれたことを意味しており、ここに令制の**薩摩国**と**多褹嶋**《たねとう》が成立することになった。ただし、両国嶋《こくとう》で全面的に戸籍が作成されたとは考えられず、したがってこの記事が政府の希望をのべたものにすぎなかった…。さて多褹嶋の〈嶋〉とは、国と同等の行政単位であった。対馬《つしま》・壱岐《いき》の例からもわかるように、地理的に島であり、対外通交の要衝《ようしょう》に位置し、軍事的にも要地である場合には、国ではなく嶋とされたようである（以下、地理上の島は**島**、行政単位は**嶋**とする）。隼人に対する支配を進め、また南島にそって設定されていた遣唐使の渡航ルートや南島人の朝貢ルートの維持を目的として、多褹嶋が設置された。ただし、多褹嶋に公印が与えられたのは和銅七（七一四）年のことであるから、多褹嶋の正式な成立はこのころのことと考えられる」（四三―四四頁。ルビは永山）。

5　大隅・薩摩・多褹の財政

永山修一「隼人と南島の世界」（前出）はまた、「大隅・薩摩・多褹の財政」について論じている（五六―五九頁）。律令制下で設けられていた「国」には等級があって、「大国」「上国」「中国」「下国」と区分されていた。七四五（天平十七）年に設定された「公廨出挙本稲《くがいすいこほんとう》（人件費などをまかなうための出挙の元手）」は、「中国」は二〇万束、「下国」は一〇万束なのに、「中国」とされていた大隅・薩摩両国はそれぞれ四万束であり、その財政規模の小ささが分かる。九世紀になると六万束になっているが、これとは別に要する「国分寺維持財源としての出挙」（各二万束）は、日向・肥後両国で負担していた。さらに多褹「嶋」は、「正税出挙本稲」の二千束だけで、「公廨出挙本稲」は設定さえされていなかった。また、「大隅・薩摩・多褹などの国・嶋の官人の禄《ろく》は、筑前国司が廃止された大宰府のものから支給し、また公廨は都合のよい国の稲で支給することとされた」。多褹の嶋司《とうし》に与えられる公廨稲は、年間三万六千束であったが、これも大宰府が支給していた。

「大隅・薩摩・多褹から政府へ貢納されるもの」は、①「律令制にもとづく貢進物」と②「律令制外の貢進物」に分けられるが、①としては八世紀前期には蓆《むしろ》、鹿皮、紫草《むらさきぐさ》の種子があり、また後には「大隅国は綿・布・紙・紫草を、薩摩国は綿・布・紙・塩・蓆を貢納した」。それに特徴的なことに、貢進の単位は一般には「郡」であったが、薩摩国の場合は「国」が単位になっていた。

6　新羅商人の登場

岡藤良敬《おかふじよしたか》「博多湾往来」（川添昭二《かわぞえしょうじ》・岡藤ほか『福岡県の歴史』山川出版社・県史40、一九九七年）では、奈良時代、七世紀後半～八世紀末の、博多湾を基軸にした交易について、次のように整理している（六八‐八二頁）。まず、「七世紀後半」は、「律令編纂など重要な期間」であったが、「新羅使」がひんぱんにやってきた。しかしその「ほとんどは筑紫止まりで、入京していない」、「しかも多くは数カ月間滞在している」。この時期は「一度も遣唐使を派遣せず、もっぱら新羅と密接な交流を行っている」。「七世紀末［六九七年］～七三〇年代［七三二年］」の三六年間には、「一一回の新羅使が来航し、一〇回の遣新羅使が派遣された。この時期には、さらに両国の親密な友好関係が繰り広げられた。来着した新羅使のほとんどは入京している。入京せず筑紫から帰国したのは一例だけ」である。

ところが、「八世紀後半」、具体的には「天平六（七三四）年から宝亀十（七七九）年までの四六年間」は、「トラブルあいつぎ、新羅使の多くは筑紫から放還される」という「対立の時期」となる。新羅が唐との関係を回復して、日本への「朝貢」（それはもともと日本側の一方的な位置づけであった）をしなくなり、「外交よりも貿易が主目的になった」こと、日本は渤海とのルートが開けたことなどから、「日本は新羅に強硬姿勢をとりはじめる」。そうではあるが、日本は「民間交易は許した」「認めざるをえなかった」。一方、「新羅は豊富な貨物を背景に、その範侶・市場として日本に着目し、八世紀後半には積極的に交易を主目的に、日本に来航した」。そのさいの「日本側の代価が綿［大宰綿《まわた》—来間］中心だった」ことが注目される、とする。

田中史生「対外交流の進展と国際貿易」（前出、『律令国家と東アジア』）は、このような「新羅商人」が、そもそもどのようにして生まれたかを論じている。

対外交易に活用される国産の金・銀の貨幣的役割についての略史を、次のように述べている。「八世紀半ばはまだ国内の金需要すらまかなえなかった日本産の**金**は、その後、日本の対外交流・交易を支える重要な財となる。…日本の金は宝亀《ほうき》以後［八世紀後半—来間］、対外交流で積極的に利用されるようになった。…これより以前、日本が対外交流に持ち出せる国産貴金属類としては**銀**があった。…金以前の国産貴金属類の国外流出は、対唐外交などで銀が僅かに運び出される程度であったとみられる。しかしその銀も、七世紀末に対馬で鉱脈が発見されるまで、実は国産品が無かった。これ以前の列島の銀流通は、…朝鮮半島からの流入品によって支えられていたのである」。この「流入銀」が日本列島で流通して、「銀地金《ぎんじがね》の貨幣的流通を生み出し、倭国に銀銭（無文銀銭）を登場させる前提をつくる」。それは倭王権の規制を受けなかったからで、倭王権が関与し始めると、「銀地金の貨幣的な流通基盤は急速に失われ、交換の場で価値尺度として用いることも、八世紀前半を最後にほぼその姿を消してしまう」（一二九–一三一頁）。

そこに新羅人の流入がおこる。「ところが、…他の列島諸地域と異なり、八世紀の北部九州では銀が価値基準を示す貨幣的機能を持っていたことが知られる。そこには、本国の飢饉・疫病に苦しめられ海外へと繰り出した新羅人らの関与があった。新羅では、七四〇年代〜七五〇年代の飢饉・疫病の蔓延を契機に、多くの人々が国外に流出し、その一部が国際交易者となって九州北部へもたどり着く。そして、銀を価値基準とした民間の国際交易も始まったとみられる」。倭の律令国家は、それまで「独占的な対外政策」を保っていたが、このような事態になって、その政策が動揺しはじめる（一三一頁）。

一方、中国大陸では、七五五年の「安史《あんし》の乱」（玄宗《げんそう》に対して安禄山《あんろくざん》や史思明《ししめい》が乱をおこし、長安《ちょうあん》を陥れた）で唐の混乱が始まり、海賊がしきりに現われるようになり、そのための沿岸防衛は強化されたが、そのことは中国が「海商の時代」に入ったということでもあった。しかし、それは安史の乱以前からの流れであり、このころもっと盛んになったということであろう。「加えて新羅でも、七六〇年代後半以降、国内混乱がさらに深刻化・長期化し、これが新羅人のさらなる海外流出を誘う事態に陥る。しかしそれは、東アジアが本格的な新羅商人の時代に突入する契機ともなった」（一三一–一三二頁）。

7　対馬・壱岐・五島列島における防衛と交易

新川登喜男《しんかわときお》「東アジアのなかの古代統一国家」（瀬野精一郎《せのせいいちろう》・新川ほか『長崎県の歴史』山川出版社・県史42、一九九八年）は、次のことを指摘している。六六三年の白村江敗戦があり、その対応として、列島各地に「唐軍などの侵入」を防ぐために「城」が造られたが、対馬にはその一つとして「金田城《かねだじょう》」（かねたのき）という朝鮮式山城《やまじろ》が造られた。また「対馬島《つしま》と壱岐島《いき》と筑紫国《つくし》（九州本土北部）に防《さきもり》（防人）と**烽**［とぶひと読み、烽火《のろし》のこと—来間］を設け、筑紫に水城《みずき》をこしらえた」。

防人の制は、当初は「三年交替で東国から派遣されてきた兵士によって成り立っていた。しかし、天平九（七三七）年になって、東国防人（二〇〇〇余人）の九州派遣をやめ、九州本土の人（筑紫人）を防人として壱岐・対馬に派遣することにしている」。延暦一四（七九五）年には防人制は廃止されるが、「壱岐・対馬は例外として防人制を残した」。さらに延暦二三（八〇四）年には、「これまで西海道六国から壱岐に派遣されていた防人二〇人を停止して、壱岐島内の兵士三〇〇人をもって交替でその任につくこととさせた」。その「はかり知れない負担と義務と、そして危険［海難—来間］とを多くの人びとに課する」ことが問題であったし、「対馬島は耕地に乏しく、農業生産の低いところ」であり、「その食糧などの必要経費をつねに九州本土に依存し、そこから船で供給しつづけなければならなかった」。壱岐は余裕があるとされ、対馬の食糧を補い、その輸送費も負担させられた。「しかし、壱岐島司の困窮を踏まえた訴えによって」、九州各国からの運送方式に戻された（四二一-四九頁）。

肥前国は、松浦郡《まつうら》（北松浦半島と平戸島《ひらど》・五島列島）・彼杵郡《そのぎ》（長崎半島、彼杵半島とその対岸一帯）・高来郡《たかき》（島原半島《しまばら》と今の諫早市《いさはや》を含むその付け根一帯）から成っていたが、その松浦郡の再編計画が大宰府によって提案されたことがある。「肥前国松浦郡の庇羅《ひら》と値嘉の両郷をあわせて上近《かみっちか》と下近《しもっちか》の二郡をつくり、それを値嘉島《ちかのしま》としようとしたのである。すなわち、肥前国—松浦郡—庇羅郷（平戸島周辺）、肥前国—松浦郡—値嘉郷（五島列島周辺）という行政組織を解体して、値嘉島—上近郡・下近郡に再編し、平戸島と五島列島とを合体させ、それを壱岐・対馬両島なみに昇格独立させて、島司とそのもとに郡領《ぐんりょう》をおき、その俸給は肥前国の分担とし、その限りでは、肥前国の官人に準ずる扱いをするというのである」。これは、それまでにあった壱岐島・対馬島・多褹嶋という、「国」扱いだがそれより規模の小さな「島」と名付けられた行政区と同様に、「値嘉島」という行政区をつくろうというものである。新川は「この献策は、中央政府の認めるところとなった。しかし、どれほどの施行をみたかは疑わしい。やはり、大宰府の机上の案だったろうか」と書いている。その背景には、新羅や唐の商人や賊たちがやってきて、その対応が難しいということがあったという（四九-五〇頁）。

この値嘉島が、次の9・10項で、藤原広嗣が乱に敗れて逃亡する過程で出てくることになる。

新川はまた「八世紀にはいってから、外洋をわたる二つの主要な外交通路が併存した」といい、「一つは、朝鮮半島の統一国家たる新羅とのあいだの壱岐・対馬ルート（境界は対馬）であり、いま一つは、中国大陸の統一国家たる唐とのあいだにおける五島列島ルートである」をあげる。それまでは「外洋を介した対外交通路は、壱岐・対馬ルートをもって表《おもて》とし、五島列島ルートをもって裏としていたが、これが、八世紀にはいって逆転した」としつつ、「八世紀からの遣唐使が五島列島を経由することになって、松浦郡ひいては平戸島や五島列島が注目されてくる」という（五九頁）。そして、最澄《さいちょう》・空海《くうかい》・円仁《えんにん》・円珍《えんちん》らがここを通って入唐《にっとう》した。そして、「遣唐使時代の晩期、つまり遣唐使中止前には、すでに唐や新羅の商船が五島列島にも数多く寄港していた」し、「遣唐使がほとんど送られなくなっても、唐や新羅の商船（国籍は不明確）が、五島列島を経て多くの人びとを入唐させ、かつ日本列島に送りとどけていたのである」（六六頁）。

「新羅系の商人」が「環東シナ海においても活発な行動を展開していた」というなかで、「天安《てんあん》元（八五七）年、対馬の上県郡や下県郡の擬郡司であった直《あたい》氏や卜部《うらべ》氏らが徒党を組んで、対馬国（島）守である立野正岑《たちののまさみね》を殺害する事件が発生し」たり、「寛平《かんぺい》六（八九四）年」に「新羅船四五艘が対馬に至り、はげしい戦いが繰りひろげられた」りしている。対馬を媒介にして、「西北九州の在地勢力と新羅を結ぶネットワーク」が存在していたのであり、日本列島の勢力配置は「多元的ないしは重層的なもの」となっていて、そのことを新羅も認識していたのである（六七‐七一頁）。

8　政治的・軍事的な八幡神

飯沼賢司《いいぬまけんじ》「奈良時代の政治と八幡神」（前出、『西海と南島の生活・文化』一九九五年）は、八幡神《はちまんしん》の性格を追求している。「**八幡神**は、天平九年（七三七）にはじめて忽然《こつぜん》と『正史』の上に現れ、それから僅か一二年後の天平勝宝《てんぴょうしょうほう》元年（七四九）一一月には、鋳造《ちゅうぞう》を終り形を現した東大寺の大仏を拝顔したいと託宣《たくせん》して奈良の京に向かう（『続日本紀』以下『続記』と略す）。八幡神は、天皇・太上天皇・皇太后以下文武百官《ぶんぶひゃっかん》と五〇〇〇人の僧侶が参列する東大寺に迎えられ、大仏の守護すなわち国家の守護神となるのである。その後、厭魅《えんみ》事件とよばれる政争に巻き込まれ、一時、その権威を失墜《しっつい》するが、道鏡《どうきょう》事件によってふたたび歴史の表舞台に現れ、その託宣は、古代国家の行方を左右したのである。このように八幡神はその登場以来、常に奈良時代の政治と不可分な関係にある実に政治的な神である」（四七七頁。一つを除いてルビは来間）。これは総括的な記述の部分である。

飯沼はまた、八幡神は「**対隼人神**」であることを指摘する。「七世紀末から八世紀にかけて、大和朝廷は、隼人地域の内化のために、軍事的な威圧と撫民《ぶみん》［民をいたわること―来間］教化の宗教政策の、硬軟両様の政策を隼人に対して行っている。この政策は、薩摩方面で先行し、和銅《わどう》年間には、大隅方面へ進んでゆき、和銅三年（七一〇）正月、内裏《だいり》において文武百官ともに蝦夷《えみし》・隼人の首長を列参させる儀式が執り行われた際には、日向隼人の長である曽於君細麿呂《そおのきみほそまろ》に外五位下が与えられ、曽於すなわち大隅方面の内化政策が本格化してゆく（『続記』和銅六年四月乙未条）。その結果、和銅六年（七一四）には、豊前《ぶぜん》国の民二〇〇戸が大隅国曽於《そお》付近に入植させられる（『続記』七年三月壬寅条）」。この入植は、「現地の隼人住民」との間に軋轢《あつれき》を生み、養老四年（七二〇）に「大隅隼人の大反乱」が起きる。このとき、入植者たちの拠点に「八流の幡《はた》が降りて、八幡が日本の神として出現したことになっている」。八幡神が出現したのは、宇佐の辛島《からしま》であるが、「そこを本貫とする辛島氏は、託宣を司る宇佐宮の女性シャーマンの家であり、朝鮮から渡来した五十猛命《いたけるのみこと》を始祖として仰ぐ集団である。ここに〈辛国〉という糸によって、豊前と大隅が結ばれている」。また、宇佐八幡宮の放生会《ほうじょうえ》にも「隼人との戦いの記憶が刷り込まれている」。そして「**院**という地名に注目し」て、「鹿児島県には、院の付く地名が多いが、豊前国宇佐郡から豊後・日向を通り、大隅・薩摩方面へ向かう官道沿いにも、安心院《あじむ》・湯布院・野津院・長井院などの院地名が残るが、これは、宇佐より南にしか見られない」。「院は倉であ」り、「その立地などからも隼人鎮定軍の補給のための倉ないし、対大隅方面への軍事上の補給に使われた倉ではなかったかと考えられる。これが、宇佐より北に見られないとすれば、宇佐の地が対隼人政策の前線基地ないし、兵站《へいたん》基地となった可能性が高いのである。そのような場所に、八幡神はまさに大隅隼人の内化政策の進行と平行し出現したのである」とする（四七九-四八二頁。二つを除いてルビは来間）。

飯沼はさらに、八幡神が「**軍神**」であることも指摘する。その根拠をあげるなかで、「八幡という呼び名」に言及している。福永光司「道鏡と八幡神」（『豊日史学』五六巻二号、一九九二年）によるとしつつ、「〈八幡〉とは中国、唐の皇帝太宗のときに作られた破陣楽舞の〈四表八幡〉、すなわち軍陣を構える際に、前に〈四表〉（鉾《ほこ》）を出し、後に八旛（幡）を綴ぬという〈八幡〉のことであるという。…軍陣の幡とする福永説では八幡の軍神としての性格を最も端的に示していることになる」。八幡神は「道教・仏教・我が国の神の軍事的要素を集約した」ものである。こうして、次のように結論される。「八幡神は、渡来人たちの信仰をベースに置いているが、一つの要素からなる神ではなく、律令国家の対隼人政策の過程で、豊前宇佐に兵站基地のごときものが置かれた特殊な事情から、極めて政治的かつ軍事的要請によって生み出された政策的な軍神であったといえるのではなかろうか」（四八四-四八七頁）。

9　藤原広嗣の乱と大宰府の一時廃止

坂上康俊『平城京の時代』（前出）によって、藤原広嗣《ひろつぐ》の乱とその前後のことを見ておこう。天平八（七三六）年「四月以降、疫病と旱害《かんがい》とが、西海道で再び猛威を振るいはじめ、またたくまに全国に広がった。早くも四月一七日には参議民部卿藤原房前《ふささき》、六月一一日には大宰大弐《だざいのだいに》小野老《おののおゆ》、二三日には中納言多治比県守《たじひのあがたもり》、七月一三日には陸奥《むつ》遠征から帰京したばかりの参議兵部卿《ひょうぶきょう》藤原麻呂、二五日には右大臣（死亡直前に左大臣）藤原武智麻呂《むちまろ》、八月五日には参議式部卿兼《しきぶきょうけん》大宰帥《だざいのそち》藤原宇合《うまかい》が死去する。この年初めの公卿である武智麻呂・橘諸兄《たちばなのもろえ》・県守・房前・宇合・麻呂・大《おお》友道足《とものみちたり》のうち、その年の暮れまで生き残ったのは、諸兄（参議→大納言）・道足（参議右大弁《うだいべん》）のみ。…実に半数以上の公卿が、一気に死亡したのである」（一五一頁）。

そして、「天平一二年九月、吉備真備《きびのまきび》（当時、右衛士督《うえじのかみ》）と玄昉《げんぼう》［二人は当時の政界中枢部にあった―来間］とを除くことを求めた藤原広嗣《ひろつぐ》（宇合の長男。時に大宰少弐《だざいのしょうに》）が、大宰府で反乱を起こした。右大臣橘諸兄以下の政府首脳は、東北で名声を上げた大野東人《おおののあずまんど》を直ちに持節大将軍に任じ、停止中の軍団兵士制を何とか臨時に起動させたらしく、東海・東山・山陰・山陽・南海の兵士一万七〇〇〇人を率いさせて西海道に差し向けた。東人は、板櫃《いたびつ》川の決戦（一〇月九日）を制したのち、新羅方面に逃れようとして済州島のそばまで行きながら値嘉島《ちかのしま》（五島列島）に吹き戻された広嗣を捕らえ（一〇月二三日）、処刑する（一一月一日）」（一五七頁）。

倉住靖彦『大宰府』（前出）も、藤原広嗣の乱とその前後について、次のように述べている。「天平十年（七三八）四月、式部少輔《しきぶしょうゆう》である広嗣は、大養徳《やまと》守（大倭〈和〉国はこの前年末に大養徳と改称されていた）を兼任することになった。ところが、その年の十二月には大宰少弐《だざいのしょうに》に任命されたのである。従五位下《じゅごいげ》を帯する彼が位階相当の官職に任命されたのであるから、そのかぎりでは官位相当の原則に合致した人事であった。しかし、従五位上相当から従五位下相当へ、しかも平城京膝下《しっか》の大養徳守から〈天《てん》ざかる鄙《ひな》〉である大宰府の少弐への遷任であり、実質的には左遷にほかならなかった。当時、大宰帥《だざいのそち》は欠員で、同時に任命された大弐《だいに》の高橋安麻呂は右大弁《うだいべん》を兼ねているため在京しており、本来ならば、次席次官にすぎない彼が現地における長官職を代行することになったわけであるが、政界における藤原氏の勢力が大きく後退していた時の地方転出であるだけに、式家宇合の長子でもある彼にとって挫折感はいっそう強かったものと推察される。また、彼が反起した後に出されたものであるから若干は割引く必要もあろうが、聖武天皇は〈広嗣は幼少より凶悪な性格で、長じてますます詐奸《さかん》をなし、父の故宇合は彼を除棄《じょき》しようとしたが、自分が許さなかった。しかし、最近は京にあって親族を讒乱《ざんらん》するので、改心させるために左遷した〉というような意味の勅を発している。このような広嗣とは対照的に、諸兄《もろえ》政権に重用されたのが玄昉《げんぼう》と下道《しもつみちの》（吉備）真備《まきび》の二人である」。「天平十二年（七四〇）八月二十九日《の》、少弐広嗣の上表文が届いた。それは時勢の得失を指し、天地の災異を陳べ、玄昉と真備の排除を求めていた。当代一流のインテリではあるにしても、もともと地方出身者にすぎない二人が重用されていることに対し、憤懣《ふんまん》やるかたない嫉妬心《しっとしん》のようなものを感じていたのかもしれない。ところが、このわずか四日後に広嗣は挙兵し、ついに反乱をおこした。…彼は大宰府における実質的な最高責任者であり、その統帥権《とうすいけん》を利用して、遠賀郡家《おんがぐうけ》に軍営を置いて国内の兵士を徴発し、さらに管内諸国の兵士や大隅・薩摩の隼人など一万余の兵力を動員した」。これに対して、政府の追討軍が派遣され、「これにはおりから上番していた隼人二四人を同行」させていた。結果は、すでにみたように、豊前国での小競《こぜ》り合《あ》い、板櫃川での威嚇を受けての広嗣軍の動揺、値嘉島での広嗣の逮捕・処刑で終わる。追討軍も広嗣軍も、主力は一般農民から徴発された者たちであるが、指揮をとるのが方や「在地の族長」（兵士は彼らの手兵）、方や「下向《げこう》官人」（農民と無関係）という違いが勝敗を分けた。「中央からの下向官人である広嗣は、少弐としての権限を利用して兵士を動員することはできたが、反乱軍ということもあり、彼らを十分に掌握するまでにはいたっていなかった」（九七‐九八頁。ルビを補った）。

倉住の文章は続く。長くなるが、九州を考えるための一材料として、紹介する。「ところで、広嗣の乱そのものは比較的短時日のうちに鎮定されたが、政治的に大きな影響を与えた。乱の発生後まもなく、聖武天皇は伊勢行幸に出発し、乱鎮定の報告を受けても帰京せず、そのまま恭仁京《くにきょう》への遷都を決定し、天平十七年（七四五）に遷都するまでのあいだ［五年間―来間］平城京を放棄したのである。国分寺《こくぶんじ》・国分尼寺《にじ》の造営、盧舎那《るしゃな》大仏の造営などはこの間に発願されたものであり、その意味ではその事件は聖武天皇の仏教政治の推進に拍車をかけたともいえよう。／また、天平十四年正月には**大宰府を廃止**し、その官物を筑前国司の管理下に置いた。同年八月に筑前国司が廃府の物をもって大隅国など二国三島［大隅国・薩摩国・対馬島・壱岐島・多褹島］の官人の禄を支給し、三島の擬郡司や成選人《じょうせんのひと》などの名簿を筑前国司に上申させ、翌年三月には筑前国司が新羅使の来朝を報じているように、廃止後の大宰府機能は筑前国司が代行していたようである。そして同十五年十二月には**筑紫鎮西府《ちんぜいふ》を新設**し、石川加美《かみ》を将軍に任命したが、この長官職名が示すように、それは軍政府的性格の強いものであった。大宰府の諸機能のうち、軍事的なものをこの鎮西府が担当し、それ以外のものを筑前国司が代行したとみなす見解もある。同十七年六月に**大宰府を復置**し、加美を大弐に任命するが、数世紀にわたる大宰府の歴史において、それが廃止されたのはこの時だけであり、それだけに政府の受けた衝撃の強さをうかがうことができる。…同年十一月には玄昉を筑紫に配流して観世音寺の造営にあたらせ、彼は翌年六月の同寺の落慶《らっけい》供養の日に怪死するが、これも広嗣の祟《たた》りとうわさされ、五年後の天平勝宝《しょうほう》二年（七五〇）にいたっても広嗣の逆魂は息《やす》まらずとして、吉備真備は筑前守に左降された」（九九—一〇〇頁）。

10 藤原広嗣の乱と隼人

飯沼賢司「奈良時代の政治と八幡神」（前出）は、「隼人の乱を契機に出現し、律令国家の対新羅政策によって西方鎮護の神として重要な位置を占めた八幡神は、次に藤原広嗣の乱によって中央進出の道を確保する」と論を進める。以下、広嗣の乱の様相を叙述しており、それは前項に重なる部分もあるが、飯沼はこれを「隼人」と「八幡神」に力点を置いているので、耳を傾けたい。

乱は「天平一二年（七四〇）に起こる。この乱は、藤原氏の武智麻呂・房前・宇合・麻呂の四兄弟が天然痘によって死去した後、天皇に重く用いられた僧玄昉や吉備真備らを排除しようとして起こったといわれる。すなわち、広嗣を冷遇した現（橘諸兄）政権に対する不満の爆発であったということである」と、通説を紹介しつつ、次のように戦闘の経過をくわしく述べている。大野東人軍の九州派遣の翌日、「聖武天皇の御在所に隼人二四人が召され、右大臣橘諸兄が勅を奉じて、かれらに位を授け、九州に派遣した」（『続紀』天平一二年九月丁亥・戊子条）。／戦いの中心は、当初豊前地域であり、官軍は、広嗣側に付いた豊前国京都《みやこ》郡の鎮長大宰史生小長谷常人と企救《きく》郡板櫃の鎮小長大河内田道などを討ち、登美・板櫃・京都の三営の兵一七六七人を捕虜とした。その後、九月二二日に勅使軍事として派遣された佐伯宿祢常人と安倍朝臣虫麻呂は、先に派遣された隼人二四人と軍士四〇〇〇人を率いて、板櫃の営（現在の北九州市小倉北区到津付近）に入った。これに対して、広嗣は、大隅・薩摩・筑前・豊後の兵士五〇〇〇人を率いて、鞍手道を経て遠珂郡家に軍営を造り、弟綱手は、筑後・肥前の兵を率いて、これに合流する予定であった。一〇月九日、広嗣は、一万余の軍を率いて、板櫃川側へ向かい、川を挟んで官軍と対峙し、この戦いが勝敗を決する最後の山場となった（『続紀』天平一二年九月戊申・一〇月壬戌条）」。以下、隼人との関係に触れる。「このときの広嗣軍の主力は、隼人軍であり、広嗣は自ら隼人軍を率いて先鋒となった。乱の当初から中央政府は、この乱に隼人が重要な役割を果たしていることを察知していた。橘諸兄による隼人二四人の派遣は、広嗣軍に加わった隼人の首長の切り崩しにあったことは間違いない。また、大将軍の大野東人は、〈勅命〉を受けて、八幡神に祈請し、戦いに臨んだ。八幡への参詣の目的を〈八幡神が豊前地域の精神的紐帯となっていたのか、もしくはその方向へ八幡神を定着させようとした意図とみなければならない〉とする見解もある〔西別府元日「宇佐への道・古代」、大分県教育委員会『宇佐大路』一九九〇年―注による〕が、これもまた、これまで述べてきた八幡神の性格すなわち対隼人鎮撫神としての性格を考慮すれば当然のことであった。／戦いは、隼人軍を率いた広嗣によって火蓋が切られた。まず、広嗣軍は、船で川を渡ろうとしたが、官軍側の弩《ど》によって阻止された。官軍側は、対岸の隼人軍に対して、［中略。声をかけて躊躇させ］広嗣軍は総崩れとなったようである。その投降した隼人に大隅隼人の首長曽於君多理志佐などがおり、この乱が隼人の乱としての性格をもっていたことを窺わせる（『続紀』天平一二年一〇月壬戌条）。／養老四年（七二〇）の大隅隼人の乱によって、九州における隼人問題は終焉したかのように思われるが、実はこの段階まで大隅隼人の不満は燻《くすぶ》っていたのである。広嗣はこの隼人の不満を巧みに吸い上げ、その軍に組織したが、中央政府はこの動きをいち早く知り、中央にいた隼人を派遣し、隼人軍の切り崩しを図ったと思われる。板櫃川での戦いの勝利は、隼人の動向にかかっていたのである。そこに、隼人鎮撫の神としての八幡神の役割があった」。八幡神は、翌年、「広嗣の乱の功績として」賞与を与えられた。そうして、「天平勝宝元年（七四九）の八幡神入京、国家神への道を開くことになったのである」（四九〇-四九二頁）。

11　大宰府出土木簡の「奄美・伊藍」

大宰府の発掘調査によって、一九八四年（昭和五九年）に、「権美嶋」「伊藍嶋」と書かれた木簡が出土している。

山里純一『古代の日本と南島の交流』（吉川弘文館、一九九九年）は、次のように述べている。九州歴史資料館編『大宰府史跡出土木簡概報（二）』（一九八五年）によれば、「和銅《わどう》ないし養老《ようろう》期から天平《てんぴょう》年間の前半代頃」すなわち八世紀初頭のもので、「この木簡は〈権美嶋〉や〈伊藍嶋〉から大宰府へ進上された物品に付けられたものではなく、大宰府に進上された物品を府庫［大宰府の倉庫―来間］に収納し、京進［京への進貢―来間］までの間、整理保管する必要から取り付けられていたものが、京進に際し不用となり廃棄された」という。「木簡に記された島名」は、奄美《あまみ》大島と沖《おきの》永良部島《えらぶじま》にほぼ比定されている。物品名は不明だが、「赤木《あかぎ》を想定するのが穏当であろう」（一五六―一五九頁）。

山里によれば、「十世紀の前半、延長五年に成立した『延喜式《えんぎしき》』の民部下」（山里の新著では「民《みん》部省下《ぶしょうげ》」）にあるように、「大宰府を経由して南島の赤木が中央へ貢進されていた」ことは分かっている。「このことを最初に指摘したのは新井白石である」。『南島志』である。以下、このことを指摘した研究を挙げて、「いずれの文献においても、そうした事実の指摘・確認にとどまって」いるとして、以下のことを明らかにしている。①赤木の用途としては「親王の位記軸《いきじく》として使用された」。「位記」とは、「位階を授けた事実を本人に伝達し、証験となる文書」（吉川真司、『日本歴史大事典』小学館）で、その文書の軸に使われた。②南島産の赤木は「租税として課されたものではなかった」けれども「大宰府の年料別貢雑物《ねんりょうべつこうぞうもつ》に指定されて」いた。ただし、その数量は定められていなかった。③「大宰府の管轄外にあり、律令体制に組み込まれていない南島の場合、大宰府へ搬入される赤木は租税として課されたものでなかった」。④しかし、ということは、そこには「律令国家の別の論理」すなわち「大宰府を媒介とした南島支配を維持しようとする律令国家の論理」が「働いていたものとみなければならない」、律令国家の側としては、赤木が貢進されているとみることによって、「南島支配」が継続されているという自己認識があった（一五三―一五六頁）。

九世紀に戻って、赤木は「大宰府の年料別貢雑物」から「脱落していった」と思われるが、それでも「南島のアカギは、当時活発になっていった商人の交易活動を通じて、中央貴族層へ供給され続けたと考えられる」(一六五頁)。

山里は新著『古代の琉球弧と東アジア』(吉川弘文館・歴史文化ライブラリー、二〇一二年)でも、同様のことを述べている(八二-八七頁。前著のルビは一つを除いてこの新著による)。

鈴木靖民《すずきやすたみ》「古代喜界島の社会と歴史的展開」(『東アジアの古代文化』一三〇、二〇〇七年。以下、前稿とする)および鈴木靖民「喜界島城久遺跡群と古代南島社会」(池田栄史編『古代中世の境界領域』高志書院、二〇〇八年。以下、後稿とする)は、ほぼ同一の趣旨で書かれたもので、表現も重なる所が多いし、前稿は後稿の「予稿」のように思える。この二稿でも奄美木簡に触れているが、引用は後稿によることにする。

鈴木は、酒井芳司「大宰府史跡出土木簡」(『西海道木簡研究の最前線』木簡学会、二〇〇六年。『木簡研究』二九、二〇〇七年)が、「一連の付札が大きさや形態が多様で、同じ郡のものでも規格の異なることから、各国郡で作成した可能性と、これらには紫草(染料の原料)の付札が多いことから、貢上染物所にあった可能性を指摘した」ことによりつつ、この木簡は「大宰府管内の諸国から貢納された多数の紫草の付札と同じ溝跡で出土したが、後者の木簡の四文字目は木へンの墨痕《ぼっこん》が残り、『延喜式』民部式などによると、特産の赤木(トウダイグサ科のアカギか、アカテツ)の付札であった確率は高く、すべてが蔵司[酒井のいう「貢上染物所」―来間]の紫草の倉庫から廃棄されたとは断定できない。しかし、付札木簡が大宰府管内のどこかの国郡で作成されたものがあるとの見解は、南島産の貢物に産地からでなく、途中、九州島のある国で付けられて大宰府に進上されたことを示唆する。『延喜式』民部式の大宰府年料別貢雑物には、〈赤木、南島進むるところ、その数は得るに随う〉と規定され、それが九州を管轄する大宰府にプールされた後、府の官人の裁量で京に運ばれて保管され、親王の位記軸などに用いられることも、内蔵寮式、内匠寮式などによって分かる」と述べている（一八―一九頁）。つまり、これらの木簡が「南島産の赤木」を京に貢進していたことを示すとしても、その（時期や）量は規定されておらず、入手し次第、随意に届けられた、というのである。

山里純一『古代の琉球弧と東アジア』（前出）は、奄美大島《あまみおおしま》や沖永良部島《おきのえらぶじま》は「律令制も導入されず、官人も置かれていない」ので、「これらの島で、租税を輸送するための荷札として作製された可能性はない。おそらくこれらの島から大宰府が自ら貢納物として取り寄せ、大宰府で整理のために付けられた付札《つけふだ》であろうと考えられている」。これに加えて、鈴木の論を承けて、「あるいは琉球弧から大宰府へ運ばれる際に、陸揚げされた九州のどこかの国郡で付けられた可能性も指摘されている」とする。そして「いずれにしても、この木簡の出土により、奈良時代に琉球弧の島から特定の産物が大宰府に運ばれていたことが確実となった。肝心の物品名が書かれていたと思われる部分が欠損しているが、今のところ最も可能性があるのは赤木であると考えている」と結んでいる（八六頁）。

山里の論の特徴は、「南島」あるいは「琉球弧」と表現することで、沖縄諸島以南とそれより北の島々の区分をあいまいにしていることにあり、その結果、沖縄諸島以南もしだいに律令国家に取り込まれていきつつあるかのような印象を与えている。そのことは、第四章で見たように「流求国＝沖縄諸島」とし、第六章で見るように飛鳥時代の「南島」をも、沖縄諸島以南を含むという理解と、響きあっているのである。

なお、安里進《あさとすすむ》「琉球王国の形成と東アジア」（豊見山和行《とみやまかずゆき》編『琉球・沖縄史の世界』吉川弘文館・日本の時代史18、二〇〇三年）も、この木簡に触れているが、山里や鈴木の評価とは大きく外れている（第六章第三節）。

第六章　『続日本紀』に現われる「南島」

第一節　「南島」の記事

　ここで扱うのは、九州南部やそれより南の島々、すなわち鹿児島県域の薩南諸島（種子島・屋久島などの大隅諸島、トカラ列島、奄美諸島）と、沖縄県域の南西諸島（沖縄諸島、宮古諸島・八重山諸島の先島諸島）は、律令国家の形成過程でどのように位置づけられたか、という問題である。

　ここでは、古代日本の文献、『日本書紀《しょき》』『続日本紀《しょくにほんぎ》』に出てくる、国の南西方、九州から南西に連なる島々のうち、奄美諸島を含む「薩南諸島」のこと、そしてまた沖縄諸島を含む「南西諸島」のこと、あるいは「それらしき島々」のことを取り上げる。これまで、その記述が沖縄諸島などにも関わりがあるかのように議論されてきており、その議論の経過を整理することにするが、結論的にいえば、それは「南西諸島」を含まない記述であると、ほぼ考えられる。『日本書紀』に名の出てくる「球美」は久米島だろうとされ、それはほとんど間違いないだろう。しかし「信覚」が石垣島とされていることには、さして根拠があるとはいえず、その説をとらないという意見も見られる。また、それ以外の島は沖縄島を含めて何も出てこない。この分野は近年の研究の中でいっそう深められ、そのことの意味が整理されてきている。

そこで、まず叙述の重複を避けるために、そもそも『日本書紀』『続日本紀』にどのように記述されているかを、現代語訳で提示しておくことにしたい。ただし、ここに出てくる「南島」には、沖縄地域は含まないと考えるから、逆にこれまでの沖縄史の研究者たちが取り上げてきた項目よりも範囲を広げ、大和政権の支配の及んでいた島々に関わる項目を、できるだけ多く拾い上げた。テキストは、宇治谷《うじたに》孟《つとむ》『日本書紀・全現代語訳』（講談社・学術文庫、上・下＝一九八八年）、同『続日本紀・全現代語訳』（同学術文庫、上・中＝一九九二年、下＝一九九五年）を利用する。それを、年表風にして掲げる。宇治谷は「南島」に「みなみのしま」と打っているが、「なんとう」でいいのではなかろうか。

なお、このうち『日本書紀』の部分は、すでに第三章第二節で取り上げたが、ここでも『続日本紀』の記述と関連させながら再論することにしたい。九州より南の島々を「南島」と表記するのは、この『続日本紀』からであり、時代は七世紀末、ほぼ八世紀に入ってからである。個別の島名が現われるのも、この時代の特徴である。なお、「島」を「嶋」（「島」の旧字体）と表記する者が少なくないが、「行政区」としての「嶋」を際立たせる場合を除いてあまり意味はない。「南嶋」の場合は「行政区」にはならなかったので、単に「南島」としてなんら問題はない。

第二節　「南島」の範囲をめぐる議論

「南島」は、普通名詞としては「九州より南の島々」のことであるが、史料に現われるのは『続日本紀』からである。それはどこのことなのか、沖縄諸島を含むのか。

1　真境名安興の「掖玖は南島の総称」論

真境名《まじきな》安興《あんこう》『沖縄一千年史』（一九二三年）は、「第一編　古代紀」の第三章を「古代の本土交通」の冒頭で、次のように述べている（ルビを増やした）。「推古《すいこ》天皇の御代《みよ》［五九三～六二三年。具体的には六一六年—来間］、我が西南海上にある島嶼、即ち掖久《やく》（大隅国屋久島）、多褹《たね》（同種子島）、奄美《あまみ》島（同大島）、度感《とく》（同徳島）の人々入朝し、又元明《げんめい》天皇の御代［七〇七～七一四年。具体的には七一四年—来間］には信覚《しがき》（沖縄石垣島）、球美《くみ》（同久米島）等の人々の服属せしこと、国史に散見せり」（三〇頁）。ここで「国史」とあるのは『日本書紀』『続日本紀』のことである。

屋久島と種子島を「大隅国」としているが、両島域は独立した「多褹嶋」とされた時期もあるが、その後「大隅国」に編入されたからで、この二つの島と属島は今日では「大隅諸島」といわれる。

真境名はまた、奄美大島と徳之島をも「大隅国」に含めているが、これらは今日では「奄美諸島」

表 6-1　『続日本紀』にみる「南島」の記事

和暦	西暦	記事
文武 2	698	4 月 13 日，務広弐《むこうに》（正七位下相当）の文忌寸博士《ふみのいみきはかせ》ら 8 人を**南嶋**《みなみのしま》に遣わして，国を探させた．そのため兵器を支給した．
文武 3	699	秋 7 月 19 日，**多褹**《たね》（**種子島**《たねがしま》），**菴美**《あまみ》（**奄美大島**），**度感**《とく》（**徳之島**）などの人々が，朝廷から遣わされた官人に従ってやってきて，土地の産物を献上した．身分に応じて位を授け，物を賜わった．その**度感島**の人が，中国（日本をさす．中華思想の日本版）に渡来するのは，この時から始まった． 8 月 8 日，**南嶋**の貢物（7 月 19 日記）を伊勢大神宮及び諸社に奉納した． 11 月 4 日，文忌寸博士《ふみのいみきはかせ》・刑部真木《おさかべまき》らが**南嶋**から帰って来た．それぞれに彼らの位を進めた．
文武 4	700	6 月 3 日，薩末《さつま》の比売《ひめ》・久売《くめ》・波豆《はと》・衣評《えのこおり》の督《かみ》の衣君《えのきみ》県《あがた》・同じく助督《すけ》の衣君弖自美《てじみ》，また肝衝《きもつき》の難波，これに従う肥人《くまひと》（肥後国玖磨《くま》郡の人）らが武器を持って，さきに朝廷から派遣された覓国使《くにまぎのつかい》の刑部真木らをおどして，物を奪おうとした．そこで筑紫《ちくし》の惣領に勅を下して，犯罪の場合と同じように処罰させた．
大宝元	701	春正月 1 日，天皇は大極殿《だいごくでん》に出御して官人の朝賀を受けられた．…蕃夷《ばんい》（ここでは新羅《しらぎ》・**南嶋**など）の国の使者が左右に分れて並んだ．
大宝 2	702	薩摩と**多褹**は王化に服さず，政令に逆らっていたので，兵を遣わして征討し，戸口を調査して常駐の官人を置いた． 9 月 14 日，反抗した薩摩の隼人《はやと》を征討した軍士に，それぞれ功績に応じた勲位を授けた． 10 月 3 日，薩摩の隼人を征討する時，大宰府管内の九神社に祈祷したが，実にその神威のお蔭で，荒ぶる賊を平定することができた．そこで幣帛を奉って，祈願成就に報いることとした．

慶雲 3	706	7 月 28 日，大宰府から「管内の九国と三嶋（壱岐・対馬・**種子嶋**）は日照りと大風で，樹木が抜き倒され穀物を損いました」と言上した．そこで使いを遣わして巡察させ，甚だしい被災者の調と徭役を免除した．
慶雲 4	707	7 月 6 日，使いを大宰府に遣わし，**南嶋**の人に位を授け，地位に応じて物を賜わった．
和銅 2	709	6 月 28 日，天皇は詔《みことのり》を下し，大宰府の帥《そち》より以下，品《ほん》官《かん》に至るまで事力《じりき》の人数を減らした．ただし薩摩・**多褹**両国の国司と国師の僧らは半減の扱いから除く．
和銅 7	714	4 月 25 日，**多褹島**に島の公印 1 箇を与えた． 12 月 5 日，少初位下の太朝《おおあさ》臣遠建治《おけじ》らが，**南嶋の奄美・信覚《しかく》（石垣），球美《くみ》（久米）**などの島人 52 人を率いて南嶋から帰った．
霊亀元	715	[春正月 1 日] 陸奥《みちのく》・出羽《でわ》の蝦夷《えみし》に加えて，**南嶋の奄美・夜久《やく》（屋久島）・度感《とこ》（徳之島）・信覚《しかく》，球美《くみ》**などの島民が来朝し，土地の産物を貢上した．それを迎える儀式には，朱雀門《すざくもん》の左右に，鼓吹《こすい》と騎兵を列にしてならばせた．元日の儀式に鉦《かね》や鼓を用いることはこのときから始まった． 正月 15 日，蝦夷と**南嶋**の人々 77 人に，地位に応じてそれぞれ位階を授けた．
養老 4	720	11 月 8 日，**南嶋**の人 232 人に，それぞれ身分に応じた位階を与えた．遠方の人々を手なずけるためである．
養老 6	722	4 月 16 日，大宰府管内である大隅・薩摩・**多褹**・壱岐・対馬などの，島司に欠員が生じたときは，大宰府の官人を選んで，権《かり》に任命することを初めて制した．
神亀 4	727	11 月 8 日，**南嶋**の人 132 人が来朝した．身分に応じて位階を授けられた．
天平 14	742	正月 5 日，大宰府を廃止した．…廃止した府の官物を筑前国司に付託した． 8 月 25 日，次のように制した．大隅・薩摩・壱岐・対馬・**多褹**などの官人の禄は，筑前国司に命じ，廃止され

		た大宰府の官物から支給させる．以上の国の公廨《くげ》についても，また便宜の国の稲で通常のように支給せよ．壱岐・対馬・**多褹**の3嶋の郡司の候補，および叙位の条件を満たしたものについては，身柄はその島に留め，名前を筑前国に付託して上申せよ．仕丁《しちょう》は国毎に3人を指名し，すべて京に進上せよ．
天平勝宝6	754	2月20日，天皇は大宰府に次のように勅した．去る天平七年，故大宰大弐・従四位下の小野朝臣老《おゆ》は，高橋連牛養を**南島**（薩摩諸島）に遣わし，島毎に立札を立てさせた．しかしその立札は年を経たため，今では既に朽ちこわれてしまった．そこでもとのように島々に立札を修理して建て，どの立札にもはっきりと島の名・船の停泊場所，水のある所，および行き来する国（大隅・薩摩国か）までの道のり，遠くに見える島の名を書きつけ，漂着する船に還りつくべき所を知らせるようにせよ． 3月17日，大宰府は次のように言上した．「使いを遣わして遣唐第一船のことを尋ね問わせましたところ，その回答では，第一船は帆を上げて**奄美島**を指して出発しましたがその到着場所はいまだ不明です，とのことです」と．
天平宝字4	760	8月7日，天皇は次のように勅した．…大隅・薩摩・壱岐・対馬・**多褹**などの役人は，その身は辺境の要地にあって，飢えや寒さに苦しんでいる．出挙《すいこ》しようにも官稲が乏しく，全く利益を得られない．私物を運ぼうとしても，路が険しくて進行には難儀である．道理として思いやるのに，まことに哀れむべきである．そこで大宰府が管理している諸国の地子《じし》（公田からの収穫）を割いて，それぞれに支給するようにせよ．守《かみ》には一万束，掾《じょう》には七千五百束，目《さかん》には五千束，史生《ししょう》には二千五百束とする．このようにして辺境を守る苦労をたすけ，少しでも故郷を離れ他郷にいるものの心を慰めてやりたい．

（注）　引用にあたっては，ルビの重複を避け，またカッコ内の説明文（宇治谷による）を省略したものがある．なお，『日本書紀』から『続日本紀』へ，タネの漢字表記が変化しており，「南嶋」（宇治谷は「南島」とも書いている）という括り方が登場している．

といわれる。しかし、弓削政己《ゆげまさみ》によれば、一八七九（明治一二）年四月八日、「大隅国大島郡」が置かれたという（『南海日日新聞』連載・薩摩侵攻四〇一年目の視座・シマジマの海路、第一回、二〇一〇年二月五日）ので、真境名はそのことを念頭に置いていたとも考えられる。

真境名は引きつづき、「国史」の該当個所を逐一紹介している（三〇－三一頁）。それは六一六年から七二七年にわたって、一五項目にのぼる。そこには掖玖、夜句、夜久、多褹、多禰、阿麻弥、菴美、奄美、度感、信覚、球美などの地名ないしそれらの地の人のことが出ている。また南島あるいは南島人ともある。真境名は、「信覚＝石垣島、球美＝久米島」という理解に立っているのである。

真境名は、「掖久《やく》」は「琉球」のなまったものだとの説、「掖玖」は「南島の総名」（総称）との説も紹介している［この部分は第四章でも紹介した―来間］。そして、「多褹《たね》国は京を去る五千余里とある［『日本書紀』―来間］に依り、古《いにしえ》の一里は五町（地学協会報告に云う、古の五丁は一里と為《な》し、此《こ》の五千里は即ち今の七百里、蓋《けだ》し京は流求に抵《いた》ること、凡《およそ》七百里）［カッコ内の引用は読み下しにした―来間］なるを以て、之を実際の里程に換算すれば、今の種子島にあらず、寧《むし》ろ琉球［この場合、沖縄諸島のことか―来間］に当るを以て、多褹をも亦《また》南島の総名に擬せり。要するに、多褹、掖久は我が本土より此等南海諸島の中、最も近き位置にありて、面積も亦大なるを以て、夙《つと》に世に知られたれば、此二大島の名は、初め南海諸島を代表せしこと、猶《な》ほ北国（越前《えちぜん》加賀《かが》、能登《のと》、越中《えっちゅう》、越後《えちご》等）を越国《コシノクニ》と称するが如しといへり」と述べている（三〇頁、ひらがなのルビは来間）。

つまり、①日本書紀や続日本紀にある「掖久《やく》」は、隋書や唐書にある「流求」と音が通ずるので「流求＝掖久《やく》」であり、当時の日本では「南島」と同じである。また②日本書紀に出てくる「多褹《たね》」

は、その位置を示す距離からして種子島ではなく沖縄諸島であり、「多褹《たね》＝琉球」となり、これも「南島」のことであり、「南海諸島」を「多褹《たね》・掖久《やく》」という二つの大きな島に代表させて表現したものである、という。

2　伊波普猷の「信覚＝石垣」論

伊波《いは》普猷《ふゆう》『沖縄歴史物語―日本の縮図』（平凡社・ライブラリー、一九九八年。初出は一九四七年）は、「孝謙天皇の天平勝宝五年（西暦七五三年）の冬、遣唐使の船が帰帆の途中、三船とも阿児奈波島に舟がかりした記事の『続日本紀』に見えているのも注目に値すべく、これを見て七世紀の中葉から八世紀の中葉に至る一世紀間に奄美（大島）、爾加委（鬼界）、度感《とから》（徳）、信覚《しなご》（石垣《いしゃなご》）、球《く》美《み》（久米）等の南島の主なる島々が入貢しているのに、ひとり阿児奈波島（沖縄）の入貢しないのを見て、その既に国家を組織して、自重していたためだ、と考える向きもあるが、これは後世を以って往時を類推した思い付きに過ぎない。この〈おきなは〉は那覇の湾の入口にあった沖漁場《おきなは》のことで、…遣唐使の一行がここは何処かと聞いて〈阿児奈波〉という答を得た時、これを島の汎称《はんしょう》と速断した、と考えるのが真相に近く、［中略］いつしか島の中部の称となり、浦襲《うらおそい》（中山《ちゅうざん》）の異称ともなり、十五世紀の中葉における第一尚氏の三山統一後、島の汎称になった」と述べている（三二一―三二二頁）。

これは、『唐大《とうだい》和上《わじょう》東征伝《とうせいでん》』にある「阿児奈波島」の記述を『続日本紀』にあるかのように勘違いしていることを不問にするとしても、度感に「とから」、信覚に「しなご」という特異なルビを打っていることが問題であろう。古代日本で「とから」を度感と、「しなご」を信覚と表記するはずがなく、度感が「とから」なら、徳之島ではなく吐噶喇《とから》列島のトカラに比定すべきであるし、「いしゃなご」→「しなご」→石垣との解釈は、「信覚＝石垣」説を前提にして「工夫」したものにすぎなかろう。

伊波のこの文章の趣旨は、『続日本紀』には南島の主なる島々が入貢していることを記しているが、なぜ沖縄島の名は現われてこないのかという問題について、そのころの沖縄はすでに「国家」となっていたからだという説を批判し、まだ沖縄の呼称が成立していなかったからだ、という点にある。このこと自体は重要な問題提起ではあるが、伊波のいうように、今の沖縄島がそう呼ばれるようになるのは一五世の中葉であるとしても、七世紀には奄美（表記は海見、菴美、阿麻弥などさまざまだが）の名は成立していて、徳之島は「度感《とから》」、久米島は「球美《くみ》」、石垣島は「信覚《しなご》」とそれぞれ呼ばれているのに、沖縄島だけが呼び名がなかったという話になり、疑問符が付く。いずれにせよ、伊波普猷は、古代律令国家のいう「南島」に、石垣島を含む広い範囲が含まれるという見解を示している。

3　仲原善忠・東恩納寛惇・比嘉春潮・新里恵二

仲原善忠《なかはらぜんちゅう》『琉球の歴史』（『仲原善忠全集　第一巻歴史編』沖縄タイムス社、一九七七年。初出は一九五二年）は、「日本との交通が歴史にあらわれるのは七世紀のはじめ（六一六）で、はじめ種子島、次に屋久島、それから奄美（六八三）となり、八世紀はじめ（七一四）には奄美・久米・石垣の人五十二人が奈良の都に行って日本の朝廷から位をもらったりしており、その後もたびたび南島の人がきた記事が見えます」と述べている（一三頁）。「南島」との交通が南西諸島との交通として理解されている。仲原も、「信覚＝石垣島、球美＝久米島」とみている。

東恩納《ひがしおんな》寛惇《かんじゅん》『琉球の歴史』（一九五七年）は「三　南島統治」と題して、次のように述べている。「薩南屋久・種子以南の島々を、上古南島と汎称した。推古天皇二十四年（六一六）屋久島民前後三十人来貢したのが始めで、これより奈良時代の中期にかけて、南島々民がたびたび来貢し、朝廷はこれに位を賜わり、又その方物を伊勢の大廟にも献ぜられた。奈良時代に入ってからは、奄美・徳・石垣・久米等の南島民の来貢も見えている」。これは『続日本紀』に出てくる「南島」は、そこに「屋久、種子」とあっても、それだけでなく、それより南の島々を含められていた、とするものである。それには「石垣島、久米島」も含まれていたという。「信覚＝石垣島、球美＝久米島」説である。続けて「沖縄島」が出てこないことに触れる。「沖縄の島名は既に奈良時代の中期には知れているのに、この南島の中にこれが見えていないのはどういうことであろう。奄美大島が沖縄本島に帰属したのは十三世紀の中ごろ、宮古・八重山の来帰は更におくれて十四世紀の末であるのを見ると、南島時代には、各島独立して自治の経営をなし全島の統一が出来ていなかったもので、その主島たる沖縄島は大宰府に入貢しなかったものでもあったろうか」（一五―一六頁）。その頃、すなわち「奈良時代の中期」には「沖縄島」の名は知られていたのに、奈良の朝廷、あるいはその出先の大宰府との関係はなかったのか、といぶかっている。

比嘉春潮《ひがしゅんちょう》『沖縄の歴史』(一九五九年)も、真境名と同様の記述である。「沖縄と日本々土の交通がはっきりと記録にあらわれたのは七世紀のことである。今、日本書紀その他によって掲げてみると」として、六九九年、七一四年、七一五年、七五一年の記事の概要を示し、「奄美諸島、徳之島、石垣島、久米島の人が大和朝廷に行ったことが記録されている」としつつ、さらに「また、これより先」として、六一六年から六九八年までの八項目を紹介している。そして「掖玖(夜久・夜句)や多禰は、現在の屋久島、種子島だけでなく、それより南のずっと沖縄の島々までを含むいわゆる南島全体をさしたものと説く人もいる」とする(二五一二六頁)。そして「多禰」についての「日本書紀」の記述をややくわしく紹介して、「夜久」については『隋書』流求伝の記事に触れている(第四章参照)が、「流求=邪久」が成り立つとすれば、大和朝廷に行った人の中に「わが沖縄人も含まれていたとも考えられる」と述べている(二六頁)。「屋久」・「種子」・「石垣」・「久米」という記述を、沖縄諸島にまで及ぼして理解しようとしている。

比嘉は、但し書きをつけて、これは中央の記録であって、「これだけが沖縄と日本々土の交通のはじまりであり全部であると断定することは早計である。むしろこの時代に公式の交通が大和地方にまで延長したと見るべきであろう」とし、「地理的に見て、すでに開かれていた九州地方その他との交通路が七世紀になって大和まで延びたというべきであろう」ともいう(二七頁)。以前はなかった日本との交通が、しだいにつながっていったとの理解であるが、事実は、縄文文化の伝播、微弱ながらも弥生文化の伝播、貝の道など、ずっと以前から交通はあったのである。また、「日本書紀」などの記述は、逆に、沖縄島には及んでおらず、ただ久米島と石垣島（「信覚＝石垣島、球美＝久米島」説に立つ）が出ているだけなのに、沖縄諸島全体に及んでいたとしている。

比嘉春潮・霜多正次《しもたせいじ》・新里恵二《しんざとけいじ》『沖縄』（岩波書店・新書、一九六三年。一九九六年第一九刷）で、新里は「沖縄諸島全域から須恵器《すえき》が広く出土することからみて、六〜七世紀ごろ日本本土との交渉があり、この前後に沖縄の社会が歴史時代にすすむ用意をととのえたと見てよいだろう。それを裏書きするように七世紀から八世紀にかけて、〈南島〉から大和朝廷への遣使・入貢が記録されている（『日本書紀』など）」と述べている（六二−六三頁）。ここでも、「南島」は沖縄諸島を含むものとしている。

4　宮城栄昌の「信覚＝石垣島、球美＝久米島」説への疑問

宮城栄昌《みやぎえいしょう》『沖縄の歴史』（一九六八年）は「日本本土との交渉」と題して、次のように述べている。「沖縄諸島の全地域から須恵器が出土することは、六、七世紀のころ日本本土との交渉があったことを示すが、文献上では日本書紀や続日本紀にその関係をみることができる」として、六一六年に始まり、「七世紀から八世紀にかけて、南島人の来朝、日本からの使いの派遣など十数例がある」といっている（二五頁）。「南島」には、ぼんやりとながら沖縄諸島を含めているようだ。

宮城はしかし、これらの島の中に「久米島」「石垣島」が含まれていることについて、次のように疑問を呈する。「七一四年記事にみえる信覚は現在の石垣島、球美は久米島といわれるが、字音

が類似している以外には、それを実証する史料が存しない。当時の沖縄には統一的な政治社会がなく、おそらく根人が根神とともに、一村中心の支配を行なっていた時代であろう。石垣島や久米島が政治上の独立体であっても［東恩納説―来間］差し支えないが、沖縄島を越えて久米島や、さらに遠隔の石垣島の名が見えているのに疑問がある。薩摩・大隅に近い種子島や屋久島はともかく、以南の諸島で国家が重視した島々とすれば、奄美大島と沖縄でなければならない。球美・信覚は度《と》感《く》（徳之島）に近接した島々であったかも知れない」（二一五頁）。ここで宮城は、「南島」に沖縄諸島は含まないとの見解、すなわち前段とは異なる意見を提出しているようだ。

宮城栄昌『琉球の歴史』（一九七七年）の「古代琉球の対外関係」でも、同様のことを記述している。

5　松本雅明の「ヤクは南島の総称から沖縄本島へ」論

松本雅明《まつもとまさあき》『沖縄の歴史と文化』（一九七一年）も、「ヤマトと南島の交渉は、『日本書紀』推古二十四年（六一六）にみえるのが最初である」として、その記述を紹介しながら、それぞれに短いコメントを添えている。そのうち六三一年まではヤクのみで、それは「後世の屋久島」ではなく「南島」全体を「総称」したものである、とする。そして「五〇年［細かく言えば四六年―来間］とだえ、七世紀の後半［六七七年―来間］になると別に多禰島の名称があらわれてくる」。「すなわちヤクという総称のなかから、まず、多禰が個別的な島としてあらわれるのである」。次に六八三年になると「さらにアマミの名があらわれ、島名がしだいに分化し、個別的になっていくさまがみられる」。

まとめて、「すなわち、はじめ掖玖（夜句、夜久）と総称されていた南島が、七世紀末には〈南嶋〉とよばれ、個別的な名があらわれてくるさまが知られる。種子《タネ》・奄美《アマミ》のほか、度感《トカム》は徳之島（トカラ列島とする説もあるが、トカラより先に奄美が見えるはずがない）、信覚《シガキ》は石垣島、球美《クミ》は久米島であろう。このように奄美・徳之島・石垣・久米がみえながら、もっとも大きく豊かな沖縄本島が見えないのはふしぎである。それはおそらく、一般にいわれるように、はじめ総称であった夜久が、やがて沖縄本島をさすように固定してきたのであろう。『新唐書《しんとうじょ》』日本国伝には、〈その東海嶼中にまた邪古、波邪、多尼の三王あり〉とあって、隼人、種子島と対して、邪古が出るので、それは沖縄本島をさすことは間違いない。（現在、屋久島にその名がのこっているのは、平安朝以後、南島との交渉がとだえて後の呼び名であろう。）」（九頁）。なお「邪古、波邪、多尼」は、それぞれヤク・ハヤ・タネと読まれている。

この文章の前半では、一連の島の名称が出てくる中で、沖縄本島が出てこないのは、この一帯の島々が、当初は「夜久」と総称されていたのに、その「夜久」は沖縄本島そのもののこととされるようになり、「夜久＝沖縄本島」となったので、沖縄本島をあえて「沖縄本島」と呼ばず、「夜久」で通したのではないかと述べている。しかし、後の後まで「屋久島」という島はあるのであり（それを、松本は平安朝以後の復活というが）、沖縄本島が「屋久島」と呼ばれることはなかったであろう。この文章の後半では、『新唐書』日本国伝を引いている。そこには「三王」があると記され

表 6-2　松本雅明による「南島」概念の変遷

ヤク	?					
ヤク	タネ	?				
ヤク	タネ	アマミ	?			
ヤク	タネ	アマミ	トク	?		
ヤク	タネ	アマミ	トク	(沖縄)	クメ	イシガキ
屋久島	種子島	奄美大島	徳之島	(沖縄島)	久米島	石垣島

（注）松本雅明『沖縄の歴史と文化』の趣旨をくみ取って作成したものであるが，私（来間）はこの表から「沖縄島」「石垣島」を除くべきだと思う．

ているが、それぞれ、「邪古＝ヤク」、「波邪＝ハヤ＝隼人」、「多尼＝タネ」とみて、「ヤクは沖縄本島のこと」だと強弁している。

この考えを表にすれば、次のようになろう。「ヤク」としてぼんやりと把握されていた南の島々が、しだいに島ごとの理解が進んでいったのである。その限りで私は同意する。

6　上原兼善の「信覚＝石垣島、球美＝久米島」論

上原兼善《うえはらけんぜん》は共著『沖縄県の歴史』（山川出版社・県史シリーズ47、一九七二年）において、このことに触れている。「『日本書紀』は六一六年（推古二十四）の〈掖玖《やく》（夜久）〉人の帰化をはじめとして、六七八年（天武《てんむ》六）の〈多禰《たね》島〉、六八三年（天武十一）の〈阿摩弥《あまみ》〉など、南島の帰化入貢を記録しているが、『続日本紀』の六九九年（文武《もんむ》三）の条には〈度感《とかん》〉（トカラ列島とする説と徳之島とする説がある）の名がみえ、さらに七一四年（和銅七）の条には沖縄諸島の一部だと思われる〈信覚《しがき》〉（石垣）、〈球美《くみ》〉（久米島）などの島名も出てくる。だが〈りゅうきゅう〉ないしは〈おきなわ〉の字は見えない」。そして六九九年の『続日本紀』

の記事を引いて「夜久を多褹《たね》・菴美・度感の島々と並記し」ているといい、また同じ記録の七一五年（霊亀《れいき》元）の条も引いて、ここにも「同様に〈夜久〉を〈信覚〉、〈球美〉の島々と並記しているにもかかわらず、沖縄を示す島名が当たらない［見当たらない―来間］のは不思議である。従来いわれているように、〈夜久〉は屋久島のことではなくて、沖縄本島をさすのであれば、沖縄ははやくから大和朝廷との交渉をもったとも考えられるが、しかし、まだ多くの疑問が残る」と結んでいる（三二一―三二三頁）。

なお、「夜久」が、屋久島から沖縄本島あたりまでを含む呼称であるとの意見はあるが、「沖縄本島をさす」といっているのは松本だけで、「従来いわれて」はいない。

上原兼善「海上の道」（前出、『南島の風土と歴史』一九七八年）も、これらの記事を紹介している。まず六一六年・六二〇年・六二九年・六三一年の記事を紹介し、六五四年・六五七年・六五九年のトカラ人との交渉に触れ、「ほぼ五〇年ほど」は「公的な交渉」がないとし、再び六七七年・六七九年・六八一年・六八二年・六九五年・六九八年・六九九年の記事を取り上げている。この中では、トカラ人を「南方からきたと思われる人々」とし、「国覓《くにまぎ》」を「探検」としている。また、「翌七一五年（霊亀《れいき》元）正月には、奄美・夜久・度感・信覚・球美の各島はすすんで入貢している。記録には、ほかの沖縄本島や諸島の朝貢を示す記事はみえないが、信覚は現在の石垣島、球美は久米島だと思われるから、ほぼ琉球諸島全体がヤマト朝廷への朝貢圏にはいっていたものとみてよいであろう」（四一―四二頁）。ここでは、「信覚＝石垣島、球美＝久米島」説を支持しているが、「琉球諸島全体がヤマト朝廷への朝貢圏にはいっていた」とは、いかにも過ぎている。

7　三島格の「信覚＝石垣島」否定論

三島格《みしまいたる》「九州と南島」（前出、下條信行ほか編『九州・沖縄』一九九一年）は、「『日本書紀』『続日本紀』などの「史料に出ている島名を列挙すると、ヤク（掖玖、異字あり略、以下同）・タネ（多禰）・トカラ（吐火羅）・サエ（舎衛）・アマミ（海見）・ニカイ（爾加委）・トカン（度感）・クミ（球美）・シンカク（信覚）の九島である」とし、その後の出土木簡の文字から「伊藍嶋《いらんしま》（沖永良部《おきのえらぶ》島）」も加えられる、とする。「では、どの島までが大宰府＝ヤマトの支配下にあったのだろうか」と自問し、タネとヤクの「両島を連ねる線が緩やかな国境といえるであろう。これは従来からいわれている九国三島の範囲である。問題はこれら以外のトカラ・サエ（？）・アマミ・ニカイ（喜界）・トカン・イランシマ・クミ（久米）・シンカク（？）の島々で、おそらく律令体制外の島であろう」と答え、またシンカク（信覚）を石垣島とすることの無理を、「列島の主体部ともいえる沖縄本島とその属島および広大な宮古水道や諸島を飛び越して、たとえば**シンカク**を八重山の一つ石垣に比定することは、新井白石が『南島志』で示しているが、江戸時代ならいざ知らず、現在では大きな無理がある。サエ・シンカクは比定地保留としておきたい」と述べている（二一六‐二一八頁）。奄美諸島以南の島々を「律令体制外」としている点が特徴である。

新井白石《あらいはくせき》『南島志』には、こうある。「八重山島　石垣と入表の二つの島の地を総称して八重山とする。国史に信覚《『続日本紀』にでている》と称している。『星槎勝覧』に重曼山とよんでいるのは、みなこの石垣のことをいうのであろう。つまり、信覚の変化にすぎないのである」（原田禹《はらだのぶ》雄《お》訳注『新井白石　南島志　現代語訳』榕樹社、一九九六年、七六頁）。考証らしいことは見られない。また、伊地知貞馨《いじちさだか》『沖縄志』（有恒斎蔵版、一八七七年。青潮社、一九八三年復刻版）にも、「石垣島　続日本紀信覚《シガキ》ニ作ル、那覇ノ西南百四十里ニ在リ、周廻十六里十七町」とある。これには「シガキ」とルビが打たれている（六一頁）。なぜ「しがき」と読むのかの説明はない。

さらに言えば、七世紀の石垣島は、「無土器期」（有土器期の後の）で農耕はまだなく、狩猟採集の生活をしていたのであり、九州の側からの一方的な交易関係は認められるものの、人びとはむしろ南から移動して来たと考えられている（拙著『稲作の起源・伝来と〝海上の道〟』下、一九八－二〇〇頁で紹介した、金武正紀《きんまさのり》と大浜永亘《おおはまえいせん》の見解）。

8　山里純一の「信覚＝石垣島、球美＝久米島」論

山里純一「南島覔国使の派遣と南島人の来朝」（山里『古代日本と南島の交流』第一章、初出は一九九一年）は、「信覚を石垣島、球美を久米島だとすると」として論じているが、そこにつぎのような「注」をつけている。これをめぐる議論をくわしく論じているので、ここで紹介したい。「このように比定したのは新井白石であり（『南島志』）、以下これが通説となっている（村尾元融『続日本紀考証』〈復刻、国書刊行会、一九七一〉、東恩納寛惇『南島風土記』〈『東恩納寛惇全集』7、第一書房、一九八〇〉、喜舎場永珣『新訂増補　八重山歴史』〈国書刊行会、一九七五〉、牧野清「信覚考」〈『南島研究』

二九〉など)。これに対して伊波普猷氏は、石垣島は八重山諸島の中で遅く開けた島で、石垣を地元でイシャナグと発音しているとして、信覚を石垣島以外に求めるのが安全であるとしたが(「朝鮮人の漂流記に現れた十五世紀末の南島」〈『伊波普猷全集』第五巻所収、平凡社、一九七四〉)、宮城栄昌氏は〈信覚と球美は、徳之島とされる度感に近接した島々であったかも知れない〉と述べている(『琉球の歴史』吉川弘文館、一九七七)。しかし徳之島の周辺には信覚や球美に比定できるような島名が存在しない以上、こうした理解には従えない」(八四頁)。

このほか、角田文衛、柳田国男、喜舎場一隆の論に触れている。このうち柳田と喜舎場は、「球美」を西表島の「古見《こみ》」だと説いているが、山里はこれを次のように退けている。「新井白石の球美=久米島説が現在もなお有効とされているのは、球美が久米島の久米の方音クミに通ずることもさることながら、史料的にもその島名は少なくとも西表島の古称とされる古見よりは遡り、しかも一貫しているからである」。さらに『李朝実録』等にも触れている(八四頁)が、「球美=久米島」説を支持するのに、これだけの資料を提出しているのに、「信覚=石垣島」説を支持する論拠は特に提出されていない。

9 中村明蔵・熊田亮介の「信覚=石垣島、球美=久米島」論

中村明蔵《なかむらあきぞう》『ハヤト・南島共和国』(春苑堂出版・かごしま文庫、一九九六年)は、「大隅国が設置された翌和銅七年(七一四)十二月に、ヤマトの朝廷が派遣した太朝臣遠建治《おおのあそんおけじ》に率いられて、南島の

奄美・信覚《しがく》・球美《くみ》等の島の人五十二人が朝廷に到着した。信覚とは沖縄県の石垣島で、八重山列島を代表する島である。球美は久米島で沖縄本島の西方に浮かぶ小島である。久米島はまだしも、八重山列島は沖縄本島から約四百キロに位置し、その北の宮古《みやこ》列島とともに先島諸島と呼ばれ、沖縄本島との間には島嶼もなく、航路が定めにくい地域とされた遠隔地である。現在の日本の国域のほぼ南限でもある。太朝臣遠建治がいつ南島に派遣されたか記録にないが、南島の極致を見きわめ、そしてその住民をともなって帰朝したのである」と述べている（一九六―一九七頁）。「信覚＝石垣島、球美＝久米島」説をあっさり受け入れている。

中村明蔵「古代東アジアと奄美・沖縄諸島」（前出、『沖縄対外文化交流史』二〇〇四年）は、『隋書』流求伝の分析（本書第四章第五節で紹介）に続き、『日本書紀』『続日本紀』に現われる「南嶋」（南島）その他の、九州より南の島々について分析している。この中では、「信覚《しがく》は石垣島、球美《くみ》は久米島を指すとするのが通説である」と述べて、「南島」には沖縄諸島も含まれるとして論じている（一五八頁）。

熊田亮介《くまだりょうすけ》「夷狄・諸蕃と天皇」（前出『古代天皇制を考える』二〇〇一年）は、八世紀に入って、「霊亀《れいき》元年（七一五）、平城宮の大極殿で元明《げんめい》天皇と皇太子（のちの聖武）が出御して行われた元日朝賀の儀式に、陸奥・出羽のエミシとともに奄美・夜久・度感・信覚《しがく》（石垣島）・球美《くみ》（久米島）の人々が参列し、服属儀礼を行った。これによって、朝貢する南島人の領域が、現在の先島《さきしま》諸島にまで拡大したことがわかる」（一五一頁。ルビは熊田）。ここでは、「信覚」は石垣島で、「球美」は久米島であると判断し、これをもって「現在の先島諸島にまで」古代日本国への服属が進んだとしている。

10　田中聡の「流求＝夷邪久＝掖玖」かつ「＝沖縄島」論

田中聡《たなかさとし》「古代の南方世界―〈南島〉以前の琉球観」（前出、一九九九年）は、「本稿の主な目的はリュウキュウ観念自体の変異を跡づけることにある」といい、『隋書』流求伝とあわせて検討している（第四章で紹介した）が、『日本書紀』の「ヤク」についても次のように論じている。

この「掖玖」は「七世紀前半には沖縄島、天武朝以降は屋久島を指すように変化した」と考えている田中は、「天武朝の〈南島〉政策によって〈掖玖〉＝屋久島と明確に固定される以前の〈掖玖〉は、実体としては〈流求〉そのものであった可能性が高い」という。「通説」は「この海域の島嶼が七世紀末以降律令国家によって〈南島〉と総称され、一括支配下におかれる」ということから考えて、「そこに至る前史を一系的に遡って想定し」ているのであり、「その結果、この海域において七世紀初め既に〈南島〉的な一体性が成立していたととらえ」たものであろう。「しかし」これは方法が「転倒」している。この「掖玖」の意味内容は、「一括支配下におかれた」ことからその前を類推するのではなく、「同時代の別史料との関連性において」検討さるべきである。そして「検討の結果から、少なくとも文献史料からは七世紀前半の時点でこの海域にそうした一体性は確認できず、隋においても倭国においても当該期にクローズアップされているのは**沖縄島**のみであったといえる」と結論している。この海域にもともと「一体性」があったわけではなく、「掖玖」といわれたのは、隋からみても（「流求」あるいは「夷邪久」と表現されていたが）、倭国からみても、「沖縄島」そのものである、というのである。隋からみて「流求＝夷邪久」であるというのはいいが、倭からみて「夷邪久＝掖玖」とし、さらにそれらが「＝沖縄島」とするのは、当時のこの海域の状況と、そののちすぐに種子島と屋久島に「多褹嶋」という行政区が設置されることなどからみて、飛躍しているように思える。

「隋の滅亡後、中国では〈流求〉征討の記憶だけが反復されて残ってゆくが、日本においてはそうした状況が七世紀末に大きく転換し、南西諸島の最北端に位置する〈多褹〉が、以降の政治的中心となるに及んで、当海域内で（台湾を除けば）最大の沖縄島の実態を伝える記録はほとんど消失してしまう」。例えば（山里純一のように）「そこに沖縄島人の律令国家に従わないという政治的意志の表明が秘められている」と考えることには同意できない、とする（六九－七〇頁）。

11 池田栄史の「信覚＝石垣島」への疑問、またトカラについて

池田《いけだ》栄史《よしふみ》「琉球文化の成立」（豊見山和行《とみやまかずゆき》・高良倉吉《たからくらよし》編『琉球・沖縄と海上の道』吉川弘文館・街道の日本史56、二〇〇五年）の中で、「球美《くみ》は新井白石《あらいはくせき》が比定《ひてい》したように久米島とみて間違いないであろう。ただ信覚《しんかく》については新井白石が石垣島《いしがきじま》に比定したことについては否定的な見解も多い。しかし他に代案を提示すべき島が見あたらないため、依然として通説の地位を保っている」と述べている（六四頁）。

なお、『日本書紀』に出てくるトカラ・サエについては、以下のような議論がある。

比嘉春潮《ひがしゅんちょう》『沖縄の歴史』（前出）は、トカラについて、「吐火羅国は隋国の西にあり、舎衛・古波勒国、吐火羅と隣す。大月氏の別種なり」と何かの文献（文献名は示されていない）から引用してみせて、「今のアフガニスタンに当る」と述べている（二七頁）。

中村明蔵『ハヤト・南島共和国』（前出）は、「古代の重要な文献の一つ、『日本書紀』にはトカラと読める地名にかかわる記事と、それに関連する記事がいくつかある。それが、現在の鹿児島県の十島村を意味するトカラ（トカラ列島のこと）なのかどうか、ここに検討してみたい」として、関連記事を紹介し、まずそこに「舎衛《しゃえ》」とあるのは「仏教遺跡の祇園精舎《ぎおんしょうじゃ》で有名な舎衛城の地で、インドのガンジス河の中流域サヘートマヘートにあたることを注意しておきたい」とする。そして「その舎衛と併記されるような吐火羅国はどこであろうか」といい、くわしく検討したうえで、「十島村のトカラ列島をさしていた可能性はほとんどなくなる」とし、中国の古文献にある類似の地名などから、タイ国のドヴァーラヴィテイの可能性を指摘している（六七-七二頁）。

下野敏見《しものとしみ》は、山口修「トカラから来た人たち」（『ちくま』一三号、一九六九年）という論説によりつつ、次のように述べている。「『日本書紀』孝徳天皇白雉《はくち》五年（六五四）の〈夏四月に、吐火羅国《とから》の男二人女二人、舎衛《しゃえ》の女一人、風に被《あ》ひて日向《ひむか》に流れ来《きた》れり〉という記事と、斉明《さいめい》天皇三年（六五七）の「覩貨邏《とから》国の男二人、女四人、筑紫《つくし》に漂ひ泊《よ》れり。言《もう》さく、〈『臣等《やつかれら》、初《はじ》め海見嶋《あまみのしま》に漂ひ泊《よ》れり』とまうす〉という記事のトカラ国は、前者は〈舎衛の女〉といっしょであるということから、また後者も、〈はじめ海見嶋に〉漂着したということから、どうも七島のトカラ列島ではなく、もっと南方のようである。山口修はこのトカラを、ミャンマー連邦（ビルマ）のイニワジ河の中流域に昔あった〈突羅朱〉や〈舎衛〉、および、タイのメナム河（チャオプラヤ河）流域に栄えた王国〈堕和羅〉などに比定している」（下野「トカラ列島の民俗文化」、『隼人世界の島々』小学館・海と列島文化・第五巻、一九九〇年、四五一-四五二頁）。

山里純一「律令国家の南島支配」（『古代日本と南島の交流』のうち）は井上光貞《いのうえみつさだ》説を紹介している。「井上光貞氏によれば、吐火羅（堕羅）は今のタイ国、メナム河下流のモン族の王国ドヴァーラヴァティで、舎衛はガンジス河中流地帯にあるインドのU・P州にある舎衛城のことであるという（「吐火羅・舎衛考」〈『井上光貞著作集』第十一巻所収、岩波書店、一九八六〉）」（九五頁）。また、山里『古代の琉球弧と東アジア』（吉川弘文館、二〇一二年）でも井上説を紹介している（二八頁）。

先の池田栄史も、「覩貨邏《とから》国については十島村《としまむら》のトカラ列島ではなく、今のタイ国、メナム河下流のモン族の王国、ドヴァーラヴァティと見る説が有力である。興味深いのは、彼らがどうして筑紫に漂泊する前に漂泊した島を海見島であると報告できたのかということである。漂泊した際に彼らが島人から聞いたのか、あるいは筑紫の官人が彼らの説明を聞きそのように認定したのであろうか。いずれにしてもこの時すでに奄美大島の存在がその島名とともに知られていたのであろう」としている（六二頁）。

12　安里進の「信覚＝石垣島」説への保留論

安里進《あさとすすむ》・山里純一「古代史の舞台　琉球」（前出、二〇〇六年）で、安里は次のように述べている。①「『日本書紀』『続日本紀』によると、…その中に沖縄本島が登場しないのはなぜかという問題がある。考古学からみると…〔中略〕…沖縄本島が島の大きさゆえに社会発展で有利だったとは限らない」。山里純一のいうように、「沖縄本島に大和国家への〈入朝〉を拒否する有力な勢力の存在を示す遺跡は今のところ確認されていない」。②「信覚」が石垣なのか、「考古資料からは、沖縄―先島間の往来を示す資料はほとんどない」。山里は「スイジガイ製品」という共通性があるのではないかというが、「これだけで両者の恒常的な交流を示す物証とするには弱すぎる。とはいえ、信覚＝石垣島を全く否定することもできないし、石垣島以外に〈信覚〉に比定できそうな島もないので、この問題は保留しておくほかはなさそうだ」。

つまり、安里は共著者の山里の議論を実質的には否定しているのである。

13　上里隆史の「信覚＝石垣島」説への疑問

上里隆史《うえざとたかし》『海の王国・琉球　「海域アジア」屈指の交易国家の実像』（洋泉社・歴史新書、二〇一二年）は、この問題について、次のように述べている。「境界領域である〈キカイガシマ〉では、とくに奄美大島北部・喜界島が中心となり、六～七世紀頃から日本の古代国家と継続的な関係を持っていた。…ただ注意すべきは、これらの地域が万遍なく来朝したのではなく、種子島・屋久島の頻度がもっとも多く、奄美大島やトカラ列島などが続き、石垣島、久米島にいたってはただの一度のみの来朝である。さらに石垣島に比定される〈信覚〉だが、…当時の沖縄島以南は隔絶された地域であり、本当に石垣島を指しているのか疑問も残る」（三〇頁）。「信覚＝石垣島」説に疑問を出しているが、「タネ＝種子島、ヤク＝屋久島」として、九州より南の島々の総称とは見ていない。

14　山里純一の「球美＝久米島、信覚＝石垣島」論（再論）

山里純一『古代の琉球弧と東アジア』（吉川弘文館・歴史文化ライブラリー、二〇一二年）は、「南島」の範囲に関わることについて、次のことを述べている。くりかえしの部分もあるが、紹介する。

①掖玖《やく》人が「推古二十四年（六一六）」の「一年に三度も漂着している」ということは、「少なくとも九州島に向かい北上する掖玖人がいたことを示している」（六－七頁）。

②「初期のヤクは、屋久島を含む大隅半島以南の島々の総称と考えるべきであろう」（七頁）。

③「推古・舒明朝においては琉球弧の総称として用いられていた掖玖が明確に分化しており、以後、掖玖の語は屋久島そのものを指すようになる」。「天武一一年（六八二）」のことである（四四頁）。

④「文武二年（六九八）に務広弐《むこうに》（正七位下相当）文忌寸《ふみのいみき》博士《はかせ》ら八人が〈国を覓め〉るため戎器を与えられ〈南島〉に遣わされた。推古朝・舒明朝に掖玖と総称された琉球弧に対して〈南島〉という語が用いられたのはこれが最初である」（四九頁）。

⑤「信覚と球美の島名比定に関しては従来から議論もある。そのうち球美については西表島《いりおもてじま》の

古見《こみ》にあてる人もいるが、大方は久米島で一致しているといってよい。しかし信覚は石垣島ではありえないとする見解は根強い。それは奄美から沖縄島や久米島までは島々を見ながら航行できるが、久米島から宮古島までの二〇〇キロの間はまったく島が見えず、沖縄本島と宮古島の間にある慶良間《けらま》海裂《かいれつ》は南北双方の文化の交流を阻む壁になっていたという。これを越えて考古遺物が確認されるのは一二世紀以後であるから、八世紀初頭に太朝臣《おおのあそん》遠建治《おけじ》らが慶良間海裂を越え石垣島まで行くことは、こうした考古学の常識では想定できないのである。しかし「スイジガイ製利器《りき》」というものが双方にある。「こうした議論とは別に、久米島の近くの大きな沖縄島の名が見えず、宮古島よりもさらに南の石垣島の名が見えるのはおかしいというのも理由の一つとなっている」。しかし、沖縄島は従わなかったと考えればいい（8での議論）。こうして「沖縄諸島および先島諸島から律令国家への〈朝貢〉が初めて実現したが、その後、六～七年間隔で南島人が来朝している」とする（五六―六〇頁）。なぜか、ここでは「先島諸島」と表現することによって「宮古諸島」をも含めつつ、従わなかったはずの「沖縄諸島」までが、「朝貢」したことにされている。

全体として、大和朝廷に朝貢する「南島」のなかの「沖縄諸島」の位置づけがあいまいで、強引にはめこんだ感が否めない。その後の沖縄諸島の歴史に、「大和朝廷への朝貢」の痕跡を認めることができるだろうか。「朝貢」があったと言い張ることで、どのような歴史認識が生まれるというのだろうか。

15　『続日本紀』にいう「南島」に沖縄は含まれていない（まとめ）

『日本書紀』『続日本紀』に記された島々や、それを総括して『続日本紀』以降に現われる「南島」というのは、基本的には熊毛諸島（種子島・屋久島）のことであり、それが奄美諸島（喜界島・奄美大島・徳之島・沖永良部島・与論島）にまで緩やかに及ぶことはあっても、それより南の沖縄諸島や先島諸島（宮古諸島・八重山諸島）には到達しない。種子島と屋久島は、のちに律令国家の行政区として「多褹《たね》嶋」が置かれたこともあり、そこに取り込まれていた（「多褹嶋」は解消しても、「大隅国」に編入される）。その行政区に奄美諸島は取り込まれていなかった。しかしながら、のちに見るように、喜界島に大宰府の出先機関があったのではないかという、遺跡発掘の成果が示されてきていて、その可能性は検討すべきとはいえよう。それでも、それは沖縄諸島以南には及ばない。

また、化外の「朝貢」地域（それが「南島」であった）については、時代状況に規定されて、大和政権側に「朝貢」を受けていたとする傾向があったとしても、それ自体は「支配」ではない。「南島」側にはその自覚はなかったのである（次の第三節）。

そして、その後の沖縄諸島の歴史に、その痕跡や影響は何も出てこないのであるから、「信覚」を石垣島とするような、新井白石による地名の比定にとらわれて、「南島」に沖縄諸島までも含まれていたかのようにいう説は、清算されねばなるまい。

第三節　大和政権による「南島支配」

この「南島」問題は、律令国家である大和政権が「南島」を支配下においていったことを示す問題として扱われてきた。しかしそれは「支配」であったのか、検討を要する。そして、その「南島」に沖縄諸島が含まれているとするかしないかも、重要なテーマになるが、それは前節で検討した。以下、関連した論考をいくつか紹介するが、その論議の中に沖縄諸島を含まれるとしているのかにも注意を払っていこう。

1　真境名安興・伊波普猷・仲原善忠・東恩納寛惇・比嘉春潮・新里恵二

真境名安興《まじきなあんこう》『沖縄一千年史』（一九二三年）は、『日本書紀』『続日本紀』に、ヤク、タネ、アマミ、度感、信覚、球美などの地名ないしそれらの地の人の記述があることを紹介して、沖縄島も宮古島の名もないのに、「既に宮古島等の辺陲《へんずい》［辺境―来間］迄も皇化に浴せし」すなわち支配下に入ったと述べている（三〇頁）。

伊波普猷《いはふゆう》『沖縄歴史物語』（一九四七年）も、仲原善忠《なかはらぜんちゅう》『琉球の歴史』（一九五二年）も、大和政権の「南島支配」ということには触れていないが、伊波はそれを前提に論じていた（前章）。

東恩納寛惇《ひがしおんなかんじゅん》『琉球の歴史』（一九五七年）は、このことを大和朝廷の「南島統治」ととらえている。その「南島」とは「薩南屋久・種子以南の島々」のことで、「南島々民がたびたび来貢し、朝廷はこれに位を賜わ」ったし、「奈良時代に入ってからは、奄美・徳・石垣・久米等の南島民の来貢も見えている」としている。

比嘉春潮《ひがしゅんちょう》『沖縄の歴史』（一九五九年）は、「沖縄と日本々土の交通がはっきりと記録にあらわれたのは七世紀のことである、と述べている。単に「交通」としていることになる（二五頁）。しかし比嘉「沖縄文化史」（一九六三年）は、「大和朝廷の統治権はいわゆる南島にも及ぼうとした。ただ当時沖縄の島々まで積極的に大和の統治が透徹したかは疑わしい」と述べている。

比嘉春潮・霜多正次《しもたせいじ》・新里恵二《しんざとけいじ》『沖縄』（一九六三年）の中で、新里は「七世紀から八世紀にかけて、〈南島〉から大和朝廷への遣使・入貢が記録されている（『日本書紀』など）」と述べている（六三頁）（再掲）。

これらは、「南島」の中に沖縄諸島を含めて考えており（仲原は言及なし）、それが「大和朝廷の南島支配」を受けたととらえている（比嘉はそれは「透徹」しなかったとする）。

2　宮城栄昌の「大和政権の南島支配」論

宮城栄昌《みやぎえいしょう》『沖縄の歴史』（一九六八年）は、須恵器の出土に加えて、『日本書紀』や『続日本紀』にあるように、「沖縄諸島」は「六、七世紀のころ日本本土との交渉があった」、この「交渉」は大和政権の側からみれば、「国の南北に居住する隼人と蝦夷を服属させ、国土の開発を企図する律令国家の政策にもとづくものであった」と指摘し、続けて「その一方、南島中に朝廷にも朝貢しうるほど諸部落を統一し、政治的権力を振う領主＝酋長が出現していたことになる」とする（二五頁）。また、宮城『琉球の歴史』（一九七七年）でも、「多褹以南の多数の島々が同時に入朝していることは、律令国家の統一的な政策に基づくものであろう」ということと、「その一方、南嶋中にも朝廷に朝貢し得るほど諸村落を統一し、政治的権力を振る領主＝酋長が出現していたことになる」ということを述べている（二一頁）。

宮城は、大和政権＝律令国家の南島支配というとらえ方に立って論じている。しかし、その朝貢をみて、「南島」（南嶋）の中に、「朝廷にも朝貢しうるほど諸部落を統一し、政治的権力を振う領主＝酋長」が出現していたとするのは、行き過ぎの感を持たせる。「領主＝酋長」という概念があいまいすぎる。「領主」と「酋長」とは社会的発展段階を異にするものではなかろうか。そして、「信覚＝石垣島」説に疑問を出しながらも、律令支配下に入った「南島」に沖縄諸島を含めて論じている。

3　松本雅明の「ヤマトと南島の交渉」論

松本雅明《まつもとまさあき》『沖縄の歴史と文化』（一九七一年）も、『日本書紀』などの記事を紹介し、ヤマト政権による「南島」の調査が行われたが、「このように南島が注目され、交渉がさかんになり、その調査が行われるようになったのは、そこが遣唐使の通路にあたったからであろう」とする。そして、遣隋《ずい》使は「朝鮮半島にそう、いわゆる**北路**をとっていたらしい」が、遣唐使は全一四回のうち、うち第二回と第六回、そしてそれ以降は「おそらく**南路**であろう」とする。この場合の南路は、南島を経由する航路のことであり、近年は「南島路」と呼ばれている。「この遣唐使の往来が、南島についての関心を一そうたかめ、相互の交流をつよめたことはたしかである。日本や唐の文物が南島にもたらされたことは、当然、予想されるところである」とする。「しかし八九四年に、菅原道真《すがわらのみちざね》による遣唐使の停止は、しだいに南島への関心をうすめ、その公的な交渉はとだえ、［南島は―来間］『隋書』の流求伝の知識によって、喫《きっ》人国、啖《たん》人国［喫も啖も「食う」の意で、食人国―来間］とよび、鎌倉時代には鬼が島（『平家物語』に鬼界、『東鏡《あずまかがみ》』に貴海、『日本紀略』に貴賀井）とよばれ、空想化されていった」、「かくして沖縄はむしろ、日本より中国との関係が深くなるのである。しかし、日本との関係が全くとだえたのではない」と述べている（五一－一三頁）。

松本は、すでにみたように、「南島」には沖縄諸島を含むと考えている。そこが第一の問題である。そして、遣唐使の「南路」（南島路）なるものが琉球列島にそって築かれていたというのも、実証性に乏しい。「日本や唐の文物が南島にもたらされた」ことも「予想」にとどまっており、それはなお数世紀ののちのことであろう。

4　上原兼善の「琉球諸島全体の朝貢圏入り」論

上原兼善《うえはらけんぜん》は共著『沖縄県の歴史』（一九七二年）において、『日本書紀』が「南島の帰化入貢を記録している」という。また、上原「海上の道」（一九七八年）は、次のように述べている。「七一〇年（和銅《わどう》三）の平城京遷都とともに中央集権体制が確立され、国域の拡大化もすすめられるようになると、南島に対する関心はさらに高まった。すでに七〇七年（慶雲《きょううん》四）には筑紫の大宰府《だざいふ》に使を送って南島人に位を授け、物をあたえる等のことがあったが、七一四年（和銅七）十二月には太《おお》朝臣《あそん》遠建治《おけじ》らが、奄美のほか、新たに信覚・球美の島人をふくめて五二人を率いて南島からいたっている。そして、翌七一五年（霊亀《れいき》元）正月には、奄美・夜久・度感・信覚・球美の各島はすすんで入貢している。記録には、ほかの沖縄本島や諸島の朝貢を示す記事はみえないが、信覚は現在の石垣島、球美は久米島だと思われるから、ほぼ琉球諸島全体がヤマト朝廷への朝貢圏にはいっていたものとみてよいであろう」（四一-四二頁）。ここでは、「信覚＝石垣島、球美＝久米島」説を支持して、「ほぼ琉球諸島全体がヤマト朝廷への朝貢圏にはいっていた」と評価している点が特徴的である。

しかし、「球美＝久米島」説は別として、「信覚＝石垣島」説は疑わしい。沖縄島の名が出てこないことも含めて考えれば、「琉球諸島全体」が「ヤマト朝廷への朝貢圏」に入っていたとの評価には従えない。そして、「朝貢圏」への加入が恒常的なものであったとの印象を与えている。

5　青木和夫の「南西諸島朝貢」論

青木《あおき》和夫《かずお》『古代豪族』（前出）は、大和朝廷の国家統一の過程に触れて、そのうちの「隼人や南西諸島の人々に対する手口」として、次のように述べている。「まず手に入れようと思う地方に、いきなり軍隊を送り込んで戦争を仕掛けるような、おろかなことはしない。朝廷側だって人的、物的被害をうけるし、占領しても住民のうらみが治安維持を困難にする。だから最初は帰順《きじゅん》「服従―来間」を勧告する使いを派遣する」と一般論を述べて、『日本書紀』などの記述を要約してこういう。「文武《もんむ》天皇の二（六九八）年夏、朝廷が九州の南にうかぶ島々へ、〈覓国使《くにまぎのつかい》〉（覓《まぐ》は求める意）として派遣したのは、文博士《ふみのはかせ》以下下級官人八名であった。かれらは武器を携行《けいこう》していた。おそらく従者のほかに、現地の方言を話せる人もつれて歩いたであろう。かれらの帰国は翌年秋であった。そのとき種子島《たねがしま》・屋久島《やくしま》・奄美大島《あまみおおしま》・徳之島《とくのしま》の島人が貢物《みつぎもの》をもって随行してきたから、かれらは使命を果たしたことになる。はじめは不定期の貢、つぎに定期的な貢、そしてその額もきめられて租税となる、という経過をへて支配が完成するからである」（三九頁。ルビは青木）。

青木は、次のように続けている。そのとき、この覓国使が「現地の巫祝《ふしゅく》と思われる女性らと、これを奉ずる隼人出身の郡司や住民らの一団に、脅迫された」、そこで「文武天皇の四（七〇〇）年夏、朝廷は筑紫総領《つくしのそうりょう》（大宰帥《だざいのそち》）に命じて脅迫者を処罰した」、すると「大宝二（七〇二）年秋には、薩摩《さつま》と多褹《たね》（種子島）とに反乱がおこる。朝廷はただちに軍隊を送りこんで隼人を討伐し、薩摩も多褹も内地の諸国と同様な律令行政のもとにおいてしまう」（三九-四〇頁。ルビは青木）。「多褹嶋」（種子島・屋久島）の設置のことである。

青木は、大和朝廷による「九州の南にうかぶ島々」「南西諸島」に対する支配の端緒として描いているが、そこには沖縄諸島の名はなく、範囲が明確でない。

6 山里純一の「南島の朝貢圏拡大・新航路開拓」論

山里純一《やまざとじゅんいち》「南島覔国使の派遣と南島人の来朝」（『古代日本と南島の交流』のうち。初出は一九九一年）は、覔国使の派遣の目的を「南島の朝貢圏の拡大を図ることと、遣唐使の新航路の開拓にあった」としている（七七頁。以下、ルビは来間）。

そのうち「南島の朝貢圏の拡大」については、次のようにいう。天武六年（六七七）、種子島にあたるとみられる「多禰島」の人に「饗宴」を設けているが、これは「多禰人を化外《けがい》からの朝貢者に見立てて対応したのであろう」。そして天武八年（六七九）、「多禰島」に大使と小使を派遣したが、彼らは天武一〇年（六八一）に「多禰島人」を伴って帰り、「多禰国図」（地図）や「土毛」（地方の産物）をもたらしている。ここで転換がある。天武一一年（六八二）には、「多禰人・掖玖人・阿麻弥人」がそれぞれ異なった「禄を賜る」とある。島々の名が個別化して、「多禰人は種子島の人、掖玖人は屋久島の人、阿麻弥人は奄美大島の人」とされた（六七-七四頁）。

「大宝律令が完成し施行される直前の文武《もんむ》期」にも「南島」に関する記事が出てくる。文武二年

（六九八）～四年（七〇〇）にかけての四件である。ここで初めて「南島」が登場する。それまでは「多褹」「多禰」あるいは「掖玖」でこの地域を代表させていたが、ここでは「多褹・夜久・菴美・度感」と列挙されていて、これらの人びとを率いて帰朝した「朝宰」が覔国使であった。この覔国使は「銃器の携行」すなわち「不測の事態に備えるための武器」の携行があり、「朝貢圏の拡大を図る」目的があっただろう、とする（七四-七七頁）。

山里は、「覔国」は「国を覔《もと》める」ことであるといい、『万葉集《まんようしゅう》』の大伴家持《おおとものやかもち》の歌に「覔国《くにまぎ》しつつ」とあるのを引いて、それぞれルビを打っているが、「覔国使」にはルビがない。他書では、「べっこくし」ないしは「くにまぎし」「くにまぎのつかい」と読まれている。また、「覔める」とは調査する、ということであるが、そのさいに「朝貢」を求めることもあったと考えられている。

もう一つの「遣唐使の新航路の開拓」については、「新羅を介せず主体的に唐と直結した外交あるいは文化輸入ルートの確保を目指した」ものと評価している。ただし、そのような「南島路」の「開拓」が、覔国使の派遣の目的のひとつであったかについては、推測にとどまっているようだ（七七頁）。

なお山里は、「蕃国《ばんこく》や夷狄《いてき》への授位」の意義について、律令国家の「支配者にとっての対外的政治関係の指標であり、中華意識を充足せしめるものであった」ものの、「一方」の「叙位される南島人にとっては、南島社会における位階の現実的な有効性はほとんどないと言ってよい」としている（七八頁）。

「朝貢圏の拡大」については、一層進展する、とする。すなわち霊亀《れいき》元年（七一五）の朝賀における蝦夷と南島人の朝貢」は、首皇子《おびとのみこ》（のちの聖武《しょうむ》天皇）の「立太子後最初の朝賀の儀」であり、そこに「南島人が参列した」ことは、その「朝貢の儀［朝賀の儀―来間］を盛大ならしめるものであった」。それも、「はるか南方の球美（久米島）や信覚（石垣島）からの朝貢を実現できた」のであるから、「朝貢圏の拡大という意味では、これまでで最大の成果を得たことになる」。この南島人の朝貢を覓国使派遣の結果ととらえ、危ういが「信覚＝石垣」説に立つ山里は、このことに「最大」の評価を与え、かつ、この覓国使は「南島路の保全に関する任務も帯びていた」と、重ねて「推測」するのである（七八－八〇頁）。

　そしてさらに時代が下って、養老《ようろう》四年（七二〇）や神亀《じんき》四年（七二七）の「南島人の来朝」は、もはや中央からの使者に連れられてきたのではなく、「南島人の主体的な朝貢」であるとし、しかしそれは入京はさせず、大宰府にとどめて、そこで叙位するようになっていった、という（八〇－八一頁）。

　山里は「律令国家の南島支配」（『古代日本と南島の交流』のうち。初出は一九九六年）においては、次のことを主張している。コメントを加えて紹介する。①「南島」は「日本古代国家（律令国家）の版図外に置かれ、律令国郡制や租税制などとほとんど無縁であった」（八六頁）。「ほとんど」ではなく「まったく」であろう。②「多禰島」（種子島）は（屋久島とともに―来間）、大宝令施行を契機に「多褹嶋」という「行政区」に編成されるが、ここから「南島」はこの行政区から外された島々の意味になり、「その南島支配の拠点として注目されるようになったのが奄美である」（八七頁）。「南島」は日本国の「外」に位置づけられたのであり、「支配」されたのではない。③「島名の記載順が版図に近い島から遠い島へと単純に並べたものでない」し、「阿麻弥島」が筆頭に書かれ、次いで「夜久・度感・信覚・球美」の順となっていることがそれを証明する（八七-八八頁）。これへの私の疑問はのちに提起する。④「南島支配の拠点に位置付けられた奄美の役割の第二は、南島路の確保・保全にあったと思われる」（八九頁）。これも疑問だが、別に論ずることにする。⑤「〈延喜大蔵式〉にみえる**奄美訳語**《おさ》の存在は、南島路が正式の航路として認識されていたことを示すものであると考える」、つまり「南島路」がなかったとすれば、これは「漂着」に備えたものということになるが、「南島路」が「正式の航路」であったからこそ、「南島の島々に寄港する際に現地人との通訳に必要であった」とみる（九〇頁）。だが、山里はのちには（15項）、話は通じたはずで、通訳は必要なかったという。⑥律令国家は、「天皇または国家の統治権の及ぶ範囲」を「**化内**《けない》」とし、「その外部の領域で天皇の徳（「王化」「徳化」）の直接及ばないところ」を「**化外**《けがい》」として区別したが、「化外」はさらに「**蕃国**《ばんこく》」と「**夷狄**《いてき》」に区分された。「日本列島にありながら国を形成しない蝦夷・隼人・南島人など」は、「夷狄」と称された。そのうち「奄美以南の南島人」の場合は、「地理的に距離が離れている」だけでなく、「文化・社会的に大きな隔たりがある」ため、例えば「稲作の普及が遅れた」ので、律令体制に組み込むことは「所詮無理」であったからである（九〇-九三頁）。「南島」は、「化外」の「夷狄」とされたということは、天皇の支配から外れているということであり、「南島支配」があったということにはならない。⑦しかし九世紀になるまでは、「律令国家と南島との関係には朝貢関係が持続していた」（九四頁）。「化外」であり「夷狄」であるからこそ、「朝貢関係」となるわけである。それも、律令国家の側からの、いわば主観的な朝貢であるにすぎない。

③に関して疑問を提起したい。「阿麻弥島」が筆頭に書かれ、次いで「夜久・度感・信覚・球美」の順となっているが、その時（霊亀元年＝七一五年）は夜久、すなわち屋久島は、すでに「多褹嶋」という行政区に編成されていたのではなかろうか。それが「阿麻弥島」の次に記されているのは、単なる錯誤なのか、それとも「阿麻弥島」を筆頭にした「南島」に「夜久」も含まれていたのだろうか。この「夜久」を除けば、島名の記載順はほぼ近い島から遠い島へという順序になるが。

この疑問について、山里は「古代の多褹嶋」（『古代日本と南島の交流』のうち。初出は一九九六年）で、答えている。「私は、霊亀元年当時、多褹嶋［という行政区―来間］に屋久島は含まれていなかったと推察する」というのである。その根拠として挙げられている史料が、ほかならぬ、この『続日本紀』の霊亀元年の記述である。山里は、奄美が南島支配の中心であるという認識を前提に、この史料を解釈しているのではなかろうか。

しかしそもそも、これまでも触れてきたように、大和朝廷ないし律令国家の「南島支配」という評価が問題である。これは山里に限らず、これまでに紹介したすべての論者に共通する問題である。山里は、「叙位される南島人にとっては、南島社会における位階の現実的な有効性はほとんどないと言ってよい」としていた（七八頁）。そうであれば、「南島人」が「朝貢した」「位を授けられた」ことは、律令国家の支配に服したことを意味しなかったと見るべきではなかろうか。この指摘は、「15」「16」の山里論文の検討でも繰り返すことになる。

7　熊田亮介の「南嶋における貢納制的支配追求」論

熊田亮介《くまだりょうすけ》「古代国家と蝦夷・隼人」（一九九四年）は、次のように述べている。「古代国家と南嶋との接触は六一六年の掖玖人《やくひと》の帰化に始まる。六二九年の田部連《たべのむらじ》の掖玖派遣など、七世紀前半は掖玖との断続的交渉が記録され、ついで六五七年に漂着したタイ系の吐火羅《トカラ》・インド系の舎衛人《しゃえひと》が海見嶋《あまみ》の知見を伝えたとされる。しかし多禰人の来朝に始まる七世紀後半の様相にはかなり大きな変化がある」（二〇七頁）。ここで熊田は、七世紀前半までとその後半とを区別して、前半は掖玖人との断続的に交渉はあったがそれ以上ではなかったとし、以下、多禰人との交渉が始まる後半について考察を進める。

六七七年、六七九年、六八一年、六八二年、六八三年、六八六年、六九五年、六九八年、六九九年の記事を紹介して（本章第一節参照）、「このような南嶋政策の目的を版図の拡大・遣唐使の航路確保に求めるのが一般的であるが、遣使—朝貢を執拗なまでに継続していることからすると、南嶋における貢納制的支配の拡大が基本的目的とみるべきであり、八世紀には信覚《しがく》・球美《くみ》嶋や伊藍《いらん》嶋まで拡大する」という。「南嶋」（南島）を「支配」しようとしているとの評価である。その支配を「貢納制的支配」としているのは、租税の徴収ではなく、「朝貢」のかたちで、自主的に捧げてくることを意味しているのであろうが、そうであれば「支配」と表現すべきではなかろう。

そして、「南島政策」は「隼人政策」とのかかわりで展開したと、次のように述べている。「もっとも南嶋政策の拠点が一貫して多禰にあったことは確かで、多禰との交渉が隼人の朝貢・移住の直接的契機にもなった。換言すると隼人は朝貢の道を選択したのであり、六八九年にも隼人の朝貢があり、六九二年には大隅・阿多に僧が派遣される。立評《りっぴょう》［「評《こおり》」を立てる―来間、ルビも］年代は不明であるものの隼人評の設置も拒まなかった。衣評［衣《え》＝頴娃《えい》―熊田による］が確認できる唯一の例であるが、列島北部の蝦夷評に相当するものが薩摩のみならず多禰にも設置された可能性を考慮してよい」（二〇七―二〇八頁）。隼人は、「朝貢」関係から「立評」すなわち版図に入ることへと進んだのであり、これに対して南島はせいぜい「朝貢」関係にとどまったのである。なお、「評」は「ひょう」または「こおり」と読み、後には「郡」となり、「ぐん」または「こおり」と呼ばれた（第二章参照）。

熊田は、一方で「南嶋政策の拠点が一貫して多禰にあった」といいつつも、それが「八世紀には信覚・球美嶋や伊藍嶋まで拡大する」としているが、地名比定の正否が絡んでおり、私（来間）は奄美諸島までは大和朝廷の影響がゆるやかに伸びた可能性は否定しないが、沖縄諸島以南の島々についても支配されたとすることには疑問をもつ。

熊田はまた、「九州以南の諸島を〈南嶋〉として位置づけたのは六九八年以降のこと」といい（二〇八頁）、これは文博勢らが二度目に派遣された年であり、六六九年の「覓国使剽却《ひょうきゃく》事件」に着目する。この事件は、薩摩・頴娃《えい》・肝属《きもつき》の隼人や肥人《ひのひと》が南島の覓国使である刑部真人を脅迫したもので、翌年筑紫総領に鎮圧される。また「七二〇年には大隅国守陽侯麻呂殺害を契機として大規模な武力衝突をおこすが、隼人の斬首・獲虜一四〇〇余の犠牲の上に服属の強制が完了する」という（二〇五頁）。このことから熊田は、「交易ないし**海の民**を含む多様な隼人の社会」を「想定」する。隼人を「海の民」というのである（二〇九頁）。

8 池田栄史の「南島から大和王権への朝貢」論

池田栄史《いけだよしふみ》「南島と古代の日本」（前出、新川登喜男編著『西海と南島の生活・文化』一九九五年）は、次のように述べている。「古墳時代を経て、七・八世紀代になると、南島に対する日本本土の国家的関心が高まることとなり、南島との交流が活発化する。これは遣隋使、遣唐使の派遣など、中国との交流が始まり、その航路の確保が必要とされたことや、周辺地域からの朝貢が当時の大和王権の絶対化に有効であったことなど、日本本土側の要求が大きい。したがって、この時期の交流は南島から大和王権への朝貢という形態で存在する。しかし、こうした朝貢も日本本土の側で南島に対する政治的評価や関心が薄れて行くに従って、次第に文献から消え、これによってもたらされる赤木やヤコウガイなどの南島産物名のみが、その後も文字記録として断片的に残されたものと考えられる。また、鈴木［靖民―来間］氏が指摘されているように、狩猟・漁撈・採集経済段階の**琉球列島中部圏**においては、このような朝貢が交易と捉えられているとともに、大和王権への朝貢が南島社会における階層分化の進行に利用された部分もあったと想定される」（二九二頁）。

その要点と特徴は、次のようにまとめられよう。①七・八世紀になると、日本本土の側から「南島」に対する関心が高まり、交流が活発になるが、それは本土の大和政権が積極的で、「南島」側は受身のものとして展開した。②その後も、赤木やヤコウガイなどの南島産物の名は見られるものの、本土の「南島」に対する関心は薄れていく。池田は、この段階では、赤木やヤコウガイなどの南島産物をさほど重視していなかったようだ。③ともあれ、本土側からの働きかけは「南島」に社会変革の契機をもたらした。このことに関して、池田は鈴木靖民の見解を紹介している。その文献は、「南島人の来朝をめぐる基礎的考察」（『東アジアと日本　歴史編』一九八七年）である。ここで、鈴木は「階層分化の進行」に言及しているという。しかしこの論点については、外からの交易要請への対応が、内側での階層分化を進行させる契機になりうるとの認識は否定されないものの、「琉球列島中部圏」すなわち沖縄諸島で実際に「進行」したかについては、いっそうの検討が必要であろう。

前節でみたように、古代大和王権にとっての「南島」は沖縄諸島を含んでいないと考えるべきであり、この点では同じく「琉球列島中部圏」にあるとはいえ、奄美諸島と沖縄諸島とは区別されるべきであろう。つまり、七〜八世紀代の沖縄諸島に限れば、大和王権への朝貢もなかったし、階層分化への動きもなかったのである。

池田はその後、共著『琉球・沖縄と海上の道』（二〇〇五年）で、「信覚《しんかく》については新井白石が石《いし》垣島《がきじま》に比定したことについては否定的な見解も多い」と述べていた（前節）。この疑問を基礎に見直せば、私の理解と接近してくるであろう。

9　中村明蔵の「放棄された南島支配」論

中村明蔵『ハヤト・南島共和国』（一九九六年）は、「薩摩・大隅二国が南九州本土に、多褹《たね》（嶋）国が南島の一郭に設置されて、ハヤト・南島地域の国制は一段落したが、それ以後、多褹嶋より南に国を設置する気配はなかったのであろうか」と自問して、次のように述べている。「律令政府の考えは、その当初においては、おそらく五分五分で、朝貢を続行させながら国制施行を決断しようということであったとみられる」、「しかし、南島支配を一歩すすめて、かりに**奄美国**を設置するとなると、さまざまな問題や障害があることにも、しだいに気づきはじめていた」。理由を三つあげている。①「ハヤトの地域に国制を施行したことから」、国制施行そのものに抵抗を受け、班田制の施行が難渋し、諸税制の施行がとどこおった。このような事態は、南島では「さらに増幅されることが予測された」であろう。②「何といってもヤマトの朝廷からあまりにも遠距離に位置することである」。「ヤマトを中軸とした遠心力が及ぶのは、ハヤトの地域と、多褹の地域が限界線であった。大宰府の機構や機能を強化しても、奄美国までを惣管《そうかん》することは不可能に近いことがわかってきた」。たとえ国司を派遣しても、誰も行きたがらないだろうし、成果は上がらないだろうし、「任務を果たして都に帰っても、それほど評価はされないこと請け合いである」。③「調・庸などの租税を、かりに規定通り徴収したとしても、それを住民をして大宰府に送り届けさせねばならないし、ときには大宰府から指定された特定の物品の貢納にも応じなければならなかった」（二一五‐二一七頁）。結局、それはできなかった。

別の問題もある。朝廷の側は南島人に「授位」したりして「朝貢」とみなそうとしたが、南島側は「交易」にしか興味がなかった。「大量の授位をもってしても、ヤマトの朝廷の権威にまともに対応しようとしない南島人に、朝廷はその処遇に困惑し、以後の南島政策はしだいに消極的になったことを、歴史書は沈黙することで示唆しているにすぎないであろう」（二一二頁）。

何も付け加える必要はあるまい。

10　熊谷公男の「南嶋人の服属儀礼」論

熊谷公男《くまがいきみお》『大王から天皇へ』（講談社・学術文庫・日本の歴史03、二〇〇八年。初出は二〇〇一年）は、斉明《さいめい》朝での儀礼空間について述べるなかで、「飛鳥寺の西方、飛鳥川との間は広場となっており、大きな槻《つき》（ケヤキ）があった。中大兄と鎌足が出会ったのも、クーデター後に群臣が神々に王権への忠誠を誓ったのも、ここであった。槻の大木は、しばしば神々の降臨する神木（斎槻《ゆづき》）とされた。ここは、神の依代《よりしろ》たる大槻を中心にした神聖な空間という性格を有していたのである」、このあたりからは斉明期に作られたといわれる「須弥山《しゅみせん》像」が発掘されている。「この広場では、盂《う》蘭盆会《らぼんえ》などの仏教法会を催したばかりでなく、覩貨邏《とから》（タイのドヴァーラヴァティのことという。六五四年に日向にその民が漂着した）、蝦夷《えみし》、多禰嶋《たねのしま》（種子島）などの遠方から来朝した〝化外《けがい》の民〟の饗応をしている。斉明朝ににわかに整備された倭京の特別な儀礼空間であったことがうかがわれる」という（二八七―二八八頁）。また「須弥山像のもとで行われた〝化外《けがい》の民〟の饗応はただの饗応ではない。服属儀礼の一部とみられるもので、この時期の王権の性格を考えるうえで重要な意味をもっている」、「須弥山像が撤去された天武・持統朝にも、同じ飛鳥寺西の大槻のもとで蝦夷や隼人・南嶋人の服属儀礼が行われつづける。しかし七〇一年の大宝律令施行以後は、このような服属儀礼は絶えて行われなくなる」、「大宝律令施行以降は、神としての天皇へ直接忠誠を誓う元旦の朝賀が一元的な君臣関係の形成・確認の場となり、蝦夷や隼人などの〝化外の民〟も朝賀への参列を要請されるようになっていく」ともいう（二九一―二九三頁）。

　ここで指摘されているのは、覩貨邏《とから》を「タイのドヴァーラヴァティのこと」としていること、これに蝦夷と多褹嶋の人を加えて「化外の民」としていること、これらに南嶋人（南島人）を含めた「服属儀礼」が、初めは飛鳥寺西の大槻のもとで行われていたが、大宝律令以後は毎年の「朝賀」がそれにかかわったということ、である。熊谷は、「南島」に沖縄諸島が含まれているかどうかについては言及していない。

11　渡辺晃宏の「版図拡大否定」論

渡辺《わたなべ》晃宏《あきひろ》『平城京と木簡の世紀』（二〇〇一年）は、先の「九州南部」の文章に続けて、次のように述べている。渡辺は「南西諸島」に「薩南諸島」や「トカラ列島」も含めている点に注意が必要である。「律令国家は南西諸島方面でもまた、版図の維持に乗り出している。六七七年（天武六）

以来、**多祢**《たね》（**種子島**）の朝貢の記録があり（ただし、七〇二年〈大宝二〉に薩摩隼人とともに軍事衝突を起こす）、六八二年（天武十一）には**掖玖**《やく》（**屋久島**）・**阿麻弥**《あまみ》（**奄美大島**）の人々も朝貢に訪れていた。こうした状況を受けて、六九八年（文武二）四月、国覓使《くにまぎのつかい》と呼ばれる使者が武器を携帯して南島に派遣され、文武即位後の朝貢を求めた。翌六九九年（文武三）七月に多褹《たね》・夜久《やく》・菴《あま》美《み》（前述と表記が違うのは、その時々で充てる漢字が史料上異なるためである。以下同様）・**度感**《とかん》（**徳之島**）の人々が朝貢に訪れたのは国覓《くにまぎ》（朝貢要請）の成果だが、新しく朝貢に訪れたのは度感だけである。積極的な版図拡大という方針はみられないが、『続日本紀』が〈度感が中国（ここでは日本を指す）に朝貢するようになったのはこれが最初である〉とコメントしているように、ここには日本の中華意識の高揚が読み取れる」（四三－四四頁）。

すなわち、日本に朝貢するようにと促す使者（国覓使《くにまぎのつかい》）を派遣した島々が、北から順に種子島・屋久島・奄美大島・徳之島と、記されている。渡辺は、このことを「積極的な版図拡大」ではない、としている。久米島・石垣島にも、また沖縄諸島にも触れていない。

12　熊田亮介の「南西諸島服属」論

熊田亮介「夷狄・諸蕃と天皇」（前出、『古代天皇制を考える』二〇〇一年）は、『日本書紀』『続日本紀』の記事のうち、七世紀末の概要を示したうえで、次のようにいう。「以上の記録は、現在の南西諸島の島々や九州南部の隼人の集団が、服属・朝貢したことを伝えるものである」。この中に見える「掖玖については、現在の屋久島にあたるとする考えのほか、南西諸島の総称とみたり、沖縄にあてる考えなどがあるが、斉明三年（六五七）に漂着したタイ系の覩貨邏《とから》（吐火羅）人とインド系の舎衛《しゃえい》人が、海見島《あまみ》（奄美大島）の知見を伝えたという事例を除くと、こののち半世紀ほどの間に同種の記事はみえない」とする。「掖玖」の地域比定は留保しつつ、「こののち半世紀ほど」記事が途絶える、すなわち交渉はないとしている（一四四－一四六頁）。

　熊田は、次の三点に注目する。①「多禰人を主たる対象として始められた南島政策と、隼人の服属・朝貢が連動している」。「7」でみた主張と同じである。②「多禰島が〈筑紫の南海中〉にあり、〈蛮〉すなわち南蛮人の住む所とされ、多禰島をはじめとする島々が、最終的に南島として領域的に編成された」、「天武朝以降に進められた南島政策」は「九州の南の海に広がる島々を南蛮として編成するという、明確な意図をもって…開始された」。しかし、種子島と屋久島は「多褹嶋」という行政区を設けて、国内（化内）に位置づけられたのであり、それは種子島と屋久島が「南島」から外されたことを意味しており、「九州の南に広がる島々」は「南蛮」（「南島」でもなく）として「編成」されたというのは事実に反する。③「多禰島が〈京を去ること五千余里〉にあるという主張」、この「五千余里という数値がどのような計算によるのか不明であるが、京を起点として国土の広がりを把握し、広大な国土像を表現したという点」、このような「論理を支える土台があるとすれば、国土の北方にエミシ［蝦夷―来間］とアシハセ［粛慎《あしはせ》、「しゅくしん」とも―来間］が居住する地である渡嶋《おしま》［北海道の渡島半島―来間］があり、南方には、京を起点として五千里のところに多禰島があって、いずれも服属・朝貢しているということであろう」（一四六－一五〇頁）。その

「多禰島」(多褹嶋)に沖縄諸島は含まれない。

しかし熊田は、八世紀に入って、「朝貢する南島人の領域が、現在の先島《さきしま》諸島にまで拡大したことがわかる」としていた(再引用)。つまり、「信覚＝石垣島、球美＝久米島」説に立ち、これをもって「現在の先島諸島にまで」古代日本国への服属が進んだとしているのである。

そのうえで熊田は、隼人やエミシと南島人の扱いが、それぞれ異なっていることなどに触れつつ、「これによって古代国家は、もともと異俗の集団の地であった領域を令制に基づく国に編成したうえで、その国土の周縁に南蛮《なんばん》(南島)・東夷《とうい》(蝦夷)・北狄(蝦狄)という夷狄を擁し、それを服属・支配するという帝国型国家の編成を実現したことになったのである」という(一五四頁)。しかし、これら「夷狄」に加えて、唐や新羅や渤海をも「諸蕃」として「朝貢関係をもつ国」ともしているが、それは「現実」ではないと、次のようにいう。「しかしながら、この帝国型国家の構造には、いろいろな意味で無理した部分がある」、「現実には、不定期であるものの日本は唐に朝貢する国であった」、「新羅を諸蕃とする」のは、朝貢を受けた事実があるからだが、それは新羅が半島情勢と関わって日本との対決を避けたものであり、恒常的なものではなかった、また「夷狄」についても、隼人の「異種族性」は作られたものであったし、エミシは「帰化の対象とはされなかった」など、「壮大な理念と実体が乖離せざるをえない要素を当初からもっていた」と結論する(一五六－一五九頁)。

つまり、それは「理念」であって「現実」ではなかったのである。とりわけ、沖縄諸島や「先島を含む南島」までが服属したという「現実」は見られない。

13　安里進の「南島経営・南島からの朝貢」論

安里進《あさとすすむ》「琉球王国の形成と東アジア」（前出）は、次のように述べている。「七〜八世紀には、大和国家が南島経営に乗り出してくる。これに対応して奄美・沖縄諸島は〈朝貢〉という形で交易を展開していった。博多の大宰府《だざいふ》から〈俺美嶋〉（奄美大島）や〈伊藍嶋〉（沖永良部島《おきのえらぶしま》）の島名が墨書された八世紀の木簡《もっかん》（荷札）が発見され、大宰府を窓口に琉球の島々の〈朝貢〉が行われていたことが考古学的にも確認されている」（九六頁）。

「七〜八世紀には、大和国家が南島経営に乗り出してくる」というのはいいが、それはどの範囲にどの程度で実現したかを見極める必要があろう。「南島経営」の対象は、「多褹嶋」に編成された種子島・屋久島などの大隅諸島に限られ、それより以南は「化外」の地として「朝貢」させたのであるが、それさえ奄美諸島までしか確かとはいえないのである。また木簡の評価は、山里純一《やまざとじゅんいち》や鈴木靖民《すずきやすたみ》の評価（第五章第二節）とは大きく異なっている。奄美大島や徳之島の産物が大宰府に届けられたことは木簡によって分かるが、それを商人が入手して（入手地がこれらの島だとも限らない）大宰府に提供したのであって、「朝貢」したのではないのである。もちろん、これが沖縄諸島に関わっていたといえるものでもない。

14　中村明蔵の「南島に国制をしく構想」論

中村明蔵《なかむらあきぞう》「古代東アジアと奄美・沖縄諸島」（前出、『沖縄対外文化交流史』二〇〇四年）は、『日本書紀』『続日本紀』に現われる「南島」その他の、九州より南の島々について分析している（一五五―一九一頁）。①「七世紀前半期にヤクと呼ばれていた奄美・沖縄諸島を主とする地域は、七世紀末葉になると、史書で〈南島〉と呼ばれるようになる」。「ヤクと呼ばれていた」地域が、「奄美・沖縄諸島を主とする地域」だというのは事実ではない。「沖縄諸島」は現われないし、「奄美」が「主」でもない。②「信覚＝石垣島、球美＝久米島」説に立ちつつ、「南島は屋久島より南で、沖縄諸島の先島（宮古・石垣両島を主とする）までを含む地域の大概的呼称［地域の大まかな呼び方―来間］とみられる。その地域は、七世紀前半期の〈ヤク〉の地域とほぼ一致するとするのが筆者の見方である」という。以前は「ヤク」といわれていたが、その後は「南島」といわれるようになった、その地域は同一である、としている。③その地域、すなわち「列島南辺の北と南を視野に入れた橋頭堡《きょうとうほ》が多禰島であった」。④「八世紀初頭には薩摩・大隅両国を設置するにいたった。そしてまた、種子・屋久両島の地域に多褹嶋（国制に準じた嶋）を置くことにもなった」。⑤しだいに「多褹・奄美と畿内政権との関係」で「朝貢関係が成立してくる」。「そこには、確立されつつあった律令国家が日本的中華国家を標榜《ひょうぼう》し、周辺地域をその冊封体制に組み込もうとする意図が読みとれる」。「意図」はあったろうが、「冊封」は受けていないし、それは実現していない。せいぜい

「朝貢関係」のみであり、それにも沖縄諸島は入っていない。⑥「七世紀における首長層の成長」がみられる、とする。そう考えるのは、「六世紀以降」、奄美大島の各地で、「鉄器」、「大量のヤコウガイ貝殻」、それによって作られた「貝匙《かいさじ》」が出ているからである。このことについては「第八章第三節」ほかで検討するが、六・七世紀はいかにも早すぎる。また、「鉄の移入」や「開元通宝の出土」をもって、「南島各地には首長層が成長していたことが推察できよう」とも述べている。⑦「そこには、交通・運搬手段としての舟船の発達も当然ながら想定されよう」。とはいいながら「しかし、南部九州・南西諸島からは原始・古代にさかのぼっての、そのような遺物の出土は報告されていない」という。⑧中村は、「奄美・沖縄諸島を主にした地域の名称」が、「ヤク」から「南島」に変化したのは、「きわめて政治的意図があって」のことと「見ている」。それだけでなく、「対馬嶋」「壱岐嶋」「多褹嶋」と同様に、「南嶋」をも設置しようとしていたのではないかともいう。想像は自由だが、そのように考えることによっても、歴史の理解に変更は出てこないであろう。そのことは、中村自ら無理を認めていたではないか（9項）。⑨「多褹嶋（種子・屋久両島を主とする）は大宝二（七〇二）年に設置されたが（『続紀』）、簡略な記事のためその理由までは記されていない」。ただ「三嶋」（対馬・壱岐・多褹）とも、「対外的要地」であったので行政区が設けられたが、ともに「財政的には自立でき」なかったし、「多褹嶋」は「天長元（八二四）年九月に廃され」た。⑩中村は「南島への施策にも嶋制の一環としての側面を推察している」という。例の「覓国使《まぎのつかい》」の派遣の意図をそのように読むのである。それは「南島に国制をしくことであり、そのための調査団派遣である」とする。「のちの大宰府がこの調査団にかかわっていたこと」も「推察」

できるという。⑪一方、朝廷は「授位・賜禄」をするが、「南島人」はそれに「消極的対応」をしている。彼らにとっては「交易」が重要だったのであろう、とする。また「おそらく、南島人には朝廷による一方的授位はほとんど魅力がなく、それへの関心も薄かったとみられる」。だとすれば、朝廷は一方的に、そして主観的に南島を取り込もうとしたが、結果としては空振りだったということになろう。中村は「南島での国制施行の試みは挫折し」た、と書いている。中村自らが設定した「試み」を、自ら「挫折」させている。⑫「南島路」についても触れている。それには「諸説がある」としつつ、少ないが「二度の遣唐使がその帰路においてのみ南島を経由したことは明らか」であり、それは「断絶した南島人の来朝をうながすためであったとみられる」という。挫折することなく、なお取り組んだということか。

15　山里純一の「南島支配」論

山里純一「日本古代国家と奄美・多褹・掖玖」（『東アジアの古代文化』二〇〇七年）で、「6」でみた議論をどのように展開しているか。山里は「南島支配の拠点—多褹から奄美へ—」として、次のように論じている（ルビは来間）。

①「天武《てんむ》・持統《じとう》朝では、南の〈化外《けがい》〉地域の中心はやはり多褹《たね》島であった。さらに南方の奄美はあくまで多褹島を拠点に触手を伸ばしたに過ぎない」。「天武・持統朝」（七世紀後半）の段階では、中央政権にとっては「多褹島」（種子島）と関係をもつのが中心で、奄美にも触手は伸ばしている

が、それは交渉の相手そのものではない、としている。

「奄美諸島まで本腰を入れて経営に乗り出すようになるのは文武《もんむ》朝になってからである。文武二年（六九八）四月に〈覓国使《くにまぎ》〉を派遣したのはその現れである」。「翌年七月に、多褹《たね》・夜久《やく》・菴美《あまみ》・度感《とかん》等人が〈朝宰〉に従って来朝し方物《ほうぶつ》を献じ、授位《じゅい》と賜物《しぶつ》にあずかっている」。「この時点においても、多褹が筆頭に記されているように、南島では重要な位置づけを与えられていたのは種子島であったことは動かし難い」。

その後に転換がある。それは「多褹嶋」という行政区の設置である。「**多褹嶋**の設置により、多褹島［種子島―来間］は〈化外〉の南島の範疇《はんちゅう》からはずれることになる」。「種子島・屋久島の両島が多褹嶋として〈化内《けない》〉に組み込まれたことによって、これ以後に出てくる南島は奄美諸島およびその南の琉球諸島を含む総称になったが、その中心はやはり奄美大島であっただろう」。「このように従来多褹（種子島）が果たしていた南島支配の拠点的役割は奄美（奄美大島）に移ったと見られる」（一四六－一四八頁）。それまで「日本国の外」（化外《けがい》）にあった種子島と屋久島が、「日本国の内」（化内《けない》）に取り込まれて、その「多褹嶋」という行政区とされたために、奄美諸島とその南の島々のみが「化外」のままに置かれ、その中心に奄美が据えられることになった、いまや、「南島」の名は「奄美諸島およびその南の琉球諸島を含む総称」になったのである、としている。

山里は、「信覚＝石垣島」説に立つ立場から、この「南島」に、奄美諸島の「南の琉球諸島」をも「含む」と理解しているのである。この場合の「南の琉球諸島」には石垣島のみならず、八重山諸島、宮古諸島、沖縄諸島を含むという理解になっている。

これはそれまでの山里の説の繰り返しである。しかし疑問がある。「南島支配」なるものは、「朝貢」をさせるだけの緩やかな「支配」であり、「交渉相手」にすぎない。真の「支配」は「多褹嶋」という行政区を設置された種子島・屋久島などの大隅諸島までにとどまる。そう考えるなら、奄美諸島は「南島支配の拠点」ではなく、「交渉相手」の「中心」ということになろう。しかも、山里が別の個所で述べている（次項16）ように、朝貢する側に、朝貢しているという意識は希薄で、単に交易として考えられていたのであれば、なおさらである。

②「**奄美訳語**《おさ》」については、「遣唐使船が南島路を採った時期に、寄港もしくは漂着した時の島民との交渉のために置かれたものということができよう」とある。「6」でみた九六年論文では、このことが「南島路が正式の航路として認識されていたことを示す」としていたのに、ここで「もしくは漂着した時の」が加わっている。正式の航路ではなかった可能性を容認したもののようでもある。ここでは、〝沖縄訳語〟とせず「奄美訳語」とした理由は、「南島の拠点島としての奄美の存在が背景にあったと思われる」という（一四八－一四九頁）。

③大宰府が貢進すべき「年料別貢雑物《ねんりょうべつこうぞうもつ》」として南島から進上された「赤木《あかぎ》」が含まれているし、ヤコウガイも南島から届けられる物資としてである。これらは、「化外」の産物であるから義務づけはなされていないが、「九州の受領《ずりょう》」が「商人を介して入手したのであろう」という（一五〇頁）。

④「一〇六〇年成立の『新唐書《しんとうじょ》』には、倭国の東海の島嶼中に〈邪古《やこ》〉〈波邪《はや》〉〈多尼《たに》〉［またはヤク・ハヤ・タネ―来間］の三小王がいたことが記されている」、これらは「屋久島、隼人、種子島に比定されるのが通説である」。また「『隋書』流求伝によれば、流求国には王の下に数人の小王

がいた」としている。『続日本紀』には「南島人」が一度に「二三三人とか、一三二人とかいう大量の来朝」があったとあるが、これは「指導者（首長）の存在」を抜きにしては考えにくい。赤木やヤコウガイなどの「貢進物や交易物」についても、その搬出にあたる現地の対応体制を想定せねばならない。以上の四点からして、「奄美をはじめ南島では地域的に一定の階層社会が成立していたことは否定できない」と結論している（二五一―二五二頁）。

③では、赤木やヤコウガイの調達を「商人を介して」いたとしていたが、④では、「南島」の「指導者（首長）」が、それらを採取し、集積し、管理し、加工する、などを「指示・命令する」となっている。ここには飛躍があろう。特に、「加工」がどこでなされていたかは重要な分岐点になろう。人びとが一定数以上集まって生活しているのであるから、「指導者（リーダー）」がいるのは当然であるが、それが単なる「指導者（リーダー）」にとどまっているのか、それとも「首長（チーフ）」にまで変化しているのかという問題である。山里は「指導者（首長）」としていて、両者を区別していない。それを区別して、そのうえで「階層社会」と見なすかどうかを慎重に判断すべきであろう。外から見た「王」「小王」は、内から見たときにはどのような存在だったのだろうか。「指導者（リーダー）」だったのか、それとも「首長（チーフ）」だったのか、そのことが問題である。なお、「首長（チーフ）」にまで変化していたとしても、それは「支配者」ではなく、「統率者」であろう。

この議論は、次項16でも、「〈朝貢〉を行う当時の南島社会は、身分階層が存在する階層社会であった」と、同様に論じられている（六二頁）。

16　山里純一の「南島支配・南島路開拓」論（再論）

山里純一『古代の琉球弧と東アジア』（二〇一二年）は、「南島人の来朝」について、次のようにまとめている（ルビは山里）。①「舒明《じょめい》元年（六二九）」に使が派遣され、それに応えて二年後に掖玖人が「帰化」したというが、「実際には交易を目的とした来朝であったのだろう」（七頁）。②「南島人の来朝」は、「彼らにとっては〈朝貢物〉という意識は毛頭なく、あくまでも交易物のつもりであっただろうが、大和政権側では化外《けがい》からの朝貢者に見立てて対応したのである」（三八頁）。③「位階」の「授位」も、「支配者にとって」は「中華意識を充足せしめるもの」であっても、「授位される南島人にとっては、南島社会における位階の有効性はほとんどないといってよい」（五二頁）。

これは何を意味するのだろうか。大和政権の側からは「朝貢」だと受けとめていても、他方の「南島人」の側ではそうではなく、単なる「交易」と考えており、位を授けられても、有難味は感じなかったとしているのである。そのとおりであろう。だとすれば、この事態は「南島支配」ではない。そして、「南島」が「身分階層が存在する階層社会」であったのであれば、そのように「位階の有効性」がないことはむしろあり得ないことであろう。「位階の有効性のない社会」だったのか、「階層社会」だったのか、両者は二律背反の関係に立っているはずである。

また山里は、次のように「南島路」の存在を主張している。

①「斉明天皇五年（六五九）」に派遣された遣唐使たちに随行していた伊吉連博徳《いきのむらじはかとこ》の日記が『日

本書紀』に引用されているが、それには次のようにある。その航路は、難波—筑紫—「百済の南畔の島」から、「直接大海（東シナ海）を横断することになった」。副使の津守連《つもりのむらじ》吉祥《きさ》らの船は、二日後の夜半に杭州《こうしゅう》付近に到着したが、大使の「坂合連石布《さかいべのむらじいわしき》らの船は、横からの逆風を受けて南海の〈**爾加委**《にかい》〉に漂着した。乗船者の多くは島人に殺されたが」、うち「五人は島人の船を盗み、それに乗って逃げ、括州《かつしゅう》（浙江省《せっこう》麗水《れいすい》）に着いたとある」。「後の例であるが」としつつ、「承和六年（八三九）」の遣唐使船も漂流して「奄美諸島周辺」あるいは「さらに南の沖縄諸島の島嶼《とうしょ》」に着いたと考えられる。もしそうであれば、この「〈爾加委〉も琉球弧の島嶼であったと見られる」。「喜界島の可能性」もあるが、「いずれにしても〈爾加委〉が琉球弧の島嶼であることだけは確実であろう」。このような琉球弧から中国大陸に渡る海路は、「意外と当時の大和の航海技術者の間では知られていたのではなかろうか」（三一–三五頁）。問題は、それが「琉球弧の島嶼」であるか、それとも「沖縄諸島の島嶼」であるかにあろうが、山里は「沖縄諸島の島嶼」に引き寄せて理解しようとしている。

②遣唐使船の航路として「**南島路**」があったことを強調している。「北路」は朝鮮半島（七世紀末から九世紀末は「新羅」）の西海岸を通って遼東半島に至る航路であり、当初の遣隋使・遣唐使がたどっていた。それが大宝期・養老期・天平期・天平勝宝期（八世紀の前半）には「南島路」をとるようになった。その理由は、「新羅との関係悪化のため」とは「考えられない」、「新羅の世話を受けずに、直接唐文化の移入を図る」ためであろう。「南島路」説のほかに、博多から五島列島を通って大陸に至る「南路」説もあるが、それは疑わしい。これに対して「南島路」は、流求の布

甲にまつわる小野妹子の知識があり、⑤でみた、「琉球弧の島嶼」と思われる「爾加委」に漂着してから入唐していること、そして「文武二年（六九八）」すなわち「遣唐使の派遣が政治日程に上っていたと思われる」年に、「覓国使が奄美大島・徳之島まで行っている」ことからして、あった可能性が高い（六三-六九頁）。ただし、山里が提示している地図（図6-2）を見ても、「南島路」は博多から種子島を経由して、奄美・阿児奈波から大陸に実線が引かれているが、奄美から阿児奈波を経由せずに直接大陸につながる切線（点線）もあって、山里自身、そのいずれかであるかについて、判断を留保しているように見える。

③同じく「南島路」の存在と関連して、「**南島牌**《はい》」の問題を取り上げている。天平七年（七三五）に樹《た》てさせた「牌」が朽《く》ち壊れているので、天平勝宝六年（七五四）に修理させた。これには「島の名称、船が停泊できる場所、水の在処《ありか》、また次の島までの航程を記して、漂着船がすみやかに帰るべき方向がわかるようにした」というものである。それを立てた場所について山里は、「修理を進言した遣唐使は、阿児奈波島と屋久島に着いていることから、少なくとも両島には牌が樹てられていたことになる。和銅七年の来朝には応じなかった沖縄島だが、牌の設置は抵抗なく受け入れたことになる」という（七三-七五頁）。沖縄島（阿児奈波島）にも牌は樹てられたと判断している。しかもそのことを、かつて戦闘に及んでも従わない沖縄島の気質を評価していたはずの山里（14項⑤）が、沖縄島が大和朝廷に反抗しなかったとまで述べているのである。

④遣唐使船には「新羅訳語《しらぎおさ》」と「**奄美訳語**《あまみおさ》」が乗っていた。山里の九六年論文（6項）では、「南島の島々に寄港する際に現地人との通訳に必要であった」としていたが、ここでは、「奄美訳語

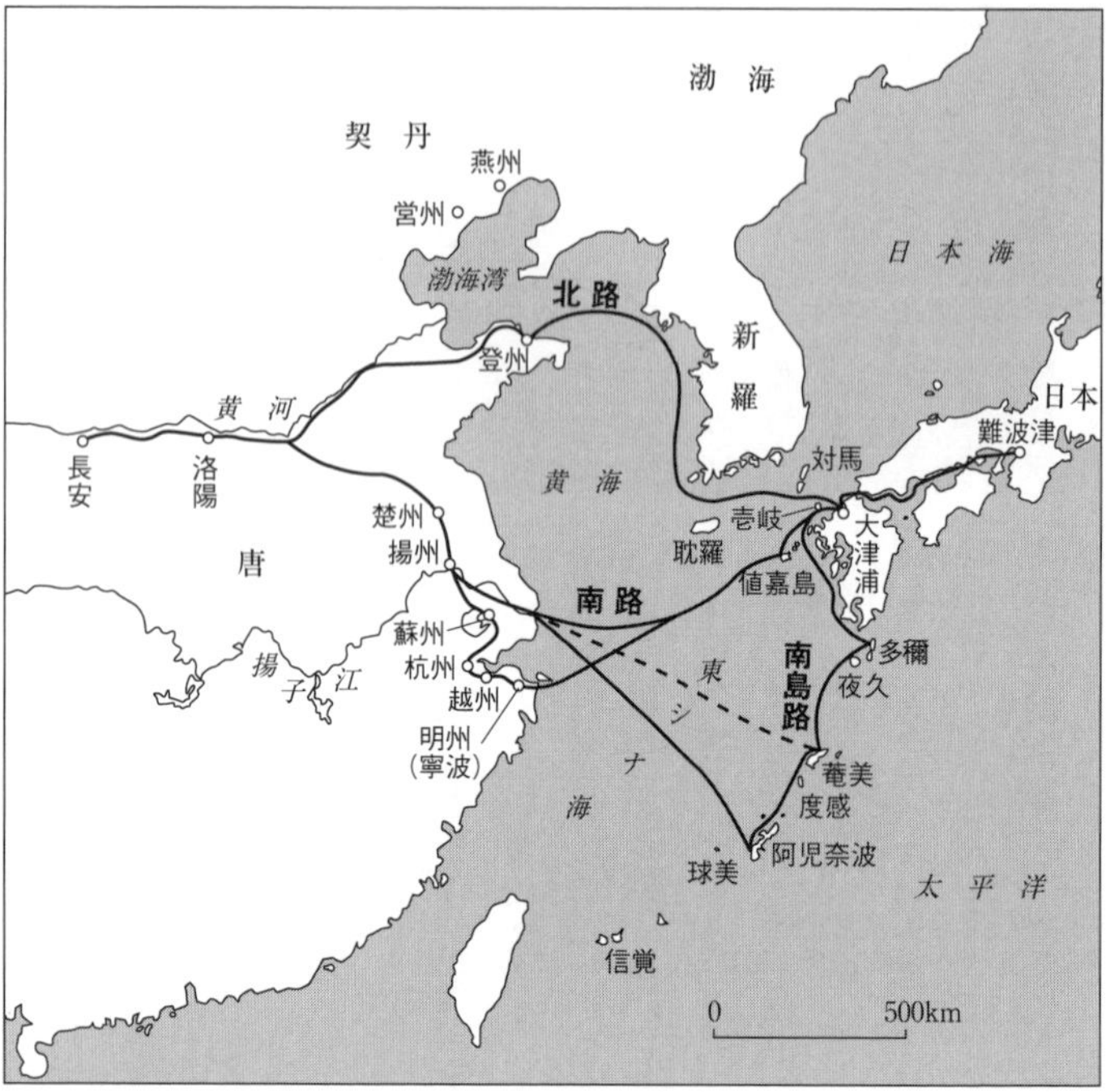

図 6-1　遣唐使航路

（出所）　山里純一『古代の琉球弧と東アジア』吉川弘文館・歴史・文化ライブラリー，2012 年，65 頁.

は当然沖縄語にも対応できたのであろう」としつつ、しかし「この頃までは訳語なしでも大和の官人は琉球弧の島民と意思の疎通をはかることができた」であろう、という。それでも「奄美訳語」を連れて行ったのは、「唐の皇帝に夷狄としての南島人の存在を示す」ためであったと「思われる」。「遣唐使の役職に奄美訳語が存在したことは〈南島路〉の存在を前提にしてこそ理解できるであろう」（七六-七九頁）。山里は、「奄美訳語」は奄美・沖縄と言葉が通じないから連れて行ったのではなく、「夷狄としての南島人の存在」を唐の皇帝に示すためであったという。しかし、それがどうして、「〈南島路〉の存在」を証明したことになるのだろうか。

こうして、「南島路」の存在についての議論も、説得的でない。

17　南島路はあったのか

森公章《もりきみゆき》『遣唐使の光芒《こうぼう》―東アジアの歴史の使者』（角川学芸出版・角川選書、二〇一〇年）は、「南島路はあったのか」を、次のように論じている。「遣唐使が往路に〈南島路〉を利用しようとした明確な事例は、白雉《はくち》四年（六五四）の遣使しかない。この時二隻のうち一隻は〈薩麻《さつま》之曲《のくま》・竹島の間〉、つまり薩摩半島の南、硫黄《いおう》島の西［東―来間］の竹島付近で漂没し、乗組員一二〇人のうち五人しか助からなかったというから、これは〈南島路〉開拓を試みたものの、大失敗の結果に終わったと考えられる。もう一隻はおそらく北路をとったと推定され、無事入唐《にっとう》し、使命を果たしている。これ以外ではいずれも唐からの帰途で、漂蕩《ひょうとう》して南島を経由して帰朝したという事例になる」。

鑑真《がんじん》は、日本に来る途中で「南島に漂着し、阿児奈波島、益救島［屋久島―来間］などを経由し、薩摩国阿多《あた》郡秋妻屋浦《あきずやのうら》に上陸したという」。

森は「その経緯をふまえてか、次のような措置が講じられた」として、山里の指摘した史料（前項③）を全文紹介しながら、「その記述によると、南島の島ごとに各島に関する情報が掲示されたのは天平《てんぴょう》七年（七三五）のこと」で、「各島には木柱が立てられ、到着した島の名称、船の停泊場所、飲水の所在、大隅《おおすみ》・薩摩など日本などへの行程や周囲に見える島々の名前などが記された。帰路に遣唐使が南島に到着したのは天平度が初例で、以後の南島漂着に備えた措置だったと考えられる」と記す。

結論として森は、「しかし、それから二〇年ほど経過した勝宝《しょうほう》度には、この木柱は朽壊していたというから、恒常的な維持・管理がおこなわれていたのではないことがわかる。とすると、遣唐使の航路として南島路が存在していたというのはきわめて疑わしいといわねばならない」と結論している（二一五‐二一七頁）。

同じ史料を見ても判断は同一ではなく、森は山里とは異なって、南島路の存在を否定するのである。「南島牌」を立て直したから、「南島路」があったとする山里に対して、森は「南島牌」が重要でなかったから朽ちた、「南島路」はなかったとみているのである。

18　大和朝廷による「南島支配」（まとめ）

律令国家である大和朝廷は、「南島支配」に乗りだした。しかし、律令国家の「南島支配」とはいうものの、その領域に「国」または「島」として編成されたのは熊毛諸島（屋久島や種子島）までであり、奄美諸島の島々は、せいぜい「朝貢」地域とされた程度であった。しかしそれさえも、律令国家側が主観的にそう思った、そう位置づけたにすぎなかったのであり、奄美諸島は「支配」されたのではない。「朝貢」は儀礼的な関係であって、「支配」とは別物であろう。さらに、それより以南の沖縄諸島は、その「朝貢」さえしていない。この点は「信覚」を石垣島とみるかどうかにかかわるが、「信覚=石垣島」説に立つ山里純一も沖縄諸島は「朝貢」の誘いを拒否したとみている。

私は「信覚=石垣島」説に同意しない。多くの論者がその地理的な隔絶性を指摘し、また社会の発展段階の差異を指摘して、この説に疑問を提起するようになってきたが、いまだ多数意見とはなっていない。しかし、ただ音の類似性だけから「信覚=石垣島」をいうのは、歴史の総合的な見方からすれば、ずいぶんと離れた理解というべきであり、ほかに何の推定史料もないのにこだわるのは、恣意《しい》的な歴史解釈というべきである。

中村明蔵は、自ら「南島支配を一歩すすめて、かりに奄美国を設置する」ことも検討されたかのように想定したが、そうなると「さまざまな問題や障害がある」ことに律令国家自体が気づいて、その構想は挫折したと述べていた。少なくない論者が、南へ南へと「支配」を広げていこうとする律令国家の意思を描いているが、それは限度のある構想にすぎないのであって、次々に実現していったのではさらさらない。

それはまた、次の事情にも制約されていた。永山修一や山里純一が指摘しているように、隼人地域の薩摩国や大隅国の財政は、「自立」できておらず、大宰府管内の各地からの支援を受けていたのであり、いわば「赤字経営」だった。そして、いったん置かれた「多褹嶋」という行政区もまた、同じ「赤字経営」という理由で解除され、「大隅国」に併合された。そのことをみれば、版図を南へ南へと押し広げていく意図が、この時代の大和政権にあったとは考えられまい。

第七章　律令国家の動揺と再編（平安時代前期）

第一節　九世紀の日本

1　平安時代の始まり

道鏡《どうきょう》を皇位につけようとして失敗した称徳《しょうとく》天皇が七七〇年に没して、天智の孫・光仁《こうにん》天皇につなげたが、光仁は一一年後には自分の子・桓武《かんむ》に譲った。桓武天皇は七八一年に即位し、いったんは長岡《ながおか》京に遷都するが、七九四年に新京に移り、そこを平安《へいあん》京と号した。平安時代となる。

川尻秋生《かわじりあきお》『平安京遷都』（岩波書店・新書・シリーズ日本古代史⑤、二〇一一年）は、平安京について、「はじめから京全体で造営が行われたわけではなく、左京南東部や右京西部のように、京の中心からはずれた場所では、条坊街区の成立はかなり遅れていたらしい。また、京を流れていた中小河川の制御《せいぎょ》にも手間取ったことが発掘調査によって判明してきている。やはり、京でも中心部の造営が急がれ、周辺部は徐々に造られていったというのが実情であろう」（三〇頁）。

吉田孝《よしだたかし》「平安京の新しい世界」（岩波講座・日本通史・第5巻『古代4』岩波書店、一九九五年の、「九―一〇世紀の日本―平安京」一章）によれば、次のように展開する。桓武天皇は、東西の「辺境」、隼人《はやと》と蝦夷《えみし》の取り込みに力を尽くしたが、特に蝦夷のばあいは、大規模な「征夷」事業が展開された。これは族長・阿弖流為《あてるい》らの抵抗にあった。そこで活躍したのが、坂上田村麻呂《さかのうえのたむらまろ》らである。彼は渡来系の氏族で、武人であった。

その後、平城《へいぜい》天皇、嵯峨《さが》天皇に引き継がれるが、上皇になった平城が独自の遷都命令を出したため、嵯峨の反撃を受けて失脚する。上皇側近の藤原仲成《なかなり》・薬子《くすこ》兄妹も没する。八一〇年の「平城上皇の変＝**薬子の変**」である。

川尻秋生に戻る。延暦一一（七九二）年、「東北と九州を除き軍団（諸国に置いた兵団）を廃止し、代わって健児《こんでい》（郡司などの子弟を兵士とする制度）を置くという大軍縮を実施している。軍役から解放された労働力は、中部以西は造都に、東国は征夷に振り向けるためであったと考えられる」。唐末の安史《あんし》の乱、新羅の内乱が起こり、「このような情勢を背景として、日本では対外的な軍備が従来ほど必要なくなり、軍団や防人を廃止・縮小することができた」のである（二二一-四二頁）。また、「有力な神社は著名な氏族の氏神の場合が多く、氏族の在地支配は祭祀に支えられていた。そこに楔《くさび》を打ち込み、神社祭祀を国家の管理下に置こうとした」ともいう（三一一頁）。

また吉田孝である。「嵯峨天皇は子沢山で、五〇人におよぶ皇子・皇女がいた。天皇は八一四年（弘仁《こうにん》五）、皇后・妃《ひ》・女御《にょうご》などの生んだ子を除き、他の皇子・皇女には**源朝臣《みなもとのあそん》の姓《せい》**を与えて、臣籍に降下させた。こののち仁明《にんみょう》・文徳《もんとく》・清和《せいわ》をはじめ、代々の天皇の皇子・皇女が源朝臣の姓を賜る。また八二五年（天長二）には、桓武天皇の孫の高棟《たかむね》王に**平朝臣《たいらのあそん》の姓**があたえられ、つづいて仁明・文徳・光孝《こうこう》天皇の子孫にも平朝臣の姓が与えられた。／源・平両氏のなかでも、とくに清和源氏・桓武平氏は、のちに武家の棟梁として活躍することになるが、源・平・藤・橘という日本の伝統的な姓がこの時代に出そろうことに注意したい」。

源氏は天皇の父方の親族であり、藤原氏はその母方の親族であり、この両氏が官僚の中で大きな比重を占めていくことになる。藤原氏の始まりは鎌足にあり、その子の不比等以後、しだいに天皇家との姻戚関係を広げていき、最終的に大きな権力を独占することになるが、その藤原氏の獲得していった特権は、①二世王の皇女と結婚できること、良房はとくに一世の皇女（源）潔姫《きよひめ》との結婚が認められたうえ、その子たちの名は天皇の皇子たちと同じ「良」の字を共有した、②氏人全員が課税免除を受けたこと、などにあり、こうして「藤原氏は、皇親と並立する特殊な地位を公的に獲得した」、また「藤原氏が皇親に取って替わることなく、外戚として王権を支えるという国制の成立」をも意味した。

2　律令から格式へ

川尻秋生『揺れ動く貴族社会』（小学館・日本の歴史四・平安時代、二〇〇八年）は、律令から格式への法の転換について、次のように述べている。「時代の経過や官制の変化に伴い、律令《りつりょう》を改変したり、新たに規定を追加する必要が生じる。なかでも令は大枠しか定めておらず、大宝令《だいほうりょう》［川尻の次の著作では、ルビは「たいほう」となっている―来間］と養老令《ようろうりょう》もほとんど同内容であったから、律令施行当初から、それを補う法令は必要とされた。また、律令のみでは複雑な政務をこなすのは困難で、律令の施行細則も必要であった。…こうした要求を満たすために編纂されたのが、格《きゃく》式《しき》であった」。「一般的に、平安時代になると律令制は衰退、あるいは変質すると考えられることが多いが、法制的にみれば、九世紀なかばを律令制国家の完成とみることもできる」（八〇－八四頁）。

川尻秋生『平安京遷都』（前出）は、「平安前期の特徴として格式《きゃくしき》の編纂がある」といい、次のように述べる。「**格**とは、律令に対する追加法のことで、**式**とは律令や格を運用する上での施行細則のことである。律令に対して格式とも、四つ併せて律令格式とも称する。**律**は現在の刑法、**令**は行政法にあたる。律令はもともと秦漢《しんかん》以来、中国で発達した法で、ローマ法にも匹敵する体系制［体系性―来間］を持っていた。唐の律令を日本の実情にあわせて改変し、日本独自の律令を編纂する試みは、飛鳥浄御原令《あすかきよみはらりょう》（律は唐律を代用）、大宝《たいほう》律令、養老《ようろう》律令とつづけられてきた（近江令が編纂されたか否かという点ははっきりしない）。しかし、社会の変化にともなって、律令だけでは現実に十分対応できなくなり、新たに法令を制定して律令に補足を加えたり、律令を改変するケースが生まれてきた。そこで、平安時代初期には三度の法編纂を行って現実的な対応をとろうとした。これが弘仁《こうにん》格式、貞観《じょうがん》格式、延喜《えんぎ》格式である。ただし、中国の律令と格式は、一般的には同時に編纂・施行されたが、日本のばあいには、格式が単独で編纂・施行された。この点は日本と中国の大きな違いである。平安時代には、律令を編纂しようとせず、格式の編纂のみで対応しようとしたのである」。「九世紀、律令国家としての日本は変質する面もあるが、法制度からみれば、もっとも中国に近づいた時代であったともいえよう」（六〇-六二頁）。

3　平安貴族の誕生

大隅清陽《おおすみきよはる》「貴族政権への道」（同前、岩波講座・日本通史・第5巻『古代4』の、「九―一〇世紀の日本―平安京」二章）は、「平安貴族の成立」を次のように描いている。藤原良房《よしふさ》・基経《もとつね》の覇権が成立していたのは、八四二～八九一年のころ、五〇年間である。「太政官の公卿《くぎょう》には良房の一族と嵯峨《さが》源氏が進出し、平安初期以来、政策の立案や遂行の能力を買われて登用されてきた文人的・良吏《りょうり》的な参議は減少する。橘《たちばな》、大伴《おおとも》（淳和《じゅんな》朝以後は伴《とも》）、紀《き》など八世紀以来の諸氏も、承和《じょうわ》の変や応天門《おうてんもん》の変などの政争もあって次第に姿を消し、太政官の要部は、一〇世紀初めころまでに、藤原氏と源氏によりほぼ独占された」（二一四頁）。

承和の変（八四二年）とは、嵯峨上皇没の二日後に「謀反《むほん》計画」が告発され、伴健岑《こわみね》、橘逸勢《はやなり》らが排斥された事件で、良房《よしふさ》は直後に中納言から大納言となり、さらに右大臣となった。**応天門の変**（八六六年）は、平安宮朝堂院の正門である応天門が何者かの放火によって炎上し、犯人とされた伴善男《よしお》らが排斥された事件で、太政大臣になっていた良房は直後に「天下の政《まつりごと》を天皇にかわり摂行せよ（**摂政**）」との勅《ちょく》を受けた。良房は八七二年に没し、基経《もとつね》（良房の甥で、猶子《ゆうし》＝養子。皇族との姻戚関係はない）に引き継がれた。右大臣のまま摂政となった基経は、八八〇年には太政大臣になった。また、八八七年に即位した宇多天皇は、「基経に、改めて国政に〈関白（あずかりもう）〉す権限を与える詔《しょう》を下した（「関白」の語の初出）」（二七頁）。基経が没したのは、八九一年である。

ところで、「藤原北家［不比等の次男・房前の系統―来間］による貴族政権の確立が進んだ九世紀という時代は、**平安時代の貴族たち**が誕生した時代でもある」（二八頁）。奈良時代までの古代豪族が没落して、従来の畿内豪族が律令官人を務めていたが、それに付きまとっていた「ウジの組織」や「カバネの制度」が変質していく。畿内の豪族から貴族になった人びとは土地との関係が切られて（在地性の喪失）、都市貴族となっていったのである。そして「五位以上の貴族官人の全子弟」が「大学への就学を強制」され、文人官僚への方向性が示されるとともに、出自を問わず、そのような文人官僚が台頭することにもつながった。氏人の修学を援助するために、藤原氏は勧学院、橘《たちばな》氏は学館院、皇族・源氏は奨学院と、それぞれの「大学別曹《べつそう》」（大学とは別の補助機関）を設置して、生き残りの手を打った。土地の所有もまた、ウジによる所有から、個人の所有へ、院宮王臣家の個人の家産へと変化していった。

4　遣唐使の廃止と「海商の時代」

加藤友康《かとうともやす》「律令制の展開と古代国家の変容」（宮地正人《みやじまさと》編『日本史』山川出版社・新版世界各国史1、二〇〇八年）は、「唐帝国解体期の東アジア情勢」について、次のように述べている。「八四〇年代、唐と同盟関係にあったウイグルと吐蕃《とばん》の王朝があいついで崩壊したことから東アジアの変動が始まる。東アジア地域では民間貿易が活発化し、唐や新羅《しらぎ》商人の日本への来航があいついだ。なかでも黄海・東シナ海を舞台とする**新羅商人**の活躍はめざましいものがあった。はじめて新羅商人が日本に来航したのは、八一四（弘仁五）年のことである。その後も大宰府や西日本沿岸諸国にしばしば来航し、交易活動をおこなった。彼らの交易活動により、唐の文物は八世紀以上に国内に流入するようになった」。「九世紀後半になると新羅商人には海賊化する者があらわれ、これに呼応する国内の動きも活発化する」。「新羅社会の変動の日本への波及は現実のものとなっており、対新羅政策は排外性と閉鎖性を格段に強めることになった」。この間、朝鮮半島（韓半島）における政治的事件に日本側がかかわったことが疑われたり、肥前国の郡領が新羅人と一緒になって対馬を攻撃しようとしたり、「八七〇（貞観十二）年には、大宰少弐《だざいしょうに》藤原元利万侶《ふじわらのもとりまろ》が新羅国王を通じて国家転覆を企てるという事件」も起こった（九九–一〇〇頁）。

朝鮮半島では、新羅が衰退し、いったんは「三国の鼎立状態《ていりつ》」となったが、そのなかの**高麗**《こうらい》が九三五年に半島統一を果たした。日本は、高麗からのたびたびの通交の申し入れを拒否し、「商人によりもたらされる唐物《からもの》の輸入と、私的な海外情報の収集に」とどめるという道を選択した（一〇二頁）。

榎本渉《えのもとわたる》『僧侶と海商たちの東シナ海』（講談社・選書メチエ・日本中世史4、二〇一〇年）は、次のように描いている。九世紀は東シナ海に「**海商**」（海上貿易をなりわいとする商人たち）が登場する。海商には、新羅海商も唐海商もあるが、彼らは連携して活動していた。八九四年に遣唐使が廃止されるが、それは唐との交易・交流が途絶えたことを意味しないし、ある意味で交易・交流は以前に増して活発になった。遣唐使のような、十数年に一度ほどの使いの派遣によってではなく、や

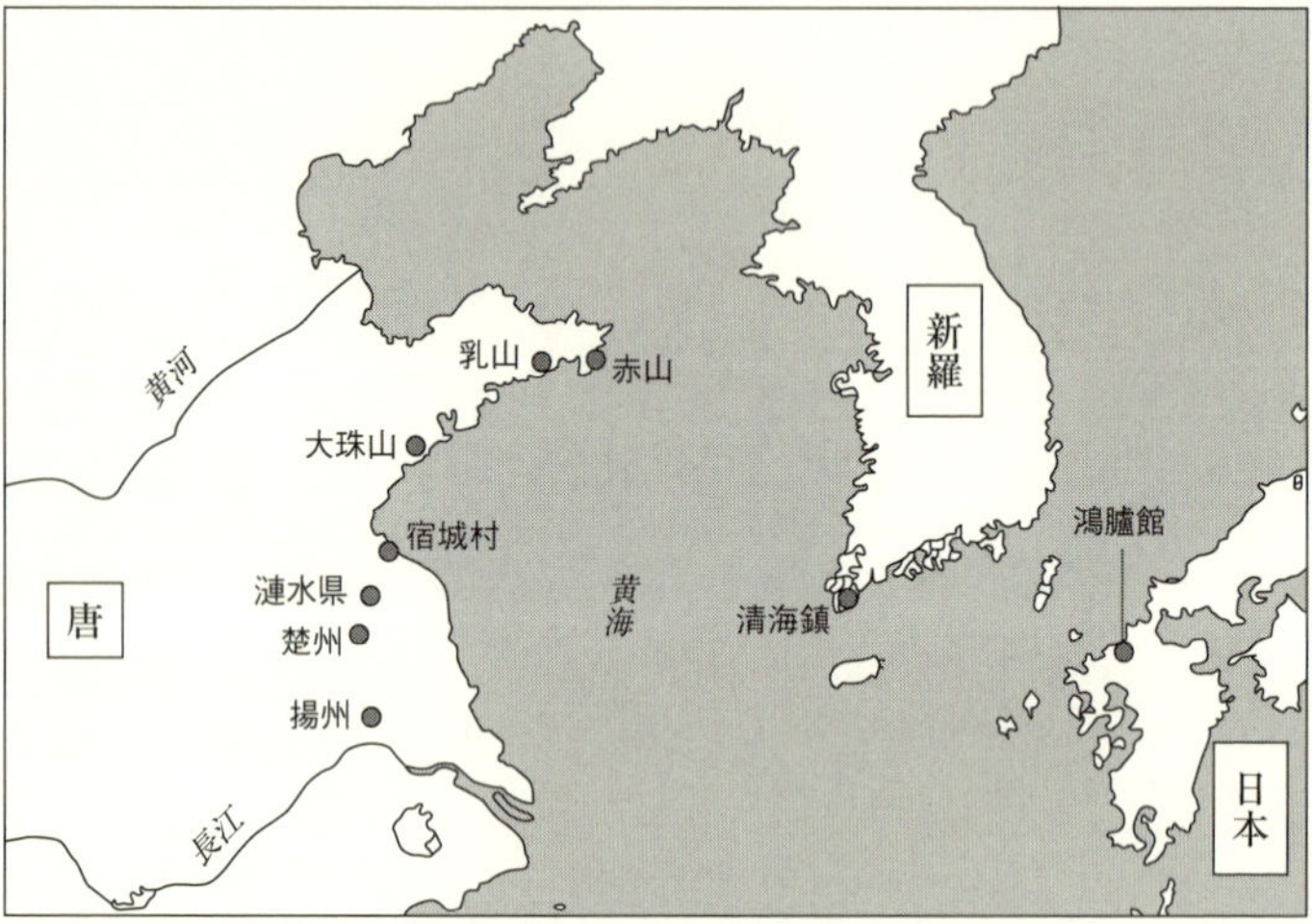

図 7-1　新羅人の交易拠点

（出所）　田中史生『越境の古代史―倭と日本をめぐるあじあんネットワーク』ちくま新書，2009 年，167 頁．

ってくる海商の船に便乗しての往来の時代となったのである。

八世紀後半から、新羅では貴族や民衆の反乱が相次ぎ、飢饉や疫病の流行もあって、日本への帰化を求めて来着する者が増え、九世紀には数千人規模に上ったとみられる。このことがまた、朝鮮半島との通商活動の活発化につながった。

当時は、新羅人が日本に来航して貿易を行う場合、**大宰府《だざいふ》鴻臚館《こうろかん》**（元は外交使節の滞在施設だった）の管理下に置かれることになっていた。この海商の到来により、日本列島の外国製品受容のあり方は一変した。海商が来航して最初に行われる取引は「官《かん》司《し》先買制」といい、官司が中央から派遣されてきて、まず必要なものを買い取った後、その他の人々にも購入ができるようにしていた。しかし、中央の権力者たちはそれに先んじて争って購入し、大宰府の管下に住む富豪たちは、間に立って値を吊り上げたりした。平安の朝廷もすべて民間貿易の対象にしたこともある。なお、当時の貿易は利益獲得が目的ではなく、必要な物品を入手するためであった。

5　荘園制と田堵の出現

加藤友康「律令制の展開と古代国家の変容」（前出）は、「地方社会の変貌」を次のよう描いている。「八世紀末から九世紀にかけて、在地の共同体内の農民には貧富の格差が拡大する。富をたくわえた人びとは〈**富豪《ふごう》の輩《ともがら》**〉と呼ばれ」た。それには、「律令制以来の在地首長の系譜を引く有力な経営主」だけでなく、新しく「私出挙《しすいこ》や営田《えいでん》経営をもとに在地首長の経営から自立化した経営を営む人びと」があった。「彼ら［後者―来間］は口分田《くぶんでん》や治田《ちでん》・家地を垣内《かいと》としてこれを領有し生活の拠点とし、馬・牛・稲・銭などの動産や田畠を所有し、…さらに私富を形成し、没落した農民を隷属させ、経営のなかに取り込んでいった」。「富豪の輩」のなかには、留任国司（任期終了後も任地に留まる前国司）や、非農業分野の者もあった（一〇二―一〇三頁）。

彼らは、しだいに院宮王臣家《いんぐうおうしんけ》と結びついていく。それにはまず「富豪の輩」の側から、「国司の官物徴収」から逃れるために、田地を寄進したりして身分的関係を結んでいった（その家人《けにん》になるなど）ことがあり、また院宮王臣家の側から、山野や未墾地を大規模に取り込むために、地方に手を伸ばしはじめたことがあった。「〈富豪の輩〉を国司側か、王臣家側か、いずれが組織するかが争われたのが、この時期の在地社会の焦点であった」（一〇三-一〇四頁）。

川尻秋生『揺れ動く貴族社会』（前出）は、平安時代の荘園《しょうえん》について、次のようにいう。まず天皇の命（勅旨）によって設定された皇室領である「勅旨田《ちょくしでん》」がある。これは、奈良時代から存在したが、九世紀以降に荘園化した。次に、院宮王臣家も寺院も荘園を蓄積していった。もともとは地方に赴任した官司が開墾して作り上げたものであったが、それぞれの競争者からの圧迫を逃れるために、院宮王臣家や寺院に寄進したものである。「このように荘園制が発達すると、戸籍や計帳によって民衆を把握する方法が頓挫《とんざ》し、九世紀後半以降、新たな収取制度が現われた。〈名《みょう》〉である。名とはたとえば〈犬丸名〉などと名付け、公田を耕作する人々を国衙《こくが》が登録することで、このようなあり方を負名《ふみょう》体制と呼ぶ。名の経営者が田堵《たと》である」。有力な田堵は「大名田堵」と呼ばれる。田堵の耕作地は面積などが計られ、「負名検田帳」に登録され、課税される。これは、「在地首長としての郡司の機能が低下し」て、受領《ずりょう》となった国司の権限が増大した結果、「国家支配が、直接、在地におよぶようになった」ことを示している（九五-九七頁）。

受領については、次のようにいう。「国司は、中央から派遣され、国府にあって諸国の行政・警察・司法をつかさどった。九世紀前半は、災害が頻発したこともあり、庶民の生活に心を砕く良吏《りょうり》と呼ばれる国司が重用された」。すべての国司が良吏とはならないので、選択して委ねることになっていく。「こうして成立したのが、受領国司制《ずりょうこくしせい》である。現代社会でも〈物品を受領する〉というように、〈受領〉という言葉がしばしば用いられる。じつは、平安時代の受領も現代の意味と近く、国務を前任者から〈受領〉するというところからきている」。もともと「国司には、守《かみ》・介《すけ》・掾《じょう》・

目《さかん》という役職の区分があ」り、連帯して税の徴収にあたることとされていた。しかし税が思うように収納できず、納期が遅れたり、粗悪品が出てきたりという状況に対応するために、「国家は九世紀後半ごろ、最上位の国司に責任をとらせる方法へと、国司制を変換させた。この最上位の国司を受領、あるいは**受領国司**と呼ぶ。一般的には守《かみ》が受領にあたる」が、介《すけ》が受領になる地域もあった。「国家は、受領に責任を負わせるかわりに、諸国の内政に直接介入することを控え、受領に税の徴収や検察権など、国内支配の権限を大幅にゆだねた。その結果、受領に比べて、介・掾・目などの国司（**任用《にんよう》国司**という）の権限が縮小し、受領との格差が大きくなった」。受領たちは、財を蓄えて土着性を強めつつ、摂関家や上皇に取り入り、また摂関家や上皇も自らの家司《けいし》に多くの受領を抱えるようになった（一三〇－一三三頁）。

「国司制の変化を受けて、**郡司**《ぐんじ》制も大きく変質した」。郡司はもともと在地《ざいち》首長《しゅちょう》である国造《くにのみやつこ》の子孫を任命する場合が多く、しかもそれは任期もなく、実質的な在地の支配者であった。国司は中央から送られてくるもので、実権を握るまでにはいかなかったのである。しかし、九世紀以降は、郡司の任命に国司の関与することが大きくなってきて、「これまで特定の郡領氏族がもっていた在地社会に対する伝統的支配力は必然的に弱まり、逆に国司への依存度が高くなった。さらに負名体制が成立すると、受領が直接在地に検田使《けんでんし》や収納使《しゅうのうし》などの使者を派遣して、在地を掌握することが可能になった。郡司はしだいに文書作成や徴税など、地方行政の一端を担う国司の手足となっていった」（一三五－一三六頁）。

6 「人」単位から「土地」単位への税制の変化

坂上康俊《さかうえやすとし》『律令国家の転換と〈日本〉』（講談社・学術文庫・日本の歴史05、二〇〇九年。初出は二〇〇一年）は、「徴税論理の転換」を、次のように説明している。

「律令国家の税制は、租《そ》・庸《よう》・調《ちょう》を中心としていた」（二四四頁）。その一つ一つについてみれば、以下のようである。前章でも、渡辺晃宏『平城京と木簡の世紀』によって見ておいたが、別の情報も含まれているので、また復習しておく。

まず**租**《そ》である。これは「耕している田にかかってくる」が、「上質の水田なら収穫の三パーセントという低税率であ」る。その起源は「収穫の一部を神に捧げる初穂」であったと思われる。「初《はつ》穂《ほ》」とは、その年はじめて収穫した穀物を、神仏に最初に奉るもののことで、それが起源となって、朝廷に捧げるようになったという。これは「中央政府や諸国の一般財政の中には組み込まれ」ず、「非常事態に備えての蓄え」であり、「備荒用《びこうよう》として倉に納められ」ていた（二四五―二四六頁）。

次は**調**《ちょう》である。これは「訓でツキと読まれるように、貢物《みつぎもの》の意味を持っている」。その起源は「律令制の施行以前」にあった「人々から国造《くにのみやつこ》その他の有力者に、そして国造から大王《おおきみ》にと、種々のレベルの捧げもの」に求められる。その「国造から大王への貢物」が「すべて都に運ばれる」ようになったのである。神々への捧げものとも位置づけられていた（二四七―二四八頁）。

さらに**庸**《よう》がある。「その古訓をチカラシロという」「力代とも書く―来間」。その特徴は「采女《うねめ》・

兵衛《ひょうえ》や衛士《えじ》・仕丁《じちょう》たちの必要物資（布・米・塩・綿）を、郷里から仕送りすることにあった（青木和夫「雇役制の成立」）。采女・兵衛は、律令制下では郡司《ぐんじ》の子女・兄弟姉妹に宮仕えさせる制度になっているが、もともとは国造に課せられた服属の証《あかし》としての人質に由来する。衛士や仕丁も同様の来歴を持っているので、結局、庸という税目は、かつての服属儀礼を汲む宮仕えのための仕送りのシステムを拡大して成立したものということができる（大津透「律令収取制度の特質」）」（二四八頁）。地方の有力者である国造たちは、中央に各種の「人」を捧げているが、その人びとの「給与」は受け取らない。それは自らの地元からの「送金」で支えられる。これが庸である。それらの人びとのうち、采女は天皇の雑役などに奉仕し、兵衛は天皇の身辺警護などに従事し、衛士は国家の兵士を勤め、仕丁は朝廷の下級の雑役に従事する者と、その人びとのために食事など生活の世話をする人々である。

雑徭《ぞうよう》も同様である。「雑徭の古訓はクサグサノミユキであるが、この古訓の持つ意味は、大王ないしは大王が派遣してきた者に対するさまざまな力役《りきえき》奉仕を指していた」（二四九頁）。

そして**公出挙**《くすいこ》がある。これは「春・夏（二・三月と五月）に人々にイネを貸出し（貸し出した稲のことを本稲《ほんとう》という）、秋に利息（利稲《りとう》という）を付けて返還させる制度である」。利率は五割であったが、平安時代初期からは三割となった。また、種籾の支給や田植え時の食べ物提供という、一面「有り難いこと」という側面もあったはずだが、これが平安時代には「強制的官営高利貸しになってしまった」（二四九－二五一頁）。

このような律令税制が変化していく。

まず**租**である。租米は、公出挙の利稲とともに、籾の状態にして（稲穀《とうこく》）地元の倉に入れて保存されたが、その倉が満杯になったら鍵をかけて、不動倉《ふどうそう》となり、その稲は不動穀《ふどうこく》と呼ばれるようになる。「この倉の鍵が中央政府に召し上げられ、天皇の管理下に置かれてしまい、国司でさえも不動穀を使用するには、いちいち天皇の許可を必要とするからである（渡辺晃宏「平安時代の不動穀」）」。「その不動穀が、あらぬ方向に流用され始め、中央政府に吸い上げられてしまう」。まず東国の蝦夷《えみし》征討の軍事費とされ、「諸司での衛士《えじ》・仕丁《じちょう》・采女《うねめ》などに支給される大粮米《たいろうまい》に充てられたり」（年料租舂米《ねんりょうそしょうまい》という）、官吏の給与に充てられたりした（年料別納租穀《ねんりょうべつのうそこく》という）」（二五六―二五七頁）。

庸も、采女に関わるそれでいうと、采女自体が、時に天皇の子を産む場合もあるにはあったが、「単なる後宮《こうきゅう》の下働きになってしまう（門脇禎二『采女』）。兵衛・仕丁・衛士についても同様に、その服属の象徴としての意味は薄れていき、おそらくは名誉も失われてしまったのである。そうなると、これらとセットで整えられていた庸の制度も、単なる収奪品としか言えなくなってしまう」（二五九頁）。

調の場合も同様である。「地域社会の神々が頼りなくなってきた」ことにより、「伝統的な神々への幣物《へいもつ》の料として徴収された調についても、この権威の失墜が及ぶことは避けられな」くなった。「効き目のない所にお供えをする必要は無いのである」（二六〇頁）。

もっと大きな変化がある。「さらに、九世紀になると、納税義務のある者自身ではなく、**富裕な代納者**による調庸納入の請負が盛んに行われるようになった」のである（二六〇頁）。

次に**公出挙**の変化についてみる。当初は耕作者の便宜に対応していたのかもしれないが、九世紀に入って、「耕作している田の面積に応じて負担させられるようになっていった。…ところが、いったん田の面積単位という基準の立て方もありうるという事になれば、支給の、つまり強制割当の対象の問題にも波及することになり、公出挙制は大きな改変を迎えることになる」。そのさい、戸籍記載地（本貫《ほんがん》）から離れている「浪人」（浮浪人）には公出挙の割り当てはないので、そこに「この負担を免れながら実際には広大な田地を借りたり開墾したりして耕作している富裕な浮浪人（**富豪浪人**《ふごうろうにん》）」対策が必要になってきた。つまり、「実際の耕作地の面積に応じて公出挙本稲を支給」するようになったのである。「こうして律令政府は、造籍とそれに対応する班田収授制とを放棄しても税が取れるような体制に、大きく一歩踏み出したのである（戸田芳美「平安初期の国衙と富豪層」）」。これに対する不服従も見られたが、実態として、面積に対応した利稲の徴収が進んでいたのである。このような事態が「十～十一世紀には一般化していった。この段階にいたって、公出挙のシステムは完全に放棄され、〈そこに耕作している者がいるのだったら、その者から税を取り立ててやろう〉という論理が完成したのである。つまり公出挙は**地税**化したのである（村井康彦前掲論文［「公出挙制の変質過程」―来間］）」（二六二―二六八頁）。

結び。「やがて、律令制の諸負担は、実際の徴収の場面では、大きく分ければ官物《かんもつ》と臨時《りんじ》雑役《ぞうやく》という、なんとも無味乾燥な二つの税目に編成替えされていく。前者は租調庸や公出挙利稲の流れを汲むとはいえ、すでに田土に課される地税になってしまったものであり、後者は雑徭《ぞうよう》の流れを汲むもので、実際に徴発される際には人に課されるが、そうでなければこれまた田土を基準として物品で徴収される。こういった無味乾燥な税目成立の背景には、…徴税論理の転換があったのである。この転換は、同時に律令制下の地域の秩序を構築していた豪族たちの運命とも表裏の関係にあったし、また同時に国司制度の変化とも対応していた」（二七一頁）。

川尻秋生『揺れ動く貴族社会』（前出）は、律令制下の税制とその変化について、次のようにいう。「律令《りつりょう》制下の税は、租・庸・調・雑徭・出挙などからなっており、人別に課される人頭税であった。したがって、どこに誰が住んでいるのか、その男女別、年齢などを国家が把握している必要があった。これを個別人身的支配という。具体的には、一人ひとりを戸籍や計帳に登録し、それをもとに班田を行ない、税を徴収したのである」。ところが、「税逃れのため」に戸籍の偽造が起こってきた。また、「院宮王臣家の荘園には、浮浪人などが多く集まっていた。彼らは本貫地《ほんがんち》（戸籍に登録された場所）から離れて暮らしており、本貫地に税を納入することはなかった」。班田をするという建前も崩れてきた。「こうして、律令国家がめざした個別人身的支配は破綻《はたん》していった」（八九-九〇頁）。

この税制が次のように変わっていく。「人頭税による徴収に失敗した国家は、課税人数の確認をしないですむように、諸国が納める税の数量を定数化した。この数を式数《しきすう》という。この方法では、諸国の人口増減などの変化を式数に反映できず、国によって不公平な負担となってしまう。そこで、人ではなく土地を単位として税（地税）を賦課することにした」。「税目も租《そ》・庸《よう》・調《ちょう》などの系譜を引く**官物**《かんもつ》と、交易雑物・雑徭《ぞうよう》などの系譜に連なる**臨時雑物**に単純化されていった」（九一頁）。

なお、公出挙の変化、年料租舂米《しょうまい》、年料別納租穀《そこく》の成立などにも触れている。

第二節　九世紀の九州

1　「隼人」の消滅と「九州」の成立

吉田孝《よしだたかし》「平安京の新しい世界」（前出）は、律令制の西南「辺境」への浸透について、次のようにいう。「薩摩・大隅の二国では、肥後・豊前《ぶぜん》等の国から移住させた柵戸《さくこ》を主体とする郡がつくられていた。律令国家の隼人支配の前進基地である。このような郡では律令制が早くから施行されたが、七二九年（天平元）の大規模な班田の際にも、薩摩・大隅では班田収授を行うことができなかった」。班田収授ができなかったのであれば、この段階では、律令制が真に施行されたとはいえない。それは「庸調」が課されず、「隼人朝貢」といわれるその代替方法がとられていたのである。「六年目ごとにミツギをもって朝貢し、〈土風〉の歌舞を奏して朝廷に仕える」というものである。「しかし八〇〇年（延暦一九）には、大隅・薩摩両国の既墾田を収公して、口分田として班給することになり、その翌年には隼人朝貢が廃止される。ここに隼人も一般の公民と同じように、口分田を班給され庸調を負担する民となった」（二一一―二一三頁）。文献として、中村明蔵《なかむらあきぞう》『隼人と律令国家』（名著出版、一九九三年）を指示している。

永山修一《ながやましゅういち》『隼人と古代日本』（前出）は、次のようにいう。「**八世紀後期**には、隼人との軍事的緊張がなくなり、大隅・薩摩両国での戸籍作成が進んだ。桓武朝の征夷事業が一定の成果を上げていくなかで、俘囚《ふしゅう》や隼人に対する律令制度の完全適用が追求されることになった」。**九世紀初頭**、大隅・薩摩両国に班田制が完全適用され、政府は大宰府に対して隼人の朝貢停止指令を出し、都に滞在していた隼人たちが帰国した。「ここに一二〇年余りにわたって続いた隼人の朝貢は終わった。この時、一部の隼人はそのまま都に残され、今来隼人として、隼人司によって担われる諸儀式に参加し、天皇の権威発揚の役割を担ったが、これは南九州とは無縁の形で継続されていくことになる。一方、南九州に居住する人々は、〈野族〉視されることは残るものの、隼人とよばれることはなくなる。朝貢を行わない人々は隼人ではなくなる。**九世紀初頭**、南九州の隼人は消滅するのである」（二三八―二三九頁）。

その後の木簡資料や墨書土器などから、「隼人消滅後約半世紀にして、南九州の社会構造は他地域と大きく異なる状況ではなくなっている」（二三九頁）ことが分かる。

さらに永山は、次のようにいう。「**平安中期**の南九州では、受領支配が進展し、他の大宰府管内諸国と同じように、受領による国内支配と、大宰府官長による管内諸国への支配強化、および在地勢力との競合あるいは協調関係が複雑に現れる。こうしたなかで、後に日本最大の荘園へと拡大してゆく**島津荘**をはじめとする荘園が設定されていき、**南島**の産物に注目が集まるなかで、南島への窓口とも言える南九州への関心もそれなりに高まったと思われる」（二三九頁）。

坂上康俊《さかうえやすとし》「〈九州〉の成り立ち」（前出）は、八〇五（延暦二四）年に隼人の朝貢が停止されたことにより、「律令制的負担体系の面では、三前三後の諸国［豊前・豊後・筑前・筑後・肥前・肥後

——来間」と日向・大隅・薩摩の三国との間には、全く違いがなくなったのである」（六二―六三頁）、「隼人の公民化や多褹島の廃止に見られるような南方のフロンティアの消滅によって、大宰府の管内支配上、三国二島［日向国・大隅国・薩摩国・対馬島・壱岐島——来間］のうち少なくとも三国を三前三後の諸国と区別する必然性が希薄になった。そこで三国の三前三後化が起こる。一〇世紀以降の大宰府の管内支配の強化に伴い、今度は三前三後の三国化が起こる。この二つの変化によってもたらされたものが、大宰府の管内支配の、特に三前三後の六国と三国との間の均質化という結果である」（六四―六五頁）と述べている。

坂上はまた、①「南方フロンティアの消滅」、②「大宰府の管内支配強化」に加えて、③「環東シナ海域における国家相互の緊張関係の弛緩《しかん》」があり、「この三つの変化がそろったところで、〈九州〉概念の成立の条件が整う」（六五頁）という。そこで事例をいくつかあげて、「それでは、このような〈九州〉という言葉でもって大宰府管内全部を指すようになる、その原因をどう考えるべきか」と自問して、**対馬・壱岐**の位置づけの変化を指摘する。そもそも「対馬・壱岐は、中央から見ても、府［大宰府——来間］から見ても、経済的にはあまり大きな意義をもたない存在であ」ったのであり、そのことが「再認識」されたこと、また、この二つの島を通して、朝鮮半島や中国大陸と結ばれ、あるいは敵対していた時代が終わったことで、「九国二島」という表現が消えていき、単に「九国」あるいは「九州」という表現で、この地域のすべてを表わすようになったという（六七頁）。

2　鴻臚館と新羅商人の来航

大宰府の一つの機関として鴻臚館《こうろかん》があった。山崎純男《やまさきすみお》「鴻臚館と志賀の海人」（前出、『九州・沖縄』一九九一年）は、次のように述べている。「古代日本の外交・迎賓施設の中心であった鴻臚館は、平安京・難波《なにわ》・筑紫の三か所に設置されている」、当初「筑紫館《つくしのむろづみ》」と呼ばれていたが、のち鴻臚館と改められた、この三つの中で「大宰府鴻臚館（筑紫館）は、地理的にも大陸や朝鮮半島に近いこともあって最も長く存在し、唐・新羅《しらぎ》との外交・貿易の窓口としてその役割を果たしている」（三二九頁）。その機能は、「承和《じょうわ》」すなわち八四〇年前後に「対公人（蕃客・遣唐使）機関」から「対私人（一般外国商人）応接機関」に変化して、「貿易を行う市場」となった（三三二頁。森克己説）。

亀井明徳《かめいめいとく》「鴻臚館貿易」（同右書）は、筑紫館で迎えたのは「唐使」は「少数」で、「ほとんどは新羅使であり、…客館としての筑紫館は、遣唐使およびその送使を除くと、新羅使のための客館といえよう」（三四六頁）といい、その新羅が持ち込む「将来品」には「新羅製品」だけでなく「唐や南海の産品も豊富に含まれていた」と述べている（三五〇頁）。そこで、この時代のアジアの交易事情を次のように特徴づけている。「唐代後半および北宋前半期［九世紀～一〇世紀―来間］の中国で生産された陶磁器のうち、海外へ輸出されたものは種類が限定されている。浙江省《せっこう》の越州《えっしゅう》窯《よう》系青磁《せいじ》、湖南《こなん》省の長沙窯《ちょうさよう》産の鉄彩をもつ青磁、および河北《かほく》省邢州窯《けいしゅうよう》様式の白磁《はくじ》の三種が基本的な組み合わせである。これらは中国においても出土例が最多であると同時に、海外においても、東アジアから東南アジア、西アジアに至るまでおおむねこうした組成で、九―一一世紀前半の間に共通して見られる出土状況である。これらを**初期貿易陶磁器**と呼んでいる（亀井明徳『日本貿易陶磁史の研究』同朋舎出版　一九八八）。…この初期貿易陶磁器は、わが国では九世紀の中葉以降になると、西日本各地の官衙《かんが》、寺院、宮都《きゅうと》などの主要な遺跡から検出されているが、それ以前の八世紀末～九世紀前半においても少数ながら出土例がある」（三五〇頁。ルビは来間）。そして、その仲介者は「唐商人」ではなく「**新羅商人**」「**新羅海商**」だったし、彼らは「日・唐・羅の通商」を「連携して」行っていたという（三五一―三五三頁）。これが九世紀後半になると、「新羅海商から唐商客に代わった」（三五四頁）。

平野博之《ひらのひろゆき》「在地勢力の胎動と大宰府支配の変容」（同前書）は、同じく九世紀の「外国商人との貿易は大宰府の管理下で博多津、鴻臚館で行われたために、貿易活動の主役は大宰府官人や筑前国司であった」といい、新羅や唐の商人たちは、それぞれの国の「地方官職に身を置いて貿易活動を行」っており、まだ「自立した貿易商人」ではなかったとする（四〇九―四一〇頁）。ともあれ、これらの商人を相手に鴻臚館での貿易活動が展開されていた。しかしそれは、外国商人が来航すれば、中央から「唐物使《からものし》」が派遣されてきて、第一次的な取引がなされ、その後に大宰府官人などによる取引がなされたものであったが、その中央からの使いも「しだいに派遣されないことが多くなった」ので、「外国貿易についての大宰府の実質的な権限は増大していった」（四二二頁）。この貿易と「京との間の物資の運漕」という分野で、「在地勢力」がしだいに活躍するようになり、官の仕事を担うとともに、「私船」「民船」で行う私的な活動が拡大していく（四一〇―四一一頁）。

亀井明徳「日宋貿易関係の展開」（岩波講座・日本通史・第5巻『古代5』岩波書店、一九九五年）では、森克己によって通説化してきた見解（自らも同調していた）に、若干の修正を加えている。まず、一九八七年から福岡市教育委員会によって行われている「大宰府鴻臚館跡の発掘調査」から、その時代的な変遷を次のように説明している。「現在までに検出された遺構は四時期に大別される。この地に客館としての建物が最初に建てられたのは、七世紀後半とみられ、第二期としている八世紀中葉の〈筑紫館〉の時期には掘立柱建物がつくられ、西海道諸国からの調庸に関する木簡《もっかん》が土壙《どこう》から出土している。九世紀になると、基壇《きだん》をもつ大型の瓦《かわらぶき》葺礎石建物が、方形の区画内に整然と配置され、唐商客のための〈鴻臚館〉として機能し、盛期をむかえている。しかし、一一世紀になると衰え、塵芥の廃棄壙のみが検出されている（福岡市教育委員会─一九九一・九二・九三）」（二一二─二一三頁）。

出土遺物は、唐・新羅などの外国製陶磁器（貿易陶磁器）が六─七割を占めていて、「鴻臚館貿易は、「**波打ち際《ぎわ》貿易**」と規定できる、とする。つまり、輸出国側である唐は、需要国側の状況を理解することが少なく、どこにも同じような陶磁器を送り込んでいたのであり、相手国（例えば日本）の流通過程に入り込むことなく、波打ち際で取引していたのである。また、以前は「京の諸院・諸宮が家使《かし》を大宰府に派遣して唐物を競って求めた」のであったが、「領家が鎮西の荘官に直接求めさせる形態が出現」するようになる。それでもまだ、「鴻臚館は交易の場としての機能を果たしていた」（二一七頁）。

3　新羅海賊の横行

岡藤良敬「博多湾往来」（前出、『福岡県の歴史』）は、八世紀後半の外交・貿易について、次のように要約している。「一つは、九世紀には北部九州に、さまざまな階層の人びとによる新羅商人との交易が進展していたこと。二つは、政治的には新羅に対して警戒する。とくに八四〇年代から露骨になり入国いっさい禁止の策にでて、貞観十一年の絹綿掠奪事件を契機に軍事防衛上の再編強化を行う。三つに、しかし商賈《しょうく》の輩との民間交易は許したのである。つまり政府は先買権を行使しながら、民間交易は認めざるをえなかったともいえる」、「こうして北部九州の地には、新羅商人と対応するさまざまな交易の担い手があらわれ、民間交易が進展していた可能性が高い。九世紀初めは、北部九州をはじめとする地域は、**東アジア国際貿易市場**のなかに本格的に取り込まれていたとみられる」。新羅商人だけでなく、「唐商人」も「九世紀中ごろから」やってくる（八三-八四頁。ルビは岡藤）。

石井正敏《いしいまさとし》「東アジアの変動と日本外交」（前出、『律令国家と東アジア』）は、「新羅海賊と日本」の項を掲げて、九世紀の様相を描いている。

まず、全般的な状況については、次のように述べている。九〇七年に唐が滅亡して、「五代十国の分裂」の時代になると、「朝鮮半島の新羅でも王権をめぐる争いが激しく展開され、地方勢力が台頭し、後三国とよばれる新羅・後百済・高麗の対立、高麗による統一に向けての歩みを始める。

さらに北方では渤海が新興の契丹に滅ぼされ、契丹（遼）はやがて中国王朝に脅威を与える存在となる」。このような「変革の時代」は「東アジア海域を舞台とする唐・新羅の**海商**の活躍や**海賊**の活動が活発化し、その活動はやがて日本にも波及してくる」（一五〇頁）。

九世紀に唐の支配力が弱くなり、各地に設置されていた「節度使《せつどし》」が自立して、「地方政権」のようになっていくと、「沿岸地域では海賊の跳梁《ちょうりょう》を招く」ようになり、八二一年には、新羅人を拉致《らち》して奴婢《ぬひ》として売買している実態が明らかになる。そこに張宝高《ちょうほうこう》が登場した。彼は「若くして唐に渡り、在唐新羅人社会で台頭した」。彼が唐の海賊平定を命ぜられ、成果を収めたようであるが、実際は海賊を「懐柔し、その行動を平和的な貿易という形に置き換えたとみるべきかも知れない」。しかし彼は国内政治に関わって対立勢力に殺される（八五一年）。「彼らの一部は日本に逃れ、また残存勢力もいた。彼らは新羅国内の混乱により、やがて海賊となり、その矛先は日本へと向けられる」。そして「八六九（貞観《じょうがん》十一）年五月、新羅の海賊が博多津《はかたつ》に停泊していた豊前《ぶぜん》国の年貢船を襲い、積荷の絹綿を奪うという事件が起きたのである」。これは、「大宰府管内諸国の年貢が博多津に集められることを知った上で襲った」だろうし、日本と新羅の「両国の人々の間に提携の動きがみられる」ことから、計画的に襲ったものと考えられる。このころは新羅人で、「博多津周辺に居住して交易に従事している」者もいた。海賊事件によって、彼らは陸奥《むつ》に強制移住させられた。「新羅坊《しらぎぼう》」ともいうべきものがあったのである。**鴻臚館**は、商人が滞在し貿易を行う機関から、兵士と武器を配備して、国防に備える機関に変貌した。そして、八九三年と八九四年にも「かつてない規模の新羅海賊の集団が襲来した」（一五五－一五九頁）。

そして、「九世紀半ばからは**唐海商**（唐人・在唐新羅人）が頻繁に来航するようになり、香料や薬剤を購入するための勅使《ちょくし》が唐商船を利用して往復している（貞観十六・八七四年）。また商旅《しょうりょ》に変身した**渤海使**《ぼっかいし》も日本にさまざまな文物をもたらしている」ことなどに触れている（一六〇頁）。

4　租税制度の変化と大宰府の公営田

この章の「第一節　九世紀の日本」の租税の項で述べたような、租税制度の変化にともなって、「大宰府管内の公営田制」が検討される。

岡藤良敬「大宰府の成立・展開のなかで」（前出、『福岡県の歴史』）は、これを次のように説明している。「九世紀初頭、良吏《りょうり》たちによって、律令体制の動揺という現実に対応した改革政策が行われる。大宰府管内で実施されたのが**公営田制**《くえいでんせい》である。立案者は大宰大弐の小野岑守《おののみねもり》。太政官《だいじょうかん》で原案修正のうえ、弘仁十四（八二三）年二月から実施された」。この制度は、「歳入の確保」がむつかしくなってきていた実状を踏まえ、「民間で行われていた方式を公的に採用した」もので、有力農民を取り込んで「正長《せいちょう》」とし、彼らに班田《はんでん》農民を管理させて（徭丁《ようてい》という）、「調庸物などの確保」を図ったものである。「まず四年間をかぎって施行された。その後八五〇年代にも継続を申請し、実施している肥後国では、比較的に成功したらしいが、筑前国は耕作数年にして停止す、とあり、ほかの地域での継続的な成功は疑わしい。しかし大宰府管内が、九世紀初頭の全国的な財政改革のためのモデルケース（一大実験場）になったことは疑いない」（五〇頁）。具体的な方式については、次の文献に譲る。

坂上康俊『律令国家の転換と「日本」』（前出）も、律令税制の転換を述べたあと、この問題に触れている。「公営田というのは、当時大宰府管内にあった口分田六万五千六百七十七町から五千八百九十四町、乗田《じょうでん》（口分田などを班給して残った公田）一万九百十町の中から六千二百一町の、合計一万二千九十五町の良田を割き取り、そこを官が直接経営するものである。具体的に言えば、一般の成人男子を働きにこさせ、種稲などは官の方で用意し、一方収穫はすべて官に納めるが、その代わりに彼らに日当や食費を支給し、また租調庸は免除するのである。官（具体的には大宰府）は、その収入を用いて、租分を管内（西海道）諸国の正倉に納め、調庸分としては、例えば有名な筑紫綿（真綿）などを購入して中央に送った」。なぜこのような制度が試行されたかについては、「弘仁年間に特に大宰府管内で猖獗《しょうけつ》を極めた飢饉によって、大量の死亡者口分田が発生したのを承けて、臨時的に施行された」と考えられる、とする（二六一−二六三頁）。

第八章　摂関＝藤原政権（平安時代中期）

第一節　一〇世紀の日本

1　唐の滅亡、五代十国時代と北東アジア

中国大陸では、九〇七年に「唐《とう》」が滅亡して、「五代十国の時代」となる。華北に「後周《こうしゅう》」など五つの王朝、その他に一〇以上の地方国家が生まれ、互いに争った。後周を基盤にした「宋《そう》」が九七九年に全国を再統一した。宋は、経済を重視し、海外貿易を盛んにした。

朝鮮半島（韓半島）では、統一新羅の時代から、九世紀末には「後百済」と「高麗《こうらい》」が興って「三国鼎立《ていりつ》時代」となっていたが、高麗が九三五年と九三六年に新羅と後百済を降して、再統一を果たした。中国の北方では、九一六年に成立した「契丹《きったん》（遼《りょう》）」が勢力を増し、九二六年にはその東方、朝鮮の北方にあった「渤海《ぼっかい》」を滅ぼし、宋や高麗にも圧力をかけ続けた。

九世紀から一〇世紀にかけてのアジアは、宋の海商を中心として動く国際交易の盛んな時代であった（それは一五〜一七世紀の「交易の時代」につながっていく）。宋の交易は「南海」（中国からみた東南アジア方面）にも及んでいた。

日本列島はどうか。「日本は、新羅・唐に続き、渤海との外交も終焉《しゅうえん》を迎えると、ついに国家間・王権間の国交を閉ざし、時に宋や高麗から外交をうながされることがあっても頑《かたく》なに拒否した。しかし〈鎖国〉政策をとったわけではなく、東アジア世界再編の原動力となった中国商人（海商）の来航は大いに歓迎し、彼らのもたらす文物（唐物《からもの》）は、貴族社会における必需品となり、やがて北は俘囚《ふしゅう》の地から南は貴賀之島《きがのしま》（喜界島？）まで交易に旅する国内商人（『新猿楽記《しんさるがくき》』八郎真人《はちろうまひと》）によって各地に運ばれ、唐物受容は庶民層まで広がっていくのである」（石井正敏《いしいまさとし》・村井章介《むらいしょうすけ》「通交・通商圏の拡大」、荒野泰典《あらのやすのり》・石井・村井編『通交・通商圏の拡大』吉川弘文館・日本の対外関係3、二〇一〇年、七頁）。

2　天慶の乱と武士のはじまり

以前は、平将門《たいらのまさかど》の乱と藤原純友《ふじわらのすみとも》の乱をまとめて「承平《じょうへい》・天慶《てんぎょう》の乱」と呼ばれてきたが、近年は単に「天慶の乱」というようになっている。「乱」はともに天慶二（九三九）年に起こり、三年と四年に終わっていて、それ以前の承平の段階ではまだ謀反には至っていないからである（下向井《しもむかい》龍彦《たつひこ》『武士の成長と院政』講談社・学術文庫・日本の歴史07、二〇〇九年、初出は二〇〇一年、九八頁。

川尻秋生《かわじりあきお》『平安京遷都』岩波書店・新書・シリーズ日本古代史⑤、二〇一一年、一七七頁）。

平将門は、下総国豊田《しもうさのくにとよた》・猿島《さしま》郡（茨城県坂東《ばんどう》市ほか）を本拠として、東国の群盗を鎮圧する家柄（桓武《かんむ》天皇の流れ）に生まれているが、地域内の紛争に関わるなかで、国家への謀反にいたったとされる。天慶二年のことである。朝廷によって追捕使《ついぶし》が任命され、また押領使《おうりょうし》が任命された。うち将門を死に追い込んだのは下野掾《しもつけのじょう》兼押領使の**藤原秀郷**《ふじわらのひでさと》と、常陸掾《ひたちのじょう》兼押領使の**平貞盛**《たいらのさだもり》であった。二人は格別の恩賞を得て、位を上げた。

藤原純友は、もともと海賊であったという理解もあったが、そうではなく、海賊を鎮圧する任務を帯び、それを果たしたのちに伊予守《いよのかみ》になったとされる。それが突然、海賊と結託して謀反におよんだ。天慶二年のことである。ここでも押領使などが派遣され、純友軍は九州に逃げつつ、大宰府を炎上させたりしながら、最終的には天慶四年に伊予国で殺害される。

天慶の乱の歴史的意義は、それが武士の発生に関わっていることである。とはいえ将門と純友が武士であったわけではない。彼らの乱を鎮圧した武力、具体的には藤原秀郷と平貞盛の子孫から武士が生まれてくるのである。秀郷の子孫も武家を形成していくが、貞盛は「桓武平氏」の実質的な祖になっていく。天皇から「平氏」の姓を賜った高望王《たかもちおう》の孫にあたる（将門も同じく高望王の孫である）。他方、「清和源氏」の祖とされるのは、一一世紀半ば過ぎの前九年《ぜんくねん》の役《えき》と後三年《ごさんねん》の役《えき》に登場する源《みなもとの》頼義《よりよし》・義家《よしいえ》父子である。「源氏」も賜姓《しせい》すなわち天皇から賜った姓である。

ただし、下向井龍彦『武士の成長と院政』（前出）は、「将門はまぎれもない武士である」という。「学界においては、将門は武士とは呼ばれず、〈兵《つわもの》〉と呼ばれている。そして、十一世紀中葉以降の源頼義《みなもとのよりよし》・義家《よしいえ》やその郎党《ろうとう》たちからようやく〈武士〉と呼ばれる。将門が武士と呼ばれないのは、将門が在地領主ではないからである」と、自らの見解と異なるとしている（九–一〇頁）が、武士とは何かについては、別項で扱うことにする。

3　摂関政治

一〇世紀後半（九四一年）から一一世紀後半（一〇七五年）までは、「摂関《せっかん》政治」の時代である。古瀬奈津子《ふるせなつこ》『摂関政治』（岩波書店・新書・シリーズ日本古代史⑥、二〇一一年）は、摂関政治の発端・展開・制度化・常置の経過を説明しているが、これを可能なかぎり要約して示す（表8–1）。

大津透《おおつとおる》『道長と宮廷社会』（講談社・学術文庫・日本の歴史06、二〇〇九年。初出は二〇〇一年）は、「延喜《えんぎ》年間［十世紀初めの醍醐《だいご》天皇の治世–大津により来間］は、最後の班田《はんでん》が行われ、荘園整理令が出され、律令制維持の最後の試みがなされた時期であり、『延喜格《えんぎきゃく》』『延喜式』（施行は康保《こうほう》四年〈九六七〉）の編纂など、いわゆる三大格式《きゃくしき》の最後の格と式が作られた。八世紀以来の律令制、あるいは律令格式による国家体制の最後の時代であるが、いわゆる崩壊のはじまりは、同時に新しい体制への変化の起点でもある」と述べている。これを村上《むらかみ》天皇の「天暦《てんりゃく》の治」（十世紀中葉）が引き継ぐが、その内実には違いがある（一七–一八頁）。そして「村上天皇が死去すると、藤原実頼《さねより》が関白に任ぜられ、以後後三条《ごさんじょう》天皇が即位するまでの約一世紀を、ほぼ摂関が常置されることから**摂関政治期**とか**摂関盛期**などと呼ぶ。」摂政・関白の制度が確立することからもその認識は正しいが、

表 8-1　摂関政治の誕生

①太政《だいじょう》大臣・藤原良房《よしふさ》が，承和《じょうわ》の変（842 年）を契機に「天皇の外戚となり，朝廷における地位を確立し」，応天門《おうてんもん》の変（866 年）を契機に，幼帝・清和《せいわ》天皇の下，「摂政《せっしょう》」に補任《ぶにん》される．これはまだ「特例的なもの」であったが，その後はこれが「摂政の始まり」と考えられるようになる．
② 876 年，幼帝・陽成《ようぜい》天皇即位のとき，良房の養子・基経《もとつね》が摂政になり，天皇が元服しても摂政を続け，摂政の職掌が決まった．884 年，55 歳の光孝《こうこう》天皇が即位して，基経は「内覧《ないらん》」の職掌を言い渡されるが，これにより「事実上の関白」になったとされる．
③ 887 年，宇多《うだ》天皇即位のとき，基経は関白に補任された．これ以後関白は「天皇が元服したあと天皇を補佐する職掌」をさすようになる．
④基経没後の宇多天皇と醍醐《だいご》天皇は摂関を置かなかった．摂関空白期である．
⑤ 930 年，幼帝・朱雀《すざく》天皇即位のとき，基経の子・忠平《ただひら》が摂政となるが，941 年の天皇元服によって関白となり，この時点で「摂政・関白の制度化」がなされた．
⑥ 967 年，冷泉《れいぜい》天皇即位のとき，忠平の子・実頼《さねより》が関白となり，次いで，安和の変（969 年）を契機に，藤原氏によって賜姓《しせい》源氏が排斥され，969 年，幼帝・円融《えんゆう》天皇のとき，実頼が「摂政太政大臣」になって，摂関が常置されるようになった．
⑦ 970 年，実頼が没して，実頼の甥・伊尹《これただ》が摂政（右大臣）に，翌年は太政大臣になる．
⑧ 974 年，円融天皇が元服し，また伊尹が没して，伊尹の弟・兼通《かねみち》が「内覧」となり，2 年後に太政大臣となり関白となった．元服しても関白を置き続けたのである．
⑨ 977 年，兼通は病気で辞任して，兼通の従兄弟・叔父の子・頼忠《よりただ》が関白になった（実頼の弟が師輔で，師輔の子に伊尹・兼通・兼家《かねいえ》らがあり，関白は実頼→伊尹→兼通と継がれ，その次に実頼の子・頼忠に回ったのである．兼家は不満をもった）．「このように，円融天皇の時，元服後も兼通，頼忠と関白に補任されたことが，天皇が元服するまでは摂政，元服後は関白を置くという摂関常置への道筋をかためたと言うことができるのではないだろうか．安和の変によって賜姓源氏の政治力が失われ，ここに，天皇の外戚として，

元服後も生涯にわたり補佐をつづける〈摂関〉の政治システムのなかにはっきりと組みこまれ，代々その地位を受けつぐ〈摂関家〉が確固たるものとして確立したのである」．

---

⑩ 984 年，花山《かざん》天皇が即位しても，頼忠は関白となった．

---

⑪不満をもっていた頼忠の従兄弟・兼家が，花山天皇を出家・退位させ，一条《いちじょう》天皇を即位させるという事件が起こる（986 年）．兼家は，一条天皇の外祖父である．頼忠は関白を辞し，兼家が摂政となる．頼忠はまだ太政大臣であり，左大臣もいて，右大臣・兼家は官位としてはその下だった．そこで，兼家は右大臣を辞して摂政のみとなり，「座次《ざじ》を太政大臣頼忠より上とするという公卿《くぎょう》の中で一座《いちざ》の宣旨《せんじ》を得た．ここで，摂政は，太政官から独立した官職となった」．

---

⑫その後，兼家は太政大臣になり，990 年に一条天皇が元服して，関白となる．兼家は出家して，一条天皇の外伯父に当たる，息子・道隆《みちたか》を関白とする．「つまりここで，摂関の地位が親から子へと継承される仕組みが定まったのである」．その後に関白から摂政になり，また内大臣を辞して，摂政だけとなる．「摂政という官職の制度化が進んでいく」．

---

⑬995 年，関白道隆が病気となり，その子・伊周《これちか》は病気の間だけという条件つきで「内覧」になる．道隆が亡くなると，道隆の弟・道兼《みちかね》が関白になるが，10 日後には道兼も亡くなる．ここで，道兼の弟・道長《みちなが》が「内覧」になる．道長は権大納言から右大臣に進み，左大臣が空席になっていたので，「朝廷の最高位」に立ったことになる．不満をもった伊周は，花山法王に矢を射かけるという事件を起こし（996 年），失脚する（大宰権帥《だざいのごんのそち》に左遷）．「道長は，左大臣に任じられ，内覧・左大臣として名実ともに朝廷の頂点に立った」．

---

⑭一条天皇の次に即位したのは三条《さんじょう》天皇である（1011 年）．その皇太子には道長の娘・彰子《しょうし》の子である敦成《あつひら》親王が立った．「このことは敦成の外祖父にあたる道長にとって，即位の折には摂政となることが確定したことを示す」．道長は，三条天皇の下で「内覧・左大臣」を続ける．

---

⑮1016 年，敦成親王が即位して後一条《ごいちじょう》天皇となり，道長は外祖父として摂政となり，左大臣を辞する．

---

⑯翌 1017 年，道長は摂政を辞し，その子・頼通《よりみち》が摂政となる．「道長が摂政だったのはわずか一年．道長は摂政の地位に執着しなかった．この後，道長は〈大殿《おおとの》〉として隠然たる力を振るっていくことになる」．その年，太政大

臣になっているが，それは後一条天皇の元服で「加冠《かかん》役」を務めるためで，儀式がすむと辞している．

---

⑰「外孫の後一条天皇が即位し，その中宮にも自分の娘がなり，皇太子にも外孫である敦良親王が立てられ，将来的にも天皇は道長の外孫が継ぐことが明らかで，ここに外戚を基調とした摂関政治が極まったと言うことができる」．道長は，「此世《このよ》をば我世《わがよ》とぞ思ふ望月《もちづき》の虧《か》けたる事も無しと思へば」と詠《うた》った．

（注）　古瀬奈津子『摂関政治』によって作成した．

じつは天皇が親政であったかどうかはあまり政治構造とは関係ない。…藤原道長《みちなが》はほとんど摂政にも関白にもなっておらず、一条《いちじょう》天皇は親政を行なったのだが、藤原道長を摂関政治の代表とすることを疑う人は誰もいないのである。村上天皇が関白藤原忠平《ただひら》［道長の曽祖父《そうそふ》］の死後関白を設置しなかったことに、親政を行なう特別な意味を認める必要はないだろう」。天皇の外戚だから摂関になれたとはいえず、外戚でないのに関白になったり、外戚であるのに摂関になれなかった例は少なくない（一七―二四頁）。内覧《ないらん》・摂政・関白の意義と関連については、「太政官を統括する大臣に命じられた**内覧**の儀をさらに拡大させ、天皇への奏上なしに裁可できるのが**摂政**であり、天皇が成人になった場合には、内覧の機能に加えて、奏上や詔勅《しょうちょく》の発給における拒否権を加えられたのが**関白**であり、いずれも内覧の延長線上にあり、大臣としての太政官政務の統括が機能の本質にある」という（春名宏昭説）。

川尻秋生『揺れ動く貴族社会』（前出、二〇〇八年）は、摂政と関白について、次のように述べている。「**摂政**《せっしょう》とは、幼帝にかわって政務を執り行なう職のことであるが、その始まりは明らかではない」。ただ、「清《せい》和《わ》が即位した直後から、良房《よしふさ》は、後世の摂政に相当する役割を果たしていたようだ。したがって、摂政の創設が清和期［八六〇年代―来間］であったことは確認できる」。「一方、関白《かんぱく》とは、成人した天皇にかわって、いっさいの政務を取りしきる職のことである」。これは、太政大臣・基経《もとつね》に「関《あず》かり白《もう》し」云々と命じているのが語源であり、元慶《がんぎょう》八年（八八四年）の宣命《せんみょう》が、その成立と見なしうる（六六-六八頁）。川尻秋生『平安京遷都』（前出、二〇一一年）も同様の説明をしている（九六-九七頁）。

古瀬奈津子『摂関政治』（前出）は、摂政・関白・内覧の語義を次のように説明している。「〈摂政〉は、摂《と》り行《おこな》うという意味で、天皇に代わって政治を行う。〈関白〉は関《あず》かり白《もう》すの意味で、天皇へ奏上することも天皇から下す命令もすべてに関与する。〈内覧〉は、内々《ないない》に覧《み》るの意で、やはり天皇への奏上と天皇からの仰せをあらかじめ覧るのである」。これらは、「職員令《しきいんりょう》に規定されていない、いわゆる令外官《りょうげのかん》だった」（一一-一二頁）。

加藤友康《かとうともやす》「律令制の展開と古代国家の変容」（前出、宮地正人編『日本史』二〇〇八年）は、次のように述べている。「十世紀の後半から十一世紀にかけて、摂関政治体制と呼ばれる政治構造が確立する。この摂関政治期の政治のあり方、政務処理のあり方は、政《せい》の系統と定《さだめ》の系統に大別できる。政は、諸司・諸国から上申された事項を天皇や太政官が聴き決済する政務処理であり、定は、公卿が参集して議定をおこなうものである」（一一二頁）。

4 受領と負名体制

一〇世紀を中心として、地方のあり方が変わってきた。それまではすべてが「公田」（国家の耕地）であり、「公民」（国民）は国からその耕地を割り当てられて耕作し、決められた租税を負担していた。それを管理して国に租税を納入する責任は、国の役人とされた人びとであるが、かれらは以前からの在地の支配者層であった。しかし、その在地の支配者層がしだいに排除され、中央から地方に派遣される役人の手に委《ゆだ》ねられるようになっていく。そうなると、必ずしも支配が貫徹せず、租税の収納もままならなくなる。そこで国は、地方に派遣する役人（国司）にすべての権限を渡していく。そのようになっていくのが一〇世紀のことである。

そのあり方は、まず、公田をいくつかの**名**《みょう》という単位に分け、その名ごとに租税負担の責任者を設ける。これを**負名**《ふみょう》という。名を負う、つまり名という単位の耕地群に責任を持ち、そこの耕作者たちを管理し、その負担すべき租税納入に責任を負う者という意味である。国司はこの負名たちを監督すればいいことになる。このようになった国司は、担当する地方の政務一切の責任者であり、その引継ぎの時に前任者からその地方を受領《じゅりょう》するので「ずりょう」といったが、それは「**受領**」という語の、以前の読み方なのである。

負名はしだいに力を持ってくる。租税の負担をしていれば、誰にも統制・制御されない。この中から富豪の者たちが出てくるのである。

大津透『道長と宮廷社会』（前出）は、「受領《ずりょう》支配の成立」を次のように論じている。「摂関期の宮廷社会を支えたのは、**受領国司**《こくし》による任国《にんごく》支配である。公田《こうでん》を名《みょう》に編成し、そこに耕作する人［→租税納入責任者―来間］を**負名**《ふみょう》として把握して徴税する体制、**負名体制**がその基礎にあった。負名体制は十世紀前半に成立する」。それは「国衙《こくが》領《りょう》を名に編成して、負名を設定し、受領がそれを直接把握し徴税する収取体制」である（一七四頁）。

加藤友康「律令制の展開と古代国家の変容」（前出）は、次のように描いている。「十世紀になると、中央政府へ一定額の貢納物納入をうけおわせることで、任国内の支配を国司《こくし》に委ねる体制が確立した。国司は、租税収納の単位として**名**《みょう》を編成し、納入責任者として**負名**《ふみょう》を把握し官物《かんもつ》（租《そ》・出挙《すいこ》利稲《りとう》・調《ちょう》などの系譜）・臨時雑役《ぞうやく》（雑徭《ぞうよう》などの系譜）を賦課《ふか》するようになった」。「九世紀後半から末にかけて、国司長官に国内支配の権限と責任が集中し、任国において国務一切をうけおう**受**《ず》**領**《りょう》が誕生した」（二一六頁）。

平川南『日本の原像』（前出）は、次のように述べている。地方それぞれの支配者として郡司がいたが、彼らはしだいに国の設けた国府の役人となっていく（在庁官人制《ざいちょうかんじんせい》）。国は地方に役人を派遣するが、彼らを**受領**《ずりょう》と呼ぶ。受領は国の立場で地方を支配していくが、具体的には租税の徴収を任務としている。受領はその徴税を、当初は郡司に請け負わせていたが、自ら徴税するように変化していく。そのために、受領は京から地方に赴任する時に「一族郎等《いちぞくろうとう》」を引き連れてくるが、その狙いは武力による強制的な徴税にあった。武力を使わなければ税をとるのが難しくなっていたのである（二九三頁）。

なお、「郎等」は「従者の主《おも》だった者。郎党、郎頭、郎倘などとも書く。郎従が同義に用いられる場合もある」。「受領《ずりょう》に従い任国に下り、徴税などにあたった受領の郎等に起源を求める説もある」。受領の郎等の場合、主人との関係は一時的・契約的なものが多く、武力をもって仕える者と文筆を主とする者とがあった」。のちの武家社会における郎等とは、意味が異なる（福田豊彦、『日本歴史事典』小学館）。

5　荘園の発生

このような公田＝公領＝国領＝国衙領の内部が変化していくとともに、公領の外に私有農園が生まれてくる。これが**荘園**《しょうえん》であり、世は公領と荘園によって構成されるようになっていく。この二つをまとめて「荘園公領制」と呼んでいるが、「荘園・公領制」と表現した方が分かりやすい。荘園は、国が上級貴族や寺社に対して給与を支払うことが難しくなり、代わりに土地を私有させたものであり、以後はその地を経営して自ら収入を得て暮らしなさいとしたものである。他方、すでにみたように、公領それ自体が国司である受領に実質的に支配され、その私有地のようになっていった。荘園も公領も、成立しつつあったイエによって所有・私有されたのである。

受領だけが力を持つとは限らない。受領に土地の支配を任されている負名も力をつけてくる。彼らは、上級貴族や寺社に土地を寄進することによりその保護下に入り、受領の支配から逃れようとする。

平川南『日本の原像』は次のように続ける。「しかし、地方豪族がすべて受領のもとに編成されてしまったわけではない」。受領の他に「いわゆる**富豪層**」がいて、彼らは「荘園《しょうえん》の寄進というかたちで王臣家と結託した新興の有力者に成長し」、荘園を構成するようになり、他方に受領がかかわる「公領」とがあって、それと並立するようになるのである。このような土地制度を「**荘園公領**

制」と呼ぶ。「そもそも律令国家の全国支配は、その地の豪族を郡司などに任命して取り込んでいく〈**在地首長制**〉を基盤としていた。しかし、九世紀末になると、集落の共同体成員から首長へ、そして首長から大王へという貢納物の系譜を引く人頭税《じんとうぜい》が消え、土地所有者に小作料を支払うという意味での**地代**が、同時に国家への租税でもあるという時代がやってきたのである」。「以上のような地方における政治・土地制度や税制などの変遷は、九世紀に始まり、一〇世紀を中心としながら一一世紀にかけて、きわめて漸次的に進んでいく」（二九三–二九四頁）。

6　地方のあり方の変化

平川『日本の原像』は、地方組織とその風景を次のように描いている。

「**国司の館**は、公廨稲《くがいとう》（正税の保全を図るために設けられた官稲《かんとう》で、のちには国司の給与として機能した）を基盤にする出挙《すいこ》（国による稲の強制貸し付け）経営の拠点だったのである」。国司の館では、租税としての稲を集め、必要な経費に使い、またその一部を貸し付けて、利息を収取するという経営を行っていた。その国司の館は国府政庁の機能を受けついだものであった。「八世紀以来存続してきた**国府政庁**は一〇世紀には廃絶してしまうが、一方、国司の館はその政庁機能を受け継ぐとともに、経済活動の拠点としても整備されてゆくのである」。

「九世紀後半以降、郡司《ぐんじ》制度にも大きな変化がみられた。／**郡家**《ぐうけ》には〈正倉《しょうそう》〉〈郡庁〉〈館《たち》〉〈厨《くり》家《や》〉などの施設があった。…館は〈宿屋〉〈向屋《むかいや》〉〈副屋《そえや》〉〈厨《くりや》〉から構成される。／発掘調査によれば、こうした郡家は九世紀代ではほぼ終焉《しゅうえん》している。正倉は、本稲を蓄えておく必要も本稲そのものもなくなり、徴税されたものは直接に中央へ集積されるといった、当時の地方財政の変容により廃されていったと考えられる。また、政務や儀式の場としての郡庁の消滅は、郡司制度の改変を象徴している。つまり、九世紀なかば以降、郡司の徴税権をはじめとする諸権限を国司が掌握したため、郡内の支配拠点としての郡家はしだいに存在意義を失っていったのである。／それにかわって郡内に台頭してきた新興豪族は、独自に開発した田を中央の有力な王臣家《おうしんけ》などに寄進し、その権威を背景に、在地の支配を強めていった」。

「九世紀後半から一〇世紀の地方行政は、国府と郡の支配形態に大きな変質をもたらした。王臣家などと結びついて台頭しつつあった在地勢力は、郡を媒介として在地を掌握することに、かつてほど積極的な意義を見いだしえなくなる。彼らは、従来の郡家《ぐうけ》にかわってみずからの手で新たな拠点を設営し、中世の地方社会へと連動してゆくのであろう」。古代から中世への移行が準備されている。「主要な古代集落遺跡は九世紀後半から一〇世紀前半にかけて台地上から姿を消している」（三〇〇-三三七頁）。

7　個別経営の自立への動きと「富豪之輩」

佐々木恵介《ささきけいすけ》「新しい国制の底流」（佐々木ほか「九―一〇世紀の日本―平安京」のうち。『岩波講座日本通史　第5巻　古代4』一九九五年）は、「富豪之輩《ともがら》」の登場を次のように描いている。「大宝律令が制定された当初、八世紀の初めごろの社会は、大化前代からそれぞれの地域に伝統的な力を有していた在地首長——その多くが郡司に任命された——が土地や人民を実質的に支配しているという状況にあった（石母田-一九七一［石母田正《いしもだしょう》『日本の古代国家』岩波書店、一九七一年］）。しかし中国から導入された律令制が八世紀を通じて地方社会に浸透していくと、在地首長層の伝統的な支配力は次第に衰え、その支配と保護の下にあった人々の自立の動きが顕在化してくる」。貧しくとも「自らの資産で魚酒や食事を準備し労働力を確保しようとし」たり、「大小の個別経営単位に農繁期の労働力の雇用が行われていた」りした。そのような「個別経営の自立の基礎となったのは、いうまでもなく土地の開発であった。九・一〇世紀は、戦国—江戸時代初期とともに、日本史上でもっとも開発の進んだ時代とされるが、そのような開発を支えた条件としては、政治的には墾田開発者の権利が保障された点、技術的には個別経営農民のレベルにまで鉄器が普及した点（原島-一九七四［原島礼二《はらしまれいじ》「文献にあらわれた鉄」、森浩一《もりこういち》編『古代文化の探究　鉄』社会思想社、一九七四年］）などをあげることができる」。この時代の農民は、山間部、条里制地割の縁辺部、地割内部の微耕地など、「当時はまだ国司による徴税の対象とならなかった土地」を開発していき、領有していったのである。「こうした農民の開発の進行のなかで、私出挙等で蓄えた富と技術を駆使して卓越した農業経営を展開していったのが〈**富豪之輩**〉であった」。彼らは「田堵《たと》」（農業経営者）とも呼ばれていた。また、農業以外の分野でも、例えば銅・鉄器の生産、海運業、運送業などにも、「富豪之輩」は出てきた。しかし、まだなお国司や郡司の支配から脱しているわけではなく、彼らに従い、他方では彼らと対決しつつ、しだいに新しい時代を切り開きつつあったのである（四八-五三頁）。

こうして、「国司の徴税を妨げる都の貴族と地方の農民との結びつきを断つ」ことを目的のひとつとして、延喜の荘園整理令が出されるのである（四八頁）。この「富豪之輩」は、中央官司の下級役人になるなど、「院宮王臣家《いんぐうおうしんけ》」とのさまざまな結びつきも出てくる。

8　延喜の荘園整理令

川尻秋生『揺れ動く貴族社会』（前出）は、**院宮王臣家**の進出について、次のように述べている。「九世紀のなかば以降、衛府《えふ》や上皇・東宮・上流貴族の地方進出が著しくなった。在地では、有力者たちがその権威を隠れ蓑《みの》にし、彼らの下僚となる動きが活発化した。そのため、地方の治安は悪化し、税収も減少していった」（八五頁）。「当時、国司を希望する者が数多くいたにもかかわらず、順番待ちを強いられ、なかなか空きポストはなかった。そこで、中下級の貴族たちは、都に帰ることをやめ、土着する場合が多かった。彼らは、その地位に物をいわせて郡司たちと姻戚《いんせき》関係を結び、農業や商業を営んで富豪化していった。さらに、より上級の庇護を求めて、院宮王臣家と主従関係を結ぶ場合も少なくなかったのである」（八七－八八頁）。延喜の荘園整理令については、次著によることにする。

川尻秋生『平安京遷都』（前出）は、院宮王臣家の勢力の増大について、次のように述べている。「九世紀の終わりから一〇世紀のはじめにかけて、多くの政策が出された。その象徴ともいうべきものが延喜二（九〇二）年に出された一連の法令である。一般的に**延喜の荘園整理令**と呼ばれるが、そればかりではなく、律令国家の立て直しを企図したものであることが特徴である。荘園整理令と呼ばれる理由は、後世の荘園整理令の先例として重視されるようになるからであるが、実際にはかなり多様な内容を命じている。その内容を大まかに整理してみると次のようになる。／①班田の励行、国府などの官舎・国分寺・神社・池谷用水路などの灌漑設備の修理、②調庸などの布製品の品質維持をはじめとする律令制全般の維持、③院宮王臣家《いんぐうおうしんけ》の荘園の禁止、④院宮王臣家の家人《けにん》が、権威を笠に着て在地の裁判に介入することの禁止、⑤院宮王臣家の家人が身分的特権を楯にして、納税を拒否することの禁止、⑥国司が院宮王臣家の家人を使役することを認めること、⑦院宮王臣家が山川叢沢《そうたく》などの共有地を囲い込むことの禁止、などである。③以下が荘園整理令に当たる。／これらの施策の目的を要約すれば、九世紀後半頃から活発化した富豪層や院宮王臣家の活動と在地の有力者の結びつきを阻止し、国司がその活動を黙認したり、逆に国司がそれらと結託することを防止するところにあった。究極の目標は、税を賦課できる人数（課丁数）を確保することにあった」。しかしながら、「あまり効果はなかった」という。「一〇世紀以降、ますます院宮王臣家は勢力を増大させ、国司との結合も進展した。この法令も現実的抑制効果は薄かったと考えた方がよいだろう」（二二八－二二九頁）。

加藤友康「律令制の展開と古代国家の変容」（前出）は、「延喜《えんぎ》の荘園整理令《しょうえんせいりれい》」という法令が意図したことを一面だけを見て「抑制効果が薄かった」とはせず、その「の主要な目的のひとつは、国司の徴税を妨げる王臣家と〈富豪の輩〉との結びつきを断つことにあった」、しかしながら、「一方で〈富豪の輩〉を国司の側が国務に使役することも公認した」、つまり国司（国家の官人）が主導権を握って、〈富豪の輩〉を取り込むことも認めた。排除するだけではなかったのである。言い換えれば、「土地掌握機能などの面で九世紀にあらわれていた国と郡の行政機能の同質化が進んだことにより、それを背景として国衙《こくが》機構へ雑色《ぞうしき》人として〈富豪の輩〉を結集させ、国衙機能を強化することをも企図したものであった」。こうして、「〈富豪の輩〉を国司の側か、王臣家側か、いずれが組織するかが争われたのが、この時期の在地社会の焦点であった」という（一〇三-一〇四頁）。

9　伊勢平氏の成立と発展

高橋昌明《たかはしまさあき》『平家の群像―物語から史実へ』（岩波書店・新書、二〇〇九年）は、伊勢平氏《いせへいし》の成立を次のように描いている。「桓武《かんむ》天皇治世の八世紀末、天皇皇子・皇女（一世皇親）に対し、姓を与えて臣籍に降下させる政策がとられ、以後皇族に対する賜姓《しせい》が頻繁になる。この時、降下の皇族に下賜された姓の一つが平姓《たいらせい》で、平姓は桓武天皇の皇子葛原《かつらはら》親王の皇子（桓武二世王）に与えられたのが最初である。**源**《みなもと》が歴代天皇皇子に下賜された姓であるのに対し、**平**姓は二世王以下のそれだった。その後、光孝《こうこう》・仁明《にんみょう》・文徳《もんとく》の各天皇の子孫にも平姓が与えられた。／桓武天皇の皇子で平姓を与えられた系統は全部で三つあり、清盛が出た葛原親王のそれがもっとも繁栄した。葛原親王の系統は、親王の長男高棟《たかむね》と弟高見《たかみ》王の子高望《たかもち》を祖とする二流に大別され、**高棟流**はそのまま宮廷貴族として展開してゆくことになる。／**高望流**は、高望王が寛平《かんぴょう》元（八八九）年平姓を賜って、上総介《かずさのすけ》に任じられたことより始まる。高望の子孫は下総《しもうさ》・常陸《ひたち》・武蔵《むさし》など関東各地に分かれて土着し、その子孫から**坂東平氏**の各流が生じた。清盛や源頼朝《よりとも》の時代に御家人《ごけにん》として名を馳せる千葉《ちば》・上総・三浦《みうら》・中村《なかむら》・秩父《ちちぶ》・大庭《おおば》・梶原《かじわら》といった家々はその末裔《まつえい》である。一〇世紀に反乱を起こし、一時関東を支配した平将門《まさかど》は高望の孫で、反乱も一族の内部争いに端を発するものだった。将門の従兄弟の貞盛《さだもり》は乱鎮圧に功があり、乱後その子維衡《これひら》（もしくは貞盛自身）が伊勢方面に進出した。／長徳四（九九八）年、維衡は伊勢で同族の平致頼《むねより》と武力紛争を起こす。…当時平氏の勢力圏は、鈴鹿《すずか》郡以北の北伊勢を中心に、一部は尾張に及んでいた。この維衡が、**伊勢平氏**の祖とされる人物である。彼らは下級貴族でもあったから、伊勢の現地にへばりついていたわけではない。京都に活動の足場を持って現地との間を往来する存在だった。維衡は地方の長官である国守《こくしゅ》（くにのかみとも、受領《ずりょう》）を歴任し、藤原道長など複数の上流貴族に武力や財力で奉仕していた。こういう面は清和天皇（陽成《ようぜい》天皇とも）から出た源氏で、維衡の同時代人である頼光《よりみつ》、その弟で頼朝《よりとも》の遠祖頼《より》信《のぶ》なども似たり寄ったりである。今日の日本史学は彼らを**軍事貴族**と呼ぶ」（三一‐四頁）。

以下は要約する。「伊勢平氏一族の飛躍を実現した功労者、清盛から見て平家の〈近代〉を開いた人物が、〈祖父〉**正盛**である」。彼は中央貴族への寄進、海賊の追捕《ついぶ》などで「院の近習《きんじゅう》としての地歩《ちほ》を築いてゆく」。「その子で清盛の〈父〉**忠盛**」も、白河《しらかわ》法皇や鳥羽《とば》上皇の近習として奉仕し、海賊の追捕などで認められ、「王家の直轄領である肥前国神崎荘《ひぜんのくにかんざきのしょう》（現佐賀県神埼市）を預かる立場を利用して日宋貿易に関与」したし、「おもに西国の受領を歴任し」て、殿上人《てんじょうびと》となるなど、身分も上昇した。「忠盛の子が**清盛**で」、正盛・忠盛が政界に築いた地歩を「さらに発展させた」（六‐八頁）。「殿上人」は「昇殿を許された人。四位《しい》・五位以上の一部および六位の蔵人が許された」（『広辞苑』）。

第二節　一〇世紀の九州

1　藤原純友の乱と大宰府

藤原純友の乱（天慶の乱のうち）は、九州に戦闘を持ち込んだ。純友は、天慶四（九四一）年に大宰府を襲撃した（近年の発掘調査の結果、政庁が焼失したこと、またそのあとに再建されたことが分かった）。政府は追捕使《ついぶし》として、長官小野好古《おののよしふる》、次官源経基《つねもと》、判官藤原慶幸《よしゆき》、そして主典《さかん》が大蔵春実《おおくらはるざね》らが派遣され、博多浜合戦で純友軍は壊滅した。「大蔵春実は以後土着化したらしく、平安時代後半期の西国で大勢力大蔵氏の祖となる」、「天慶八年十月の人事で、追捕使の長官小野好古は大弐になるなど、追捕使の四等官は、そのまま大宰府の中枢に任命された可能性が高い」（岡藤良敬、前出『福岡県の歴史』五四-五五頁）。

2　大宰府による九州管内支配の変化

一〇世紀から、朝廷は西海道《さいかいどう》諸国の支配権を大宰府に委任した。大宰府は、管内諸国の支配権を掌握し、国司がそれぞれの国を支配していることにも、寺社の所領支配にも介入した。そこに一定の対立が生じたりした。そこで大宰府は、管内支配を強化するため、一〇世紀末に大宰府機構のなかに「政所《まんどころ》」を設置した。これは「府官」と呼ばれた監《げん》・典《てん》たちによって構成され、取り仕切られた。府官たちはみずから大土地所有を展開して、王家領《おうけりょう》・摂関家領《せっかんけ》の荘園を立てていった。そのうちの一つが「摂関家島津荘」である（永山修一《ながやましゅういち》「律令国家の変質と中世社会の成立」、原口泉《はらぐちいずみ》・永山ほか『鹿児島県の歴史』一九九九年。八一頁）。

大宰府に設けられた「政所」は、公文所《くもんしょ》・大帳所《だいちょうしょ》・兵馬所（司）・警固所《けごしょ》・蕃客所《ばんきゃくしょ》などの、これも新しい機構である「所」を「統轄する太政官的役割を果したとみられている」。そしてこれらを担う「府官」たちは、十世紀末以降は「少弐以上と区別した大監《だいげん》〜少典《しょうてん》の監典《げんてん》層のことをいうようになる」。これら「監典層には〈府中有縁の輩〉を任用したといわれ、平安時代後半期の大宰府は、府官層という多くは地域出身の人びとによって運営されていたことがうかがえる」（岡藤、前掲、五六-五九頁）。

3　九州の「富豪之輩」

八世紀ころから現われてきた「富豪之輩」は、九世紀にもなると九州にもみられるようになる。佐々木恵介「新しい国制の底流」（前出）は、その事例として、前豊後介中井王《ぶんごすけ》をあげている。「八四二年（承和九《じょうわ》）の豊後国の上申に、中井王は日田《ひた》郡に私宅を持ち、諸郡に私営田を経営して軍事・百姓を圧迫しているだけでなく、筑後・肥後にも〈浮宕《ふとう》〉し、農民の生業を妨げているとある。

当時、中井王のほかにも、国司の任を解かれた後もその地に留まる者（留住前司）が多く、彼らは国司在任中、その職権や権威を利用して、任地に大規模な私営田を領有していたのである〔戸田-一九六七〔戸田芳実『日本領主制成立史の研究』岩波書店、一九六七年〕〕。中井王の場合、結局は帰京させられ、彼が九州に領有した私営田は無に帰してしまったが、〈留住前司〉の中にはその地に土着した者も多かった。しかし彼らの活動が、中井王のように、在地の郡司や農民と衝突したり、国司の支配と競合する限り、その土地経営は必ずしも安定したものではなかったと考えられる」（五〇-五一頁）。

中井王のことは、外山幹夫『中世の九州』（前出）でも触れている。「九州における私営田領主として、『続日本後紀《しょくにほんこうき》』によると、承和《じょうわ》九年（八四二）八月当時、前豊後介中井王《なかいのおおきみ》という者のことが知られる。それによると彼は、承和九年に国司の任期がきても帰京せず、そのまま豊後に留まり、日田郡に私宅を構え、諸郡に私営田を設けて郡司や百姓を苦しめた。彼は豊後のみでなく、筑後・肥後などもわたり歩き、百姓を責めおどして農業を妨げた。彼は国郡に入部して国司のごとく振る舞い、任期中の百姓の滞納税その他を徴収した。その滞納税は彼が以前代納しており、倍の利息を責め取った。中井王のあまりの暴逆ぶりは、大宰府の上申によって中央政府の知るところとなり、さしもの彼もついに京に強制送還されたという」（一一七頁）。

4　律令体制下の肥前

佐田茂《さだしげる》「律令体制下の肥前」（杉谷昭《すぎたにあきら》・佐田ほか『佐賀県の歴史』山川出版社・県史41、一九九八年）は、律令国家の下での肥前国について、次のように述べている。地方への支配がよく及んでいる様子が知られる。

『延喜式』には「一五の駅家《うまや》」があったとし、「(1)大宰府から筑前国怡土《いと》郡を経て、肥前国松浦郡にはいり、東松浦半島の先端、呼子《よぶこ》に設けられたとみられる登望《とも》駅に至るルート。(2)大宰府から南下して肥前国基肄《きい》駅にはいり、基肄駅で筑後国に至るルートと分かれて、肥前国府［今の佐賀郡大和町惣座あたり—佐田による］を経て小城《おぎ》・杵島《きじま》・藤津《ふじつ》三郡をとおり、彼杵《そのき》郡から大村湾にでて、さらに南下して島原半島を経て、有明海を渡って肥後国府に至るルート。(3)高久《たかく》駅（遺称地は多久）から分かれて厳木《きゅうらぎ》川に沿って北上し、登望駅に至るルート」。なお、『肥前国風土記』には「駅路は小路で、一八の駅家がおかれていた」とあり、今の佐賀県地域の場合は「機能の集約化」がなされたとみられる（五九頁）。

条里制については、「三根郡の条里は大別して三つの条里区からなっている。神埼郡の条里は三根郡境から西へ数え進んでおり、北部と南部では方位が異なるが、地割は連続している。佐嘉《さが》郡の条里は四つの条里区からなるが、条は神埼郡境から数えている」「小城郡の条里は、佐賀平野の西端と多久《たく》盆地にみられ、多久盆地には三つの条里区がみられる。「杵島郡は六角《ろっかく》川流域にあり、地割は複雑で、いくつの条里区か明確でないが、基本的には佐賀平野と同一の坪並《つぼなみ》と考えられている。松浦郡は玉島《たましま》川・松浦川の流域に局地的に条里地割が分布している。最大の地割は半田《はだ》川流域で、三つの条里区がある」。なお、大宰府の観世音寺《かんぜおんじ》は基肄郡・三根《みね》郡・神埼《かんざき》郡に「寺田《じでん》」を持っていた、ことが分かる（六〇頁）。

「大宰府を頂点として、**肥前国府・郡家《ぐうけ》**と地方支配のための役所がつくられていた」。国府の位置は明らかになっているが、郡家については、それぞれよく確定できていない（六〇–六二頁）。

佐田はまた、漁労と交易、海人などについて、次のように指摘している。「『万葉集』巻一五の天平八（七三六）年の遣新羅使の歌には、筑前の筑紫館《つくしのたち》を船出すると、筑前の志麻郡韓亭《かんてい》・引浦亭《ひきうらてい》から肥前の松浦郡狛島《こまじま》、壱岐の石田《いしだ》、対馬の浅茅《あさじ》浦、竹敷《たけしき》浦をとおり、新羅に渡っている。海人族《かいじんぞく》では筑前の宗像《むなかた》族・安曇《あづみ》族が有名であるが、肥前でも小川島《おがわじま》・加部《かべ》島の漁民は、壱岐・対馬との交易で活躍した。有明海側では、海人族的性格をうかがわせるのは、筑後の水沼君《みぬまのきみ》である。諸富《もろとみの》津《つ》は、神崎荘の外港であると同時に、筑後川をさかのぼる水沼君の港でもあったと考えられる。大形のスミノエガキをおもに捕食する漁民は、肥後・筑後との交易を生業としていたことは明らかで、筑後路が政治的に不安定な奈良時代までは、さらに重要な役割を果たしていた」（六七頁。ルビは佐田）。

5　一〇世紀までの対馬・壱岐・五島列島

八世紀にさかのぼるが、このころ遣唐使の航路が変更されている。新川《しんかわ》登喜男《ときお》「東アジアのなかの古代統一国家」（前出、瀬野精一郎《せのせいいちろう》、新川ほか『長崎県の歴史』山川出版社・県史42、二〇〇五年）は、次のように述べている。「八世紀にはいってから、外洋をわたる二つの主要な外交交通路が並存した」。「一つは、朝鮮半島の統一国家たる新羅とのあいだの**壱岐・対馬ルート**（境界は対馬）であり、いま一つは、中国大陸の統一国家たる唐とのあいだにおける**五島列島ルート**である」。新羅ルートである壱岐・対馬ルート（新羅道ともいう）には、渤海とのルートを含む。二つのルートがあったが、「壱岐・対馬ルートをもって表《おもて》ルートとし、五島列島ルートをもって裏としていた」ものが、「八世紀にはいって逆転した」、つまり五島列島から東シナ海に漕《こ》ぎ出すいわゆる「南路」をとるようになったのである。「しかし、国家構想上は裏となった壱岐・対馬ルートが、これ以後も実質的な枢要ルートとして、あらたな東アジアの変動のなかに位置付けられていくことになる。また、防衛上も、五島列島よりも壱岐・対馬のほうがはるかに緊張に富むラインであったが、それは唐とのあいだの直接的な軍事的緊張をほとんど実感しなかったことによろう」（五八―六〇頁）。

すでにみたように、「天平一四（七四〇）年の大宰少弐《だざいしょうに》藤原広嗣《ひろつぐ》の乱で、広嗣自身が九州本土から脱出して新羅にむかおうとしたルート」は、壱岐・対馬ルートを避け、「五島列島をたよって脱出をはかっている」（六〇頁）。

新川登喜男は、最澄《さいちょう》・空海《くうかい》・円仁《えんにん》・円珍《えんちん》らの遣唐使の記録を紹介しながら、五島列島がその航路に位置づけられている様相を描いているが、「しかし、ここで注意したいのは、遣唐使時代の晩期、つまり遣唐使中止前［九世紀ころ―来間］には、すでに**唐や新羅の商船**が五島列島にも数多く寄港していたことである。…そして、遣唐使がほとんど送られなくなっても、唐や新羅の商船（国籍は不明確）が、五島列島を経て多くの人びとを入唐させ、かつ日本列島に送りとどけていたのである」と添えている（六一－六六頁）。

新川はまた、「九世紀の始めになって、朝鮮半島との関係に新たな変化がみられるようになる」として、次のようなことを挙げている。「弘仁《こうにん》年間（八一〇～八二四）に対馬の人びとが疫病で苦しんでいる最中に、にわかに新羅方面からの襲来があった」。このころ、「一〇人乗りぐらいの船が二〇艘以上もつぎつぎにあらわれ」たり、その二年後に、「五船に分乗した新羅人一一〇人が小近島《おぢか》（五島列島北部の小値賀島《おじか》）に着いて島民とたたかい、九人が殺され、一〇一人が逮捕された」。ただし、これらは「新羅人の襲来」というようなものではなく、武力もほとんど持っておらず、「新羅国内の混乱や災害などによって半島を脱出してきた人々であったろう」と思われるとする。このような「原体験」があって、承和《じょうわ》十（八四三）年に、対馬の防人《さきもり》らが、「遠く新羅で半年以上におよぶ鼓《つづみ》の音を耳にし、また烽《とぶひ》のようなものも目撃して、恐怖心をつのらせ、防人の強化を要求した」（六六－六七頁）。

「このころ、**新羅系の商人**は、環東シナ海においても活発な行動を展開していた。彼らは壱岐の産物をあてにしてのことであろうか、しきりに壱岐に接近してきており、その上陸を水際で防ごうとし、多くの埼《さき》から弩《おおゆみ》による排斥を行おうとしていたのである」（六七頁）。

一方、内部でも混乱が進行していた。「天安《てんあん》元（八五七）年、対馬の上県《かみあがた》郡や下《しも》県郡の擬郡司であった直《あたい》氏や卜部《うらべ》氏らが徒党を組んで、対馬国（島）守である立野正岑《たちのまさみね》を殺害する事件が発生した。この事件の原因は、神祇官《じんぎかん》と結びつく対馬の在地勢力である卜部氏や直氏の各氏が、国防優先の島司に抵抗を企てたものと考えられる」。しばらく停止されていた防人が、弘仁年間の内憂外患を機に復活したが、その防人を島内からまかない、永く島内から神祇官卜部をささえる廝《かしわで》を京と大宰府に出していたことをやめるという、引き換えの話があって、「対馬の在地勢力は大きな拒否反応を示し」ていたからである。「しかし、ことの本質はそれにとどまらなくて、神祇官卜部氏やその廝の往還を通じて、在地勢力たる擬郡司層は交易を展開していたふしがある。一方で島の防衛を外来の防人に委ねつつ、一方で卜部やその廝を稀少なパイプとして、京都や大宰府とのあいだで流通経済を展開し、かつそれは新羅を含む広域圏におよんでいたものと考えられる。島人をもって防衛を強化し、商人の往来もきびしく取り締まろうとする島司側とは、まっこうから対立せざるを得ないのである」（六八頁）。

その九年後の「貞観《じょうがん》八（八六六）年」に、「西北九州の在地勢力と新羅を結ぶネットワークがあり、対馬はその発展にとって貴重な位置を占めていた」ことが分かる事件が起こっている。肥前国の基肄《きい》郡・藤津《ふじつ》郡・高来《たかき》郡・彼杵《そのぎ》郡の有力者たちが「共謀して、新羅（商人か）人とともに新羅へわたり、そこで造兵器の術をならい、かえって対馬を奪いとろうとした」。次いで、寛平《かんぴょう》六（八九四）年、「新羅船四五艘が対馬に至り、はげしい戦いが繰りひろげられた」。対馬側はよく戦った。捕虜の話では「本国は飢苦におちいり、政情は不安定であって、王命により穀絹を取りにきた」という。新川は、「日本も新羅も、統一国家の解体と矛盾を深め、一方で戦いと恐怖と猜疑《さいぎ》を伴いながら、対馬を東アジアの一つの中核として、あらたなネットワークをそれぞれに模索していたのである」と総括している（六八－六九頁）。

第三節　一〇世紀前後の奄美諸島

1　喜界島城久遺跡群の発見

二〇〇三年、奄美諸島最北の島、喜界《きかい》島で城久《ぐすく》遺跡群が発見され、二〇〇四年にそれを踏まえてシンポジウム「古代・中世のキカイガシマ」が開催された。二〇〇七年二月には、鹿児島県奄美大島奄美市と喜界島喜界町でシンポジウム「古代・中世の境界領域—キカイガシマの位置付けをめぐって」が開催された。同年同月に『東アジアの古代文化』（二〇〇七冬、一三〇号、特集　古代・中世の日本と奄美・沖縄諸島）が刊行された（シンポの予稿的なものか）。また、二〇〇八年三月には池《いけ》田栄史《だよしふみ》編『古代中世の境界世界—キカイガシマの世界』（高志書院）が刊行された。両者は同じシンポジウムの産物と考えられ、前者が早く後者が遅いので、後者は前者の改訂増補版といえる。三年後に、ヨーゼフ＝クライナー・吉成直樹《よしなりなおき》・小口雅史《おぐちまさし》編『古代末期・日本の境界—城久《ぐすく》遺跡群と石江《いしえ》遺跡群』（森話社、二〇一〇年）が出た。これは、法政大学国際日本学研究所の主催したシンポジウム「古代末期の境界世界—石江遺跡群と城久遺跡群を中心に」の討論の内容をまとめたもの、という。

空白に近かった一〇世紀前後の奄美諸島の歴史の研究に、新しい光があてられるようになった。

表8-2　奄美諸島の考古学関係シンポジウム

シンポジウム名称	対象遺跡	開催年度	主催	文献
よみがえる古代の奄美	土盛マツノト遺跡	1995	シンポ実行委	同左
サンゴ礁の島嶼地域と古代国家の交流	小湊フワガネク遺跡群	1999	名瀬市教委	同左
徳之島カムィヤキ古窯跡群の世界	カムィヤキ古窯跡群	2001	名瀬市教委	同左
カムィヤキ古窯跡群シンポジウム	カムィヤキ古窯跡群	2002	奄美群島交流推進事業・部会	同左
中世・沖永良部の世界	後蘭孫八城	2004	和泊町教委・琉球大学考古研究室	
古代・中世のキカイガシマ	城久遺跡群	2004	喜界島郷土研・九州国立博物館誘致推進本部	同左
古代・中世の境界領域―キカイガシマの位置付けをめぐって	小湊フワガネク遺跡群・城久遺跡群・カムィヤキ古窯跡群	2007	文科省科研費グループ	同左

（注）高梨修「〈南島〉の歴史的段階」（前出，『東アジアの古代文化』）により，やや簡略にした．

それは「沖縄」とも無関係ではない。高梨《たかなし》修《おさむ》によれば、他にも考古学関係の多くのシンポジウムが開催され、また報告書も刊行されている（表8-2）。

以下では、遺跡等の古い順に、それぞれの時代に位置づけながら、その概要を見ることにするが、本巻では基本的に一〇世紀までにとどめる。

2　九～一一世紀の奄美諸島

田中史生《たなかふみお》「九～一一世紀東アジアの交易世界と奄美諸島」（前出、『東アジアの古代文化』）は、一一世紀が「変革期」だとしつつ、次のように述べている。「筆者は以前、文献史学の立場から、この考古学のいう一一世紀の変化が、平安期の西海道をめぐる国際交易活動と関係のあることを論じ、その端緒は九世紀に遡るとの見通しを述べたことがある」、それは二〇〇五年の科研費報告書でのことである。

そして、「琉球列島、なかでも奄美諸島の歴史が、九世紀〜一一世紀の活発な国際交易とどのようにかかわるのか」と問題を出し、入唐僧《にっとうそう》・円仁《えんにん》が日本から持参した「大螺子」は、「琉球列島産のホラガイとみるのが妥当であろう」、大隅守《おおすみのかみ》・春日宅成《かすがのやかなり》の「南島産品」も「間違いなく大宰府へもたらされ、これを中央へ貢進するシステムが機能していた」、「奄美諸島北部、喜界島出土の外来系土器を分析した池田栄史《いけだよしふみ》氏が、南九州に出自を求められる当地の土師器《はじき》甕形土器の検討などから、九世紀後半以降、南九州と奄美諸島との間に恒常的な交流があったことを指摘する点が留意されよう」という。このようなことから、「南九州の国司は、奄美諸島と国際交流拠点たる博多との間に立っていた」とする（一六八–一七二頁）。

「むすび」は、こうなっている。「以上のように、変革期とされる十一世紀琉球列島の前史には、西海道の律令行政・貢納システムともかかわりつくられた大宰府・南九州―奄美諸島のラインが、九世紀以降の国際交易の活発化によって東アジアとの結びつきを深め、緊密化、複雑化する過程があった。それが琉球列島社会にもたらす変容の具体像については、沖縄諸島以南の状況も交えた今後の考古学の成果と議論に期待するところが大きい。けれども、ここの地域史が、グスク時代以前から、アジアに拡がるいくつもの地域史・交易世界との連関のなかに複合的に立ち上がった歴史であることは、すでに疑いようがないのである」（一七六頁）。

整理するとこうなる。①「琉球列島」の変革は九世紀に始まっていた。②その「琉球列島」のうち「沖縄諸島以南」については、まだわからないが、やはり変革が始まっていた、そのことは「すでに疑いようがない」としている。

しかし、そうだろうか。「奄美諸島までの琉球列島」の九世紀段階での変革については、物証もあって、具体像が想定できる。それが「沖縄諸島以南」に及ぶかについては、やはり考古学的な資料の検証が必要であろう。「奄美諸島まで」が変革しているから「沖縄諸島以南」もそうだろうと、類推することは慎みたい。

3 九～一一世紀前半の喜界島・城久遺跡群

奄美諸島の中でも、大島の北端の東に位置する喜界島については「城久《ぐすく》遺跡群」が発掘され、状況がより明瞭になってきた。

澄田直敏《すみだなおとし》・野崎拓司《のざきたかし》「喜界島城久遺跡群の調査」(同前、『東アジアの古代文化』)は、次のように紹介している。「平成一五年度から本調査が実施されている城久遺跡群は、全体で一〇万平方メートルを超えるという規模もさることながら、掘立柱建物跡の多さや、規格性の高い建物跡や、火葬骨と副葬品を伴う複数の土杭墓、などの遺構が確認されている」。続けて、「越州窯系青磁《えっしゅうようけいせいじ》」、「中国や朝鮮半島産と思われる陶磁器」、「九州島産のものと思われる土師器《はじき》」、「大量の滑石《かっせき》」なども出土しているが、その「ほとんどが島外産のものばかりで占められている」のが特徴だという(四六頁。ルビと読点を増やした)。

この「城久遺跡群は、島内でも最も標高の高い城久集落を取り巻く八遺跡の総称で」あり、ほぼ南から順に、山田中西《やまだなかにし》、山田半田《やまだはんた》、半田口《はんたぐち》、小《こ》ハネ、赤連《あがれん》、大《おお》ウフ、前畑《まえはた》、半田《はんた》という八つの遺跡で構成されている（ルビは澄田ら）。これは「南西諸島では他に類を見ない大規模な集落跡である」。ただし、この論考の執筆段階では成果が十分ではなかった。「山田中西、山田半田遺跡で主体となる時期は、九・一〇世紀代と一一世紀後半〜一二世紀代で、中でも後者の時期に属する遺構・遺物が目立つように思われる。／大ウフ、半田遺跡では一二〜一四世紀頃の遺物も出土していることから、台地側（山田中西）から海側（半田遺跡）に行くにしたがって遺跡の年代が新しくなる傾向が窺える」という状況であった（四八頁）。

澄田・野崎は『古代中世の境界領域』にも論考をよせているが、遺跡群の面積が「一三万㎡を超える」となり、時期区分がより明確に「九・十世紀」「十一後半〜十二世紀頃」「十三〜十四世紀頃」の三つになるとし、「城久遺跡群には須恵器や土師器を含め、これらの非在地系の物資を集積しうる集団が居住し、維持・管理を行っていたと推測され」ると述べている。

さらに、澄田直敏「喜界島城久遺跡群の発掘調査」（前出、『古代末期・日本の境界』）は、その後の成果を踏まえてまとめられた。澄田は「九世紀〜一五世紀頃まで営まれ」た城久遺跡群の時期を、三期に区分している。「I期は九世紀〜一一世紀前半、II期は一一世紀後半〜一二世紀、III期は一三世紀〜一五世紀である」。

ここでは、I期の九世紀〜一一世紀前半について、取り上げる。出土遺物の特徴は、「初期貿易陶磁器が出土している」、「最古の資料は、山田半田遺跡の須恵器蓋《ふた》（八世紀中葉）である」。なお、この九～一五世紀の「奄美地域の在地土器である兼久《かねく》式土器がほとんど出土していない」。また掘立柱建物跡については、側柱建物三棟が検出された。総括的な所感としては、「古代の土師器・須恵器・初期貿易陶磁器などで構成される遺物組成からは、他の南西諸島の島々と比べると、本土色が極めて濃いことがうかがえる。中でも、国家的施設に偏在することが多いとされる越州《えっしゅう》窯《よう》系青磁が、遺跡全体で約一〇〇点出土していることなどから、『日本紀略』にみられる大宰府が下知した〈貴駕島〉と、現喜界島は、関係があったのではないか」という（五七-七〇頁。読点とルビを補った）。

この「下知」は、一〇世紀末に「奄美島人」が「西海道」に「乱入」したとされる事件に関して、大宰府がその討伐を「下知」（命令）したというものであるが、この事件については、シリーズ第三巻『舜天・英祖とグスク』で扱うことにする。

4　高梨修による研究史の整理と主張

高梨修「〈南島〉の歴史的段階」（前出、『東アジアの古代文化』）は、奄美諸島における近年の考古遺跡の発掘成果と、それを踏まえた歴史認識について、次のように述べている。

高梨修は、「『日本書紀』『続日本紀』に琉球弧に関係する記事が認められる七～八世紀は、貝塚時代の後期後半に当たる」といい、高良倉吉が、そこに「沖縄本島の記載が認められない事実を一例に挙げて」、「律令制国家成立期の日本人」の南西諸島認識には信頼をおけないから、『隋書』流求伝のいう〈夷邪久〉の手がかりを七〜八世紀における日本人の〈南島〉理解に求めることは今のところ無理がある」と述べていることを紹介して、疑問を投げかけている。

高梨は、このような「文献史学側」と「考古学側」（高良は論理的には考古学の側に立っている）の「研究成果が整合しない事実を初めて指摘したのは鈴木靖民である」と、その一九八七年の研究を挙げる。その上で、鈴木論文以後二〇年間の、調査研究の成果を整理している。それを簡略にして次に示すことにする。①〜③は、鈴木論文発表前後のことである。

①一九八四年、大宰府跡から「㭺美嶋」「伊藍嶋」と記された木簡が出土した。八世紀前半のものとされる。

②一九八七年、鈴木靖民はこれに刺激されて、例の論文「南島人の来朝をめぐる基礎的考察」を認《したた》めた。この中で、鈴木は「奄美大島は〈南島〉政策における中核地域であると指摘」した。そしてこの地域（奄美諸島北半地域）には「階層社会」が形成されていたと「想定」した。

③鈴木論文発表後も、安里進や高良倉吉らは「沖縄県の考古学で醸成されてきた実証的事実による社会像」を変更しなかった。「これまで奄美諸島と沖縄諸島の考古資料は、ほとんど同一の様相のものとして一緒に括られてきた」。しかしながら、以下のように、それに変更が求められるようになった。

④一九八〇年代から、それまで「考古学的成果が十分でなかった」奄美諸島でも「緊急発掘調査」が増加した。特に「奄美諸島の在地土器として知られる〈兼久式土器〉」が多数発掘された。また、「兼久式土器出土遺跡でしばしば認められるヤコウガイ貝殻の大量出土」があり、それは

「貝匙製作や螺鈿の現材として意図的に大量捕獲されたものと理解されはじめた」。さらに、「兼久式土器出土遺跡に鉄器が共伴する事実が追加され続けている」。

⑤高梨修自身は、兼久式土器の編年に取り組み、一九九五年、一九九九年の編年案を修正してきて、二〇〇五年に「五期区分」に到達した。帰属年代は「七世紀前半～一一世紀前半」であるとする。これは後に提起された木下尚子の編年とは一致しないが、高梨は「訂正は特に必要ない」とする（この対立は、池田栄史編『古代中世の境界領域』高志書院、二〇〇八年所収の高梨論文でも詳論されている）。

⑥高梨修、池田栄史らを中心に、ヤコウガイ大量出土遺跡の検討が進んだ。

⑦滑石製石鍋も大量に出土した。

⑧一九九八年、池畑耕一は、「古代並行期の喜界島には土師器・須恵器が中心で兼久式土器が認められない特殊な遺跡があり、大宰府と政治的関係を有していた可能性があると指摘した」。

⑨そして、「城久遺跡群」（八遺跡の総称）の発掘がすすんだ。「掘立柱建物群、火葬が認められる葬制、高級舶載陶磁品の出土、滑石製石鍋の大量出土、土師器・須恵器を中心とする非在地的遺物等の諸特徴は、大和世界における官衙遺跡を彷彿《ほうふつ》させるものである」。

⑩高梨は、池畑耕一の一九九八年の研究も踏まえて、二〇〇四年、「奄美大島北半東海岸に何らかの政治的勢力が存在していたと考え、その分布範囲を〈喜界島・奄美大島勢力圏〉と仮称した」。

⑪池田栄史は、二〇〇六年、「平安時代並行段階以降、琉球弧は奄美諸島北半の喜界島・奄美大島を中心に、九州と緊密な交流が展開されていく」ことを指摘した。

さらに高梨修は、兼久式土器出土遺跡を検討して、そこからは「高い確率で鉄器が出土する」といい、これに対して「並行する沖縄諸島の貝塚時代後期後半段階は、奄美諸島よりもさらに多数の緊急発掘調査が実施されているが、鉄器出土遺跡はほとんど認められない」と、奄美諸島と沖縄諸島の差異を強調する。そして、その奄美の場合でも、「各遺跡における鉄器出土数には著しい格差が認められる」ことを指摘して、「交易活動により鉄器が入手され」る遺跡と、鍛冶がなされていたと見られる「鍛冶関係の遺構・遺物」が多数ある遺跡と、それらが「再分配されていく」遺跡と、それぞれが考えられ、遺跡相互の交流「経路」も想定できる、という。そこから、「そうした社会集団における鉄器所有形態の相違こそ、階層社会を積極的に支持する考古学的証左になると考えられる」と結論している。

このような検討を背景にして、高梨は、「七世紀前半から奄美大島に小湊フワガネク遺跡群等のヤコウガイ大量出土遺跡が形成されはじめ、八世紀代には喜界島に城久遺跡群が出現、さらに一一世紀代には徳之島にカムィヤキ古窯群が出現するという大筋が描ける。大多数の遺跡は漁撈採集経済段階に置かれていて、対外交流の窓口となる少数の拠点的遺跡を中心に階層社会が形成されていたと考えられるのである」と記している。この「奄美諸島北半における拠点的遺跡の形成「それがまずあって、それ—来間」は、カムィヤキ古窯群の出現で「それは高梨によれば一一世紀代である—来間」類須恵器段階に沖縄諸島・先島諸島へ波及、沖縄本島に新たなる政治的勢力の形成をもたらすのである」と、展望する。つまり、沖縄本島に政治的勢力が形成される以前に、奄美諸島でのそれが先行していたというのである。

私（来間）は、この議論について次のように考える。沖縄諸島と奄美諸島とを「何となく」同一の状況を想定してきたこれまでの研究は反省期にきている。この地域の歴史は北から順に展開してきたのであり、奄美が沖縄に先行すると考えるのが自然である。そうであろうが、では奄美諸島の考古データがどれほど先行しているかと考えると、隔絶的ではないと思われる。

第九章　一〇世紀までの沖縄諸島

「シリーズ沖縄史を読み解く1」の『稲作の起源・伝来と〝海上の道〟』（以下、この章では「前著」という）第五章では「弥生～平安並行時代」を取り上げた。振り返ってみれば、稲作が定着せず、農耕の開始がまだ明確でなく、採集・狩猟・漁労の時代が続いていたことの確認に力点を置きすぎたように思われる。

そこでここでは、再びこのテーマを掲げて、「弥生～平安並行時代」でもなく、そのうちの後半、「一〇世紀までの沖縄諸島」を取り上げ、次の時代に向けての変化の要素を論ずることにする。沖縄諸島とは、今の沖縄県内の先島諸島や大東諸島をのぞいた地域を指す。先島諸島や大東諸島はまだ歴史に現われない（前著参照）。生産と交易、社会構造、そして生活の側面を検討して、その時代的な変遷を追究してみようと思う。主として考古学的資料を扱うことになる。

第一節　木下尚子の「貝をめぐる九州との交易」論（二〇一〇年）

木下尚子《きのしたなおこ》は、以前から「貝の道」の研究を積み上げてきたが、ここでは「サンゴ礁と遠距離交易」（沖縄県文化振興会史料編集室編『沖縄県史・各論編・第三巻・古琉球』二〇一〇年）によって、その議論を紹介したい。

1　貝交易に関わった人びと

今日ではすでに、沖縄諸島の人びとと九州の人びとと、貝の交易を通じてつながっていたことは、よく知られるようになっている。木下は、それに関わった人びとと、その役割分担に注目している。「琉球列島の人々と初めて貝殻の交易をしたのは、九州の弥生人であった。北部九州にいた弥生人がこれらを用いて腕輪をつくったからで、交易されたのはオオツタノハ、ゴホウラ、アツソデガイ、大型イモガイであった。これら大型巻貝でつくった腕輪を、**南海産貝輪**とよんでいる」。このような「南海産貝輪を最初に使ったのは、平野部の農耕民ではなく、五島列島や玄界灘《げんかいなだ》沿岸、響《ひびき》灘《なだ》沿岸に住む半農半漁の人々（以下西九州・響灘沿岸民）であった」。彼らが貝輪をはめるという習俗を始めたのは、「朝鮮半島の何らかの文化的影響」を受けたためと考えられる。彼らは、直接には「近隣の南九州人」からオオツタノハを知って貝輪を作り、次いで「さらに南のゴホウラやオオツタノハについて情報を得たのであろう」。南九州と琉球列島の間には、縄文時代晩期から「頻繁な文化の往来があった」し、それを基礎に連絡がついていたのである。響灘は、玄界灘に続く東方の、中国地方にも及ぶ一帯のことである。

沖縄側に残された遺跡、すなわち**貝集積遺構**としては、「久米島《くめじま》（ゴホウラは八個、以下同）、座《ざ》間味島《まみじま》（二二個）、恩納村《おんなそん》（三個）」、そして読谷村《よみたん》（イモガイ八個）がある。「弥生時代早期〜前期、すなわち沖縄の貝塚時代中期末」の遺跡であり、ゴホウラの三分の一は「**半加工品**」である。「これらは九州での消費に対応して登場した交易用の在庫と考えられている。弥生時代の初め、貝交易はこのように始まった」。

貝輪の消費は、沿岸弥生人から内陸平野部の弥生人に伝わった。「現在、弥生時代の大和で確認された南海産貝輪を出土した遺跡は五五箇所、南海産貝輪は合計六七一個である。弥生時代前期の後半以降、南海産貝輪は平野部における消費量を増やし、その数量は西北九州・響灘沿岸民の消費量をはるかに上回るようになった」。

弥生時代中期、沖縄の貝塚時代後期の前半になると、沖縄諸島の貝集積遺構の貝殻は、「貝輪素材として十分な大きさや厚さ、質に欠けている」ので、交易品としての一定の条件に達しなかったものかと思われる。「これまでに確認された貝溜まりは三二遺跡の一〇六基である」。「九州の消費動向」が「イモガイ腕輪」中心となり、沖縄側もゴホウラからイモガイに移った。その「北部九州の農耕民［内陸平野部の弥生人—木下により来間］」の貝輪は、初期のやや不形型な段階から定形的な腹面貝輪に変化し」、沖縄側も「これに対応して、…貝殻そのものを輸出するのではなく、製品の形状に合わせた半加工品を作るようになった」。これは加工の度合いが高く、「一般の半加工品と区別して**貝輪粗加工品**とよんでいる」。これは貝集積遺構とは別の所に集積されている。粗加工品が「注文に応じたセット商品」として、取引形態が異なっていたからであろう。九州の「弥生中期後半には、粗加工品を入手して自らゴホウラ腕輪をつくる」ようになっていった。

読谷村木綿原《もめんばる》遺跡の石棺墓被葬者に「南島人的な要素」だけでなく「西北九州弥生人の要素」をもった人物がいたと想定されているが、これは西北九州の弥生人たちが、「弥生時代の初めに自ら琉球列島に出向いて貝交易を行なっていた」ことを「想像」させる。

弥生時代中期後半になると、「北部九州産弥生土器と入れ替わるように、中部九州産と南部九州産弥生土器が増える」。これは交易の担い手が、北部九州人から中南部九州人に移っていったことを示している。

古墳時代になると、今の奈良県、大和盆地に全国的な政権が成立すると、貝輪の需要はそこまで拡がっていく。それは、「中部九州や南部九州の沿岸民」が、「瀬戸内海の海人」を媒介にして、「畿内に運搬した」。北部九州では、古墳時代の前期から中期前半に消費が衰退したが、中期後半になるとまた復活して、「九州の地方豪族が独自のゴホウラ腕輪を生み出し」、古墳時代後期に「騎馬の風習が盛んになると、馬具の留め革金具に、イモガイの螺塔部を埋め込んだ装身具が各地で流行し、これを製作した畿内でイモガイの消費が増えた」。こうして「古墳社会では、琉球列島産貝殻を用いた異種の製品を生みながら、古墳時代後期後半まで、消費が継続したのである」。沖縄の時代区分でいえば、「貝塚時代後期の中頃から後半頃」のことである。

しかし、「古墳時代後期後半になると、大和におけるイモガイの需要は激減し、貝交易は終焉《しゅうえん》を迎える」。「一〇〇年近く続いた九州と琉球列島の経済関係はここに至って一挙に終ってしまう」。「南島と大和との交易が途絶えようとしていた七世紀、奄美大島を中心にヤコウガイが大量に採取されるようになる」。例えば「マツノト遺跡」である。そこでは、「ヤコウガイが大小となく手当たり次第に採取され、かつ遺跡から搬出されている」。

このような経過をたどる貝交易の特質は、次のように総括される。「先史時代の九州との貝交易は、北の消費者、南の提供者、中間地域の運搬者という構造が明確で、奄美人ならびに中・南部九州人がリレー方式で交易品を届ける遠距離交易である点に特徴があった」。そして、北の消費者側が南島に出向くが、南の提供者は「自ら北に赴いた形跡を残していない」。

2　貝殻と交換されたもの

次は、「貝殻と交換されたものは何だったか」というテーマである。「沖縄諸島にもたらされた弥生文化の文物に、鉄斧、銅鏃《ぞく》（漢式三翼鏃）、銅剣の一部、中国銭（五銖銭《ごしゅせん》）、ガラス小玉、翡翠《ひすい》製玉などがあるが、いずれも数点の出土で、これらを恒常的な交易品とするには説得力に欠ける」。おそらく「土器」が主であっただろう。「農耕民による貝交易が始まると、北部九州タイプの壺が登場する」。「土器に入れられたであろう米や豆などの穀物は、保存もきく上、運搬人たちの食料ともなり、合理的かつ安定的な交易品の一つだったろう。琉球列島にのこる弥生土器の多くが壺であることから、中の穀物が壺ごと交換され、そのまま遺跡に残ったものと推測される」。

3　奄美諸島と沖縄諸島の違い

木下は、貝交易をめぐって、奄美諸島と沖縄諸島の違いに言及している。「弥生時代の貝交易において、弥生土器は交易の最終目的地である沖縄諸島にもっとも多く届いている。しかし、不思議なことに、これらが沖縄諸島の地元の土器に影響を与えることはほとんどなかった。また、沖縄人は交換物である穀物や金属器などをより多く入手しようと、自ら九州に赴く行動をほとんどとらなかった。これに対し、運搬役であった奄美人たちは、弥生土器を模倣した土器を作り、沖縄諸島に持ち込んでいる。さらに彼らは、在地土器のかたちを弥生土器に似せて大きく変化させた。貝交易によって日常生活を変化させた奄美と、ほとんど影響されなかった沖縄との差は何に因るのだろう。これは奄美人が貝交易の役割上、南部九州人と頻繁に接触していたためでもあろうが、より本質的には、両者間のサンゴ礁環境差に因るとみられる。裾礁《きょしょう》がより発達し、豊かなイノーを控えた沖縄諸島は、これによる安定性の高い生活が保証されており、そこに異文化に反応しにくく、重心を容易に移動させない文化が成立していたのであろう。これに対し、裾礁が狭くイノーの発達の悪い奄美諸島では、安定的ではあるものの、異文化に反応して生活の重心を移動させやすい文化が育まれていたのではないだろうか」。それでもそれが変化して、沖縄が「ヤマトの生活スタイルや生産技術」を取り入れるのは、先史時代の末期、「沖縄の貝塚時代後期」まで待たねばならなかった。

「裾礁」（リーフ、reef）とは、陸地の周辺に発達するサンゴ礁（環礁《かんしょう》、アトル、atoll）のことで、その内側がイノー（沖縄語）、すなわち礁湖（ラグーン、lagoon）である。

第二節　農耕、そして稲作はいつ始まったか

農耕と稲作農耕については、前著で、弥生時代並行期までにほぼ限定して扱ったが、改めて、いくつかの文献によって再検証する。

1　前著での結論（再掲）

「弥生～平安並行時代」の沖縄に即して整理すれば、次のようになろう。

紀元前三世紀ないしそれ以前に、北九州に伝来した水田稲作は、日本の東へ北へ、そして南九州へと伝播していった。それは「水田稲作人」の一定の渡来を伴いつつも、在来の縄文人社会が受け入れていったものであった。

しかしながら、北海道と沖縄諸島には、この水田稲作はなかなか定着しなかった。おそらく、伝播はあっただろうし、それはくりかえしあっただろう。沖縄諸島で稲作が始まる一二世紀まで、伝播しなかったと考える方が難しい。沖縄に伝わっても、そこは温帯ではなく、亜熱帯の土地である。温帯型の稲作は、亜熱帯の土地にはよくできなかっただろう。できても収量が少なく、魅力のないものであった。

一方で、人口の少ない割りには、豊富な海産資源があり、イノシシやシカなどの中型動物もおり、それに野生植物の利用を加えて暮らしていて、あえて農耕に踏み出す理由にも乏しかったであろう。かくして、沖縄諸島は永い間、採集・狩猟・漁労の時代を続けていたのである。

振り返ってみれば、山下町洞人が三万二千年前に、港川人が一万八千年前に沖縄本島にいた。彼らは「文化」の痕跡を残すことなく、去っていったか、死に絶えた。両者の間には一万四千年の空白があるが、港川人から後も一万一千年の空白があって、縄文文化が見られるようになるのは六七〇〇年前のことである。この縄文時代が二三〇〇年前（紀元前三世紀）まで続くが、それは、日本列島が弥生時代に入っても存続していたことになる。

さらに、縄文時代を早期・前期・中期・後期・晩期と時代区分してみれば、その後期になってようやくある程度のヒトの居住が現われ、それは晩期にかけて増加したが、この「弥生～平安並行時代」になると若干減少したかのようである。この時代も、沖縄という環境が人びとの居住の場として安定したものとは言えなかったのである。

以上のように、前著（下巻、二〇四-二〇五頁）で私は、沖縄では一二世紀まで農耕社会にはならなかったと結論したのであったが、ただいくつか提示されている「農耕の証拠」の検討には積極的には踏み込まなかった。それがやや気がかりであったので、今回はよりいっそう深く検討することにしたい。

2　伊藤圭による「農耕問題研究史」の整理（二〇〇七年）

伊藤圭《いとうけい》「貝塚時代における農耕問題研究史」（『南島考古』第二六号、二〇〇七年）は、「貝塚時代の人々はどのような生業活動を行っていただろうか」という問題意識のもと、その研究史をたどったものである。叙述の都合上、その内容を、それ以前に書かれた論考より先に紹介する。

(1)　縄文時代並行期

まず「縄文時代並行期」については、①金関丈夫《かなぜきたけお》は一九五五年に、波照間《はてるま》島下田原《しもたばる》貝塚と北中城村荻堂《おぎどう》貝塚から出土した「石斧を農耕具と捉えて」、貝塚時代前期（縄文時代並行期）に「日本本土と系統の異なる農耕文化」があったとし、それを「南島式農耕文化」と呼んだ。②国分直一《こくぶなおいち》は同じく一九五五年に、波照間島下田原貝塚の調査を踏まえ、「南方系農耕文化の北上」を想定した。③多和田真淳《たわたしんじゅん》は一九五六年に、波照間島下田原貝塚の調査を踏まえ、「貝塚時代後期に下田原貝塚で農耕が行なわれていた」、それ以前に「沖縄本島以北の地方に於いては農耕時代に入っていた」とし、それは金関・国分とは異なって、「北方からの影響」だとしている。④多和田真淳は一九六四年に、うるま市（旧具志川市）地荒原《ちあらばる》遺跡の土器と「農耕具と思われる石斧」と馬の骨から、貝塚時代中期に「農耕活動が行われていた」、これが「琉球の本格的な農耕の始まり」だ、「当時の農業は火田式焼き畑農業であった」と述べた。⑤国分直一と三島格《みしまいたる》は一九六五年に、うるま市（旧与那城《よなしろ》町）ヤブチ洞穴遺跡の無文土器と貝製利器から、「なんらかの穂摘みを行う農業」が存在した、それは「粟作」であろう、とした。⑥国分直一は一九六八年に、⑤を補強して、時期は「縄文時代後期相当」（貝塚時代前期）に「粟作の如き農作が登場していた」とした。伊藤はしかし、その時代比定の根拠が示されていないという。⑦新田《にった》重清《じゅうせい》は一九六九年に、多和田説に立脚し、「貝塚時代中期に農耕が開始される根拠に、集落が台地に移ることや大集落を形成していたと考えられること、石斧の出土様相、獣魚骨・貝類の出土量が激減する傾向にあることなどを加えた」。また「農耕具」としては、多和田のいう「手矛《てぼこ》」（ティビク）に「木製品」（想定）を挙げた。⑧高良倉《たからくら》吉《よし》（歴史学）は一九七三年に、これらの「論拠はあまり説得的であるとはいえない」と述べた。⑨安里《あさと》嗣淳《しじゅん》は一九七五年に、高良説を支持し、新田説に疑問を出した。新田説では「貝塚時代中期では焼畑農耕が高い生産性を有していた」となってしまう、とした。⑩長嶺《ながみね》操《みさお》は一九七八年に、金関（①）・国分（②⑤⑥）の「貝塚時代前期農耕論」は、多和田（③④）の同「中期農耕論」の登場によって少数派になっていたが、長嶺自身は、金関・国分説を補強しようとした。

伊藤は次のようにいう。「このように、多和田氏から続く貝塚時代中期における焼畑農耕は大いに議論されたが、これらは全て民俗例の上に成り立つ仮説である。そのため、高良氏や安里氏が指摘するように、直接焼畑農耕に結び付く論拠に乏しいと考えざるを得なかった」。ここまでの議論はほぼ否定されたことになる。そして、その後の研究動向に進める。

⑪安田《やすだ》喜憲《よしのり》は一九八四年に、恩納《おんな》村伊武部《いんぶ》貝塚における花粉分析から、「花粉の出現個数が少なく、明確な断言はできない」が、「大量の炭片とともに…イネ型花粉が出現することは、何らかの

火を使用する農耕活動の存在を想定させる」と述べた。⑫高宮広土《たかみやひろと》は一九九三年に、「資源の限られた島嶼では、人が環境に適応するには農耕が必要になる」との一般論から考えた。⑬呉屋義勝《ごやよしかつ》は一九九四年に、前年に調査した宜野湾市上原濡原《ぬうりばる》遺跡から「貝塚時代中期における耕作遺構」が検出されたとした。伊藤は「当遺跡の調査により、少なくともこの時期に農耕が行なわれていた地域があった可能性が、遺構と遺物の両面から示された」と肯定的に紹介している。「用排水路」「用水池」「甕型土器」「炭化粒」「複数の畝状の高まり」などが出ている、という。これらから「何らかの生産遺構（畑址）」と結論づけられた。それでも呉屋は「自然物採取と原初的農耕が組み合わさった複合的な経済」であり、その「生業においては完全な生産経済が成立していたわけではない」と評価するにとどめている、という。そして、伊藤は「栽培植物遺体」が検出されておらず、「当該期における農耕活動の存在を完全に証明するには至っていない」としている。

ここまでは「縄文時代並行期」（貝塚時代前・中期）についてみてきた。日本史でいえば縄文時代であり、いわゆる「縄文農耕」の論理的可能性と実証も、ある程度なされているとしても、それが沖縄諸島にまで及んでいたかについては、疑問がもたれている。「畑址」については、後に取り上げる。

(2) 貝塚時代後期（弥生時代以降）

以下は「貝塚時代後期」である。その前半は弥生時代に並行する。引き続き伊藤圭の整理を、さらに整理しながら見ていく。この時代についての議論はイネの伝来が中心になる。①金関丈夫は一九五五年に、「沖縄諸島におけるイネの伝来」を八世紀としたが、伊藤は、金関がその根拠とした「類須恵器」（→カムィ焼）の年代は、今では八世紀ではなく一一〜一四世紀とされており、八世紀は否定される、という。私（来間）はむしろ、イネの伝来を「類須恵器」の流通によって考えるという、論理の次元で説明したものと受け止めたい。そうすれば、「類須恵器」の年代が八世紀から一一〜一四世紀に降ることによって、金関説も一一〜一四世紀に降ることになろう。②国分直一は一九五五年に、金関と同様に、「イネは日本本土から類須恵器と共にもたらされた」とし、ただし「島型稲作」と呼べるような、特殊な農法を想定した。③一九五七年に、南城《なんじょう》市（旧知念《ちねん》村）久高《くだか》島シマシーヤーマ貝塚の調査で、「注口土器」から「酒」と「穀作」の可能性を考えた報告書が出た。これは稲作ではないという。④一九六三年に、伊江《いえ》島具志原《ぐしばる》貝塚の調査から、「須玖《すく》系土器」（→山ノ口式土器）が出土した。高宮広衛《たかみやひろえ》は一九六六年に、これに糸満《いとまん》市米須《こめす》貝塚から出た「注口土器」を加えて、一方で「磨石が増加する」こと、「遺跡の規模拡大」などから、「憶測の域を出ない」と断りながらも「農耕がおこなわれていたのではないか」といい、「弥生文化に対応させることが可能だ」と主張した。⑤安里《あさと》進《すすむ》は一九六九年に、「グスク時代の遺跡から得られた炭化米の出土状況から、稲作の開始時期を当該期の下半終末［貝塚時代後期の終末期―来間］と推測した」。⑥新田重清は一九六九年に、安里に拠ってであろう、「グスク時代の遺跡から炭化米や麦が多量に出土する」ことから遡って、イネは貝塚時代後期の「終末期」には栽培されていただろう、とした。⑦友寄英一郎《ともよせえいいちろう》は一九七〇年に、イネの伝来が「須玖系土器（→山ノ口式土器）の流入と共に行われた可能性」を指摘する一方で、それと矛盾する現象も指摘した。すなわち貝塚時代後期には、「海岸砂丘」に移動する、また食料が獣魚骨・貝類という「自然経済」的なものに「後退」している、ことを指摘した。⑧安里進は一九七五年に、久米島ヤジャーガマ遺跡の調査によって、同じく貝塚時代後期の終末期に位置づけられる層序から「炭化米」を検出したと報告した。⑨長嶺操は一九七八年に、イネの伝来が「おそらく須玖系土器（↓山ノ口式土器）が移入される前後」としたうえで、友寄の指摘に対して、「植物性食糧」は遺存しがたいものであるから、獣魚骨・貝類のみが際立っているのであって、それらとともに植物性食糧も並行して、消費されていたのではなかろうか、とした。⑩嵩元政秀《たけもとまさひで》はそれより前の一九七二年に、「稲作に関連する遺物や炭化米が出土していない」こと、「弥生土器が移入されてから長い間、稲作に適さない海岸砂丘に住み続けている」こと、「その間の遺物の様相に変化が見られない」ことを挙げて、須玖系土器の流入と稲作の伝来を重ねる見解（④⑦⑨）に対して疑問を出した。⑪小田富士雄《おだふじお》は一九八四年に、糸満市真栄里《まえざと》貝塚出土の土器や石斧の資料から、「弥生時代前期並行期」というもっと遡った時代に、「農耕的様相の可能性」を指摘した。しかし小田自身が「弥生文化」の広がりを否定し、真栄里貝塚は「特殊な位置づけにすえおかざるをえない」と述べていた。⑫多和田真淳は一九七五年に、高宮広土は一九九六年に、それぞれ沖縄に稲作が定着しなかった理由を指摘したことについて、「沖縄諸島の環境に稲作が不向きなため」という共通点がある、と伊藤はいう。この点、私（来間）は前著でその不向きという場合の要因を、台風・干ばつ・地形・土壌などに求めるのではなく、「暑さ」に求めるべきだと述べた（本節1に再掲）。

(3)　高宮広土の農耕は「九～一〇世紀開始」論

高宮広土によって、一九九二年以降、フローテーション法によって植物遺体の検出が進められるようになった。引き続き伊藤による。①「古墳時代前期並行期」に当たる高知《たかち》口原《くちばる》貝塚については、そこに「生活していた人々は、野生の植物を食糧としていた」とされた（九八年報告）。②「古墳時代後期～奈良時代並行期」に当たる伊江島ナガラ原《ばる》東《ひがし》貝塚からは、「イネの炭化種子」が検出され、他の植物よりもずっと多かったので、高宮は「当時の人々にとってイネは重要な食糧であった可能性が高い」と発表した（九九～〇二年）。しかし、他の研究者が検証したところ、「農耕に関する遺物や遺構」はなく、「プラントオパール分析」によっても「農耕がおこなわれていた」という結論にはならなかった（〇二年）。高宮も「交易などによって外部から持ち込まれた可能性」を述べたが、「その後、^{14}C年代測定を行った三点のイネ全てが〈現代〉に属することが明らかとなった」（木下尚子〇三年、高宮〇三年）。高宮は「ナガラ原遺跡における農耕の有無は、今回の調査では論外である」とした（〇三年）。③「平安時代並行期（主に九～一〇世紀頃）」に当たる那覇市那崎原《なあざきばる》遺跡から、「コムギ・オオムギ・イネ・アワなどの穀物が検出された」。他にも、「鉄鍬を彷彿《ほうふつ》させる」刃先痕を遺す半月状の鍬跡群、それを囲むようにしてV字状に設置された二本の溝跡、本土産須恵器やフェンサ下層式土器、水田に繁茂するホタルイに酷似する植物などが検出され、「当該期の生産基盤は農耕であった」と結論された（島弘九六年、高宮九六年）。

(4)　平安時代並行期

伊藤圭は、この流れとは別に「平安時代並行期」について、次のような経過を報告している。①安里進は一九七五年に、久米島ヤジャーガマ遺跡の調査で、「多量の炭化麦などの穀物が検出された」と発表した（前々項⑧）。②安里進は一九七七年に、同じ遺跡から、「多量の炭化米と、アワ・ヒエと思われる穀殻が確認された」ほか、「穂摘具と思われる貝製品も検出された」と発表した。伊藤は「これは、グスク時代以前の遺跡における穀物の最初の報告例であり、これにより、栽培植物がグスク時代の前から知られていたことが明らかになった」と述べている。

つけ加えれば、高宮広衛がこれに触れ、次のように論じている。「一九七七年の春、沖縄本島の西方海上に浮かぶ久米島《くめじま》の洞穴遺跡［ヤジャーガマ遺跡―来間］で、**炭化米**が検出された。中間報告によると、炭化米の層では尖底《せんてい》土器が出土し、後期中葉までさかのぼるかもしれないという」。その確実な年代はまだ分からない。それでも「稲作の導入も弥生前期後半のある時期にさかのぼって期待していいのではないかと考える。ただ、受容された稲作文化がこの島嶼環境でどのように普及していったか、具体的プロセスの究明は今後の課題だが、これまでの資料からすると急速に普及していったとは考え難い面もある」（高宮『先史古代の沖縄』一二三四頁。来間前著、一五四頁）。

③金武《きん》正紀《まさのり》は一九七八年の恩納村熱田貝塚の調査に基づいて、「貝塚時代後期終末（一二世紀）」に「数点の鉄製刀子《とうす》や中国産の玉縁白磁碗などとともに、籾圧痕《もみあっこん》を有する土器片が数点出土した」と報告した。金武は「稲作、鉄器文化、海外貿易の三つの萌芽期と考えられ、グスク時代への過渡期を示すもの」とした。④これに前に見た那崎原遺跡の様相（高宮広土）がプラスされて、「従来

の認識が覆されることになったのである」と伊藤はいう。木下尚子も「那崎原遺跡は、九〜一〇世紀の沖縄本島においてすでに農耕が確実におこなわれ、しかもそれが大和の文化的影響下で実現したことを伝えている」と述べた（〇二年）。

疑問なのは、先ほどの「那崎原遺跡の穀物遺体検出」の評価の突出と、高宮広土自身のその再評価（本節3）に触れていないことである。

(5) 沖縄での農耕は一〇世紀に始まった（まとめ）

以上を総括して、伊藤は次のようにいう。①「現在のところ、貝塚時代中期における農耕活動については、可能性があるものの、積極的に肯定することはできない」。これは、呉屋義勝によって報告された、「縄文時代並行期」の⑬で取り上げた「畑址」「農耕址」を認めていないことを意味する。②「一方、稲作農耕は、九〜一〇世紀には行われていたことが明らかになった。しかし、開始期については未だ判然としておらず、現時点では弥生時代並行期に認めることは困難である」。「貝塚時代中期」＝「弥生時代並行期」にはなかったが、その後のいつなのかはまだ分からないとしている。那崎原遺跡から出た穀物の痕跡が決定的な根拠とされているようだ。しかし、高宮広土は農耕の開始は一〇〜一二世紀としている（本節3）。③「貝塚時代における稲作農耕文化は、グスク時代前夜の短い間に消長したため、南西諸島全域に普及したかは疑問である」。④しかし、「農耕がおこなわれていたと考えられる九〜一〇世紀の在地土器には、特に大きな変化は認められない」。

伊藤の整理を、このように再整理してみると、沖縄諸島の農耕、そして稲作は九〜一〇世紀には行われていたことになる。しかし、高宮にしたがって、「一〇〜一二世紀」と理解すべきではないか。伊藤は「いつから始まったか」は不明としているが、それ以前の資料がないということであればこの一〇世紀こそが「開始期」なのではなかろうか。

3　高宮広土の「農耕の起源」論（一九九六／九七年）

高宮広土《たかみやひろと》は、「沖縄諸島における農耕の起源―沖縄本島を中心に」（山折哲雄編『共同研究　日本文化の深層と沖縄』国際日本文化研究センター・日文研叢書12、一九九六年。第I論文とする）と「植物遺体からみた柳田国男〈海上の道〉説」（『民俗学研究』第六三巻第三号、一九九七年。第II論文とする）を書いている。

高宮は、「考古学的に農耕の存在が抑えられている時代は、本土の弥生期よりずっと新しくグスク時代である」という研究状況を打破すべく、フローテーション法を取り入れるなど、農耕の起源の解明に挑んできた。「フローテーション法とは、ある程度乾燥した土壌サンプルを水に浸し、炭化植物種子を分離し回収するという方法である」。

第I論文では、以下のことを述べている。「グスク時代以前の遺跡から農耕を示唆する遺物・遺構は検出されてはいるものの、その存在を積極的に支持する資料はいまだに検出されていない」。そこで、那覇市那崎原《なあざきばる》遺跡で、この方法が用いられた。この「遺跡自体は、炭化植物種子の検出にはあまり適していないように感じられた」ので、一定の工夫をしたが、「しかし、この遺跡のフローテーションサンプルからは、予想外の貴重な資料が得られた」。①「沖縄最古となる栽培植物の種子が検出・同定された」。イネ（二粒）、コムギ（完形一粒、破片二）、オオムギ（三破片）、アワ（頴二片）であり、他に「栽培あるいは野生植物」としかいえないマメ科植物が二〇粒、「野生植物」が二三五粒、「同定不可能種子」が一五〇粒である。②これらは「交易によって入手したもの」かとも考えられたが、「共伴した植物遺体」から、「農耕説を強く支持する」。③「沖縄先史時代において、野生植物食として堅果類が挙げられるケースが少なくないが、今回のフローティングサンプルには堅果類は破片すら入ってな［か］った。このことは、那崎原遺跡で生活をした人々は、堅果類等の野生植物に依存していたのではなく、栽培植物を主に摂取して［い］たことを意味する。つまり、この遺跡では農耕が営まれていたのである」。「堅果類」とは、「果皮が非常に堅く、種子と密着せず、中に一個の種子を含む。ドングリの類」のことである（『広辞苑』）。

「考察」の項では、沖縄における農耕の展開過程は、「弥生相当期から六世紀頃までの実験段階」、それが六〜八世紀に「沖縄型畑作農耕」の「完成・普遍化期」を迎えるとされている。高宮は「沖縄型」とはいっていないが、趣旨はそうであろう。「沖縄グスク時代の農耕をみると、水稲稲作ではなく、オオムギ、コムギ、アワ等を中心とした畑作であった可能性がある。すなわち、本土で拡《ひろ》まった水稲稲作とは異なる農耕タイプが、グスク時代（あるいは、おそらく那崎原遺跡の時代）に存在したのである」。「水稲稲作」（水稲作）は「沖縄の環境では困難であった」ので、「畑作」中心になっていった、としている。

なお、那崎原遺跡の時代は八／九〜一〇世紀と想定されているが、それと「完成・普遍化期」の六～八世紀との関係が、この叙述では分からない。「雑穀類を中心とした沖縄の環境に合った畑作が完成するまでに二～三世紀を要したのではないだろうか」とあるが、それは「完成・普遍化期」までの「二～三世紀」であろう。「完成・普遍化期」から那崎原遺跡の時代までの「二～三世紀」には、どのような経過をたどったというのだろうか。

そこで高宮の第II論文を見ると、そこには〝反省〟が語られている。高宮自身は第I論文で、「遺跡の立地の変遷から、沖縄諸島における農耕の開始期を六世紀頃と考えた。しかし」（一九九七年の奄美大島笠利町《かさりちょう》用見崎《ようみざき》遺跡の調査の）「結果は、沖縄諸島における農耕の開始期が、那崎原遺跡の年代に近い年代である可能性を示唆するものであった」。「奄美大島および沖縄諸島では六～八世紀まで狩猟採集の時代であった可能性が強い」。「沖縄諸島における農耕は八～一〇世紀すなわち那崎原遺跡の時代に開始したことになる」。

「農耕の開始期」あるいはその「実験段階」とされた六世紀は否定され、八～一〇世紀に繰り下げられたのである。そうであれば、「二～三世紀」も必要とされる、いわば「移行期」を考えれば、「完成・普遍化期」は早くて一〇世紀、遅ければ一三世紀ということにならないのか。

この那崎原遺跡の「穀物検出」なるものについては、私は前著下巻で、次のように書いた。「八世紀や九世紀の沖縄には、原初的なものとはいえ農耕があったという確証がない。その物証を唯一提出した高宮広土《たかみやひろと》（「植物遺体からみた柳田国男説」、『民族学研究』第六三巻第三号［ここで第II論文としたもの─来間］、ここでは『島の先史学』ボーダーインク、二〇〇四年に引用。なお本章4で再論）自身は「縄文晩期（八／九～一〇世紀）に当たる那覇市・那崎原《ナーザキバル》遺跡で〈農耕〉があったと論ずる（一五四-一五五頁）一方で、〈那崎原遺跡での農耕システムが、グスク時代の農耕のベースにはならなかった〉だろうといい、〈現代沖縄人の祖先となった農耕民の植民は那崎原遺跡のころではなく、グスク時代直前の一〇～一二世紀であった〉だろうと推定しているのである（一九一頁）」（拙著二八〇-二八一頁）。

4　高宮広土の「農耕の起源」再論（二〇〇六年）と「社会組織」論（〇七年）

高宮広土は、その後、前著でも紹介した『島の先史学』（二〇〇四年）を著わしたが、「狩猟採集民の島環境適応への挑戦」（印東道子《いんとうみちこ》編著『環境と資源利用の人類学』明石書店、二〇〇六年。第Ⅲ論文とする）や、「沖縄諸島先史時代からのメッセージ」（印東道子責任編集『生態資源と象徴化』弘文堂・資源人類学07、二〇〇七年。第Ⅳ論文とする）も書いている。

第Ⅲ論文では、「沖縄諸島先史時代」の「動物食利用」と「植物食利用」を検討しているが、その中で那崎原遺跡に触れ、そこでは「農耕が営まれていたと思われる」こと、「この遺跡からは、二五〇以上の鍬跡と農耕に関連したと思われる溝が二本検出されている」ことなどを述べて、「次なる問題は、那崎原遺跡の農耕がグスク時代の農耕の基盤となったかということである」と提起し、自らは、当初「この農耕がグスク時代の農耕の土台になったと考えていた。しかし」として、その後は「那崎原遺跡以降、この生業が沖縄諸島に定着しなかったのではないかと考えるようになった。植物遺体の分析からも、沖縄諸島の先史時代は狩猟採集の時代であったことが示されつつあるようである」と述べている。第II論文から第III論文へ、解釈の変更が行われている。

高宮の第IV論文でも、動物と植物からなる「食料資源」を理論と実証面から考察しているが、それと関連して、「沖縄諸島先史時代における社会組織」というテーマを立てている。「社会組織の進化、特に階層社会の出現は、人類学/先史学/考古学において、農耕の起源に並ぶほどの主要なテーマである」。これは、本章第五節で扱うが、「結論」の部分から次の文言を紹介しておく。「沖縄諸島という〈島環境〉への適応は、ヒトの集団にとって容易なことではなかった。彼らは、何度かの挑戦の後、縄文時代中期後半から縄文時代後期に、初めて島の環境に植民することに成功した。植民に失敗した要因の一つは、おそらく島環境における自然資源を有効に利用することができなかったからであり、反対に植民に成功した要因の一つは、最も効率の良い資源利用システムを確立したからである」。「島」に人が住むこと(植民)は容易ではなく、何度も失敗した後に、ようやく成功した。

成功した人びとは、まず「**バンド的な社会組織**を形成させていた」。相互に支配−被支配の関係はなく、家族的な関係であり、「社会的なストレスが最も少ない人間関係」で結ばれている社会である。しかし、人口増加があり、自然環境の悪化などがあって、自然資源との関係で窮屈な状況に進んでいった。そこで「社会組織も単純なバンド的社会から**やや複雑な社会**へと進化していった」。それでも「島環境」の制約性から、「**さらに複雑な首長社会**へと[は]進化しなかった」。沖縄という島社会の「豊かさ」は、「やや複雑な社会」への移行は支えたが、それ以上ではなく、「さらに複雑な社会」へと進めるほど「豊か」ではなかったのである。まして、「**グスク社会のような首長社**

会へと進化することはなかった」(高宮は「グスク社会」を「首長社会」ととらえている)。「やや複雑な社会」から次の段階の「首長社会」に進むには、「自然資源の独占」などが必要であるが、沖縄の自然環境では「独占」できるようなそれはなく、皆が横並びに暮らしていたのである。日本本土から「長距離交易」によってさまざまな物品がもたらされたが、それを独占して「威信」を誇るような関係も生まれなかった。

5　安里嗣淳の「先史時代後期」論(二〇〇七年)

安里《あさと》嗣淳《しじゅん》「先史時代後期のムラ」(二〇〇七年)は、「先史時代」すなわちかつての表現では「貝塚時代」、その後期(弥生~平安並行時代)について概括的なまとめをしている(安里『先史時代の沖縄』第一書房、二〇一一年に収録。八七-一一二頁)。つまり、いわゆる「グスク時代」以前の、一一/一二世紀までのムラの話である。

「沖縄先史時代のムラ(集落)」は、「縄文時代の後期並行期においてもなお」形成されず、その「出現は、二千数百年前、二五〇〇年から三〇〇〇年ぐらい前の間」だという。紀元前九世紀から四世紀の間ということになる。これはまだ縄文時代で、その晩期であった。

縄文時代の次の「先史時代後期」(弥生~平安並行時代)には、「湾入部[一般に砂浜がある—安里による]と小さな突端部(岬)」が繰り返されているような「海岸」に、当時のムラは立地した。「その向かいには、サンゴ礁の海(礁湖、ラグーンあるいは沖縄語でイノーとよばれる遠浅の海)

がひらけています。当時のムラの人々はそのラグーンを、貝や魚などの食糧を得る主な生業の場として暮らしていました。そして海とのかかわりの中で貝器文化、つまり貝殻でつくったさまざまな道具、あるいは飾りを発達させました」。また、砂丘には「小川か湧水をバックに控えて」いて、これが生活用水として利用された、とする。

次に、その頃の食料は「貝や魚」がまずあって、その「量がかなり多いのが後期の特徴で」あるが、それでも山でイノシシ猟もしていて「決して海洋一辺倒の暮らしではなかった」し、「実は植物質の方が主だった」と想像される。その生活は「パラダイス」ではなく、「食料確保がかなり不安定で、厳しい面もある暮らしだった」。関連して「那覇市の那崎原《なーざきばる》遺跡では後期後半に稲の証拠が発見されたとのことですが、私はなお慎重にすべきだと思います」と述べている。そして安里は「稲作農耕の存在を示す遺構」や「遺物」は「まったく発見されていません」という（高宮広土は、那覇市教育委員会の報告に基づいて「この遺跡からは、二五〇以上の鍬跡と農耕に関連したと思われる溝が二本検出されている」と書いている。それは「稲作」のそれではない、ということか）。那崎原遺跡のように「コメ（モミ）やその痕跡が発見されても、それだけでは〈農耕〉の証明にはなりませんが、それさえもほとんど見つからないのです」。

さらに安里は次のように指摘している。「以前に宜野湾市で畑の畝（うね）が見つかったという報告がありました。それをきっかけにあちこちで、これは畝跡だ、種をまいた穴跡だという見解を出す人もいます。畑作農耕の存在を想定しているようですが、私は疑問に思っています。グスク時代における存在［畑作農耕の存在―来間］は認めますが、**畝をつくる**というのは、ある程度進んだ農耕技術で、先史時代にまでそれが遡れるかどうかは、もっと慎重に判断したいと思います」。このことも安里に同意する。

そもそも畝（畝立て）を必要とする畑作物は何だったのか、その技術的必要性は何か。甘藷《かんしょ》（さつまいも）や甘蔗《かんしゃ》（さとうきび）が多少とも栽培されるようになるのは近世初頭、一七世紀の初頭であるから、これは古代の作物ではない。畑作だから稲も除外される。麦類や豆類であろうか。それはなぜ畝立を必要とするのか。戦前昭和期（二〇世紀前半）に、沖縄では甘藷の畦立植《うねたてうえ》が奨励されたが、普及しなかった。水はけを良くすること、栽培の管理や芋を掘り出すには便利であるが、地表の面積が大きくなると土壌が乾燥しやすいという欠陥にもなる。実際の研究の結果でも、どちらが収量が多いか、どちらが沖縄に適した栽培方法であるかは分からなかったのである。

もう一つ、安里が指摘しているのは、「農耕社会の**習俗**を示す明確な遺構、遺物」が、この「後期社会」の段階では「発見されない」ことである。

このようにして、安里は「後期遺跡は農耕社会の状況を示していない」、「稲作農耕についての情報は、沖縄後期人に伝わったと思います」、しかしながら「後期（とくに前半）は比較的海や山野の食料に恵まれていた時期」であり、「煩雑な」労働と管理、そして「自然条件に…左右されやすい」農耕を受け入れる「必要性はなかった」であろう、「後期には稲作農耕は導入しなかった」という。「稲作農耕」だけでなく、その他の農耕も始まらなかったのである。

第三節　鉄の流入はいつか

1　当真嗣一（一九九七年）

当真嗣一《とうましいち》「鉄器文化と沖縄の歴史」（沖縄県立博物館編『考古資料より見た・沖縄の鉄器文化』一九九七年）は、次のように述べている。奄美大島笠利町のサウチ遺跡（弥生時代後期）から、フイゴの羽口《はぐち》と鉄器の破片が発見されて、「鍛冶技術が存在する」ことが分かっているが、沖縄諸島では、本島中部の宇堅《うけん》貝塚（具志川市《ぐしかわし》［現うるま市―来間］）、同じく中部の中川原《なかがわばる》遺跡（読谷村《よみたんそん》）、そして久米島の清水《しみず》貝塚などで「鉄斧や用途不明の鉄器などの発見があ」るし、宇堅の鉄斧は実用品であるとするが、「**弥生相当期**という古い時代に鉄生産を認めることは、これまでのところどうも無理のようです」と述べている。そして「沖縄諸島でも**一二世紀頃**になると鉄器が急激に普及し、鉄器生産も各地で行われていたことが確かな資料によってわかります」とする。

2　大城慧（一九九七年／二〇〇七年）

大城慧《おおしろさとし》「沖縄の鉄とその特質」（同右、『沖縄の鉄器文化』）は、右の「宇堅貝塚群や清水貝塚から出土した鉄器資料」は、「鉄器使用開始期の目安」であり、「製品として持ち込まれた可能性がありますとし、この「沖縄貝塚時代後期の時期は、鉄器が広く普及したとは言えず、貴重品的な利用ではなかったかと考えられます」という。そして「グスク時代の一二～一三世紀頃になると、鉄器がきわだって出土してくるようになります」と述べており、両名とも、沖縄諸島における鉄器の普及は次のグスク時代だとの認識のようである。ただし、当真は「一二世紀」といい、「大城は「一二～一三世紀」といっている。

大城慧はまた、「沖縄貝塚時代後期出土の鉄器について」(『南島考古』第二六号、二〇〇七年)において、一四の遺跡から出た「鉄関連出土資料」を遺跡ごとに検討し、「貝塚時代後期前半」には「未だ使用したとする段階には至ってはいなかったと考える」、これに対して「貝塚時代後期後半期」(古墳期から平安期、六～一〇世紀)には「使用する段階に入っていたと考える」とまとめている。さらに「鉄器生産の開始期」については、奄美では七～八世紀が想定されているが、沖縄ではその時期の物的資料はない、とする。

3　上原静(二〇〇九年)

上原静《うえはらしずか》「沖縄諸島における中近世の鋳造《ちゅうぞう》技術と生産」(『南島考古』第二八号、二〇〇九年)は、冒頭で、これまでの当真嗣一、大沢正巳《おおさわまさみ》、大城慧らによる、鉄関連の研究状況をまとめている(ルビは来間)。

「①鉄器の初見時期は、沖縄諸島における先史時代の弥生～平安並行期に比定される。②時代的には製品が先に持ち込まれ、後に鉄器の素材が搬入される。③弥生～平安並行期の遺跡である宇堅《うけん》貝塚出土の板状鉄斧《てっぷ》は、鉱石系鉄素材の可能性があり、大陸産と見られる。④鉄器は先史時代が搬入品で、グスク時代から鍛冶《かじ》作業を行う。その時期の出土鉄滓《てっさい》の多くが鍛冶滓で、僅かに砂鉄製錬《せいれん》滓が認められる。⑤グスク時代には大鍛冶や小鍛冶が存在し、材料鉄の輸入を前提とする鍛冶技術の発達が認められるが、その体系化が望まれる［研究上の課題を指摘したものか―来間］。⑥鍛冶滓は鋳鉄鍋《ちゅうてつなべ》破片と共存するが、当鍋破片は鍛冶素材に再生産されている。⑦鍛冶滓及び鉄製品には鉱石系と砂鉄系がある。上村《うえむら》・船浦《ふなうら》スラ所では含銅磁鉄鉱《じてっこう》から［上村遺跡と船浦スラ所遺跡（ともに西表島）で出た含銅磁鉄鉱は―来間］揚子江《ようすこう》流域ルート、砂鉄は鹿児島ルートの産地が推定される。⑧鉄釘《てつくぎ》は焼き入れ、焼き戻し、浸炭処理などの熱処理から［熱処理がなされていることから―来間］、鍛冶技術の一定水準が窺いしれる。⑨製鉄原料になりうる鉱石・砂鉄が採集される。⑩鍛冶遺構製産［鉄生産―来間］に結びつける［結びつく―来間］ものではないが、留意される。鉄は火窪型が存在する」。

要旨は以下のとおりである。沖縄諸島に鉄器が現われるのは「弥生～平安並行時代」であるが、それは外から持ち込まれたもので、それも当初は「製品」が、次いで「鉄器の素材」が持ち込まれる。その「外」は、「鉱石系鉄素材」の場合は中国大陸の揚子江（長江）流域からの可能性もあり、「砂鉄系鉄素材」の場合は鹿児島を経由したものであろう。その後、「グスク時代」（遅くとも一三世紀後半から、また八重山地域では一四世紀から―上原による）になると、鍛冶が行われており、焼き入れなどの熱処理もされている。沖縄諸島からも製鉄原料になりうる鉱石や砂鉄が採集されるが、鉄生産には結びつかない。

第四節　開元通宝の流通

1　高宮広衛の「開元通宝と按司の出現」論（一九九七年）

(1)　開元通宝の流通

高宮広衛《たかみやひろえ》には開元通宝に関する複数の論考がある。ここでは「開元通宝と按司の出現（予察）」（『南島文化』第一九号、一九九七年）によって見ていく。そこでは「琉球列島で中国唐代の貨幣である開元通宝が三十数遺跡で発見されている」こと、そのうち「先史時代終末期」、「おおよそ七～一二世紀」、「城《グスク》時代直前の時代」の開元通宝を取り上げている（ルビは来間）。具体的には、沖縄本島中部の「野国《のぐに》貝塚」、徳之島伊仙《いせん》町の「面縄《おもなわ》第一貝塚」は早くから知られていた遺跡であるが、「その後、奄美諸島で二遺跡、沖縄諸島で一二遺跡、八重山諸島で三遺跡の計一七遺跡で中世以前の開元通宝が発見されている」という。

高宮の議論は、本書の範囲である「一〇世紀まで」をはみ出す部分もあるが、一つの論文であるので、その全体を紹介する。

そこで、「無文字社会における金属貨幣の受容例」を、「A 金属貨幣の用例」、「B 無文字社会における銭貨の受容例」（装飾、儀礼、呪力、財宝）、「C ティコピア島および台湾における貨幣経済への移行例」を検討したうえで、続けて「貨幣としての認識」の検討に移り、「当時の沖縄には今われわれが想像している以上に、多くの外国船（日本船も含めて）が来航し、そして唐や大和に関する情報もかなり入っていたのではないだろうか」、「沖縄でも開元通宝を貨幣として認識し、島外、つまり九州や唐や新羅などから物資を購入する際に、支払いの手段として使用したのではなかろうか」、「開元通宝を入手するルート」の「一つは九州地方との交易によるルートであり、他の一つは沖縄に寄港した外国船のルートである」とする。

その場合、その対価物が問題になる。「さて、支払い手段としての貨幣（小文では開元通宝）を入手するに際し、対価物としてこちらから提供できるものがなければならない」。これまでの研究者の指摘も含めて、赤木《あかぎ》、芭蕉布《ばしょうふ》、染色、檳榔《びんろう》［↓枇榔《びろう》―山里純一により来間］、夜久貝《やくがい》［夜光貝《やこうがい》］、塩があげられ、また「外国船が寄港した場合、彼らは沖縄側に対して何を要求したであろうか」という観点からすれば、水、薪炭、食料（野菜・肉など）、労役、ヤコウガイがあげられる、とする。いずれにせよ「資源の少ない沖縄から九州に対して移出できる物資は限られていたであろう」。

(2) 鉄の入手とその普及

逆に、沖縄の側から求めた物品は何だろうか。高宮は、「彼らが最も欲していたのは鉄であろうとみている」という。そして舜天、察度、尚巴志などにからまる伝説をあげるが、他方の「考古学上の資料はどうかというと、現在のところ裏付けるような証拠は乏しい。しかし、昨今、わずかながら資料は増えている」として、次をあげる。

沖縄諸島　鉄滓《てっさい》［鉄のくず］、鉄塊《てっかい》、刀子《とうす》［小型の刀］、鉄製品や青銅製品
奄美諸島　鉄鏃《てつぞく》［鉄製のやじり］、刀子、銅製リング、鉄製品、鞴《ふいご》の羽口《はぐち》、棒状鉄製品

「上記のような出土例から鉄器の普及していく様子が垣間《かいま》見える」、つまり、鉄器は普及し始めていたのであり、それを入手するために交易を進めていたという。

高宮はこれらの資料の評価については、次のような見方を提示する。「貨幣とか金属器は貴重品であり、なかなかポイと捨てるようなことはしなかったと思う。大事に大事に使用したであろう。…弥生の専門家である佐原真《さはらまこと》氏は、遺跡から鉄片が一個であれば、背後に沢山の鉄器を想定しなくてはならない、といっている。同感である。…開元通宝が遺跡から一枚出れば、実際には沢山の開元通宝が持ち込まれたとみるべきであろう」。

「**七～一二世紀ごろ**の沖縄の先史人たちも、…中国や新羅や九州などから必要な物資を購入するのに開元通宝を使用したのではなかろうか、その可能性は大きいと考えている。もちろん、商取引には開元通宝だけではなく、物品（実物）貨幣も使用したであろう」。

(3)　按司の出現

高宮は、これらのことから「按司《あじ》の出現」を論じていく。「鉄は沖縄において按司という権力者の出現に大きく関与していたとみている。鉄などの確保を通して経済的優位性を獲得した者が、次第に権力者として成長していったのであろう。鉄などの購入に際し、開元通宝が〈支払手段〉として使用された可能性は大きいとみている。その際、開元通宝だけでなく…物品貨幣も当然使用され

たであろう。／按司の発生については、さまざまな複合的要因を想定せねばならない。鉄を大量入手したからといって、沖縄内部で自然発生的に按司が出現したというような単純な図式ではなかったと思う。当時のさまざまな社会的・文化的あるいは経済的要因が複雑に絡み合いながら按司発生の社会的基盤が醸成されていったのであろう。／当時の東中国海では和船だけでなく、唐船や新羅船も頻繁に行き来していたようであり、国内外の情報がわれわれが現在想像している以上に沖縄に入ってきていたと思う。また伝説に残る九州地方からの落ち武者も一定の歴史的役割を担っていたかもしれない。政治的社会への移行という角度からみると、彼らの役割は先進地域からの文化の伝播（例えば情報の伝達など）といった直接的関与もあったかもしれない。／筆者［高宮―来間］は一二世紀以前に、すでに地方ボスといったような一定の影響力を行使しうる人物、つまり**按司の前身的性格を有する人物**が、奄美を含む南島の何箇所かに出現していたと見ている。これとの関連で注目される考古資料が金属製武器の登場であろう。この時期の平敷屋《へしきや》トウバル遺跡［うるま市勝連《かつれん》―来間］から刀の鐔《つば》や鉄鏃が出土している」。ここから「武器の登場は当時の社会状況を考える上で重要な意味を内包しているとみている」といい、権力者の登場を予想し、「地方ボスのような**初期的支配者**の出現と関連させて解すべき資料かと考えている」と述べる。

(4) 沖縄の地理的位置

高宮は、「もし、沖縄が七～一二世紀ごろに貨幣使用の萌芽期に入っていたとすれば、それを推進した背景に沖縄の地理的位置も大きくプラスの方向に作用したとみられる。北には文化的先進地である九州島があり、西には航海技術の発達した文明大国の中国大陸がある。九州とは縄文時代以来のコンタクトがあり、弥生時代には彼我《ひが》の興隆はさらに密度を加え、**弥生中期**にそのピークを迎える。しかし、**後期**には衰退の方向に向かう。**古墳時代**における九州との交流はこれまで杳《よう》としてつかめなかったが、最近の考古資料は持続していたことを示している。また、文献史学の方でも、南島経営が大宰府を介してかなり進んでいたことを、近年の諸研究は明らかにしている。このことは九州地方の情報が、われわれが想像している以上に入っていたことを推知させる」。私（来間）は、いわゆる「南島経営」に沖縄諸島が含まれていたとは思っていない（第六章）。「九州地方の情報」が「入っていた」ことはそうであろう。

その「九州や西日本の古代の状況」について、「筆者は、九州を含む西日本ではすでに一部で渡来銭による対外貿易が、中国や韓国との間で行われていたとみている」といい、「皇朝十二銭の発行に先立って、渡来銭（開元通宝）がわが国の一部で対外交易に使用されていた可能性は大きいと思う」としている。その理解に無理はなさそうだが、そうであれば開元通宝は「九州や西日本」ではなく、なぜ琉球諸島に多く現れるのか、その説明が必要であろう。

高宮は、以上のような「九州地方からだけでなく」、「他方、遣唐使船のほか唐船や新羅船などが、当時頻繁に東中国海を往来していた」ので、そこからの「情報」も入ってきただろうという。「言いかえると、［沖縄が―来間］東中国海を取り巻く東アジア商圏の縁に位置していたことが幸いしたと思う。このような東アジア情勢の中で、沖縄は否応なく古代へ移行していかざるを得なかったのではなかろうか。当時の沖縄は新時代への胎動期であり、過渡期であったことは間違いない。本期の開元通宝も政治社会への移行という観点から吟味し直してみる必要があるように思う」。かくして「古代へ移行」「新時代への胎動・過渡」「政治社会への移行」が語られる。私（来間）は、それはやはりもう少しのちの時代ではないかと考えている。

2　木下尚子の「七～九世紀の琉・中交易試論」（二〇〇〇年）

木下尚子《きのしたなおこ》「開元通宝と夜光貝」（高宮広衛先生古希記念論集刊行会編『琉球・東アジアの人と文化』上巻、二〇〇〇年）は、副題を「七～九世紀の琉・中交易試論」とした、多くの図表を含みつつ一三〇頁にもおよぶ論文であり、内容は多岐にわたっている（ルビはすべて来間）。

(1)　開元通宝の対価は夜光貝である

その主張の一つは、「開元通宝の対価は夜光貝である」ということである。木下は前項(1)でみた高宮広衛の議論だけでなく、金関丈夫《かなぜきたけお》・三島格《みしまいたる》・鈴木靖民《すずきやすたみ》・安里嗣淳《あさとしじゅん》・王仲殊《おうちゅうしゅ》・山里純一《やまざとじゅんいち》らの議論も含めて検討し、①「開元通宝の分布状況に拠る限り、これを遣唐使や大和との関係で説明するのは、現状では困難なのである」と、金関・三島・鈴木・山里の説を退け、②「唐で開元通宝の流通する七～一〇世紀、日本の螺鈿《らでん》技術は未発達で、ヤコウガイを大量に消費された状況も認められていない。この時期の消費の中心は、したがって唐にあったと考えられる」とし、③「琉球列島の開元通宝は、ヤコウガイを求めて訪れた唐朝の人々によってもたらされたのではないか」と主張している。「螺鈿は、貝特有の真珠光を主とした、複雑な光彩の効果を狙った装飾法である。〈螺〉は貝をさし、〈鈿〉は嵌飾《がんしょく》する意味で」ある、と述べている。説明を加えれば、「螺」は「にな」とも読み、貝の中でも巻貝をいう。また「嵌飾」とは、漆器や木地に嵌《は》め込んで装飾とすることである。

そのことを実証していくために、開元通宝の出土地（沖縄諸島・久米島・八重山諸島・奄美諸島）とその量と時期、ヤコウガイの生息地（沖縄本島南部・久米島・八重山諸島・奄美諸島）とその量と時期を統計的に処理・比較し、次のように述べている。「ヤコウガイの多い地域を個別的にみると、地域的特色は明瞭である。奄美大島と八重山諸島は七期［AD五〇一～一〇〇〇年］に消費が急増している。これに対し、沖縄諸島、久米・慶良間《けらま》諸島では六期［AD一～五〇〇年］に一つの消費ピークがあり七期に減少する。開元通宝に対応するのは、奄美諸島と八重山諸島であり、中間の沖縄諸島、久米・慶良間諸島は対応しない」。七期こそが開元通宝の流通期であるのに、ということである。それでも沖縄諸島もそのヤコウガイ消費の時期が「開元通宝の登場に対応していることに、変わりはない」。また、「八重山の開元通宝と、奄美・沖縄の開元通宝は、北から南、あるいは南から北に向う一連の動きの中で連続的にもたらされたものではなく、個々別々にもたらされた可能性が強い」、つまり、一般に琉球列島で開元通宝とヤコウガイが関連しているといっても、この地域内の島と島との間で連動していたのではなく、別々の動きだったという。それは「先史時代以来、奄美・沖縄諸島の文化は宮古海峡を越えず、これが突破されるのは一〇～一二世紀以降である」ことと関連している。

結論はこうなる。「私は、琉球列島内の開元通宝の多くは、ヤコウガイ貝殻の対価の一部として中国から直接もたらされた可能性が高いと考える。ヤコウガイ貝殻の入手を目的に琉球列島に渡来した唐人の存在を想定したいのである」。

(2) 中国・大和におけるヤコウガイ消費

次に木下は、中国では唐《とう》代に螺鈿法が著しく発達した、その主要な素材はヤコウガイであったといい、唐からもたらされた正倉院の螺鈿製品などからみて、「当時の長安《ちょうあん》の工房で、ヤコウガイ貝殻消費量」は「膨大であった」と想像している。一方の大和では、「ヤコウガイ製品の使用開始時期は、今のところ、八世紀後半から九世紀後半にかけての一世紀」といい、九〜一〇世紀は「唐螺鈿の継承期」、一一世紀が「国産螺鈿の発展期」だとする。「中国におけるヤコウガイ需要は、盛唐を中心とする時期、即ち七〜九世紀に急激な増大があり、その後［続く宋《そう》代に継承されずに―木下により来間］落ち込んで元《げん》（一三世紀）以降回復する。これに対して大和のヤコウガイ需要は、九世紀以降徐々に増加し、一二世紀にピークに達し、その後も需要が継続する。両者は九世紀を境に消費の中心を中国から大和に移している。このことは、琉球列島七〜九世紀の開元通宝が中国のヤコウガイ消費に連動するという、初めの仮定と矛盾しない。琉球列島のヤコウガイは、唐皇室の螺鈿素材として大陸にもたらされ、開元通宝はその行為に対応する結果として琉球列島に登場した、とみてよいと思う」。

なお、ヤコウガイは、ほぼ南北回帰線の内側、すなわち熱帯に分布しているが、その中でも「産業的に多産するのは、アンダマン、ニコバル諸島、わが国近海では奄美大島、沖縄など」とされており、「琉球列島のヤコウガイはその分布域の北端に生息する」。ヤコウガイの質でいえば、琉球列島のヤコウガイは、アンダマン諸島（インドのベンガル湾東部の諸島）、ニコバル諸島（同。その南部）などの「熱帯海域のものに比べて貝殻の真珠層が緻密《ちみつ》で堅く、加工した時の輝きが熱帯産に勝る」という。

木下は、高宮広衛・王仲珠の「開元通宝が明確な経済行為の結果として琉球列島にもたらされた」という議論を受けつぎ、その対価を明確にヤコウガイだとしたのである。

(3) 開元通宝は国際貿易には使われなかった（栄原永遠男）

ここで栄原永遠男《さかえはらとわお》「銭貨の多義性―日本古代銭貨の場合―」（前出、荒野泰典・石井正敏・村井章介編『アジアのなかの日本史Ⅲ 海上の道』東京大学出版会、一九九二年）の議論を紹介する。「隋《ずい》のあとを受けて六一八年に成立した唐《とう》は、それまでの五銖銭《ごしゅせん》にかわって開元通宝を発行した（六二一年、武徳四）。この銭貨《せんか》は、大唐帝国の権威を背景として広範に流布し、アジア諸国の銭貨のスタンダードの位置を占めるにいたった」。その後いくつかの銭貨が発行されているが、「唐代を通じて一貫して鋳造発行されたのは開元通宝のみであった」（六三―六四頁）。当時の日本は外国との貿易で何を「価物」として使っていたかをみると、「新羅や高句麗との貿易では、織物よりも原材料の綿や糸が多く価物とされ、そのうちでも綿が優先されたことがうかがえる」。「このような八世紀の日本と新羅の貿易をめぐる関係からみて、銭貨が東アジアの国際貿易における通貨になっていた可能性は低いと考えられる。即ち、唐の開元通宝といえども、この地域の国際貿易には使用されていなかったようなのである。たしかに、一枚あたりの価値の小さい開元通宝銅銭は、高級品の多い国際貿易の通貨としては、あまりに数量が膨大になりすぎて適当でない」。後に「開元通宝にも金銭・銀銭が造られた」が、「これは東方との貿易にも、西方との貿易にも使われなかった。そもそも唐の朝廷にその意思がなかったとみるべきである」（七一頁）。

これは、開元通宝が国際貿易の仲立ちをすることはなかったというのであり、高宮説にも木下説にも痛手となろう。

(4) 私のコメント

木下の論の進め方は一見説得的ではあるが、問題も残っている。例えば、中国あたりからヤコウガイを求めて買い手がやってくる、八重山諸島や奄美・沖縄諸島の人びとは、その要請に応えてヤコウガイを採りに行く、それがくり返されていくと、事前に採っておいて来客を待つようになる、しかし対価としてこちらが求めるのは開元通宝ではなく、他の生活資料であろう、開元通宝は対価の一部であって、記念品的なものにとどまるのではないか。当方が開元通宝を求めてヤコウガイを提供したとは、とても考えられない。そもそも、当時の国際交易に開元通宝が貨幣として使われていたという事実もない（栄原）。

したがって、このような交易があったから、その地に開元通宝が残されたというかぎりでは問題ないが、中国側が八重山諸島や奄美・沖縄諸島にもたらした、開元通宝以外のものは何かが解明されていないといえる（第三節3の上原静が指摘しているように、「③弥生〜平安並行期の遺跡である宇堅《うけん》貝塚出土の板状鉄斧《てっぷ》は、鉱石系鉄素材の可能性があり、大陸産と見られる」、「⑦鍛冶滓及び鉄製品には鉱石系と砂鉄系がある。上村・船浦《ふなうら》スラ所遺跡から出た含銅磁鉄鉱《じてっこう》は揚子江《ようすこう》流域ルート、砂鉄は鹿児島ルートの産地が推定される」のであれば、これもヤコウガイの対価であったのかもしれない）。それを解明しなければ、中国にヤコウガイを提供しながら、こちらの地域では何の価値もない開元通宝だけを受け取ったということになってしまう。その意味では、高宮らの「開元通宝が明確な経済行為の結果として琉球列島にもたらされた」という議論を含めて、問題を残しているというべきである。

第五節　「階層社会」ということ

『隋書』流求伝の時代、すなわち七世紀から、沖縄諸島はすでに「階層社会」だったという論が増えている。『隋書』流求伝の記述が今の琉球をさすとみる論者は、これを根拠に「階層社会」であると論じたがる。もともと松本雅明も「ゆるやかな部族連合の組織」と論じていた。しかしそこには「ゆるやかな」という形容詞がついており、強調したとはいえないものであった。そこに鈴木靖民が口火を切ったらしく、安里進と山里純一がしきりに強調するようになった（第四章第六節）。山里の論については、すでに言及した（第六章第三節6、16）。

1　鈴木靖民の「階層社会」論

鈴木《すずき》靖民《やすたみ》「喜界島城久遺跡群と古代南島社会」（前出、池田《いけだ》栄史《よしふみ》編『古代中世の境界領域―キカイガシマの世界』高志書院、二〇〇八年）で、次のように論じている。これは、「古代喜界島の社会と歴史的展開―城久遺跡群の意義をめぐって」（前出、『東アジアの古代文化』一三〇号、二〇〇七年）を改稿したものである。

(1) 階層をめぐる研究史

その「三　奄美諸島、喜界島と古代南島社会」で、鈴木靖民は自らを含む、このテーマに関する議論の経過を整理している。この部分は前稿にはない。鈴木は、自らが先駆的に提起したテーゼが、その後どのような経過を経て、受け入れられていったかを整理している。高梨修《たかなしおさむ》の整理（第八章第三節4）と重なる点も少なくないが、以下にそれをみる。

①一九八七年に、鈴木は、「大宰府跡での南島に関する木簡の発見、山里純一の南島研究〔山里一九八六＝「律令国家と南島」『続日本紀研究』二四五〕に啓発され、この貝塚時代イコール原始社会とする考古学的見地と、文献や新発見の木簡によって想定できる政治的社会との間には大きな乖離《かいり》がある点を指摘し、南島社会においても身分階層の発生と、ある種の社会秩序、社会組織が存在するとみるべきことを提案した〔鈴木靖　一九八七ａｂ＝「〈朝貢〉と〈身分階層〉」『国学院雑誌』八八―二、および「南島人の来朝をめぐる基礎的考察」『東アジアと日本』歴史編、吉川弘文館〕」（読点を補った）。すなわち、「南島」からの「朝貢」をとらえて、「朝貢には大勢の人数が徴集、編成されているので、それを可能にした物資の徴収、輸送のための南島の社会組織が」存在したであろう、「この朝貢のために物資と人の徴集を差配、調整し、作業を編成する人たちの存在」が考えられ、「背景に身分階層の展開を考えなければならない」、また「彼らは本土からの帰島後、賜物などの入手、蓄積した先進文化や物資、技術を在地社会で再分配する役割を有した」だろう、「したがって、八世紀の南島社会の地域によっては、原始社会から階級社会の形成へと向かう歴史的段階の入り口にさしかかりつつあったのではなかろうか」、そう鈴木は「述べた」。鈴木はその「階層」を、「一回性の指

導者、実力者（**ビッグマン**）の存在する社会」と「血縁原理などにより決定する世襲的な支配者である**首長**（**チーフ**）の出現する」社会とに区分して、ビッグマンの段階を「推測した」のである（三三一-三四頁）。

ビッグマンとは「リーダー（指導者、先導者）」のことであろう。そのようなリーダーが存在したという、その限りでは問題はないが、それはまだ「階層」「階級」といえるものではないし、そのことを「階級社会の形成へと向かう歴史的段階の入り口にさしかかりつつあった」と評価することには、概念の混乱が見られる。

鈴木靖民は、「南島」として、奄美諸島と沖縄諸島を区別していない。その「南島」が大和政権に「朝貢」したとしているが、政権側がそのように位置づけようとしたことと、「南島」側がどう考えていたかは区別すべきである。山里純一は、「蕃国《ばんこく》や夷狄《いてき》への授位」の意義について、律令国家の「支配者にとっての対外的政治関係の指標であり、中華意識を充足せしめるものであった」ものの、「一方」の「叙位される南島人にとっては、南島社会における位階の現実的な有効性はほとんどないと言ってよい」としていた（第六章第三節6）。また、二〇一二年の新著でも、「位階」の「授位」は、「支配者にとって」は「中華意識を充足せしめるもの」であっても、「授位される南島人にとっては、南島社会における位階の有効性はほとんどないといってよい」としていた（第六章第三節16）。つまり、「南島」側にとっては、「朝貢」ではなかったのである。しかも、そのような限定つきの「朝貢」であっても、それは奄美諸島までにとどまり、沖縄諸島には及んでいないと考えるべきであろう。

②一九九五年に、高良倉吉は「考古学上、古墳のような首長層の存在を証明する根拠が認められず、文献による想定も限界があるとして深入りすることを避けた［高良 一九九五＝「グスクの発生」『岩波講座 日本通史』六、岩波書店］」（三四頁）。

しかし、私（来間）は次のことに注目する。高良はここで、確かに「深入り」は避けているが、安里進の「斬新な問題提起」に注目して、「一〇‐一二世紀はミッシングリンク［失われた環―来間］などではなく、採集経済段階（先史時代）の終末と王国形成史をつなぐ結節点だったことになる」と述べていて、自らの見解の修正に一歩踏み出しているのである。

③一九九九年に、山里純一は、『続日本紀』にみえる大人数の南島人の来朝を「主体的な入朝」・「朝貢」とみなし、「遣唐使の寄航による唐の銭貨開元通宝の入手、赤木、夜光貝や檳榔の交易などが実力者の出現、身分階層の発生・展開と関係を持つ」とし、「リーフ（イノー）に築かれるナガキ（魚垣）またはインカキ（海垣）と呼ばれる石干見での漁獲」をもとに「漁労を通しても階層社会の形成が検証できると論じた［山里 一九九九＝『古代日本と南島の交流』］」（三四頁）。

山里は、①で紹介したように、「南島」側は「朝貢」したのではないという認識を示す一方で、大人数の来朝だけは（というニュアンスなのだろうが）「主体的な朝貢」としていて、鈴木のいうように、そのことを「階層社会」の形成と結びつけているのである。

④一九九五年と九七年に、高宮広衛は、「南島各地に分布する開元通宝を国際通貨であり、島外から鉄などの物資を入手するための対価であったと［し］、八～十二世紀を貨幣経済の萌芽する段階であり、政治社会に移行する台頭期、過渡期として位置付ける説を提出したものの［高宮 一九九

五・一九九七＝「開元通宝から見た先史終末期の沖縄」『王朝の考古学』、および「開元通宝と按司の発生（予察）」『南島文化』一九〕、貝塚時代後期に対する通説を覆《くつがえ》すまでには至らなかった」（三四頁）。

⑤二〇〇五年・〇六年・〇七年に、高梨修は、「私〔鈴木―来間〕の提起を受け止め」、一九九〇年代の奄美大島での各種発掘調査の成果を踏まえて、鈴木が「社会の階層性を想定したところを、考古学の物証に立脚して具体的に裏付け、歴史像を描こうとするものである〔高梨 二〇〇五ａｂｃ・二〇〇六・二〇〇七＝『ヤコウガイの考古学』、「小湊フワガネク遺跡群第一次・第二次調査出土の分類と編年」『奄美大島名瀬市小湊フワガネク遺跡群』Ⅰ、名瀬市教育委員会、「琉球弧における土師器・須恵器出土遺跡の分布（予察）」『古代・中世のキカイガシマ』資料集、「古代〜中世におけるヤコウガイの流通」『鎌倉時代の考古学』高志書院〕」。「この研究は、私が文献によって朝貢の主体となる南島、とりわけ奄美の社会の生産と流通の背景に**社会の階層性**を想定したところを、考古学の物証に立脚して裏付け、歴史像を描こうとするものである」（三五頁）。

⑥木下尚子は、高梨の議論と一致していない（二〇〇二・二〇〇七年）。

⑦また、池田栄史の「兼久式土器に伴出する外来土器の系譜と年代」（二〇〇五年）、「琉球王国以前」、「琉球からみた中世東北アジアの交易路と交易品」（以上、二〇〇六年）、「古代・中世の琉球諸島」（二〇〇七年）を指示しながら、「研究の進展に伴い、奄美諸島と沖縄諸島のそれぞれの社会、生活の考古学的な異同、特徴が指摘され、琉球弧（南西諸島）の歴史全体を捉え直す糸口も見え始めた」とする（三五-三六頁）。

⑧二〇〇六年に、安里進と山里純一は、「夜光貝交易の実証を踏まえて、かつてもグスク時代以

前に生産経済の時代を推定した考古学の安里進と、文献史学の山里純一が共同で奄美諸島、沖縄諸島の階層社会をめぐる議論のすり合わせをした。すなわち山里純一は、これまでの貢進・交易物や遣唐使の寄港による社会変容論に加え、『隋書』流求伝の王―小王―鳥了帥という首長の身分階層の記述によって階層性を主張し、安里進は久米島などでの事例をもとに、夜光貝の集積、加工、交易、交換物の再分配という〈交易共同体〉の首長を頂点とする交易システムの成立を考え、グスク的遺跡と富の象徴として入手したブタの飼育をその傍証として掲げた。こうして七世紀〜十世紀の貝塚時代後期が、従来のような原始社会論では説明できない**発達した階層社会**であり、グスク時代へ移行する政治的、社会的胎動期として位置付けられるようになった、としたのである［安里・山里 二〇〇六＝「琉球」『列島の古代史』一（古代史の舞台）岩波書店」］（三六頁）。鈴木は「ついに」ここまで来たというニュアンスで、このことを語っている。

(2) 鈴木の見解

鈴木靖民は、以上の経過を説明したうえで、「南島の階層社会の実像」を次のようにまとめている（この部分は前著にもあるが表現が修正されている）。「奄美大島など南島の社会は、およそ八世紀以降、日本古代国家との関係により、夜光貝（貝製容器、螺鈿《らでん》の材料）、赤木（巻物の軸、刀の鞘《さや》などの材料）、檳榔《びんろう》（扇、車・屋根を葺く材料。檳榔子は薬種）などの特産物の徴収、加工、貢進のための運搬が行われ、そのための労働力編成と労働管理、朝貢者への叙位、賜物、帰島後の賜物や加工品の住民への再分配を何度も繰り返すことなどによって、住民間の秩序化、階層化が進行する社会が築かれていたと考えられる」(三七頁)。

また、次のようにも述べている。「南島人の生産を管理、統率して、特産物の運搬を部領するのは南島の首長層ないし実力者であるに違いないが、何度もの交易を通して、彼らと九州で交渉に当たる官人や在地の首長層との間に人的結合関係も形成されたであろう。この経緯のなかで、南島社会では階層化が進み、**実力者**、**指導者**から**首長**の出現へという推移もあったのではないかと想像される」(三九-四〇頁)。

鈴木は、(1)の①で紹介した一九八七年の論文の段階から、飛躍を遂げた。つまり、「想像」の積み重ねにすぎないのに、南島社会の階層化は、「**実力者**、**指導者**」すなわちビッグマンないしリーダーの段階から、「**首長**」すなわちチーフの段階に移行したと主張するようになったのである。

まとめて、「南島の首長層と住民一般の具体的な関係性、社会統合の自立の程度などは**不詳**とせざるをえない」といいつつも、「社会の秩序化、階層化が促がされ」たし、その水準も「決して」低くはなかったと強弁している(四三頁)。

2　安里進の「階層社会」論

安里《あさと》進《すすむ》は、「古代史の舞台　琉球」(山里純一と共著、二〇〇六年)で、次のように積極的に論じている。鈴木が⑦で紹介している論文である。

①木下尚子の「開元通宝と夜光貝」(本章第一節で扱った)により、「琉球列島出土の開元通宝が

唐との直接交易でもたらされたことは間違いないとみてよいだろう」という。木下説や高宮広衛説は、そのようにヤコウガイの対価が開元通宝だったとしているが、私（来間）はそれに疑問を提起した。

②これを安里は「琉球のヤコウガイ交易」と表現している。しかし、琉球のヤコウガイが交易品であったことと、琉球がヤコウガイを交易する主体ではなかったこと（木下による）との違いに注意が必要である。

③ヤコウガイ交易は、その後、奄美諸島産も加わっていたことが分かってきたという（高梨修説）。隋・唐・「韓国」・大和を相手に「大量に交易され」た。「これに対応して琉球列島各地でヤコウガイを大量集積し加工する遺跡が出現していた」という。安里は「久米島大原《おおはら》海岸に大規模なヤコウガイ加工場遺跡が存在する」といい、それをほとんど唯一の根拠として自らの説を展開するが、これには高梨修が疑問を出しており、それに対応するのに安里は苦労している。次のごとくである。

安里は高梨への反論を発表している（「ヤコウガイ交易二つの口と一つの口」、ヨーゼフ＝クライナー・吉成直樹《よしなりなおき》・小口雅史《おぐちまさし》編『古代末期・日本の境界』森話社、二〇一〇年）が、説得的でない。安里によれば、次のとおりである。「主要な争点は、沖縄の貝塚時代後期後半＝奄美兼久式土器期のヤコウガイ交易の窓口が、高梨が主張するように〈奄美北部―大和〉という一つの口しかないのか、それとも私が考えているように〈奄美北部―大和〉と〈久米島―隋・唐〉の二つの口かという問題である」。久米島北原貝塚・清水貝塚にも「ヤコウガイ大量出土遺跡」はあり、また「久米島大原海岸には大規模なヤコウガイ加工場遺跡がある」。安里は「高梨は、〈ヤコウガイ大量出土遺跡〉が奄美大島北部に偏在していることを強調して、奄美における兼久式土器期の階層社会化の根拠のひとつにしている。ところが、久米島の〈ヤコウガイ大量出土遺跡〉については、二遺跡（清水遺跡・北原遺跡）を認定しながらも、その存在意義については全く評価しない」という。また、安里は「久米島の大原ヤコウガイ加工場遺跡について、高梨から遺跡の存在そのものに疑問が投げかけられている」といい、高梨が「安里自身の〈個人情報〉が根拠とされているもので考古学的確認はできない」と述べていることを紹介して、高梨の提示した疑問も紹介している。安里は提示された疑問（四項目）に答えているのであるが、やはり「個人情報」としか考えられず、説得的でない。特に、高梨が「その後、沖縄県教育委員会や久米島町教育委員会が、当該遺跡について記していないのはなぜか」との質問に対して、安里が「この質問は、久米島町か沖縄県教育委員会に聞いてもらいたい」と答え（つまり、答えようとしていない）、「久米島の現場に行かれて自分の目と手で確かめることをお勧めしたい」とするにいたっては、「科学」のあり方から大きく外れていると感ずる（この部分は、拙稿「書評 吉成直樹『琉球の成立』」、沖縄国際大学南島文化研究所編『南島文化』第三四号、二〇〇二年、からの転載である）。

④安里は、「ヤコウガイ交易によって琉球列島社会がどの程度、社会変化を起こしたかが問題になる」といい、次のように展開する。「琉球列島の社会変化を引き起こしたと考えられているのがヤコウガイ交易による多量の鉄器の流入である」。①で安里は、木下の「ヤコウガイの対価＝開元通宝」説を支持しているように見えたが、ここでは交易相手も中国から大和に変わり、対価も開元通宝から鉄器に変わっている。しかし「多量の鉄器」が対価だったことは証明できるのだろうか。

安里はすぐ言葉を継いで、「貝塚後期後半における鉄器の出土点数は多くないが、…遺物として残りにくいからだと思う」としている。残りにくくても残っているから、全国的に鉄器の使用が論ぜられているのではなかろうか。沖縄では残っているのは少なくても、「多量」に使われていたとしていいのだろうか。しかも時期も規定して、「七・八世紀以後の鉄器の増大は、琉球列島全体に共通する現象だったと考えてよいだろう」と述べている。しかし、沖縄諸島における鉄器の普及は一二世紀以降のことではなかろうか（本章第三節）。

⑤ヤコウガイ交易の前に、ゴホウラ・イモガイ交易があり、その集積遺構が沖縄諸島各地にあった。その「ほとんどは、沖縄諸島各地の一般集落遺跡から発見されている。この分布状況は、貝塚後期前半の貝交易が、漁労共同体ないしは集落単位に行なわれていたことを示している」。安里は「漁労共同体」という概念を持ち出して説明するが、それが「集落」とどのような関係にあるかはあいまいである。そして「漁労共同体ないしは集落」が交易の主体であるかのように描いている。しかしこの交易は、消費者である九州側が主体で、沖縄側は材料か粗加工品の提供者なのであり、そこに「共同体」などというような、何か秩序だった仕組みを連想させるような概念を持ち込むべきではなかろう（本章第一節）。

⑥そして、例の「久米島の大原ヤコウガイ加工場遺跡」の存在を前提として、それは「大規模」だといい、「集落から分離した…専業性」があるとして、「漁労共同体や集落単位の交易システムから脱却していた」ものと描き、「久米島各地や周辺島嶼の集落からヤコウガイを集積し」とエスカレートしていく。しかも「その交換物を各集落に再配分するという、より大規模な〈交易共同体〉

が成立していた」とまでいうのである。三段論法に似ているが、それぞれ根拠となる資料はあるのだろうか。

⑦このような、事実であるかどうかはっきりしない、単なる想定の、その積み重ねのような議論の延長線上に「このような交易システムを取り仕切る**首長**が存在したにちがいない」と結んでいる。

⑧このように述べてきて、次にはこう述べている。「ヤコウガイの交易システムの頂点に立つ**首長**が、交易による富の再分配過程で、その地位によってどの程度の富を優位に確保していたかを実証することはまだできない」。

以下、⑨「貝塚後期後半のグスク的遺跡は交易共同体の首長居館の可能性がある」、⑩「交易共同体首長への富の集中を示す可能性のある遺物として〈ブタ〉」がある、と続く。「実証」ではなく、「想像」だったのである。ここでいう「富」は何か、その「再分配」はなされたのか、それさえ説明されていない。

3　高宮広土の「階層社会」論

(1)「階層社会」についての理論

第二節4でみた、高宮広土の第Ⅳ論文の「階層社会」論を、よりくわしく取り上げる。高宮は安里とは異なって、「グスク時代になり、農耕が導入され、初めて首長社会が成立した」との認識である。

まず「ヒトの社会をバンド［社会—来間］、部族［社会］、首長［社会］、および国家と分類することはあまりにも単純すぎるが、社会進化を論じる上では有用なので、本論ではこの分類を採用する。そのうち本論で取り扱うのは、バンド［社会］、部族［社会］、および首長社会である」と、「階層社会」を論ずる場合の足場を示している。

「**バンド社会**は、経済的および社会的に平等社会で、遊動生活を行い、二十～三十人程度の小集団であることで特徴づけられる。**部族社会**には、リーダーは存在するが、そのリーダーシップは世襲的ではなく、一時的なものである。定住生活で、集団のサイズは、一〇〇～五〇〇人ほどといわれている。**首長社会**は、永久的なリーダーが存在し、そのリーダーシップが世襲されることが大きな特徴の一つである。その組織は、コミュニティレベルを超えて政治的に統合され［Arnold 1996, Johnson & Earle 2000］、平等社会から階層社会への big jump あるいは複雑な社会の出発点と考えられている。集団のサイズは、数千人から数万人である［Johnson & Earle 2000］。これらの社会組織の出現に関して、欧米では、タイラーやモーガン以来、一〇〇年以上議論されている」。「参考文献」によれば、Arnold 1996 は、Arnold, E.（ed.）*Emergent Complexity: The Evolution of Intermediate Societies.* Ann Aebor: International Monographs in Prehistory. Archaeology Series 9. であり、Johnson & Earle 2000 は、Johnson, A.W. & T.K. Earle 2000 *The Evolution of Human Societies.* Stanford: Stanford University Press. のことである。

高宮は、近年の考え方として、①「平等社会」とされる狩猟採集民の集団も含めて、「人間集団／社会」にはいずれも、性差や年齢差などの「社会的な差」があるのであって、その中には「他人より上」を狙っている個人あるいは小集団が存在する、②個人あるいは家族は、「自由／自主性」

を簡単に手放してまで、「より大きな集団」に属しようとしない、差し迫った事情のある時にのみ属しようとする、ことを指摘している。

右の①については、松木武彦『列島創世記』（小学館・日本の歴史一、二〇〇七年）が、縄文時代も、単純に平等社会であったというのではなく、序列原理と平等原理がともに存在すると考えるべきだ、と述べていることと対応する（拙前著、上巻、一一七頁）。

(2) 縄文時代晩期＝「狩猟採集」＋「バンド社会脱出」

このような考え方を背景に高宮は、沖縄諸島の「グスク時代以前の社会組織」を見ていくが、それは「単純な狩猟採集の時代」とは言えないのではないか、と論じていく。まず、「居住形態の変遷」を取り上げ、「縄文時代**後期**の遺跡は、一〇〇遺跡以上知られているが、住居跡が検出された遺跡は現時点において七遺跡のみである」という。数が少ないうえに、これらは小型である。しかし、「縄文時代**晩期**になると、住居跡をともなう遺跡が急増する。さらに、検出された住居跡数も増加する」。「また、縄文時代**後期後半から晩期**には、集団墓地が初めて検出される」。このような、「住居跡を持つ遺跡数の増加、一遺跡における住居跡の増加、素掘りより石囲いや礫敷の住居跡が多くなる傾向、および集団墓地の存在は、縄文時代**晩期**には、縄文時代後期と比較して、遊動的な生活が失われたことを示唆している」。

もう一つ、**晩期**には「遺跡が丘陵上あるいは台地上に立地する」。このことから「このような開けた土地で農耕を営んでいた」という議論が生まれるが、「しかしながら、ここ十年ほどの考古植物学的データは、この時期の生業が狩猟採集であったことを示唆している」。そこで高宮は、石鏃《せきぞく》の出土数が増え、石斧《せきふ》の出土数が増え、そのサイズや重量が大きくかつ重くなることを指摘して、「防御」のために「丘陵上あるいは台地上に」立地移動（セッツルメント）したのではないかとしている。また「この時期になると、住居のサイズにバリエーションが顕著になる」。

このようにして高宮は、「これらのデータは、この時期の社会組織が、バンド社会のような単純な狩猟採集民の社会組織ではなかったことを示唆するものである」と結んでいる。農耕は始まっていなかったが、バンド社会段階からは抜け出していたというのである。

(3) 弥生〜平安並行時代前半

高宮は、次の時代すなわち「弥生〜平安並行時代」の「前半」に話を進める。「縄文時代晩期」がバンド社会段階から抜け出していたのであれば、この時代にはさらに「複雑な社会組織」に移行していたと考えられがちであるが、「弥生〜平安並行時代**前期の初期**の頃の社会組織は、より複雑な社会へとは進化しなかったようである」という。

遺跡立地は、「台地上あるいは丘陵上から、砂丘上へ」と変遷する。遺跡数が少なくなり、「縄文時代晩期的な社会」は崩壊したのではないかとも考えられる。この時期には「貝の道」があったのであるから、「この時期の社会組織が単なる狩猟採集社会ではなかった」と考えるべきである。

そこで高宮は、新里貴之《しんざとたかゆき》の「詳細な遺跡や遺物の分析」を紹介しつつ、次のように述べる。新里の研究とは、「物流ネットワークの一側面―南西諸島の弥生系遺物を素材として」（『南島考古』二〇巻）、および『南西諸島先史文化の一側面―貝塚時代後期前半（弥生時代～古墳時代並行期）を中心として』（博士論文、未刊行）である。遺跡間で、搬入時の量、貝集積遺跡のあり方、土器以外の舶来品の分布などに、「偏り」がある。そこから新里は、「三タイプの遺跡」に大別し、①拠点集落、②交易用拠点集落、③その他の分枝集落を指摘して、少なくとも七つの交易用拠点集落があったとした。新里は「地域を統括し、九州にアクセスのあった、よりランクの高い個人の存在」を想定し、「このような個人が〈貝の道〉という長距離交易をコントロールしていた」とみている、という。

高宮は、この新里のデータを引き継ぎつつも、「しかしながら、このような社会組織［新里が示唆する「より複雑な社会組織」―来間］から、グスク社会のような首長社会はその後出現することはなかった」、「新里のいうところの拠点集落は、その後**最高首長**（paramount chief）によって統一されることはなく、どちらかというと、再び**より単純な社会組織**となったようである。すなわち、社会組織（拠点集落とそれに付随する小集落のユニット）が崩壊したと思われる。遺跡のサイズはより小さくなり、散在するようになった。沖縄諸島と本土との長距離交易の存在を支持するデータは前時期と比較すると、この時期、長距離交易はあまり活発ではなくなった。**単純な社会**（バンド）が再び出現したようである」とする。

高宮の「小括」を単純化して示せば次のようになる。①縄文時代後期＝バンド社会、②縄文時代晩期＝やや複雑な社会（transegalitarian society 平等社会を超えた社会）、③弥生～平安並行期初期＝首長社会（さらに複雑な社会）は形成されず、④その後（弥生～平安並行期の中期・後期か）＝やや複雑な社会。高宮は、このうち③については、島はキャリーイング・キャパシティー

（Carrying Capacity 人口扶養力）が小さく、そこに人口の増加による島の環境の劣悪化があり、フードストレス（food stress 食料資源不足からくる圧力）があったため、発展的には展開できなかったと解釈している。

(4) なぜ首長社会が出現しなかったか

高宮広士は、「沖縄先史時代において、なぜ首長社会が出現しなかったのであろうか」と自問して、次のように答えている。①「沖縄諸島の自然資源の〈豊かさ〉の限界」、すなわち「沖縄諸島の自然資源は、余剰を生み出すことも、集約化することも容易でない」、「首長社会が出現するほどの豊かさを有していなかった」こと、②首長社会が形成されるには、ある程度の人口の増加が必要であるが、沖縄諸島の人口水準はその要件を満たすほどには増加できなかったこと、具体的には、「平等社会の上限」人口は一二〇プラス数十人とされるが、「首長社会の形成を必要とする人口数」はその「約十五倍から約二十五倍ほどである」こと、③したがって、沖縄諸島の自然環境の〈豊かさ〉は、「族長社会」を形成することが限界で、「首長社会」にまで進化するほどに十分ではなかった、と思われる。

4 「階層」と「階層社会」について

これまでも何度かみてきたように、「階層」とその発展段階は多様に想定できる。

ある程度の人口が集積すれば、そこにはまず「**リーダー**（指導者・先導者）」が生まれるであろう。年長者がそうなる場合が多かろう。それはまだ「階層社会」を意味しない。鈴木の「ビッグマン社会」、高宮の「バンド社会」に対応する。

次には「**チーフ**（首長）」が生まれるであろう。鈴木も「チーフ社会」といい、高宮の「部族社会」（リーダー社会）に対応する。チーフの地位は固定化され、人間集団あるいは地域社会の上に立つようになる。とはいっても、直ちに「支配―被支配」の関係とはまだいえない。人間集団あるいは地域社会と一体化していて、超越することなく、まとめ役を果たし、時にその人間集団あるいは地域社会を代表する存在である。「**単なる首長**」とでもいおうか。

そして、人間集団あるいは地域社会の中で、対立・矛盾が生まれて、一方（支配者）が他方（被支配者）から貢ぎ物（租税）を受け取り、それを強制するようになったとき、それは支配者となり、権力者となる。いわば「**権力的首長**」である。鈴木には「単なる首長」と「権力的首長」との区別がなく、高宮はこの段階を「首長社会」としている。

本書第一章で紹介した寺沢薫『王権誕生』は、「縄文型首長」はまだ「支配―被支配」の関係はなく、「弥生型首長」はそれがあると論じていた。

第六節　一〇世紀までの沖縄諸島（まとめ）

以上みてきたことから、一〇世紀までの沖縄諸島の歴史をまとめると、次のようになろう。縄文時代（貝塚時代）から、漁労・狩猟・採集によって生活資料を取得する時代が続いていた。それは日本列島が弥生時代に入り、水田稲作を主体として農耕社会に移行し、青銅器・鉄器という金属器を使用する段階になっても、変わらなかった。ただ、このような時代であっても、人びとの行き来はそれなりにあって、閉ざされた社会ということではなかった。九州などの弥生人たちは、奄美諸島や沖縄諸島に産する南海産のゴホウラやイモガイを求め、腕輪などに加工し、装飾に使っていた。代わりに弥生土器や水稲技術なども持ち込まれたが、水稲については、それが温帯適応型であったため、亜熱帯の奄美諸島・沖縄諸島では定着しなかった。

六〜七世紀ころから鉄器も伝わり、少しずつ普及してきた。また七〜九世紀には、中国大陸（唐）からヤコウガイを求めて、交易にやってくる人びとがいた。その代替品の一つとして開元通宝が残された。鉄器も伝わったかもしれない。

七世紀に、隋の侵略を受けた「流求国」は、今の沖縄諸島だったと考えられる。その地のリーダー（指導者・先導者）ないしチーフ（首長）は打ち倒され、多くの人びとが連れ去られた。しかし、そのことを記録した『隋書』からはその地の社会状況はよくつかめない。

八世紀の後半からは、日本列島の側からのヤコウガイの需要が起こり、奄美諸島と沖縄諸島が供給地となった。その代替品として、土器も鉄器も、またさまざまな技術が伝来してくるが、社会の変化は緩やかであった。

八世紀になると、古代律令制国家である大和政権が、九州より南の島々に支配の手を伸ばしてくる。しかしその流れは、屋久島・種子島を正式に版図に組み込んだだけで、奄美大島以南の諸島は「化外《けがい》」として、国外に位置づけられ、朝貢が求められるにとどまった。沖縄諸島以南の諸島については、それさえもなかった。ヤコウガイや赤木など、沖縄諸島の産物が都へ送り届けられることはあったが、それは「朝貢品」ではなく、九州などの商人や大宰府役人が入手して、送り届けたものであった。沖縄諸島には農耕はなく、まだ漁労・狩猟・採集の社会だったのである。

農耕、そして水田稲作が始まったのは、一〇世紀と考えられる。漁労・狩猟・採集を主体にしたままで、そこにようやく農耕（水田稲作を含む）が加わってきたものの、稲作はごくわずか普及したにすぎず、「農耕社会」へと一大転換を果たしたわけではなかった。それも沖縄島全域に、そして島々にと、広く普及したかどうかは分からない。この時代の在地土器には、型式の変化が見られないのである。鉄器なども、同様に、万遍なく普及するにはなお時を要しよう。

そして、そろそろいわゆる「グスク時代」に入っていくのであろうか。一一世紀に入ると、日本は中世に移行する。そしてまもなく武士の時代に移っていく。沖縄史も展開の速度を速めねばならない。

文献目録

【第一章】

来間泰男『稲作の起源・伝来と〝海上の道〟』（シリーズ沖縄史を読み解く1、日本経済評論社、二〇一〇年）
寺沢薫『王権誕生』（講談社・学術文庫・日本の歴史02、二〇〇八年。初出は二〇〇〇年）
松木武彦『列島創世記―旧石器・縄文・弥生・古墳時代』（小学館・日本の歴史一、二〇〇七年）
吉村武彦『ヤマト王権』（岩波書店・新書・シリーズ日本古代史②、二〇一〇年）
都出比呂志『王陵の考古学』（岩波書店・新書、二〇〇〇年）
白石太一郎「日本史のあけぼの」（宮地正人編『日本史』山川出版社・世界各国史1、二〇〇八年）
米谷匡史「古代東アジア世界と天皇神話」（大津透ほか『古代天皇制を考える』講談社・日本の歴史08、二〇〇九年。初出は二〇〇一年）
岡田英弘『倭国―東アジア世界の中で』（中央公論社・新書、一九七七年）
岡田英弘『日本史の誕生』（筑摩書房・ちくま文庫、二〇〇八年。初出は一九九四年）
武末純一「国家への道」（川添昭二・武末ほか『福岡県の歴史』山川出版社・県史40、一九九七年）
永山修一「鹿児島の黎明」（原口泉・永山ほか『鹿児島県の歴史』山川出版社・県史46、一九九九年）
池田栄史「南島と古代の日本」（新川登喜男編著『西海と南島の生活・文化』名著出版・古代王権と交流8、一九九五年）

【第二章】
尾形勇・平勢隆郎『中華文明の誕生』（中央公論新社・文庫・世界の歴史②、その第二部、二〇〇九年。初出は一九九八年）
熊谷公男『大王から天皇へ』（講談社・学術文庫・日本の歴史03、二〇〇八年。初出は二〇〇一年）
白石太一郎「日本史のあけぼの」（前出）
都出比呂志『王陵の考古学』（前出）
吉村武彦『ヤマト王権』（前出）
広瀬和雄『前方後円墳の世界』（岩波書店・新書、二〇一〇年）
平川南『日本の原像』（小学館・日本の歴史二、二〇〇八年）
森公章『倭の五王―五世紀の東アジアと倭王群像』（山川出版社・日本史リブレット・人、二〇一〇年）
渡辺尚志・五味文彦編『土地所有史』（山川出版社・新 体系日本史3、二〇〇二年。うち「古代」小口雅史稿）
笹山晴生『古代国家と軍隊―皇軍と私兵の系譜』（講談社・学術文庫、二〇〇四年、初出は一九七五年）
鎌田元一「七世紀の日本列島―古代国家の形成」（岩波講座・日本通史・第3巻『古代2』一九九四年）
柳沢一男「九州古墳文化の展開」（下條信行・平野博之・知念勇・高良倉吉編『九州・沖縄』角川書店・新版［古代の日本③］、一九九一年）
武末純一「国家への道」（前出）
亀井輝一郎「磐井の乱の前後」（前出、『九州・沖縄』）
武野要子『博多―町人が育てた国際都市―』（岩波書店・新書、二〇〇〇年）
倉住靖彦『大宰府』（教育社・歴史新書、一九七九年）
永山修一『鹿児島の黎明』（前出）

上村俊雄「隼人の世界」（前出、『九州・沖縄』）
永山修一『隼人と古代日本』（同成社・古代史選書、二〇〇九年）
北郷泰道「クマソ・ハヤトの墓制」（前出、『西海と南島の生活・文化』一九九五年）
下山覚「考古学からみた隼人の生活―〈隼人〉問題と展望」（同右書）
大林太良「合流と境界の隼人世界の島々」（大林著者代表『隼人世界の島々』小学館・海と列島文化5、一九九〇年。うち「序章」大林稿）
山中英彦「考古学からみた海人族の東遷」（前出、『西海と南島の生活・文化』）
新川登喜男「海と山野の歴史を開く」（瀬野精一郎・新川ほか著『長崎県の歴史』山川出版社・県史42、一九九八年）
佐伯宏次編『壱岐・対馬と松浦半島』（吉川弘文館・街道の日本史49、二〇〇六年。木村幾多郎稿、細井浩志稿）
田中聡「蝦夷と隼人・南島の社会」（歴史学研究会・日本史研究会編『日本史講座　第1巻・東アジアにおける国家の形成』東京大学出版会、二〇〇四年）

【第三章】

都出比呂志『王陵の考古学』（前出）
白石太一郎「日本史のあけぼの」（前出）
鎌田元一「七世紀の日本列島」（前出）
熊谷公男『大王から天皇へ』（前出）
吉川真司『飛鳥の都』（岩波書店・新書・シリーズ日本古代史③、二〇一一年）
砺波護「宗教国家の隋王朝」（砺波・武田幸男『隋唐帝国と古代朝鮮』中央公論新社・文庫・世界の歴史⑥、

二〇〇八年。初出は一九九七年）
鐘江宏之『律令国家と万葉びと』（小学館・日本の歴史三「飛鳥・奈良時代」、二〇〇八年）
李成市『東アジア文化圏の形成』（山川出版社・世界史リブレット、二〇〇〇年）
渡辺晃宏『平城京と木簡の世紀』（講談社・学術文庫・日本の歴史04、二〇〇八年。初出は二〇〇一年）
吉田孝「八世紀の日本―律令国家」（『岩波講座・日本通史・第四巻・古代3』一九九四年）
加藤友康「東アジアの国際関係と律令国家の形成」（前出、宮地正人編『日本史』）
吉田孝『飛鳥・奈良時代』（岩波書店・ジュニア新書・日本の歴史2、一九九九年）
吉田孝『日本の誕生』（岩波書店・新書、一九九七年）
米谷匡史「古代東アジア世界と天皇神話」（前出、大津透ほか『古代天皇制を考える』）
森公章「倭国から日本へ」（吉川弘文館・日本の時代史3、『倭国から日本へ』二〇〇二年）
吉村武彦「ヤマト王権と律令制国家の形成」（岩波書店・列島の古代史―ひと・もの・こと　8『古代史の流れ』二〇〇六年）
平川南『日本の原像』（前出）
吉村武彦『ヤマト王権』（前出）
大津透「〈日本〉の成立と天皇の役割」（前出、『古代天皇制を考える』）
笹山晴生『古代国家と軍隊―皇軍と私兵の系譜』（前出）
倉住靖彦「大宰府成立までの経過と背景」（前出、『九州・沖縄』一九九一年）
青木和夫『古代豪族』（講談社・学術文庫、二〇〇七年。初出は一九七四年）
宇治谷孟『日本書紀・全現代語訳』（講談社・学術文庫、上・下＝一九八八年）

【第四章】

山里純一『古代日本と南島の交流』(吉川弘文館、一九九九年)
小玉正任『琉球と沖縄の名称の変遷』(琉球新報社、二〇〇七年)
比嘉春潮「沖縄文化史」(『比嘉春潮全集』第一巻歴史篇Ⅰ、沖縄タイムス社、一九七一年。初出は一九六三年)
松本雅明『沖縄の歴史と文化』(近藤出版社・世界史研究双書、一九七一年)
小玉正任『史料が語る琉球と沖縄』(毎日新聞社、一九九三年)
真境名安興『沖縄一千年史』(『真境名安興全集』第一巻、琉球新報社、一九九三年。初出は一九二三年)
東恩納寛惇『琉球の歴史』(至文堂・日本歴史新書・増補版、一九六六年。『東恩納寛惇全集』第一巻、第一書房、一九七八年)
比嘉春潮『沖縄の歴史』(前出、『比嘉春潮全集』第一巻歴史篇Ⅰ、初出は一九六五年)
山里永吉『沖縄歴史物語』(勁草書房、一九八二年。初出は一九六七年)
宮城栄昌『沖縄の歴史』(日本放送出版協会・NHKブックス、一九六八年)
宮城栄昌『琉球の歴史』(吉川弘文館・日本歴史叢書、一九九六年新装版。初出は一九七七年)
上原兼善ほか『沖縄県の歴史』(新里恵二・田港朝昭・金城正篤著、山川出版社・県史シリーズ47、一九七二年)
上原兼善「海上の道」(上原兼善・大城立裕・仲地哲夫著『南島の風土と歴史』山川出版社・風土と歴史12、一九七八年)
高良倉吉『琉球の時代―大いなる歴史像を求めて』(筑摩書房・ちくまぶっくす、一九八〇年。その「新版」はひるぎ社、一九八九年。さらに筑摩書房・ちくま学芸文庫、二〇一二年)
外間守善『沖縄の歴史と文化』(中央公論社・中公新書、一九八六年)
真栄平房昭「琉球の形成と東アジア」(前出、『九州・沖縄』)

村井章介「古琉球と列島地域社会」（琉球新報社編『新 琉球史 古琉球編』琉球新報社、一九九一年）
田中健夫「相互認識と情報」（『東アジア通交圏と国際認識』吉川弘文館、一九九七年。初出は一九九三年）
森浩一「文化の道・琉球弧」（陳舜臣・森ほか『南海の王国 琉球の世紀—東アジアの中の琉球』角川書店・選書、一九九三年）
中村明蔵『ハヤト・南島共和国』（春苑堂出版・かごしま文庫、一九九六年）
田中聡「古代の南方世界—〈南島〉以前の琉球観」（『歴史評論』五八六号、一九九九年二月）
永山修一「隼人と南島の世界」（前出、原口泉・永山ほか『鹿児島県の歴史』）
永山修一「原始・古代の薩南諸島」（松下志朗・下野敏見編『鹿児島の湊と薩南諸島』吉川弘文館・街道の日本史55、二〇〇二年）
安里進「琉球文化の基層」（安里進・高良倉吉・田名真之・豊見山和行・西里喜行・真栄平房昭『沖縄県の歴史』山川出版社・県史47、二〇〇四年）
田中聡「蝦夷と隼人・南島の社会」（歴史学研究会・日本史研究会編『東アジアにおける国家の形成』日本史講座・第一巻、東京大学出版会、二〇〇四年）
中村明蔵「古代の沖縄と『隋書』流求伝—六～七世紀、沖縄史への接近」（鹿児島国際大学附置地域総合研究所編『沖縄対外文化交流史』日本経済評論社、二〇〇五年）
山里純一（・安里進）「古代史の舞台 琉球」（『列島の古代史 ひと・もの・こと 一』岩波書店、二〇〇六年）
田中史生「古代の奄美・沖縄諸島と国際社会—日本・中国との交流をめぐって—」（池田栄史編『古代中世の境界領域—キカイガシマの世界』高志書院、二〇〇八年）
山里純一『古代の琉球弧と東アジア』（吉川弘文館・歴史文化ライブラリー、二〇一二年）
藤堂明保・竹田晃・影山輝国『倭国伝—中国正史に描かれた日本』（講談社・学術文庫、二〇一〇年。初出は

一九八五年）
安里進「琉球王国の形成と東アジア」（豊見山和行編『琉球・沖縄史の世界』吉川弘文館・日本の時代史18、二〇〇三年）

【第五章】

坂上康俊「律令国家の法と社会」（歴史学研究会・日本史研究会編『律令国家の展開』東京大学出版会・日本史講座2、二〇〇四年）
村井康彦『律令制の虚実』（講談社・学術文庫、二〇〇五年。初出は一九七六年）
青木和夫『古代豪族』（前出）
渡辺晃宏『平城京と木簡の世紀』（前出）
坂上康俊『平城京の時代』（岩波書店・シリーズ日本古代史④、二〇一〇年）
鎌田元一「七世紀の日本列島」（前出）
平川南『日本の原像』（前出）
吉田孝『飛鳥・奈良時代』（前出）
笹山晴生『古代国家と軍隊』（前出）
外山幹夫『中世の九州』（教育社・歴史新書・日本史54、一九七九年）
倉住靖彦『大宰府』（前出）
長洋一「筑紫・火・豊の国の成立」（前出、下條信行ほか編『九州・沖縄』一九九一年）
岡藤良敬「大宰府財政と管内諸国」（同上書）
岡藤良敬「大宰府の成立・展開のなかで」（前出、川添昭二・岡藤ほか『福岡県の歴史』）
坂上康俊「〈九州〉の成り立ち」（丸山雍成編『前近代における南西諸島と九州』多賀出版、一九九六年）

武野要子『博多』（前出）
熊田亮介「古代国家と蝦夷・隼人」（『岩波講座・日本通史・第四巻・古代3』岩波書店、一九九四年）
永山修一「隼人と南島の世界」（前出、原口泉・永山ほか『鹿児島県の歴史』）
前之園亮一「隼人と芦北国造の氷・モヒ・薪炭の貢進」（前出、『西海と南島の生活・文化』一九九五年）
永山修一『隼人と古代日本』（前出）
岡藤良敬「博多湾往来」（前出、川添昭二・岡藤ほか『福岡県の歴史』）
田中史生「対外交流の進展と国際貿易」（荒野泰典ほか編『律令国家と東アジア』吉川弘文館・日本の対外関係2、二〇一一年）
新川登喜男「東アジアのなかの古代統一国家」（瀬野精一郎・新川ほか『長崎県の歴史』山川出版社・県史42、一九九八年）
飯沼賢司「奈良時代の政治と八幡神」（前出、『西海と南島の生活・文化』一九九五年）
山里純一『古代の日本と南島の交流』（前出）
鈴木靖民「古代喜界島の社会と歴史的展開」（『東アジアの古代文化』一三〇、二〇〇七年）
鈴木靖民「喜界島城久遺跡群と古代南島社会」（池田栄史編『古代中世の境界領域』高志書院、二〇〇八年）
山里純一『古代の琉球弧と東アジア』（前出）
安里進「琉球王国の形成と東アジア」（前出）

【第六章】

宇治谷孟『日本書紀・全現代語訳』（前出）
宇治谷孟『続日本紀・全現代語訳』（同学術文庫、上・中＝一九九二年、下＝一九九五年）
真境名安興『沖縄一千年史』（前出）

弓削政己「近代化への出発」(『南海日日新聞』連載・薩摩侵攻四〇一年目の視座・シマジマの海路、第一回、二〇一〇年二月五日)
伊波普猷『沖縄歴史物語―日本の縮図』(平凡社・ライブラリー、一九九八年。初出は一九四七年)
仲原善忠『琉球の歴史』(『仲原善忠全集　第一巻歴史編』沖縄タイムス社、一九七七年。初出は一九五二年)
東恩納寛惇『琉球の歴史』(前出)
比嘉春潮『沖縄の歴史』(前出)
比嘉春潮・霜多正次・新里恵二『沖縄』(岩波書店・新書、一九六三年)
宮城栄昌『沖縄の歴史』(前出)
宮城栄昌『琉球の歴史』(前出)
松本雅明『沖縄の歴史と文化』(前出)
上原兼善ほか『沖縄県の歴史』(前出)
上原兼善「海上の道」(前出)
三島格「九州と南島」(前出、『九州・沖縄』)
原田禹雄訳注『新井白石　南島志　現代語訳』(榕樹社、一九九六年)
伊地知貞馨『沖縄志』(有恒斎蔵版、一八七七年。青潮社、一九八三年復刻版)
中村明蔵『ハヤト・南島共和国』(前出)
熊田亮介「夷狄・諸蕃と天皇」(前出、『古代天皇制を考える』)
田中聡「古代の南方世界―〈南島〉以前の琉球観」(前出)
池田栄史「琉球文化の成立」(豊見山和行・高良倉吉編『琉球・沖縄と海上の道』、吉川弘文館・街道の日本史56、二〇〇五年)
山里純一『古代日本と南島の交流』(前出)

上里隆史『海の王国・琉球　「海域アジア」屈指の交易国家の実像』（洋泉社・歴史新書、二〇一二年）
山里純一『古代の琉球弧と東アジア』（前出）
青木和夫『古代豪族』（前出）
熊田亮介「古代国家と蝦夷・隼人」（前出、『岩波講座・日本通史・第四巻・古代3』）
池田栄史「南島と古代の日本」（前出、『西海と南島の生活・文化』一九九五年）
熊谷公男『大王から天皇へ』（前出）
渡辺晃宏『平城京と木簡の世紀』（前出）
安里進「琉球王国の形成と東アジア」（前出）
中村明蔵「古代東アジアと奄美・沖縄諸島」（前出）
山里純一「日本古代国家と奄美・多禰・掖玖」（前出、『東アジアの古代文化』二〇〇七冬、一三〇号）
森公章『遣唐使の光芒―東アジアの歴史の使者』（角川学芸出版・角川選書、二〇一〇年）

【第七章】

川尻秋生『平安京遷都』（岩波書店・新書・シリーズ日本古代史⑤、二〇一一年）
吉田孝「平安京の新しい世界」（『岩波講座・日本通史・第五巻・古代4』岩波書店、一九九五年の、「九―一〇世紀の日本―平安京」一章）
川尻秋生『揺れ動く貴族社会』（小学館・日本の歴史四・平安時代、二〇〇八年）
大隅清陽「貴族政権への道」（前出、『古代4』の、「九―一〇世紀の日本―平安京」二章）
加藤友康「律令制の展開と古代国家の変容」（前出、宮地正人編『日本史』山川出版社）
榎本渉『僧侶と海商たちの東シナ海』（講談社・選書メチエ・日本中世史4、二〇一〇年）
坂上康俊『律令国家の転換と〈日本〉』（講談社・学術文庫・日本の歴史05、二〇〇九年。初出は二〇〇一年）

永山修一『隼人と古代日本』（前出）
坂上康俊「〈九州〉の成り立ち」（前出）
山崎純男「鴻臚館と志賀の海人」（前出、『九州・沖縄』）
亀井明徳「鴻臚館貿易」（同右）
平野博之「在地勢力の胎動と大宰府支配の変容」（同右）
亀井明徳「日宋貿易関係の展開」（『岩波講座・日本通史・第六巻・古代5』岩波書店、一九九五年）
岡藤良敬「博多湾往来」（前出、『福岡県の歴史』）
石井正敏「東アジアの変動と日本外交」（前出、『律令国家と東アジア』）
岡藤良敬「大宰府の成立・展開のなかで」（前出、『福岡県の歴史』）

【第八章】

石井正敏・村井章介「通交・通商圏の拡大」（荒野泰典・石井・村井編『通交・通商圏の拡大』吉川弘文館・日本の対外関係3、二〇一〇年）
下向井龍彦『武士の成長と院政』（講談社・学術文庫・日本の歴史07、二〇〇九年、初出は二〇〇一年）
川尻秋生『平安京遷都』（前出）
古瀬奈津子『摂関政治』（岩波書店・新書・シリーズ日本古代史⑥、二〇一一年）
大津透『道長と宮廷社会』（講談社・学術文庫・日本の歴史06、二〇〇九年。初出は二〇〇一年）
川尻秋生『揺れ動く貴族社会』（前出）
加藤友康「律令制の展開と古代国家の変容」（前出）
平川南『日本の原像』（前出）
佐々木恵介「新しい国制の底流」（佐々木ほか「九—一〇世紀の日本—平安京」のうち、前出『岩波講座・日本通史・第五巻・古代4』）
高橋昌明『平家の群像―物語から史実へ』（岩波書店・新書、二〇〇九年）
岡藤良敬「大宰府の成立・展開のなかで」（前出、『福岡県の歴史』）
永山修一「律令国家の変質と中世社会の成立」（前出、『鹿児島県の歴史』）
外山幹夫『中世の九州』（前出）
佐田茂「律令体制下の肥前」（杉谷昭・佐田ほか『佐賀県の歴史』山川出版社・県史41、一九九八年）
新川登喜男「東アジアのなかの古代統一国家」（前出）
池田栄史編『古代中世の境界世界―キカイガシマの世界』（高志書院、二〇〇八年）
ヨーゼフ＝クライナー・吉成直樹・小口雅史編『古代末期・日本の境界―城久遺跡群と石江遺跡群』（森話社、二〇一〇年）
田中史生「九～一一世紀東アジアの交易世界と奄美諸島」（前出、『東アジアの古代文化』）
澄田直敏・野崎拓司「喜界島城久遺跡群の調査」（同右、『東アジアの古代文化』）
澄田直敏・野崎拓司「喜界島城久遺跡群の調査」（前出、『古代中世の境界領域』）
澄田直敏「喜界島城久遺跡群の発掘調査」（前出、『古代末期・日本の境界』）
高梨修「〈南島〉の歴史的段階」（前出、『東アジアの古代文化』）

【第九章】
木下尚子「サンゴ礁と遠距離交易」（沖縄県文化振興会史料編集室編『沖縄県史・各論編・第三巻・古琉球』二〇一〇年）
伊藤圭「貝塚時代における農耕問題研究史」（『南島考古』第二六号、二〇〇七年）
高宮広土「沖縄諸島における農耕の起源―沖縄本島を中心に」（山折哲雄編『共同研究　日本文化の深層と沖

縄』国際日本文化研究センター・日文研叢書12、一九九六年）
高宮広土「植物遺体からみた柳田国男〈海上の道〉説」（『民俗学研究』第六三巻第三号、一九九七年）
高宮広土「狩猟採集民の島環境適応への挑戦」（印東道子編著『環境と資源利用の人類学』明石書店、二〇〇六年）
高宮広土「沖縄諸島先史時代からのメッセージ」（印東道子責任編集『生態資源と象徴化』弘文堂・資源人類学07、二〇〇七年）
安里嗣淳『先史時代の沖縄』（第一書房、二〇一一年）
当真嗣一「鉄器文化と沖縄の歴史」（沖縄県立博物館編『考古資料より見た・沖縄の鉄器文化』一九九七年）
大城慧「沖縄の鉄とその特質」（同右、『沖縄の鉄器文化』）
大城慧「沖縄貝塚時代後期出土の鉄器について」（『南島考古』第二六号、二〇〇七年）
上原静「沖縄諸島における中近世の鋳造技術と生産」（『南島考古』第二八号、二〇〇九年）
高宮広衛「開元通宝と按司の出現（予察）」（『南島文化』第一九号、一九九七年）
木下尚子「開元通宝と夜光貝」（高宮広衛先生古希記念論集刊行会編『琉球・東アジアの人と文化』上巻、二〇〇〇年）
栄原永遠男「銭貨の多義性―日本古代銭貨の場合―」（荒野泰典・石井正敏・村井章介編『アジアのなかの日本史Ⅲ　海上の道』東京大学出版会、一九九二年）
鈴木靖民「喜界島城久遺跡群と古代南島社会」（前出、池田栄史編『古代中世の境界領域』）
安里進・山里純一「古代史の舞台　琉球」（前出）
来間泰男「書評　吉成直樹『琉球の成立』」（沖縄国際大学南島文化研究所編『南島文化』第三四号、二〇一二年）

おわりに

沖縄の歴史はなかなか始まらない。本書では一〇世紀までを扱ったが、沖縄についての確かな史料は決定的に少ない。あせらず、先に進む以外に道はなかろう。

しかし、日本列島の歴史を読み解いていくと、そこには中国大陸や朝鮮半島（韓半島）の歴史と深く関わりあいながらも、独自の歴史を展開してきた姿が見える。そして、国家が、地域支配／人民支配を比較的にやりとげているように思える。

先行した中国大陸の歴史は、「皇帝」が次々に交代していくなかで、広大すぎる国土を一律に支配することはほとんどなく、地方は地方の有力者に任されていた時期が多いし、また皇帝に力がなく、一種の「無政府状態」であった時期も多く見受けられる。また朝鮮半島の歴史は、中国によって開拓されてスタートし、自立してからも侵略を受けつづけ、しかもいくつかに分裂し、七世紀末の新羅成立まで統一国家は成立していない。日本は古い時代ほど半島（の一部）と緊密な関係を保っていたが、そのうちその関係は弱まっていった。

日本列島の歴史も、中国大陸の影響が、朝鮮半島を経由して伝わり、国家の形成へと歴史を進めたが、大陸から海で隔てられた島々で構成されているためであろう、中国の干渉は弱く、間にある朝鮮半島はさして強力ではなかったため、いわば緩衝地帯となって、列島独自の歴史展開が可能になったようである。そして、かなりの程度で「支配」が成立しているようだ。

この「沖縄史を読み解くシリーズ」は、私が沖縄史の学習をしながら、その成果をわかりやすく提示するという趣旨のもので、あらかじめその内容を確定していて書き進めているものではない。もちろん、ある程度の構想や判断はあるし、私もこれまでいろいろと考えてきたことがないわけではないが、それらによって叙述を縛るのではなく、新しく学習した結果を、率直に提示しようと考えている。

このシリーズは、新しい見解を提示することを目標とはしていない。しかしながら、前著（シリーズ1）もそうであったが、結果として、批判すべき対象にも出会ってしまう。今回もそのような出会いがあり、ある意味できびしく批判した。私は「非歴史家」ではあるが、論理的な思考という場面では「素人」というわけではない。

私のような「非歴史家」の存在意義があるとすれば、それは次のようなことからであろう。歴史家は、時代別・地域別・分野別などの「専門分野」をもっていて、自分の研究している時代・地域・分野以外のことについては、発言を控える傾向が見られるので、そのような「専門分野」をもたない私などは、それにこだわることなく、意見がいえるということである。そのことは、沖縄史についても同様で、その研究者の数が限られていて、しかも「専門分野」を分かち合っているような側面がある。お互いが友人でもあり、相互批判は活発ではない。また、沖縄の日本復帰（一九七二年）の効果の一つなのだろうが、日本史の研究者が沖縄史に言及する機会は確実に増えている。喜ばしいことである。しかし、その言及は往々にして鋭さに欠ける。沖縄史の研究者の成果を尊重して、あまり踏み込まない。このような状況では、私のような、「歴史学の外」からみる「非歴史家」の存在意義は、やはりあるように思われる。

実は、私自身、沖縄史の研究者たちとは、その多くが知人・友人の関係にあり、いろいろな機会に顔を合わせているし、通信のやり取りをしている人もいる。そうではあるが、その知人・友人たちの研究成果を「読み解く」という課題を設定してしまった以上、彼らに批判的に向き合うことは避けられない。私は、人生観や政治的立場が異なっていることを理由に、その人の研究成果を評価することはしない。そもそも「人」（人格）を批判しようという意図はない。

そもそも研究成果は「公のもの」であり「私のもの」ではないから、研究者は自らの判断や主張に固執すべきではなかろうし、批判を受けたら、研究者は率直に受け入れ、あるいは反論したらいいと思う。そのことを通して、研究はレベルアップしていくはずである。このように、研究成果の批判は人格の批判ではないということを、ぜひ理解してほしいと思っている。

日本経済評論社には、このような著作を「シリーズ」として刊行することを容認していただいた。そのご恩に報いるよう、沖縄史の研究の発展に寄与できるよう、努力したいと思う。栗原哲也社長と清達二さんに特にお世話になった。記してお礼を申し上げたい。

二〇一二年八月一三日

沖縄国際大学にアメリカ軍の大型ヘリコプターが墜落・炎上したときから八年目の日に

[著者紹介]
来《くり》間《ま》泰《やす》男《お》
1941年那覇市生まれ．65年宇都宮大学を卒業．琉球政府農林局を経て，宇都宮大学大学院農学研究科（修士課程）を70年修了．同年国際大学講師．沖縄復帰の72年に統合新設の沖縄国際大学に移籍．82年教授．2010年退職．名誉教授．著書に『戦後沖縄の歴史』（共著，日本青年出版社），『沖縄の農業（歴史のなかで考える）』（日本経済評論社），『沖縄経済論批判』（同社），『沖縄県農林水産行政史　第1・2巻』（農林統計協会，九州農業経済学会学術賞を受賞），『沖縄経済の幻想と現実』（日本経済評論社，伊波普猷賞を受賞），『稲作の起源・伝来と"海上の道"』（同社），『沖縄の米軍基地と軍用地料』（榕樹書林）など．
e-mail: kurima_yasuo@nifty.com

〈流求国〉と〈南島〉
古代の日本史と沖縄史　　シリーズ沖縄史を読み解く／2

2012年10月20日　第1刷発行

定価（本体3800円＋税）

著　者　来　間　泰　男
発行者　栗　原　哲　也
発行所　株式会社 日本経済評論社
〒101-0051 東京都千代田区神田神保町3-2
電話 03-3230-1661／FAX 03-3265-2993
E-mail: info8188@nikkeihyo.co.jp
振替 00130-3-157198

装丁＊奥定泰之　　太平印刷社／誠製本

落丁本・乱丁本はお取替えいたします　Printed in Japan
© KURIMA Yasuo 2012
ISBN978-4-8188-2240-5
・本書の複製権・翻訳権・上映権・譲渡権・公衆送信権（送信可能化権を含む）は，㈱日本経済評論社が保有します．
・JCOPY 〈㈳出版者著作権管理機構 委託出版物〉
本書の無断複写は，著作権法上での例外を除き禁じられています．複写される場合は，そのつど事前に，㈳出版者著作権管理機構（電話 03-3513-6969，FAX 03-3513-6979，e-mail:info@jcopy.or.jp）の許諾を得てください．

来間泰男著　シリーズ　沖縄史を読み解く〈全八巻予定〉

1　**稲作の起源・伝来と〝海上の道〟**　本体上3200円、下3400円

2　**〈流求国〉と〈南島〉**――古代の日本史と沖縄史　本体3800円

3　**舜天・英祖とグスク**――中世（前半）の日本史と沖縄史〈予定〉

4　**琉球王国の成立**〈予定〉